배롱마을회관

한글반
선생님 댁

엄혜순
할매

이태경
할매

곽판이
할매

유옥란
할매

조순이
할매

배롱
교회

김호실 할매
김성진 할매

N
S
4

할매의 탄생

일러두기

- 우록2리 주민들의 인터뷰는 2017년 한 해 동안 서너 차례에 걸쳐 이어졌다.
- (   )의 말은 지은이의 것이다.

할매의 탄생

우록리 할매들의
분투하는
생애 구술사

최현숙
지음

글항아리

　서울 혜화동 옥탑방에 살 때니까, 2008년경이다. 냉장고 안에서 싹이 난 채 시들고 있는 감자 하나를 버리려다 옥상 한 귀퉁이 커다란 상자에 흙이 담겨 있던 게 생각나 통째로 묻어놓고 그만 잊어버렸다. 어느 날 싹이 나더니, 어찌어찌해서 감자 반 바가지를 얻었다. 내가 땅에서 무언가를 길러 먹은 거의 유일한 기억이다. 화초나 야채를 키울 공간도 마음도 없이 살았다. 참, 그러고 보니 20대 말 한때 화분들을 집 안에서 키우다 말고, 어느 날 갑자기 '이게 무슨 짓인가?' 하는 생각에 집 앞에 모두 내놓아 이웃들이 가져가게 했다. 그런 내게 경상도 깡촌 할매 농부들의 구술생애사 작업은 더없이 무모한 일이었다. 그럼에도 내 늙은 얼굴에 대한 로망은 밀양 할매들의 굵은 주름과 검게 탄 얼굴이다. 하여 느닷없이 다가온 우록2리의 할매들은 내게 무모함이자 매혹이었다. '하다가 중단되더라도 뭔가는 배우겠지' 하는 마음으로 시작했다.

　사람들은 내게 가난한 사람들의 고통스러운 생애 이야기를 어떻게 견디며 듣느냐고 묻는다. 혹은 구술생애사는 고통의 전시가 아니냐고도 묻는다. 고통을 듣고 공감하지만, 내 안의 동정은 차갑게 경계한다. 고통은 당하는 자의 몫이다. 내가 타인의 고통에 대해 무엇을 할 수 있는가? 기껏해야 고난을 살아낸 사람들 속에 이미 있는 힘과 흥을 봐내는 것이다. 세상의 온갖 정상 이데올로기로 인한 자괴와 낙인을 거둬내고, 그들 안에 기필코 있는 힘과 흥을 함께 끄집어내서 한바탕 즐기는 일이다. 가난한 사람의 힘과 흥 말고 대체 어디에 희망이라는 게 있는가?

주인공들이 얼마나 고생했고 가난했고 그래서 얼마나 안됐는지가 아니라, 그 가난과 고생으로 인해 그들 안에 어떤 힘의 깡치가 생겨났는지, 그것이 그들을 얼마나 강하고 지혜롭고 전략적으로 만들었으며, 그 힘으로 어떻게 자신을 비롯해 주변 삶과 세상을 버텨왔는가를 밝혀내는 것이, 내가 가난한 사람들의 생애를 세세히 묻는 이유다. 그 힘은 누구들처럼 돈과 권력에서 온 것이 아니라 그들이 당한 고통과 억울함에서 온다는 면에서 믿음직하다. 견디고 버티고 전략하면서 켜켜이 축적된 힘은 없어지지 않는다.

우선 주인공들과 인터뷰에 응해주신 모든 분에게, 그리고 반갑게 맞아주신 우록2리 주민들에게 깊이 감사드린다. 맨 처음 한 신문의 내 칼럼을 보고 이 작업을 제안해준 지원 언니에게 감사드린다. 언니의 20여 년 우록리 생활이 없었다면 이 작업은 시작될 수 없었을 것이다. 이번 작업의 가장 큰 장벽이었던 경상도 깡촌 할매들의 고난도 사투리 녹취 풀기를 도와주신 최은주, 여지현, 민뎅, 박내현, 이연재, 김현희, 배종령, 정은정, 토끼뿔, 윤희용, 김소정, 민정례에게 감사드린다. "녹취 풀다 죽어버릴 거 같다"는 넋두리에 자발적으로 손들어 고생을 나눠 지신 분들이다. 아마 내 사회활동을 다 털어 끌어모은 경상도 사투리 녹취 가능자들이려니 싶다. 절반 이상의 녹취를 풀어준 이분들이 아니었으면, 이 책은 2020년도 훨씬 더 지나 출간되었을 것이다. 벌써 세 번째 책을 함께 작업하고 있는 글항아리 출판사의 편집자와 디자이너에게도 인사를 전한다. 서울 출신 편집자들이 이 원고를 보면서 경상북도 산골짜기 노인들의 언어에 매료되어 교정하는 데 애먹은 것은 잊어버렸길 바래본다. 함께 대구 출장을 가 사진 작업을 해준 김춘호 작가에게도 고마운 마음이다.

우록2리 곳곳에 있는 작은 대나무 숲들은 한겨울에도 여전히 푸르다. 동네로 들어가면 골목 중간중간에 오래된 돌담길들이 보인다. 어떤 돌담 안에는 사람이 살고 있다. 사람이 떠나고 집은 무너져가도, 아직 터를 지키며 골목을 내주는 돌담도 있다. 마을 곳곳에 무너져 쓰레기 더미로 남은 집더미들이 보이고, 그 위에 잡초와 이끼가 자라고 있다. 낡은 겨울 빛깔로, 어디는 쉬고 있고 어디는 죽어가고 있다. 우록2리는 개발로 망가지는 농촌지역과 달리, 개발의 효율성이 없는 산골짜기 마을이다. 농사와 사람이 사라지면서 자연이 회복되고 있다. 폐가나 흉가는 인간중심의 용어다.

이듬해 여름에 다시 와보니, 잡초들이 더 무성하게 자라 무너진 집터를 덮고 있다. 생명을 살리기 위한 쉼이고 죽음이었다. 잡초들이 더 자라 숲을 이룰 것이다.

2019년 5월 수원시 조원동 원룸에서

차례

내 살은 거를 우예 다 말로 합니꺼

조순이(대촌댁),
1937년생

첫 인터뷰는 2017년 1월 15일 오후 3시경부터 어르신 집에서 했다. 대문은 없고 오른편 안쪽으로 집채가 들어앉은 넓은 마당이 있으며, 울타리 역시 분명하지 않았다. 현관문이 닫혀는 있는데 잠겨 있지는 않았다. 부르고 두드리면서 문을 열고 들어가는 한글반 선생님 유지원의 뒤를 따르며 나도 "계세요?" 하는 소리로 사람이 온 것을 알렸다. 못 들으셨는지 기척이 없었고, 언니가 이내 안방 문을 열었다. 점심 먹고 방문하겠다는 말을 해놓았지만, 서울내기인 나로서는 이래도 되나 싶게 죄송하고 조심스러운 방식이었다. 더구나 할아버지까지 계신 집인데. 대낮이지만 추운 1월이어서 창문이며 커튼을 꼭꼭 닫아놓은 터라, 불을 켜지 않은 방 안은 어두웠다. 할머니는 이불을 펴놓은 채 바느질 중이었고, 할아버지는 팔을 괴고 누워 텔레비전을 보고 있었다. 할아버지께 죄송하다며 양해부터 구했다.

곧 설이라가 이불 기빈다꼬(기운다고) 디비시가지고(뒤집어서) 난리라. 여로 앉으소. 여가 제일 따숩십니더. 이기 오래된 거라도 솜이 좋으니께, 몇 년에 한 번씩 틀어주기만 하믄 한도 끝도 없이 새거라. (그렇더라고요. 외할머니가 제 엄마 시집갈 때 이불 해준다고 장만한 목화솜을 제가 물려받아 아직도 쓰고 있어요. 엄마가 올해 여든다섯이신데, 작년에 솜 틀집에 맡겼더니 새거가 됐더라고요. 아니 근데, 불도 안 켜고 안경도 안 쓰시고 바느질을 하시네요.) 앤경은 씨나 안 씨나 안 보이니까 마찬가지라예. 다 끝나가예.

그러는 사이 할아버지는 말없이 방을 나가셨다.

(할아버지가 우리 때문에 쫓겨나시네요. 밖이 추운데.) 아이라예, 4시 되마 나가 불 때야 자거든예. 불 때러 나가는 거라예.

4시가 되려면 한 시간은 남아 있었다. 동네에 또래 할아버지도 없어 가실 곳도 마땅찮을 테고, 두 노인네 살면서 다른 방에 불을 땠을 리도 없다. 벽에 걸려 있는 가족사진을 보며 말을 터나갔다. 한켠에 놓여 있던 찐 고구마와 찐 밤을 우리 쪽으로 밀어주셨다.

아궁이 불은 엉겁 안 지기고 잘해줍니더

몸이 아파가, 허리를 다쳐가, 허리가 이만치 내려앉아가, 맘대로 몬 움직여예. 내가 올개(올해) 팔십하나라예. 소띠[1937년생]라예. 영감은 여든여섯인데 아직 기운이 좋아예. 오새도 보마 내 허리 아프이께 무거운 거 들어주고 그란다. 있으이 낫지 뭐. 내는 수술해서 죽겠고 전신 골비(골병) 들어가 죽겠는데, 자기는 뭐 내보다 낫다 카이.

우리 영감은 여서 나가 여서 늙었어예. 근데 마 젊어서도 살림살이 주장을 몬하는 기라. 밭에 일하러 나가마, 내가 뭐 우에 우예 합시다 카면 겨우 따라 나오고, 뭐 안 그라마, 저 아래 밭 한 밑구녁 매는 거도 여 하까 저 하까 물어쌓고. 귀는 어둡제 대화는 듣지도 안 하제, 그래 말하기 싫어가지고 "아물따나 해뿌소" 해놓은께 아물따나 막 해놓는 기라. 마 안 맞는 기라. 그캐도 뭐 낫지예. 거래가 겉이 하는데 거도 이자 못하겠다 카미, 올개도 밭 매고 농사를 지야 되는데, 서너 마지기 되는 거 지야 되는데, 내 혼차는 도저히 허리가 아파가 몬하겠는데. 좀 해주면 하겠는데…… 그래가 아프다 카매 엉거럽지기고,* 쬐매 아픈 것도 마이 아프다 꼬 엉겁지기고. 그캐도 나무해다가 겨울이면 아궁지에 불은 잘 때줍니다. 거는 마 내 일이다 카며 잘해줍니더. 저 나가다 보마 불 땔라꼬 빠개논 장작이 이쁘게 쌓여 있을 기라. 그기 할배 없는 집이랑 다린 거라. 그거만 보마 젊어가 영감 미웠던 그기 좀 삭히는 거라, 하하하. 거다 이제는 속도 안 씨기고 좋아예. 안 씨기는 기 아이고 몬 씨기는 거지 뭐. 우리

* 응석이나 엄살을 부리다

는 시가 형제간도 밍(명)이 질어(길어) 오래 살고, 친정 형제간도 오래 살고, 저래 다 살아 있고 큰오빠 하나만 돌아가싰어예. 팔십서이에 돌아가 싰으이 살 만큼 사신 거라예.

허리다가 세면을 해가 떼붙여놨는 거라

내가 허리를 디게 다쳤는 거라. 감나무가 있는데, 장대로 이래 딸라고 올라가다가, 사다리, 사다리 카먼 압니꺼? 지다란 거거든예. (네, 사다리 알아요.) 거를 타고 감 따러 올라가다가 줄땅 미끄러져가, 뚝 널쩌가(떨어져) 허리 큰 삐(뼈)가 요만침이나 부서져가, 아는 데 가가 떼붙여놨어예. 그카고는 허리를 몬 써예. 그기 마 10년밖에 안 됐어예. 얼매 안 높고 [손으로 약 1.5미터 높이를 해 보이며] 요만침이나 한 데서 널쩌가 따악 요래 주지않았는데도, 골다공증이 있어가지고 삐가 뿌사진 기라. 아파도 기양(그냥) 일로 하고, 그카다 하도 몬 견디가 병원에 가 사진 찍으이 끼네, 큰 삐가 이만침 내려앉았다 카데. 허리다가 이자 쎼면(시멘트)을 해가 떼붙여놨는 거라. 저 중동시장에 한빛 뭐라 카는 데 입원했어예. 그래도 아픈 거는 매한가지라. 뭐 늘거이(늙어서) 허리 아픈 거는 좀 덜한데, 다치이 아픈 거는 아주 세게 아프다 카이. 논일도 밭일도 마이 하고 이래 골빙 들었고, 내가 아아들(아이들) 놓고서도 이래 식구가 많아가 옳게 조리를 몬했어예. 아를 다섯인가 여섯 낳았지. 아 놓으마 오새(요새)는 한두 달꺼정 몸조리를 하는데, 엔날게는(옛날에는) 해주는 밥을 일주일만 묵고 나와가 물 이어가 마. 물이나 가차이 있나? 물 이고 갈라 카먼 용심허

게* 을매나 둘러 빠집니꺼? 그래 밥 해묵고 농사하니 조리를 옳게 몬했는 거라. 근데 이래 허리가 아파도 봄 되마 또 맨땅 놔두는 거는 몬 보지예.

저 아래 저저번 달에 돌아가신 할매는 팔십서이, 아니, 올개 너이다, 개띠. 그 할매도 고생 마이 했다 아이가. 영감 죽어뿌고 나니 아들 죽고. 고사아(고생) 헛헛하이 하고 신경을 마이 써가지고, 그게 마 치매로 와가 지고. 그카다가 자슥들이 요양원 갖다옇어가, 우예 됐능가 금시 죽어뿌 랬다 캐. 여서는 그래도 만날 밥도 맛있다 뭐도 맛있다 그캤거든예. 여 이실(있을) 적만 해도, 자기 손으로 밥 해묵고, 뭐 집구석 어질러놨거나 말 거나 이래 해놓고 살아도, 정신없이 댕기미 살아도 그캤는데 거 가이 죽 어뿟다 카데. 내도 거그나 안 가고 죽어야 할 긴데. 우리가 미누리(며느리) 할 때는 그래도 어른들 집에 모시가 죽을 때꺼정 집에서 똥오줌 받아내 고 안 했능교? 오새는 마 전부 갖다옇고. 그때만 해도 잘했는 택이지. 그 게 법이라 다들 그랬는 거라.

자슥은 너이라예. 딸 둘 아들 둘인데, 딸이 맨 앞이고, 그다음에 아들 이고, 막내이가 딸이라예. 복판에 아들 둘이라. 영감이 일찍 수술했다 카 이께네. 수술 안 했으마 더 많이 낳았을 기라. 그전에 두나(둘이나) 없앴다. 하나는 낳아가지고 뭐 우(울)지도 안 하고 그런 기라. 마 일로 디게 하이 (힘들게 하니) 아(아이)가 속에서 죽었능강. 놓기는 놓았어예. 놓았는데, 나오 다 죽었능가 안에서 죽었능가, 마 갖다 내삐리뿌고 그랬어예. 그래도 꺼 꾸로 들고 찰싹 때리마, 아가 울음이 터진다 카는데, 우리 시오마이가 그

* 　신경 쓰이다, 마음 쓰다, 애쓰다

런 건 잘 알거든예. 뭐 주무리고 만지주고, 그런 거는 우리 시오마이가 반점재인데. 점재이 카먼 압니꺼? (알죠. 점쟁이) 온케(온전히)는 아니고 반점재이는 하는데, 그거를 마 없애뿌고, 또 하나는 정끼 들려가, 정끼 카먼 압니꺼? (네, 경기 든다고 하지요. 갑자기 놀래서 막 울고 몸 뻗대고. 그러다가 잘못되기도 하잖아요.) 아가 없어질라 카이 내가 잠이 오더라 카이께네. 아 놓고 얼마 안 돼가, 우리 시오마이는 놀러 가뿌고 내 혼차 있는데, 내는 졸려가 자다 깨다 하는데, 마 아가 정끼 들려가 이마이 뻗대가매 악을 쓰고, 그래가 여 부빗다 저 부빗다 캐쌓다가 기양 죽어뿟다 카이. 그캐서 둘 없애뿟다. 내는 아는 안 떼봤어예. 영감이 일찌거니 정관수술 그걸 했어예. 근데 영감이 그 수술을 해서 자그 허리가 아프다 꼬, 만날천날 그 소리를 하는 기라, 하하. 니 때문에 허리 아프다, 니 생각캐 내 허리 아프다, 천날 그 소리라예. (그래도 영감님이 그 수술 하신 거는 훌륭하네요. 남자들은 정력 떨어진다고 싫어하잖아요.) 하이고, 모리는 소리 마이소. 흉륭해가 그런 게 아이고, 우리 영감이 넘의 여잘 좋아했는데, 나댕기면서 아 생길까봐 수술한 기라. 내가 모릴까봐? 다 안다 카이. 여 홀애비 영감캉 다린 영감들캉 같이들 가가지고 수술했는 기라. 그래 해가지고 나이, 그때 엔날 돈 칠천 원 주는 거로 술 받아 묵었다 카데. 여여 홀애비 영감캉 댕기면서 넘의 여자들캉 놀고 젆어가, 아 밸까봐 그캐놓고는 내 생각했다 카미 그래쌓서, 내캉 지금도 싸운다, 하하.

하도 씽씽 변하니까 정신이 없다 카이

(옛날에 서울이고 시골이고 공무원들이 다니면서, 남자들한테는 정관 수술 하라 하고, 여자들한테는 피임법도 가르쳐주고, 임신한 애 떼라고 선전도 하고 그랬는데 어르신도 혹시 기억이 있으세요?) 내는 거도 몰랐어예. 여가 산꼴짜군데 여까지 공무원이라 카는 기 와본 역사가 없어예. 여는 마 국민도 아이라예, 하도 꼴짜구라서. 그때나 지금이나 선거 때가 돼도 올 동 말 동이라예. 전에도 보마, 후보는 안 오고 뭐 설탕 그런 거는 이름 붙여가 왔어예. 오새는 그게 부정선거 뭐로 까막소(감옥소)를 가는데, 그때는 마 다 그랬어예. 일버(번)이 뭐 주고 이버이 뭐 주고, 딱 선거 때만 되마 뭐를 주는 기라. 그라이 우리 영감이 저번에 선거 갔다 오마 "술도 하나 안 받아주는 숭헌 놈들"이라 캐가 한바탕 웃었는 거라.

아 안 생기는 거도, 냉중(나중)에 들으니 저 아랫동네서는 마 그런 선전을 하믄서 뭐도 마이 주고 갈챠주고 했다 캅디다. 그때도 여는 안 왔는 거라. 그라고 그때는 아 생긴 거럴 남자가 못 놓게 하믄 등신이라 이캤어예. 그카니까네 열도 놓고 열둘도 놓아갔고, 놓다가 죽고 아파서도 죽고 그랬지예. 정관수술 거 해도 빙신이라 캤어예. 오새는 뭐 딱 하나나 둘만 놓고 수술을 하는데, 엔날게는 생기는 대로 낳았어예. 우리 영감 수술 그 기는, 마 지 맘대로 놀라고 한 거이께네.* 그때는 아 놓지 말라꼬 난리더

---

* 1957년에 결혼해서 자녀 여섯을 낳고 그중 둘을 잃었으며, 1971년에 막내딸을 낳았다. 조순이의 출산 기간은 베이비붐(1954~1963) 현상이 일어나던 시기와 일부 겹치고 바로 이어지는 정부의 출산억제 정책 기간과도 겹친다. 1960년대에 접어들면서 제3공화국은 경제개발 정책을 본격적으로 추진하는 과정에서 인구증가 억제 정책(가족계획 사업)을 빈

만, 지금은 헤까닥 뒤집어져가 아 놓으라고 난리드만예. 무신 조환지 원. 아들딸 그거도, 우리 때는 아들 몬 놓으마 색시를 얻어줘서라도 아들을 낳아줘야 했는데, 요즘은 아들 놓을까봐 걱정하는 사람이 많더라 카데. 하나만 놓을 긴데 그기 아들이면 우짜냐고. 거가 걱정돼서 아아를 못 논다 카더라, 하하하. 아구야, 시상(세상)이 그래 달라졌어예. 하도 씽씽 변하니까 정신이 없다 카이.

좁쌀 하나로 닭 믹이가매 아등바등해가 소 사듯이 살아온 거라예

그때만 해도 아 놓다 죽는 여자가 많았어예. 저 사는 할매 하나는 자그 시오마이가 아 놓는 거를 받다가, 시오마이랑 아랑 죽어뿟다 아이가? 할매 신혼 때도 아이라. 6년인가 지나가 자그 큰아들 놓고 두어 달 있어서라. 죽었던 그때 시오마이가 오십이 훨씬 넘었댔거든. 그래 늦게도 아가 생기더라 마. 희한치, 참말로. 아라도 살았으마 조카보다 어린 작은아부지가 됐을 기라. 그런 집이 흔치는 않아도 있었다 카이. 그라니 시집 일찍 와가 아 일찍 논 여자들은 시오마이 아 받아주고 젖도 믹여 키우고 그케 마이 했다. 시오마이가 나이가 많으이 젖이 줄고 해가 그래들 했다

곧 문제 해결과 경제개발 계획의 일환으로 추진했다. 특히 농촌 지역의 경우 가가호호의 기혼 가임기 여성들에게 여성 준공무원을 파견해 피임법을 가르치고 낙태를 권장했으며, 남성들에게도 예비군 훈련 등을 기회로 정관수술을 적극 권장했다. 출산억제 정책으로 갈수록 출산율은 떨어졌지만, 가임기(15~49세) 여성의 수는 오히려 증가하던 시기여서 신생아 수는 해마다 늘어났다.

카이. 그래가 "자그 새끼보다 시동상헌테 젖을 덜 줄라 카네, 지 새끼 먼저 줄라 카네" 카마, 시집살이를 더 씨게 한 미누리도 많았다 카이, 하하하. 거 아도 살았으마 한 젖 먹고 컸을 거 아이가. 시동상들 졸망졸망한 거럴 넷이나 놔두고, 다섯째 시동생을 놓다가 돌아가신 거라. 미누리헌테 짐 더 지우기가 맴에 걸리가, 아를 데리고 가싰는갑제.

그 아지매가 전날 내보고 "내 팔자가 와 이러노? 오늘 아츰(아침)에도 개 밥 주고 염소 밥 줬다는 거 아이가?" 그카더라. 그 집이 여서는 아주 부자라가, 소가 어마어마하게 많았거든예. 촌에선 부자라봐야 여자들 고생이 더 많다 카이. 거다가 시부모부터 시동상 넷에 영감부터 자식 넷에 냉중에는 손주 둘까지 키웠다 아이가. 아아들 오매(엄마)가 바람나가 가뿟다. 문디 같은 미누리. 큰아 초등핵교 1학년부터 작은아랑 여서 할매가 키운 거라. 그 집 영감이 오남매 맏이라 카이. 시동상 서이, 영감, 시누부(시누이) 하나, 그래 오남매 아입니꺼. 오남매 집에 맏미누리로 시집 왔는데 그 시오마이가 여섯째를 놓다 죽은 거라. 그 할마이는 스물하나에 시집와가 스물일곱에 첫아를 놓은 거라, 머스마를. 그때는 많이 늦은 거라. 그래가 시아바이, 시오마이가 미누리한테 만날 "꽁밥 묵는다, 꽁밥 묵는다" 그카매 지깄다* 카이. 처음에는 꽁밥 묵는다는 기 뭐신고 그거를 몰라가, 친정 갔을 때 "오매, 꽁밥 묵는 기 뭐꼬?" '맨날 시아바이 시오마이가 낼로 꽁빱 묵는다 카는데, 그기 머꼬?' 그카고 물었다 카더라. 친정 오마이가 있다가 "니 아 없다고 그래 안 카나. 아 하나 놓으마 그런 소리 안 듣는다" 이카더란다. 아는 늦게 놓았지만도, 그캐도 마 꽁밥 묵은 거

* 잔소리하다

는 아이지. 시집오자버텀 농사일이고 안일이고 을매나 씨게 했는데 그기 우에 꽁밥이고.

그 집은 부자랬고 내는 아무것도 없는 집이었다 아이가. 그래도 그 아지매나 내나 팔자가 좋은 택은 아이지. 인자라도 아프만, 어느 미느리가 옆에 있어가 날로 미음 한번 따땃하이 끓이주겠노? 그 아지매는 시누부가 하나 있는데, 열 몇 살에 지 오매가 죽었는 거라. 그 아지매가 키아가 시집을 보냈는 거지. 시누부가 그래 잘하드라. 그 할마이를 친정오매처럼 그래 생각하고, 고생한 거도 알아주고. 여자끼리라 그런가 둘이 그래 좋더라 카이. 시동상들하고는 다르다 카이. 내는 마 어른 밑에, 서방밑에, 시동상들 밑에, 아아들까지 키아가믄서 농사일까지 할라 카이 너무 힘들어가 몬 살겠더라꼬예. 그 많은 식구 밑에 내 자식들 믹이고 갈치는(가르치는) 기 할수록 힘이 들더란 말이라. 아아들은 집에 내삐나둬뿔고, 어떤 때는 아 발을 새끼로 묶어놓고 밭에 가 저물도록 일하고 오마, 저그끼리 기이댕기미 똥도 주워 먹고, 똑 걸배(거지)겉이 그래 컸다 카이. 하이고 마, 좁쌀 하나로 닭 믹이가매(먹여가며) 아등바등해가 소 사드끼(살듯이) 그래 살아온 거라예.

어려서 친정이 몬살았는데 이제는 포한 풀은 거라

내는 오매가 김가고 아부지는 조가고 그라예. 요 밑에 '대일리'* 카는 데 살았어예. 원래는 파동** 카는 데 있다가 이사 왔다 카데. 내 쪼맨할 적에 이사를 왔는데, 엔날 영감들은 할마이 애 많이 안 믹있나? 아부지가 술이나 묵고 마 애를 믹있어예. 친정도 원체 없어가 내는 한평생 없이 살았어예. 그래 없어가지고 마, 산에서 나무해가지고 이래 쪼개가 동그라이 요렇게 묶아가지고, 대구 장에 가서 팔아갖고 양식 사다 이래 먹고 사는 형편인데, 우리 아부지가 술을 좋아하이 술만 묵고 양식도 안 팔고 오매 애를 믹이고 만날 싸우고 그랬다 카이. 친정 형제는 원래 오남맨데 맨 위 오빠는 먼저 갔어예. 위로 오빠 둘 있고, 밑에 남동상 둘, 그래 오남매였어예. 딸은 내 하나라.

복판에 딸 하나뿐이께네 아부지가 날 기여버(귀여워)했어예. 동네 사람들도 "아무거시는 백얌생이(백염소) 하나 키운다" 이캐쌓고, 맨날 귀하게 하고 그랬어예. 어릴 때 내 이름이 석순이였는데 집에서 부를 때는 백얌생이, 백얌생이 했지예. 염소 안 있습니꺼? 염소도 백염소가 있거든예, 흰 염소. 내 귀하다고 흰 염소를 키운다 이 말이라예. 그래 백얌생이 키운다 캐쌓티만 참말로 꺼면 염소한테 시집왔어예. 우리 영감이 올개 팔십여섯인데 염소띠***라. 내는 소띠****라 올개 팔순이고, 하하하.

아부지가 만날 양식은 잘 안 벌고 술이나 마시고 애묵이가, 오마이가 고생을 마이 했다. 그래 살다가 나무 요만큼 해가 양식 팔아가 먹고. 내도 참 없이 컸어예. 죽 묵고 그리 없이 크다, 우리 오마이가 저 들에 똥 주고

---

*   대구 달성군 가창면 대일리
**   대구시 수성구 파동
***   1931년생, 양띠
**** 1937년생

이래 해가 키운 채소를 먹고 체증이 들렸는 기라. 나이도 얼마 안 먹었는데, 마흔하나 겉으믄 안 젊습니꺼? 그때 내는 열한 살이고. 지금 겉으만병원에 가 주사 한 방이마 나섯는데, 그때만 해도 못 나사가지고 퉁퉁 부어가 있는데, 똥똥, 거 채독 올라가. 그래도 마 죽지는 않을 긴데, 이웃에서 누가 개고기를 한 그릇 갖다줬는 거라예. 체증에 개고기 묵으만 대번도져서 죽는다 캅디다. 그게 사약이라. 거를 몰라가 그걸 먹고 나이 그길로 마 죽어뿐 거라. 누리이병*이 났는데, 그기 지금은 잘 고치지만서도 그때는 기운 내라고 개고기를 묵어 죽은 거라예. 오새 겉으믄 병원 가 주사하나 맞으믄 금방 날긴데 마…… 밑에 동상 둘이는 니(넷) 살 묵고 다아(다섯) 살 묵고 이랬어예. 보리밥만 묵여놓으이 배가 뽈록하이 해가, 거 둘을 내가 키웠어예. 오빠 둘은 돈 벌러 나가고.

지금 카믄 병원 갔겠지만 병원에 갈 줄도 모리고. 그래가 오마이 마흔하나에 돌아가시고, 내는 열한 살이고 우리 오빠는 열다섯 살이고, 밑에 동상은 일곱 살이고 막내이는 시 살 이랬어예. 막내 그거를 내가 배 위에 얹어가 키웠어예. 처음에는 오매 돌아가싰는데, 내는 철도 모리고 나무에 그네 탄다고 탔거든예. 촌에 열한 살이 뭐 압니꺼? 그라믄서 이자 여자가 없으니 내가 동상들 키우고 밥 해믹이고 살림하고 그랬어예. 아부지가 나무 팔아가지고 양식 팔아오면 밥 묵고, 술 마시만 굶고, 주다 안 주다 이래가 동상들을 키웠어예. 오빠들은 나이를 묵어가 우예 됐던동 나가뿌렀나 잘 모리겠고, 동상 둘 고것들만 키운 기억이 나예. 아부지 밭은 없었고 남의 논 몇 마지기하고 밭이 있는데, 그것도 지대로 몬 지었는지

•   황달

024

그래 없이 살았어예. 그래가 오매 돌아가시고 나이 엔날게는 빈소를 채려놓거든예. 제산데 제사상을 보러 갈라 카이, 밤새도록 아부지를 기다렸더니 술만 자시고 어어억 하고 올라오는데 제사 뭐 잘 지내나? 나물 조금하고 조기 한 마리 하고 지내는데, 그것도 안 해오고 나무해가 술 다 잡쉬가…… 우옛던동 속상해서 그랬는지 나무를 몬 팔아가 그랬는지 알 수가 없어예. 그렇게 고생하고 이자 내 좀 크고 오빠도 동상도 이래 커가지고, 이 꼴짜구에 결혼해가지고 왔어예. 핵교는 안 댕겼지예. 우리 친정 마실서는 다른 집도 가시나들은 아무도 핵교 안 보냈어예. 바로 밑에 핵교 있는데도 가시나가 핵교 가마 팔자가 씨다 카매 안 보내주는 기라. 그라이 살림하믄서 동상 키우고 그래 지낸 거라. 오빠들도 국민핵교 댕기다가 안 댕기다가 했고, 밑의 동상들도 핵교를 옳게 몬 갔어예. 막내 그거는 6학년 졸업했는가 몰라. 다들 옳게 몬 배웠어예. 어쨌든 아부지가 뭐를 할래도 했어야 새끼들이 핵교 구경이라도 했을 긴데. 아부지가 착실했으면 고생도 덜할 긴데…… 고생 많이 했어예.

온 동네가 몬산 거니 챙피한 거는 없었어예

내나 어제 거 다바아(다방) 드가는 길,* 고 우에가 바로 친정이 있었든 기라. 가차워예. 내가 마 반찬이나 해묵을 줄 아나? 쪼맨한 기, 열한 살

---

* 　2차 방문 중 한글반 유선생과 학생 할머니 세 명, 그리고 필자가 함께 점심을 먹으러 가는 길에 지나간 동네 다방을 말한다.

무은 기 뭐 할 줄 압니꺼? 밥이나 해가 묵고, 무 그거밖에 없으니까. 무도 좋은 거는 없고, 뽑으마 가상사리(가장자리)에 있는 건 작고 잎은 많이 달렸잖아예. 그럼 내에 가가 씻쳐갖고 소금 쳐놨다가, 찬물 부어가 고칫가루 있으마 조금 옇어가 짚으로 딱 덮어놔예. 우리는 고칫가루도 몬 넣어예. 그래가 거를 묵는 거라. 내년 4월까지 묵는다 카이. 내년 4월이마 곰팡이 다 쓸거든예. 그걸 씻어가 죽 끼려 묵고 그랬어예. 그래도 온 동네가 다 그래 몬살은 기니, 뭐 챙피하고 그런 거는 없었어예. 옴마가 없어가 그기 서러벘지. 시집와서도 그기 제일 섧더라 카이. 그래 하다 스물한 살 무가 시집을 와도, 친저어가 없어가주고예 마…… 아부지가 마 술만 좋아하고 야물딱지는 게 없어예. 그래 애 믹이놓이 우리 오매가 돌아가셨지예.

그카다 이자 아부지가 할마이를 하나 주워다놓이께네, 아부지 술 묵제 할마이 술 묵제. 아줌니가 아이라 할마이라. 살림하라꼬 주어다놨나 우쨌나 그런데, 술을 그래 묵으니 무신 오매 노릇을 했겠노? 술만 푹푹 묵고 마, 한 1년 살다가 쫓아삣다 카이. 가뿌맀어 마.

친정아부지는 칠십다섯에 돌아가셨어예. 그때 알라 업고 갔어예. 아부지는 그 전 언제 탁 씨러져갖고 바람(풍)이 왔능가 마 그질(그길)로 고상하다가 돌아가싰어예. 음력 7월에 돌아가싰다. 칠십다섯 겉으면, 엔날로 치믄 오래 살았다 캤어예. 한 30년 됐지예.

형지(형제)들은 큰오빠 말고는 지금 다 살아 있어예. 큰올케도 살아 있고. 동기간은 가끔 만나예. 둘은 대구 시내 살고, 오매 아부지 제사지내는 남동상은 대일리 우리 고향에 살고, 산소도 가차버예. 원래 서울 가 살다 큰오빠 돌아가시니께네 그리로 들어온 거라예. 아부지도 서울서 좀 지내다가 다시 대일리로 오셨댔어예. 그라다가 돌아가신 거제. 3월 초열 흘날이 오매 제사라서 또 볼 거라예. 친정 식구들이 들십니다. 들시다는 기, 형지들이 모두 참하게 살고, 조카들이 다 잘돼가 있고 그렇단 거라 예. 조카들이 대한항공 과장이고 마 이래예. 어려서는 친정이 마이 몬살 았는데, 이자는 모두 잘돼가 좋아예. 조카들이 열인데 다 잘돼가 있심다. 그 포한•은 풀은 거라.

내 살은 거는 마 고생한 거 말고 없어예. 모내기해가 이삭 올라오마, 어떤 해는 그 이쁜 걸 물이 확 쓸어가뿟고 시꺼멓게 썩어들어가는 거라. 어떤 해는 잘 자라가 대가리를 숙일마 해가(숙일만 하면) 통통하이 그래 이 쁜데, 또 홍수가 나가 꼬꾸라지고. 그래 쓸어가뿌마 냉중에 벼가 말라도 아무것도 건질 기 없는 거라.

표고 따먹고 나물 뜯으러 댕기고

어려서는 마이 놀러 댕겼어예. 나물 캐러도 가고. 소리도, 노래도 마이 했는데, 이자 늙으이끼네 마. 노래도 제법 했어예. 엔날게는 벌로 다이마 이래 했는데, 지금은 똑 노래방에서 글자 맞촤가 하이, 글자도 모리고 따

• 마음속 원한

라 몬하겠더라 카이. 곡조가 안 되더라 카이. 우리는 처자 적에 벌에 나물 뜨르러 댕기마 소리 마이 했어예. 벌이라 카는 거는 저 산마냥이로 높은 데 가마 평평하이 그런, 맞아예, 벌판. 그게 벌이라예. 가스나들끼리 나물 뜨르러 가가 벌에 앉아 점들* 노래하고 재미있게 놀았어예. 나물은 요마치나 뜨고, 들에 가 메뚜기 잡고, 산에 가 표고도 따고. 표고 아능가 몰래도…… (아, 표고버섯요?) 거래 맞다, 버섯. 거를 오새는 나무에 박아가 키우는데, 내 어릴 적에는 산에 가가 거를 너댓 되썩 그래 따오만 을매나 신이 나가, 하하하. 우리 집 마루에서 수동** 카는 데가 한참 올라갑니더. 저짝 꼴짜구 뒷산에 올라가마 표고가 발가이 산에 있거딘예. 지대로 열어 있어예. 나무에 열어 있시만, 앉아가 줄줄 훑어가 너댓 되썩 땄어예. 그래 따가, 집에 와가, 설탕 옇어가 묵고. 엔날게 표고 묵으면 지침(기침)에 좋다 안 캤십니꺼? 그래 묵고. 오새는 산에 안 나. 없다 카이. 고사리도 엔날만치 없고, 약초 같은 거도 없고.

남자아아들? 머스마들하고 우예 노노? 그때는 내우(내외)를 마이 했어예. 내우 카면 압니꺼? (예, 알지요.) 마실 머스마들 길에 있으만 그리로 몬 간다 카이. 부끄러버갖고 저리로 둘러 가고, 친구들이랑 멀리서 보마 킥킥 웃기만 하고 그랬어예. 지금은 한바이(한방에) 놀고 이래 하지마는 그때는 내우했다 카이. 마실 머스마들이 나무해가 이래 앉아 이시만, 또 여럿이 주욱 앉아시만, 머스마들 앞으로 몬 지나가고 저래 둘러가고. 내우한다꼬. 마실 총각하고 노는 거는 생각을 몬했어예. 이자 어릴 때 친구

---

* 저녁이 오도록 하루 종일. 온종일
** 현재의 대구시 수성구 용학로 인근

028

들이 아파 죽은 것도 하나 있고, 마이 아픈 것도 있고, 건강한 사람이 몇 없어예. 친구는 안 많았어예. 한 다섯여섯밖에 안 돼예. 살림하고 동상들 볼라니, 다른 아이들처럼 그래 못했어예. 딸이 나 하나뿐이라 형지간에 논 거도 별로 없고.

시아바이 될 사람이랑 술이나 묵고

내는 고향이 대일리라. 영감은 이 집서 나서 여서 자랐어예. 결혼은 내 스물하나 영감은 스물일곱에 했다 마. 여섯 살 차이라예. 내를 선본다꼬 왔는데, 그때는 신랑 치다볼 줄도 모리고 댕기 요만치 땋아갖고 정지(부엌)에 밥한다고 있으이, 자기는 내 뒷골만 봤고 내는 신랑 치다보도 안 했고. 시오마이는 이자 막 돌 지난 우리 막내시누부 업고 왔데예. 머리 반들반들 빗고 기생겉이 해가 왔는 기라. 시오마이가 원캉 인물 좋고 예뻤어예. 머리 반들반들 발라가 아 업고 들어오는데, 내도 시오마이만 봤지. 신랑은 방에서 아부지하고 점심 묵고, 나는 정지에 올케하고 밥한다꼬 드가 있고. 치다보도 안 했는데 지금 겉으면 한방에 앉아 이바구도 하고 얼굴도 보고 할 긴데, 그때만 해도 부끄러버가 쳐다보도 안 했다 카이.

내는 딴 데 선 안 봤어예. 딴 데 뭐 말들은 들어와도 보들 안 했어예. 스물하나 그래가 마을에서 내가 참하다고 다들 캐쌓니께네 선이 들어왔더라 카이. 그때는 코가 퍼져서 그렇지 못했다 소리는 안 했어예. 일도 잘하고 부지런코 그랬어예. 오매가 일쩍 돌아가셔갖고 그게 흠이라면 흠이었제.

우리 아부지가 시아바이랑 친구라놓이께 선은 대충이고 신랑을 보기나 말기나 시아바이 될 사람이랑 둘이 술이나 데따(매우) 묵고, 술김에 "좋다 마. 하자" 그래가 한 거라예, 하하하. 시아바이랑은 나무해가 장에 내다 팔다가 친구가 됐는갑드라. 술 취해가 "하자" 그러고 놀다가 집에 왔는데 그게 허락이라고 사성•이라는 기 왔는 거라. 오새는 사성 와도 마 안 하믄 되는데, 엔날게는 사성 오고 안 하믄 숭(흉)이 많았어예. 그래도 처음에는 안 할라 캤어예. 식구는 열두 식구고 묵을 거는 암것도 없다고 소문이 나가, 장도 못 얻어 묵는다 카고.•• '장도 못 얻어묵는다'는 말은 식구가 많다 그 말이라예. 그카는데 그때만 해도 선봐놓고 안 하만 숭이 컸그든예. 아부지도 원래는 안 할라 캐가 그쪽 중신에미하고 싸워쌓데예. 중신에미가 시숙모 될 사람이라. 담배를 팍팍 피우며 안 한다꼬 울 아부지가 그카다가 담뱃대 그거를 밀고 싸워쌓데. 와 엔날 대 안 있십니꺼? 근데 시숙모가 중신하면 잘 몬 산다 카더라꼬. 엔날 어른들 말에 그런 게 있어예. 그카니 아부지가 그 말도 하고 시숙모 될 사람은 "마 그래도 밥은 묵고 지낸다" 카고. 그래 싸워쌓길래, 나가 "아부지 싸우지 마이소" 이카이께네 "니 시집가고 싶어서 그카나?" 카면서 시집을 보내뿄어예, 하하하. 하도 싸우니께네 "싸우지 마라" 한 거를, 내가 가고 싶어가 그칸다고 한 거라예. 내는 그 소리는 안하고 '싸우지 마라' 이 소리만 캤는데…… 그래갖고 시집을 왔지. (아이고, 말씀을 확실하게 하셨어야죠? 하하하.)

• 혼담이 결정되어 신부 집에 적어 보내는 신랑의 생년월일시.
•• 간장, 된장, 고추장 등 가장 기본적인 식품도 못 먹을 정도로 가난했다는 의미

지금 겉으면 안 가는데, 그때만 해도 하니 안 하니 그카다 왔는 기라.

신랑 바지 떨어진 거 안 집어주는 거 보니 장모도 없는가베

내가 결혼해가 온 그기 스물하나 때니께 딱 60년 전이라. 하이고, 오래도 됐다. 영감은 팔남매의 맏이라예. 팔남맨데, 지금은 시동상 하나 죽고 칠남맨 다 살아 있십니더. 시누이 둘, 아들 다섯 안죽 다 살아 있는데, 모레 제사 지내면 모두 옵니더. 여기 다 오면 방도 치우고 이불도 꿰매고 이래야 안 캅니꺼? 그래가 내 아까도 이불 바느질을 펼쳐놓았는 기라.

그래가 이자 잔치할라 캤넜는데, 이 집에 암것도 없는데 마 우리 시오마이가 손이 커가지고 넘의 빚을 내가지고 떡도 한 금 사가왔어예. 그때만 해도 광목˙ 치마저고리하고, 화장품은 거 안 있나? 그래 연지곤지하는 거 하나하고 분하고, 또 뭐라 카나 처음에 그거 안 바르나? 낯 씻고 바르는 거. 맞다. 스킨하고 노션. 그렇게 네 가지를 가왔어예. 노션, 그걸 발라야 화장을 하지. 시오마이가 통이 커가 빚내가지고 떡만 그렇게 많이 해가오고 그랬어예. 치매(치마)는 인조 치매저고리 그거하고, 광목 두드리가지고 하고. 그게 혼수지. 신부 입으라고 그래 왔는데, 내는 오마이가 없으이께 친정서 할 사람이 있십니꺼? 그래 옷감 조금 하고 그리 가지고, 내 결혼할 때는 오빠가 결혼해가 올키(올케)가 있었거든예. 그래가

• 무명실로 짠 베

올키하고 했는데, 촌에는 잔치하믄 여자 집에서 족두리 치고 집에서 혼례 안 합니꺼? 그래 했어예. 음력 시월 열여덟 날이 혼인한 날이라예. 내 생일도 시월이라예. 소띠가 시월달에 안 좋십니꺼? 묵을 거 많고. 그카고 또 시월이 우리 할매 제사가 든 날이라예.

그래가 이자 신랑 다룬다 카면서 막 때리고, 첫날 지녁(저녁)에 문구녕 뚫는다 카면서 빅(벽)을 뚫는다 카이. 문구멍만 뚫브면 다행이지, 문은 밀창문(미닫이)인데, 잔다꼬 누버 있으니 빅을 뚤버가 다 뿌샀다 아이가. 그래가 친구는, 아이고 집안 시각 하나가 그렇게 빌난 사람이 있었다 카이께네. 시각 카먼 사우(사위)라, 딸네 집안의 사우네 쪽 사람을 말하는 기다. 그 시각이 나중에 죽었어. 우리 영감이 "그놈의 새끼 애믹이더만 죽었구마" 그카더라예, 너무 빌나가지고 하마. 첫날밤은 친정에서 보냈제. 이튿날 신랑 다룬다꼬 또 때리고, 구두를 팍 던져갖고 영감이 뿔따귀가 나가지고, 오강 안 있십니꺼? 첫날밤에 오강 들라주드만. 그때 그기 사기 오강인가 양철 오강인가, 거는 생각이 안 난다. 양철 오강이지 싶다. 사기 오강이마 깨져뿌니 기억이 날 거 아이가. 밀창문인데 거 시각이 구두를 던지께 이마이 뿌서져갖고, 신랑이 뿔따귀가 나가 오강 그걸 밖에 다 던져뿐 기라. 영감도 고집 시거든요. 승질 나면 무섭십니더. 넘한테는 참 좋은데 내한테만 그리 안 하나. 돈 있으마 넘 술 다 믹이고 좋구로 하이, 밖에 나가면 '법 없이도 산다' 소리 들어예. 그캐도 나한테는 빵점이라. 이제 늙으이께네 좀 잘해주더라 카이. 불도 네 시 되마 알아서 때주고. 젊었을 때는 맨날 싸우고 애믹이고 술이나 마시고 빚도 모르고. 그래가지고 나가 이 집안에 와서 고생 많이 했어예.

그래 삼 일 있다 시집으로 오는데,* 영감이 장난을 마이 치노이 바지가 다 떨어지갖고, 장모 있시만 좀 집어줄 긴데 안 집어주고 기양 펄렁 펄렁하이 왔는 기라. 그래가 오이께네 이웃 사람이 "장가갔다 오는 신 랑 보이께, 바지가 떨어짔는데 안 집어주고 펄렁펄렁하이 장모도 없는 가베"그카더란다. 우리 오마이는 내 어려가 죽어뿔고, 우리 할매나 올케 도 안 집어주고 기양 보냈는 기라. 내 그게 늘 안 잊아뿌러진다 카이…… 시집이라고 막 왔는데 이웃 사람들이 그 말을 했다 카이, 그기 참 평생 안 잊아뿌지더라…… 시집와서 츰에 그 소리 때문에 혼차 마이 울었다 마……. [눈물을 글썽이신다.]

그때만 해도 버스가 처음 나왔어예. 저 아래 삼산** 카는 데 거까지 버 스가 왔다 카이. 그래 버스 타고 삼산서 내려가 걸어 올라왔다 아이가. 결혼 때 영감은 군대 가가 6년 만에 제대하고 나서, 뭔 훈련을 받다 말고 장개간다꼬 휴가 받아가 결혼했다 카이. 그래 마 시집이라는 거를 와갖 고 내는 마 신랑 얼굴도 몬 치다보고 그카는데, 영감은 인자 훈련받는다 꼬 나갔다 들왔다 마 그카드라. (군대생활을 6년 했고 1957년 결혼하기 직전에 제대했으면, 6·25 전쟁 중에 군인이었다는 말씀이네요.) 그래가 영감이 참전용사 아입니꺼? 참전용사 그 돈도 쪼매 나오고 해예.*** 이 집 아들들이 군에 갔다가 안 죽고 다 살아왔어예. 아들 여섯인데 하나는 크다 죽고, 다섯 아들 키우고 딸 둘, 그래 칠남매 중 우리가 맏이라예. 그

• 뒤에 나올 이태경 할머니와 달리 친정에서의 혼례식 후 3일 만에 시댁으로 갔다는 구 술로 봐서 '해묵이' 풍습은 경상도 안에서도 지역이나 집안마다 달랐던 것으로 여겨진다.
•• 대구시 달성군 가창면 삼산리. 산골인 우록리를 들어가자면 거치게 되는, 큰길가의 마을
••• 2018년 현재 참전용사 수당은 30만 원이다.

라이께네 다 키아가 시집 장가 다 보내고, 고생 많이 했다 카이.

시집와가지고 첫날인가, 식구도 많고 빚도 많고 그카는데, 엔날게 쌀이 오데 있습니꺼? 보리쌀 두 되 퍼가 밥을 하고 식구대로 앉아가 묵는데 누가 쑤욱 들어오는 기라. 들어와도 쳐받아보도(쳐다보지도) 안 하고 밥을 묵고 이랬다 카이. 지금 같으만 쳐받아보면 좋을 긴데 엔날게는 신랑인 줄도 모르고, 선보러 와도 쳐받아보도 안 했고, 하하하.

시어머니는 머리를 반들반들하니 빗고 억수로 가꾸고

그래 시집와가지고 고생을 마이 하고 이래 사는데, 시오마이랑 내캉 츰에는 좋았어예. 결혼 전에 선보러 오면서는 막내시누이, 영감 동상 막내이, 거를 업고 왔더라예. 그때는 뭐 애기지. 그카고 내 시집와서는 일도 잘하고 좋다 캤는데, 마 며느리 여럿 보이께네 고마 안 좋다 카데예. (큰며느리한테는 기대하는 게 많아서 그러더라고요.) 만날 싸우고 그래가 만날 안 좋다 카고. 시오마이가 통이 커가지고 내는 그기 힘들었어예, 다린 기 아이고…….

츰에는 오니께네 아무것도 없는 기라예. 식구는 열두 식군데 거다가 와 있는 사람도 많고 그랬어예. 시할매랑 시아바이, 시오마이에 시오마이 친정오매가 와가 있고, 아 보는 아 하나가 또 와가 있고. 시오마이 친정 오빠랑 올케도 바로 옆에 와가 만날 여 와서 묵고. (아니, 웬 친정 식

구가 그렇게 와 계셨대요?) 애를 믹이고 그래가 사는데, 우리 시오마이는
만날 나가고예. 우리 시아바이는 충시이*매이로(처럼) 일이나 하고. 우리
영감보다 더 충시이 같았어예. 우리 영감보다 더 몰라예, 깝깝고. 그니께
우리 시오마이가 없는 살림을 빚내가 친정 식구들꺼정 전부 믹여 살렸는
기라. 살림은 자그가 안 하고, 시오마이는 옷 깨깟하이(깨끗하게) 입고, 엔
날게 광목 카는 거예. 옥양목 카는 거 치매, 그 단에 밥뚜가리 붙여가 요
래 딱 해놓으마. (치맛단을요?) 그래예. 그걸 안 박고 밥풀 붙여가, 윤디
로 요래 다래가, 윤디 압니꺼? 윤디 모릴 기다. 바느질하만 윤디 요만한
거 가가 요래요래 다리고. 윤디 모르지예? (아하, 인두 말씀하시는 거네
요. 옛날 다리미 작은 거요. 저 어릴 때 본 적 있어요. 숯다리미도 있었고,
그거보다 작은, 동정 같은 거 다리는 인두가 따로 있었어요.) 그래 맞다,
잘 아네. 오새 사람이 어째 윤디를 다 아나? 숯다리미 거도 윤디다. 동정
다리는 작은 거도 윤디라 카고. 그래가 옥양목 치매 두 나를 해가, 씻고
벗고 내내 그카더라. 요거 씻고 저거 벗고 두 나를 해가, 하나 씻거놓으
마 하나 입고 나갔다가 돈 구하러 나가마 있는 친구 집에 가가 이바구하
고 놀다가, 그날 돈 몬 구하마 눌러 자기도 하고. 그래 돈을 구해가 이튿
날이나 사흗날에나 오고 그카더라고. 내 시집오니 시누부가 개아지**만
하더라고예. 세 살도 안 묵고 두 살 묵었어.

　우리 시오마이가 인물 좋고, 담대***도 배짱도 좋고 그랬어예. 그라니

---

* 　충신. 줏대 없이 하자는 대로 따르기만 하는 사람. 자기주장 없이 착하기만 한 사람을
이르기도 한다.
** 　강아지

전부 주장 다 하고 이래갖고. 그 시누부는 아직 기지도 못하고 재와(겨우)
앉더라 카이께네. 그거를 내 시집와서 데불고 잤다 카이. 시오마이가 빚
내러 가가 하루고 이틀이고 안 들어오이께네. 그 시누부가 지금 같이 늙
어가는 처지라예.

시오마이는 풍덩 할라 카고, 난 빚 안 지고 살라 카고

내 시집와가 아 보는 아도 보내뿔고 이자 살림을 줄이고 애끼고 살라
카는데, 시오마이는 풍덩 할라 카고, 난 쭈루고(줄이고) 애끼고 빚 안 지고
살라 카고. 이라이 자기 마음대로 몬하이께네 조기 슨상네**** 집 앞의 작
은아들 집에 가가 살고 안 그랬능교. 말도 마이소, 내랑 아조(아주) 안 좋
았어예.

부잣집 가모(가뭄) 기양은 돈 빌려돌라 몬하거든예. 며칠 있으면서 자
고, 이자 뜸 돌리가 이바구해가 돈을 돌리가 오고. 그카면 그기 다 빚이
제. 내는 그게 불만이더라 카이. 없으면 없는 대로 아껴가 묵고 해야 안
캅니꺼? 시아바이는 농사 쪼매 짓는데 식구는 을맵니꺼? 식구가 열서인
가 너인가 마 그러더라 카이. 하고 마마. 시오마이네 친정오매가 와가 살
고, 친정 오라바이도 가차이 사는데 만날 여 와서 묵는 기라. 동상도 와

•••• 겁이 없고 배짱이 두둑함
•••• 어르신이 다니는 한글반 선생님

가 밥 묵고. 그러이 없는 살림에 넘의 식구가 너다섯이 되고. 그래가 보리쌀 퍼가지고 밥을 할라모, 물이 있나? 물도 읈으이 새색시가 저짝 꼴짜구서 물을 이고 와가지고 밥하고 그랬어예. 지금 거 한글 슨상네 밭 안에 샘 안 있습니꺼? 그 물도 마이 퍼다 묵었십니더. 하이고, 물동이 새가 질질질 흐르마 물을 뿌려가믄서 이고 오는 거라. 새거 살 돈이 어딨노? 그래 한 독을 이고 오마 반 독백에 안 된다 카이. 그걸 단지 이만한 거에 채울라 카마 왼종일 길어야 한다 카이.

　그때는 지금 이 집이 아이고, 저 아래 헌집에 살었어예. 그기 우리 집이 아이고 알고 보니 갓지기 집이더라 카이. 갓지기는 엔날게 갓 봐주는, 산 봐주는 산지기를 갓지기라 했어예. 산주인이 집 얻어주고 산이랑 거 있는 묘들 지키라 카는 거제. 그카니 집도 우리 집이 아이고 암것도 없는 기라. 갓지기 집에 딸린 밭도 좀 있었어예. 그 밭이 영감이랑 시아바이, 시오마이가 벌어가 샀는 기 아이고, 엔날 '사원' 카먼 압니꺼? (글쎄요. 사원이 뭘까요?) 거는 모르지예, 하하하. 넘의 땅에 농사를 지어가 1년에 돈을 얼매썩 줘가, 거럴 몇 년인가를 주마, 이자 그기 내 밭이 되는 기라. 그기 사원이라. 그래가 그 밭뙈기가 원래는 갓지기 집에 딸린 밭인데, 냉중에 우리 밭이 된 거라예. 부자가 땅을 줬다는 거가 바로 그 말이라. 근데 집은 사원이 몬 된다 카데. 그캐서 집은 우리 거가 아니고, 거 있는 밭만 냉중에 우리 거가 된 기라. 그라이 우리 거라고는 없이 남의 땅을 부쳐먹고 살았든 거라예.

　그 흔집 지붕이 지금은 쓰레뜨(슬레이트)지마넌 엔날게는 새*로 됐어예. (초가집이요?) 맞다, 초가집. 거를 초가집이라 카더라. 새를 다 아네, 하하하. 시아바이가 지붕 거를 새로 이는데, 산에 가가 새를 비가(베어다) 와 갖고 했어예. 거 새 비는 데를 가마, 내가 밥해가 산에 이고 올라가마, 거에 표고가 발겠어예. 그래가 호미로 좀 따다 묵고 그래 했는데 오새는 참 나무가 적고 씰데없는 잡목나무가 많아가 표고도 없고 마. 그러이 산도 변했고 시상이 다 변했어예.

거 갓지이** 집 살 때 고생 많았어예. 지금 가봐도*** 문지방이 이마이 높고, 물도 다 이어갖고 오고, 보쌀(보리쌀)을 아침에 두 질을 퍼가지고 열 두 식구 그걸 우예 해묵노? 참, 뭐 시집이라고 오니 내가 뭘 아이께? 시오마이는 만날 빚 만들어 오제. 하구야, 인물 좋고 점잖고, 옷도 깨끗하이 입고 댕겨요. 그래야 빚이라도 누가 내줬겠지예. 거지꼴이면 빚내줄 사람도 없었겠지예. 통이 큰 기 그게 탈이라. 그래 내는 열댓 식구 밥하니라고 물 이고 와가, 불 때가, 밥해가, 호박 이파리라도 따가, 된장 끼리가…… 그거를 아칙(아침)에 하고 낮에 하고. 그래 하다보면 내는 늘 밥이 적은 기라. 지녁에는 김치 넣어가 밥국 끼리가 한 그릇씩 묵고. 그 식구가 묵을라 카믄 하루에 보쌀 서 되 아이면 되겠십니꺼? 낮에는 나물국이래도 끼리 묵어야 되니께 나물도 뜯으러 가야 카고. 물이 없으이 개울 가가 빨래 씻고, 이리저리 치대가 방망이 뚜디리가지고 얼음 깨가 손 호호 불면서 그래 살았어예. 묵는 물은 그 슨상네 밭 샘에 가 길어다 묵고, 빨래는 개울 가가 씻고.

• 볏과 식물을 통틀어 이르는 말. 우록리 인근 산의 '통점령'은 억새 군락지로 유명하다.
•• 조순이 할머니는 '갓지기'와 '갓지이'라는 발음 둘 다 사용한다.
••• 그 집은 지금 아무도 살지 않으며 낡은 형체만 남아 있다.

시어머니의 가출

시오마이가 내헌테 일 잘한다 캤어예. 츰에는 좋았어예. 근데 으른이 하도 통이 크이께네 내가 냉중에는 승질이 나가지고 말대꾸가 나오는 기라. 내가 살림 맡아 하매 내더러 히프다(헤프다) 카이께네. 고만 시오마이가 싫어서 말대꾸가 되고, 자꾸 싸우게 되고. 그카다가 냉중에 이 집을 새로 지었어예. 짓고 짐 들이는 날, 어른 짐을 작은방에다 딜여놓은 걸 보고 "니는 큰방 하고 내는 작은방 하라 카노?" 카면서 시동상이 사 논 집으로 나가뿌렀어예. 시동상네가 대구 살면서 여에 집을 사났댔거든예. 그기 지금 한글반 슨상 집 앞 그 땅이라. 시오마이가 거 집에 혼차 살았어예. 거를 냉중에 슨상님이 산 거라. 그래 카이께네 안 맞는 기라. 시오마이는 만날 밀쪄가 밭도 팔아묵고, 나는 알뜰히 하고 싶고. 일은 생전 안 하고 맬가이(말갛게) 해가 있으면서, 내가 아 놓고(낳고) 일주일 만에 나가가 모 숨구고 죽을 판 살 판 이래 해도 일하러 안 나갑디더. 내는 넘의 일도 있기만 하믄 일꾼으로 가, 삯 받고 모 숨가주고 밭일하러도 가고 했지예. 내는 야물게 살았는데 시오마이는 그래 하이께네 신경질이 나는 기라 마. 새색시를 처음부터 내둘러 일 보내고, 아를 막 놓은 사람을 일주일 만에 넘의 모 숨구러 보내고, 자기는 집에서 알라(아기)나 보고.*

그러이 그기 싫어서 만날 찌각거리예.** 자기 맘대로 빚내가지고 하던

---

* 시어머니에 관한 동일한 내용의 구술을 할머니는 수십 차례 반복했다. 글로 정리하면서 겹치는 부분은 많이 생략했다.
** 투덕거리며 싸우다

거를 맘대로 몬하게 되이 나헌테 자꾸 부아를 내는 기라. 집에서 나캉 겉이 있시이 맘대로 몬하겠거든예. 누가 오마 마 이래 퍼주구 저래 자꾸 퍼주구, 그걸 맘대로 몬하는 기라. 엔날게는 보따리장사가 있었던예. 보따리장사가 한 보따리 이고 뭐 팔러 집에 오마, 시오마이가 돈도 없시매 외상을 척척 이삼십만 원어치 하마, 그거 받을라꼬 한 밤 자고 가고, 시오마이가 돈 빌리러 가니 또 한 밤 자고, 자꾸 보따리장사가 우리 집에 누버 자고 마 그카는 기라. 츰에 내는 시집 산다고 여 식구 많은데도 오마이캉 만날 겉이 점상(겸상)을 해가 밥을 들를라 카이 그것도 괴로분데, 그기도 모리고 넘의 밥을 해 들라 카이께네 보따리장사 시집살이를 살았어예. 이자 생각해보이까네 오새 겉으만 "뭐 할라꼬 저 보따리장사 밥 믹이가매 재우노?" 말이라도 할 긴데 말도 못했다 카이. 시집 산다고 밥을 해가 들이고, 문지방이 이마이 높은데 만날 점상, 독상 해가 들르고 이랬어예. 그카믄 그 사람들이 잠만 잡니꺼? 장사한다꼬 동네 다니다, 끼니때 되마 오고 잘 때 되마 오고, 우리 집이 아주 지네 집이 되는 기라예. 그카다가 마 외상을 또 놓고 가고. 그라이 만날 보따리장사가 우리 집에 붙어 있는 기라예. (아이구, 안 그래도 없는 집에 식구며 아이들이 많은데, 정말 힘드셨겠네요. 신혼 때는 싫다 소리도 못하고.) 그카니 그카지예.

  그래 외상을 하데. 빚내가 만날 과일 사가지고, 한 사라* 해가 만날 넘 퍼주고, 만날 자기 맘대로 실컷 자시고. 엔날게 그래 할라 카먼 돈 마이 듭니더. (그럼요, 많이 들지요. 식구가 많은데 남도 퍼주고. 얼마나 속이 타셨어요.) 그기 싫더라 카이께네. 예나 지금이나 돈은 버는 것도 좋지만

---

* 일본어 皿(さら)에서 온 말로, 접시를 뜻함. 접시에 담은 음식을 세는 단위로도 쓴다.

나가는 구녁을 막아야 되는 기라. 근데 들어오는 거는 없으믄서 나가는 구녁은 뻥뻥 벌려놓으니, 그기 살림이 됐겠습니꺼?

'못된 맏며느리가 시어머니 쫓아냈다' 방 붙이는 거라예

내는 또 일도 억척겉이 해가 묵고살라 카는데, 우리 시오마이는 손끄티도 일을 안 할라 캤어예. 내가 아 낳아주고, 그때 우리 두째 아들 꺼꾸로 낳아가주고. 그카고는 일주일 만에 모 숨구러 나갔다 카이께네. 내애비가 안 오다가, 아 놓고 나이 고 아래 비가 왔는 기라. 그러이 묵고살라꼬 또 모 숨구러 나갔어예. 그 어른은 집에 있고 나는 넘의 논에 모 숨구러 나가고. 품삯 일을 나간 거라예. 말기기는예(말렸나고요)? 말깄으믄 내가 이래 원통이 남십니꺼? 암 말도 안 하고 기양 앉았는 기라…… 생전에 자기는 일도 안 하고, 몸을 애끼고, 통만 크고 하이께네, 그기 마음에 안 들더라 카이. 같이 일을 해가매 통이 크면 또 모리지만……

아 놓고 일주일 만에 모 숨구러 가는 거럴 안 말긴 거도 글코, 마 빚내서 남 퍼주는 거도 글치만도 제일 서러분 기는 한동네 바로 저 있는 시동상네 사논 집으로 나가뿌신 거, 거거가 내는 젤로 그캅디다…… 서럽고 화나고 우세스럽고•…… 온 동네에 우세시키자는 거제예, 그기. '몬된 맏미누리가 시오마이 쪼까냈다' 방 붙이는 거라예, 그기. 그카고도 사람

• 놀림이나 비웃음을 받을 만하다

들 붙들어 앉혀놓고 큰미누리 흉을 윽씨 봤어예. 그카니 동네 사람들이 낼 어뜩게 보겠으예. 그런다고 보선(버선) 속모냥 모가지를 화딱 까뒤집어 비이줄 수도 없고. 내는 지금도 그게 제일로 서러버예…… 지금도 동네 사람들이 그 얘기를 하는 거 같고. 그카고도 내가 김치니 국이니 만날 해갔어예. 첨에는 마 니년이 한 거는 안 묵는다꼬 소리소리를 치더만, 냉중에는 잘만 잡숫데예. 그카고 씨러지고 나서는 이리로 모셨지예. 내 손에 밥하고 물 받아 잡숫고 그카다 가셨지예.

하이고, 피 안 섞인 식구가 제일로 무서븝디다. 좋을 때는 모리지만, 한번 어긋지면 그런 웬수가 없는 거라예. 내는 그캐서 지금도 미누리캉 사위캉은 맴이 조심시러버예. 다들 잘하고 내도 할 만큼 하는데, 우짜다 어긋날까 조심조심한다 그 말이라예. 내는 '뭐 할라꼬 빚내가 넘을 퍼주노? 알뜰해가 살면 각재이(각자) 지 집마다 살지' 이래는 거고, 그 어른은 누구 돈이 됐든 생기마 한매당(한바탕) 잘 묵고, 돈 없으마 빚을 내서라도 또 잘 묵고, 넘 배려 잘하고 그런 거라.

그랬는데…… 냉중에 보이 넘 배려하이 좋기는 좋습디다. 손주들이 잘되더라 카이, 하하하. (시어머니가 남들 배려한 덕에 손주들이 잘된 거네요.) 거를 그때는 몰랐지예. 시오마이가 주머이(주머니) 뭐 까뜩 여가 댕기미 자꾸 풍덩풍덩 할라 카이께네, 내는 속이 삭았는 거라. 그래 안 맞아가 만날 찔락찔락 캤어예. 캤는데 이자, 할매가 넘한테 밥을 마이 주고 다 풀어놓이께네 손주가 잘됐다는 이기 내 머리에 딱 들어오더라 카이. 아들이 뭐 공부는 마이 안 해도, 저래 슬슬 해가 저래 가주고, 밥 묵고 공무원 생활하고 사이께네, 그기 할매 덕인강 싶더라꼬예. 그때는 모맀는데 이자 내가 늙어가 시오마이 돼보이 알고. 나는 그땐 시오마이 안 되이 모리지예. 미누리 때는 모룹디다.

내가 전화하믄 "내 죽었을까봐 전화하나?" 막 그카데예. 그거를 내가 와 바라노? 그래가 더 미웠지예. 근데 나도 시오마이 돼보이께네, 전화 안 오이께네, 이기 와 전화도 안 하는공 싶더라 카이. 그카니 인자 어른이 그캐서 그캤구나. 그래 내가 시오마이 돼보이 시오마이 시정(사정)을 좀 알겠더라 카이께네, 하하하.

어른이 벌게 아니고 죽고 나서 자식들한테 가르쳐줄 게 있는 깁니다

퍼줘도 뭐 작은당하게 퍼줘야지, 매 너무 크닥카이 퍼주이께네 싫더라 카이. 시아바시는 우리 영감보다 더 몬해. 일만 버덕버덕 하고 충시이 매이로 좀 그렇더라 카이. 그렇고 우리 오마이가 주장을 다 하이, 이게 니래기(대물림)라. 나도 주장을 다 하는 기라. 보니 우리 미누리도 주장을 다 해. 내가 보이께네 아들이 자질이 좀 곱고, 우리 미누리가 좀 똑똑 거든. 집안에서 여자가 주장하는 기 니래기라예. (여자들이 주장을 해야 지 살림이 더 잘되잖아요.) 그렇다 카이. 그캐도 엔날 으른 말에는 그칸 다. 여자가 주장하만 집구석 망한다. 남자가 돈을 쥐고 주장을 해야 되 지, 여자가 주장하믄 망한다 이캤는데, 요샌 여자들이 전부 쥐고 있시이. 우리 미누리도 내 용돈 주는 거 지가 딱 거머쥐고 마이 몬 주구로 하고. 내가 이래 보이께네, 우리 아들이 자질이 곱으이께네 여자한테 지갑을

뺏겼다 싶으더라. 미누리가 지금은 저카지만, 지도 미누리 보만 '우리 시오마이가 그캐서 그캤능갑다' 그래 생각될 날이 있을 거라예. 그래가 어른이라. 어른이 빌게(별게) 아이고, 죽고 나서 자식들한테 갈챠줄 기 있는 기, 그기 어른입디다. 우리 시오마이는 어른이지예. 뒤늦게라도 내가 배우는 게 있으니까네. 모르지예, 내가 어른일지 말지는. 그거는 내 죽고 자슥들 늙고 나서, 지네들한테 물어볼 일이라예. 모릅디다, 때가 안 되마 모릅디다. 다 때가 있다는 어른들 말이 그 뜻입디다.

우리 작은아들이 지금 서울 청와대 있거든예. 가가 원시이띠(원숭이띠) 인데, 원시이가 재주가 안 좋십니꺼? 가가 유월 초사흗날 거꾸로 나와가 애를 묵었어예. 머리 안 나오고 다리 먼저 나오고 궁디 나오고. 그라느라 내도 아도 죽는다 캐가 우리 동서들이 울고불고했어예. 그날이 제사 드 는 날인데, 전날 지녁부터 아프기 시작해가, 아침 여덟 시부터 죽겠다고 아프더이만 열한 시 넘어가 져우(겨우) 놓은 거라. 온 방방에 끄실고 다니 며 아파 죽는다꼬 울었어예. 냉중에는 지운(기운)이 빠져가 마. 산파가 오 데 있십니꺼? 거때는 죽어도 집에 놔두는데, 오새 겉으믄 벌써 병원에 실어갔을 거고마. 산파 그런 거도 안 부르고 시오마이가 있었지. 그래가 열한 시 돼가 턱 아 놓으니 피가 줄줄 흐르데예. 그래가 "아이고 이제 살 았다" 카매 퍼뜩 일어나가, 그릏게 내가 살라꼬 용을 썼다 카이. 그래가 아도 괜않고 내도 괜않고. 내가 죽을 걸 몇 번이나 져겄어예(겪었어예). 그 라고는 일주일 만에 모 숨군다고 나간 거라예. 오새 겉으만 한두 달 일을 안 하지 않십니꺼? 근데 일주일 돼가지고 비가 오이께네 모 숨구러 나 갔으예. 내가 그라고 살았으예. 아프다꼬 몬 나간다꼬 누워 있으면 될 긴 데, 와 나갔노 내가? 등신매이로 등신짓 했어예. 하필 그때사 가물다가 비가 오니까네. 가물다가 비 오면 모를 숨궈야 되는 거라예. 아이고, 아프다고 엄살 지기면 될 긴데 몸 쾌않다고 나가고 시오마이는 집에 있고. 일을 생전 안 하고 자기 몸만 챙겨서 그른가 오래 사시데. 구십여섯까지 살다 가싰어예. 만날 온 동네 씽씽 다이마, 내 험담만 하고 살았어예. 남들은 시오마이가 그카면 미누리가 몬된 모냥이다 카는데, 내는 그래도 이 집 와가지고 몬된 거는 안 했어예. 내는 한다꼬 했어예…… 조상도 모시고, 자슥들도 다 키우고, 없는 살림 키우고. 참 말할라 카이 한정도 없고…….

시어마시가 저 우리 영감헌테도 늘 뭐라 캤어예. 자그 아들한테 만날 뭐라 캤어예. 지집(계집)한테 늘 지고 산다꼬, 저것도 지집이라꼬 딜꼬 사냐고 만날 그캤다. 시오마이는 아들보고 만날 날 쫓가라 캐. 내가 들음서 '니는 쫓가라 캐도 내는 산다' 요런 맘이 들데예. '내 악착겉이 살아야지' 요런 맘이 들더라 카이. 지 오매가 그카믄 영감도 내헌테다만 뭐라 카지예, 지 오매 말 안 듣는다꼬. 뭐라 캐도 마…… 그때 가뿟으면 고생 덜했지. 근데 시오마이가 욕해도 내는 '기양 살아야지' 카는 오기가 나가고. 그카믄서도 마 영감한테는 '쫓가내지 와 안 쫓노?' 카는 마음도 생기고. 참 영감도 힘들었어예, 중간 틈에서. 맏아들 카니 더 힘들었겠지예. 오새 미누리는 그카면 하루도 안 삽니더. 그캐도 '난 살아야지' 카는 마음으로 버팅겼어예.

잘하니 몬하니 캐도, 시오마이가 죽을 때는 여 와가 한 스무 날 있다가 병원 가가 돌아가셨지예. 내 밉다 캐쌓아도 밥도 물도 내한테 얻어 잡숫고 살았는데…… 그래 살다가 영감도 이자 나이가 많고 내도 나이가 많고 하이, 내 몸이 일 많이 해가 절단이더라 카이. 이자 힘든 일을 몬하겠다 카이. 허리도 아프고 내가 갑상선 수술까지 했어예. 입원해가 수술하고 아직까지 약 묵심더. 갑상선 걸리면 몸이 노상 피곤해예. 약도 죽을 때꺼정 먹고. 지금 먹는 약은 혈압 약, 갑상선 약, 그카고 뇌출혈 오지 말라고 머리 맑아지는 약, 그래 먹고 있어예.

풍이 한 번 지나가니 앞뒤가 없다 카이

츰에 시집을 와놓이, 송곳 하나 꽂을 땅이 없었어예. 갓지기 하는 거 넘의 거만 좀 부쳐먹었던 거라. 그카다가 냉중에 말이라고 타가 나온 밭이 일곱 마지기였어예. 그때 머릴 굴린 거가 '거다 집을 지어가 식당을 하자'였어예. 그래가 집을 지을라 카이 돈이 있나? 하나도 없고, 허가를 낼라꼬 앞집에 돈 삼십만 원 주이께네 허가 몬 내주겠다 캐. 또 뒷집, 이 집에 돈을 오십만 원을 줬는 기라, 허가 내달라꼬. 그래가 집 지어가 식당 할라꼬. 집이 포원*인데 지을 돈이 모자른 기라. 할 수 없이 갓지기 집 있는 그 밭 한 마지기를 천만 원 주고 팔고, 저 우에 있는 밭뙈기를 또 천만 원 주고 팔고. 그기 원체는 천만 원이 아이라 이천만 원은 되는데 마 그냥 천만 원에 팔고. 집 지을 돈을 맨들고 있었는 거라.

아이구 다 잊아뿌서 내가…… 뭐 앞뒤가 없다. 풍이 한 븐 지나가가

* 원한 혹은 큰 바람

더 그런다 카이. 그 중간에, 저 우에 밭뙈기 팔기 전에, 은행 댕기는 큰아들이 아파트 입주해야 된다꼬 각중에(갑자기) 연락이 왔는 기라. 그래 집도 안즉 그라고 있는데 아파트도 해야 되제, 집 이것도 지어야 되제, 돈이 오데 있십니꺼? 그래가 내가 밭뙈기 요거 팔고, 우리 아아들 대구서 공부시기가믄서 첨에 삼십만 원짜리 사글세를 얻어놓은 기 있었어예. 거서 서이 너이 공부시기믄서 쌀 넣어주고 채소 넣어주고 했어예. 그 삼십만 원이 차차 올라가 천오백만 원짜리 방이 됐거든예. 거 방을 빼서 천오백을 보태고 요거 한 마지기짜리 밭을 팔아 천을 보태가, 이천오백을 만들어가 아들한티 줘가지고 아파트엘 입주했거든예. 집 짓는 거는 일단 놔두고 수성구 안에 서른시 평짜리 아파트에 입주한 거라. 총각 때라, 안즉 결혼 안 시키고. (아유, 총각 때 서른세 평짜리 아파트를 가졌으면 인기 좋은 신랑감이었겠네요, 하하하.)

그라니 을매나 좋십니꺼? 갓집에 있다가 우리 집 지을라 카제, 또 저 아파트 입주할라 카제. 억시로 좋지, 집이 두나 생기니까. 그래 좋지마넌 돈이 을매나 마이 들어가예. 그래가 이천오백만 원으로 아들 입주시키고, 거걸 전세로 빼가지고 집을 지은 기라. 집을 짓다보이 돈이 좀 모지라데예. 전세금 이천오백을 받고 은행 대출도 받고 해도 모지라데예. 그래가 또 요요 우에 이천만 원짜리 밭을 급하게 천만 원에 판 기제. 거래가지고 이 집을 지었는 기라. 너른 집에 사는 기 포원이더라 카이. 식구는 많제, 제사랑 명절 되마 동서네들 식구꺼정 다 오는데, 집 밖이나 안이나 좁아터져가 어디 궁디 붙일 자리도 없제. 그래가 너른 집 짓는 거가 포원이었어예.

(방이랑 마루랑 마당이랑 아주 널찍하고 좋네요, 청소하기는 좀 힘들겠지만.) 넓지예? 널버가 좋지예? 내 널찍널찍하게 지었다 마. 집 없어가 한이 맺히고, 넘의 집 다 헐코 한 거에 사는 게 한이 돼가 이래 크게 지었어예. 한번썩 밍절에 다 오마 이 방 저 방 자고, 너르이 좋다 카이. 내가 나서가 이래 널직하게 안 했으마, 아직도 좁은 집에 살 깁니더. 전에는 팔남매 동기들 모이가 밥 묵을라 카마, 마 저리 받히고 이리 비잡고, 부썩* 앞에 쪼그려 앉아가 묵고. 이 집 성씨들이 많고 밥을 한데 묵을라 카이 만날 부썩 앞에 이래, 부썩 카먼 압니꺼? 불 때는 부썩. (아, 부엌 아궁이요.) 다 아네 뭐. 서울 슨상이 위예 그래 잘 압니꺼, 하하하. 동서 서이가 아궁지 앞에 쭈그리고 둘러앉아 밥 묵고 이랬어예. 방도 좁고 청**도 좁고, 그라니 내가 마 너른 집이 원인 기라. 그래 이래 집을 너르게 지었다 카이. 막 운동장만 안 합니꺼? 하하. 근데 오새는 또 나이가 많어가 소제(청소)하기가 귀찮은 기라. 그캐도 제사는 우리가 팔남매 만이라 내가 하이, 영감 할마이 아직 살아 지내이끼네, 여서 하지. 전부 다 모이거던. 형제간이랑 미누리 봤는 미누리꺼정 손지(손자)꺼정 마 한 집이 다서여섯씩 한 삼십 명 됩니더. 그때는 너런 게 최고라예. 그치만 우리 영감 할마이만 이실 때는 너르이 소제하기 귀찮은 기라, 아이고 내 참, 간사버라.*** 하하하. 그래가 방은 여 하나만 쓴다, 다른 방은 열지도 않어예.

뭔 얘기를 하다 이라나 내가 지금? 식당예? 아 맞다, 식당. 집을 지어

---

*   부엌 혹은 나무 불 때는 아궁이. 이 구술에서는 아궁이 앞을 얘기한다.
**   대청마루
*** 좋다 했다 힘들다 했다, 당신 마음이 간사하다는 말

가 식당을 할라 칸 거. 그기 내 쉰일곱 때였어예. 집을 짓고 나이 빚이 하도 많으이께네 내가 이래가지고 우야겠노 싶어집디다. 그래 식당을 할라 캤는 기라. 아츰에 일어나가지고 두부 만든다꼬 콩 닷 되하고, 묵 압니꺼, 미물묵? (아, 메밀묵요.) 맞다, 미물묵. 거 한다꼬 또 미물 닷 되하고, 아츰에 일어나가 북성로* 가가, 기계를 사와가 정지에 들라가지고 식당을 해가 음석(음식)을 팔아가지고 빚을 갚을라꼬. 우리 여 새집에서 안 하고 저그 헌집 가서 했는 기라. 영감은 새집에 있고 내 혼자 헌집 정지서 불로 때가매 하이께네, 막 어지러븐 기라. 와 이래 어지럽노 하며 묵 닷 되하고 두부 닷 되하고 퍼니께네 어지러븐 기라예. 그기 집 짓고 우짜고, 빚 갚을라꼬 장사한다꼬 신경 쓰고 과로하이께네, 뇌출혈이 왔는 기라. 그것도 모리고 여 집에 뛰가 와서 영감한테 내 어지러버 죽겠다 카이께네, 우황청심환 하나를 주더라 카이. 그거 먹고 또 헌집에 가가 일하는데, 매한가지로 어지러버 서 있지를 몬하겠더라 카이. 그래가 영감한테 연락하이, 영감이 업고 여 침재이(침쟁이)한테 가가 침 놓고 응급 처치해가지구, 사우 오라 캐가 대구에 있는 병원에 갔는 기라. 가가지고 이자 저 한의원에 갔거든. 한의원에 가이께네 토요일 일요일 걸리가지고 또 우황청심환만 묵고 약을 좀 주데. 그러이 좀 낫기는 나아. 거서는 일요일 지내고 병원에 가보라 카데, 한의원 의사가. 뇌출혈이니 큰 병원을 가라는 거라. 좀 낫다고 집으로 가마 죽든가 병신 되든가 그칸다꼬. 그카이께네 아들이 싣고 "오매 큰 병원 가보자" 카면서 저 경대병원**에 갔는 기라. 그 한약으로 몬 나슨다 카고 경대병원에 갔는 기라. 거 가가 응급

• 　대구광역시 중구의 대구역 사거리와 달성공원을 잇는 도로이자 성내 1, 2동이 있는 지역
•• 　대구광역시 중구에 있는 국립 대학병원

실로 들어가 입원을 하니 가만히 누버 있으라 카데. 그래가 20일간 넘이 똥오줌 받아내고 한 달을 입원했었어예. 마비가 왔지예. 그래가 막내이 딸 직장 다니는 거 불러가 "니 시집갈 때 돈 주꾸마 직장 댕기지 말고 내 똥오줌 좀 받아달라" 이카고 델꼬 왔거든예. 그래 한 달 만에 나아 나왔어예.

그래가 퇴원해서 보이께네 두부 닷 되, 묵 닷 되를 시어마시가 다 넘 퍼췄뿌고, 십 원도 없는 기라. 그때 집에 오만 또 일한다 칼까봐 대구 봉 덕동에 방을 하나 얻어가 거 있었어예. 병원도 자주 들락거리려야 된께네, 여그 오마 또 일하이께네, 대구 봉덕동에 방을 하나 얻어가 몸조리한다 꼬 있었는 기라. 거 우리 친구 집에 방 하나 얻어가 영감이랑 같이 있었어예. 근데 영감은 만날 술이나 마시고 마.

밉고 바람 피운다 캐도 따박따박 돈 넣어주던 영감

그때 영감이 직장 댕겼어예. 대구 저 서남빌딩*에 경비를 댕깄어예. 10년 넘게, 20년 가차이 오래 다녔어예. 시내에다가 방 얻어가 살은 거 지예. 공일**에나 집에 오고, 내는 여서 혼차 농사짓고, 바쁠 때는 머슴 사 가 하고, 아아들 키우고 살았고예. 우리 갓지기 했던 그 산 주인이 대구

---

* 대구광역시 중구 국채보상로에 있는 빌딩
** 일요일 등 근무를 쉬는 날

서남빌딩 사장이라. 서남빌딩 거가 모욕 말고 뭐라 카노? 모욕탕 큰 거. 맞다, 사우나. 거도 하고 헬스도 하고, 아주 큰 빌딩이라예. 내는 마 영감 따래갈 줄도 모리고, 애들이랑 시오마이 때문에 여서 산 기라. 그때 영감 따라 대구 가서 살았으마 될 긴데. 어른한테 간다 소리 몬하고 여서 마 만날 일만 했는 기라. 영감은 그때 돈 육십만 원썩을 벌어다주데. 그때 육십만 원 카면 오새 돈으로 백오십만 원도 훨씬 넘을 기라예. 그래 육십만 원 가지고 아아들 공부시기고 그랬어예. 아아들은 여 삼산핵교 대이고.

영감이 서남빌딩에서 경비 설 때예, 여 있으마 거 댕기라 카는데, 나가 가 대구에 방 얻어가 거 있으면서예, 일주일에 한 번 여 오먼 술이 취해 가지고 몬 가고 퍼져 누버 있는 거라예. 아침이면 술 묵고 누븐 사람 속 풀라고 밥 누래미 한 그릇 해가 주먼, 거 마시고 억지로 일하러 가고 애 묵었어예. 일주일에 한 번썩 오만, 농사 바쁠 적에는 일도 좀 거들어주고. 경비 말고 택시 회사 세차하는 거도 좀 했고, 대구에 오래 있었어예. (아유, 할아버지가 농사일에는 재미를 못 붙여도 다른 일은 열심히 하셨 네요.) 농사지어갖고는 돈이 안 돼예. 이 집 농사가 크도 안 했고, 일 많 을 때나 머슴 하나 대가 농사짓고, 자그가 대구서 번 거로 아아들 공부시 기서 다문 국민핵교라도 갈친 거라예. 월급 받은 거 육십만 원썩 따박따 박 들라주데예. 거 말고 생기마 술 다 받아 묵고. 마 알아도 내 모리닌 척 입 다물고 산 거라예. 여서 농사져가 달마다 육십만 원, 택도 없지예. 농 사는 한겨울에 내내 쉬는 기고. 그라이 한 20년 대구서 직장생활을 했십 니더. 농사만 져가믄 뭐 힘들지, 묵고살기가. 여는 꼴짜구라서 농사지을 땅이 없어예. 저 아래로 가면 땅이 너른데 여는 좁다란 기 소출도 안 나 고 해묵고 살 기 없다 아이가. 냉중에 식당 생기고 고시원하고 생수공장

생기가, 거 일해주고 좀 벌었지예.

영감은 돈도 몰라예. 돈 알았으면 부자 됐을 기라. 월급을 육십만 원 딱 주더라 카데. 월급이 육십만 원이마 생기는 기는 육십만 원이 넘는 기라. 근데 그 육십만 원 고것만 딱 갖다주고 마는 기라. 술 좋아하고 여자 좋아하고, 말로 다 몬해예. 그라니 뭐, 시내서 살믄서 내 모리게 여자가 있었을 기라. 하마, 있고말고. 거를 맘대로 할라꼬 수술을 해뿐 기고. 씨 없애는 수술 말이라. 일부러 시내다가 방을 얻은 긴데, 그걸 내가 모릴 리가 있나? 기양 그런가보다 하는 거제. 영감이 아무리 그캐도 다 내 손바닥 우에 있는 거라. 우예 됐든 육십만 원썩은 꼬박꼬박 들라주니, 그거나 잘해라 카고 놔둔 기라. 우리 영감이예, 센 오마이 밑에서 팔남매 맏아들 노릇하기가 을매나 어려벗겠어예. 거다가 여편네가 좀 고분한 줄 알았드마 새끼들 낳고 드세져가 지 오매랑 만날 싸우고 그카니, 오데로 훌쩍 가버리고도 싶었을 기라. 그캐도 여편네 들이고 자슥 새끼들 같이 만든 기 있어가 저는 저대로 발을 묶고 산 거라. 그라니 농사 싫다고 직장을 가도 멀리 안 가고 대구에 가서, 여그를 집이라꼬 일주일마다 들락거린 거라. 일요일이라고 와봐야 그저 술 취해가 살림 부수고 싸움하고 그랬지만도, 따박따박 육십만 원썩을 들라주는 기는 지 살 데가 여그라는 거고 내가 마누라라는 거를 알아서 그런 거라. 그라니 밉든 바람을 피우든 그캐도 육십만 원 따박따박 넣어주는, 그거면 됐다 싶더라 카이. 여자가 뭐 서방이 옆에 끼고 해주는 거 바라보고 사나? 자슥들 키우고 농사짓는 재미로 사는 기라. 그캐도 지가 들인 마누라랑 지가 맨든 자식들 책임지고 살라 카이까 그냥 놔둔 기라. 거걸 몬하게 하고 여서 농사나 겉이 짓자 캤으마, 저도 힘들고 내도 힘들고, 자식들 핵교도 몬 갈챘다. 물려받은 거나 있으마 몰래도, 암것도 없는 촌구석에서 뭘로 아아들 믹이고 갈찼겠나? 그카니 손바닥 우에다 놓고 내가 다 보는 기라. 일일이 싸워봤자, 지캉 내캉 몸 섞어 자식 놓아놨는데 뭐 우얄 기고? 끝장낼 거 아이고 살 생각이마, 큰 거 아이고는 모리닌 척하는 기 머리 쓰는 기라. 서방 바람났다고 이혼 딱 해뿟는 요즘 여자들은 날 보마 멍충이라 칼지 몰래도 내 생각은 그기 아이라.

영감은 총각 때 가가호호 연애를 했다 캅디다

우리 영감이 여자 좋아한 거는 늙어서 어쩔 수 없이 끝난 기라. 결혼하기 전에도 과부랑 좋아했고, 또 누구도 좋아했고, 돈도 다린 이 다 퍼주고. 저그 오매 닮아가 넘 퍼주는 거 좋아하고 마. 과부 좋아한 거는 시오마이도 몰랐다 카데. 모리지, 시오마이가 진짜 몰랐는가는 모리닌 기라. 그래 말하니 '그랬능교' 하는 기지 마. 영감은 총각 때 가가호호 연애를 했다 캅디다. 하이고 마, 시오마이가 안되겠다 싶어가 중매를 서두른 거라예. 그래도 마 저그는 하고 잪아 했는 기라. 거를 내는 냉중에사 안 거라. 먼처 알았으마 안 했겠지예. 하이고 마, 자그 말로는 돈 없어도 여자들이 좋아서 죽는다 카데. 지금 이 나이에도 그 칸다나 뭐라나, 그카고 앉았다 아이가, 하하하. 자그 오매 닮아 그런가, 인물은 좋았어예. 이자는 늙어서 저렇지. 그래도 지금도 인물은 안 좋습니꺼? 하하. (그러게요. 잠깐 뵀는데 잘생긴 얼굴이시더라고요. 그 얼굴에 넘어간 거 아니셔요? 하하하.) 뭐라 카노? 내가 인물에 넘어간 게 아이라예. 보도 몬했다 칼 때는 뭔 얘기 들으셨능교? 보도 몬하고 결혼했는데, 무신 인물에 넘어가예? 하하하. 내도 젊을 때는 참하다 캤어예. 이자 늙어가 이렇제. (지금도 고운 얼굴이에요.) 곱기야 할까마는 밉상은 아니라예. 코가 좀 주저앉았기는 했는데, 오새 겉으면 세우기나 하제, 하하하.

뭐하다가 이 소리로 왔노? 하마 정신이 읎어가…… 아 그래, 병원서 나와가 대구 봉덕동 친구네 방을 얻어가 있는데, 조리할라 카이 우리 영감은 만날 술만 묵고. 내가 여 촌집에 오는 거를 영감이 싫어하더라 카이. 자기도 왔다갔다하이 몸이 피곤타면서 싫어하더라 카이. 여 오면 내 조리도 몬하고 또 일이나 하고 그칼까봐 그런 거라예. 시오마이랑도 안 좋고. 그래 대구에 한 3년 있다가, 마 그길로 누르붙어가 살았으만 어찌 됐을랑가 모리는데, 또 돌아왔지예. 하이고, 내 뭐 할라꼬 다시 왔노? 와서 또 일이나 하고. 내가 살아오면서 참 등신겉이 이때꺼정 일만 했어예. 그래봤자 인제 우야노? 오도가도 몬하는데, 하하하.

그래갖고 집에 와가 제사 다시 하고. 하이고, 내 반틈도 얘길 몬했다. 뭐 중간에 다 잊아뿔고. 그래갖고 마 영감이 이자 죽을 때 다 돼서 내 생각하는가, 내 허리 아프면 힘든 일도 해주고 그카지. 그전 겉으마 만날 술 먹고 와가지고. 승질 더럽십니더.

일을 일을 마마…… 즘에는 내 땅이 없으이께네 농사지을 데가 뭐 있나? 그카니 저 산을 다 개간해갖고, 씨 뿌려 키아가 거두고. 담배도 해봤고, 꼬치 농사도 마이 했고. 담배 농사 그기 일도 징글징글허게 많애도 돈이 좀 되지. 집집이 담뱃골, 거 토굴 지어놨는 거를 이자는 다 뜯어뿟잖아. 담뱃골에 불 때가지고 말리고 했다. 담배는 그래 해놓으마 군에서 고 면에서고 와가 다 사갔다. 그라이 돈이 되지.

내가 돈 벌러도 다녔어예. 일해가 먹고살라꼬 식당을 다녔어예. 밥하는 데 거들어주고, 설거지랑 청소도 해주고. 여는 공기가 좋고 조용해가 고시원이 많았거든. 고시원 가가 밥해주고 청소도 해주고 그랬어예. 생수공장 있을 때는 거 가서도 일해줬고. 그런 일 하믄 월급처럼 돈이 나오지예. 농사는 그게 안 되잖아. 겨울게는 일도 없고, 많을 때는 억씨게 하고, 그걸 다 키워 팔아야 돈이 맨들어지고. 그래도 농사가 원체 내 일이고, 식당이랑 고시원은 그냥 그때그때 돈 주니까 하는 기라. 봄 되마 고사리 끊어 팔고, 가을 되마 벼농사 거두고.

"했는 기 뭐 있노?" 이러니 어찌나 섧은지

큰아들은 대구상고 나와가 은행에 다녔어예. 만날 농사만 지어갖고는 대학을 몬 보내겠는 기라. 그래가 지도 아이께 상고 간다꼬 하더라고예. 대구상고가 아주 좋은 덴니더. (좋지요. 대구상고면 실력 좋기로 유명하지요.) 잘 아시네, 하하하. 그 밑에서 아들 둘, 딸 둘 낳아가 지금 사남매라예. 큰아들이 그래 대구상고 나와가 은행에 시험 치러 가는데, 그때 돈으로 삼만 원을 줬거든예. 국민은행 시험 치러 서울 간다 카데. 그때 시아바이가 일흔일곱에 돌아가셔가 울고불고하는데, 시험 치러 간다카이 삼만 원 줬는디 붙어가 왔는 기라. 그래가 이자 국민은행 들어가가 지금 부지점장인 기라. (시아버님이 가시면서 큰손주 합격하게 도와주셨나보네요, 하하.) 맞아예, 내도 울고불고하마 그걸 빌었는 거라, 하하하. 지금 포항 있십니더. 대구 있다 포항 갔는데 후칠라꼬* 자꾸 쫓가낼라 캐. 거 할 때 다 됐거든예, 정년퇴직. 가가 뱀띤데, 이자 큰아들 나이도 모리겠다, 오십 넘었는데. (뱀띠면 쉰셋이겠네요, 우리 나이로.) 그래 될 긴데 이제 곧 그만둬야 한다 캅디다. 마누라는 애들 데리고 대구 살고 아들은 포항 있는데, 그동안 온 데 다 댕겼어예. 그래 이자 일주일에 한 번썩 여를 와예. 와가 날 보고 원망을 한다, "오매는 했는 기 뭐 있노?" 그카고. 내 그 소리 들으이 눈물이 으찌 나는지. 그래 없어가지고 대학 몬 시긴 걸로 하는 말인지, 공부가 아숩던 모양이라. 아숩고 이래놓이…… 그래도 "했는 기 뭐 있노?" 이카이 으나나 섭은지…….

　지 결혼할라 칼 때 돈이 오데 있습니꺼? 돈이 없어가지고예 "내 빚이라도 내서 줄까?" 하이, "놔둬라. 이자 내 알아서 하꾸마" 그카더라고예. '은행에 빚내가 결혼하만 안 되겠나' 생각했어예. 그래가 떡이나 해주고 아들 장가갈 때 돈 하나도 몬 줬거든예. 저거 집 사는 데도 돈 하나 안 줬드이만 내가 그런 소릴 듣는 기라. 상고 가르친 거도 공부시킨 거지 뭐꼬? 여서는 상고 보낸 거도 많이 가르친 거라예. 없어가지고 대구상고 보낸 것도 내는 힘이 부쳤십니더. 근데 자슥들한테 그런 소리 들으니 섭더라 카이. 대구상고도 근근이 시깄고, 작은아들 경북공고도 근근이 시깄십니더. 큰아들 공부시길 때, 그때만 해도 핵교 월사금 내야 되잖아예. 월사금 카먼 아능교? (네, 알아요. 학교에 내는 공납금.) 맞아예. 오새는 공

---

*　한쪽으로 몰아붙이다, 내쫓다 등을 의미하는 경상도 말.

납금 카는데 그땐 월사금이라 캤어예. 월사금 내제, 차비 줘야 되제, 묵고 해야 되제, 암것도 없는 집에서 그것도 근근이 했어예. (더구나 첫 자식 키울 때는 집안이 더 가난할 때잖아요, 뒤로 가면서 조금씩 형편이 나아지고.) 맞아예. 그래도 그거 키울 적에 암것도 없심시로, 갸가 백찜*을 좋아했어예. 백찜 카먼 흰떡이라예. 쌀도 귀할 땐데, 밥도 보쌀로 보리밥 묵는데, 쌀 거를 디딜바아로 빠사가, 디딜바아 압니꺼? (네 알아요, 디딜방아. 나락도 찧고 가루도 내고 하는.) 맞다, 잘 아네. 거다 바아를 쩌가, 빠사가, 체를 쳐가, 시루에 쩌가, 옷장에 귀하게 옇어놓고 믹있어예. 내 그거는 또 안 잊아뿌겠더라. 백찜 그기 귀했거덩. 그래 해가 믹이가 키아 놓이께네, 그런 소리 들으이께네 섧더라 카이. (당연히 서럽지요. 얼마나 속이 상하셨어요. 큰아드님이 그 백찜 해서 옷장에 넣어두고 먹였다는 걸 기억해요?) 모리지예. 내야 기억해도, 쪼맨할 직에 거를 우예 압니꺼. (아드님한테도 자꾸 이야기를 해줘야 알지요.) 하이고, 뭐 곁에 있시만 몰래도 퍼뜩 왔다가 퍼뜩 가뿟는데 그 얘기 할 여개(여가)나 있십니꺼? 오래 있지도 안 하는데. 그캐도 맏아들이 제일 낫지예. 맏이는 제사 날짜를 안 잊아뿌지마는 지차**들은 모립니다. 암만 캐도 맏이가 제일 낫지예.

작은아들은 경북공고 나왔다. 거 나와가 기술을 배았는 기라. 그것도 고등핵교만 하고 돈이 없어가 치울라 카이께네, 전문대라도 갈라 카데. 그때는 형편이 좀 나아가, 전문대 넣어가 자동차 기술을 배워가 그걸 채리가 했어예. 차 고치는 거 있잖습니꺼? (아, 자동차 수리 센터요.) 맞다,

* 백설기
** 지차之次. 맏이 이외의 자식들

자동차 수리. 그걸 하는데 돈이 있나 뭐. 형 은행에 있는 돈을 이천만 원인가 빌리가 했는데, 돈도 몬 갚고 망해뿟는 기라. 그래 마 치아뿟다. 결혼을 할라 카는데 돈이 오데 있십니꺼? 이 집 잽히가 이천만 원 빚내고 지가 천만 원 빚내갖고 부산에다 삼천만 원짜리 도지방*을 얻어줬는 기라. 결혼할라 카이 색시 집이서 모가지 삐딱삐딱 카더라. 묵고사는 기 극정됐는갑더라. 그래 안 할라 카는 거를 우예 했다. 우리 작은미누리가 키가 좀 작다. 작아도 그때는 또 이뿌데. 오새 키로는 좀 작다. 그래 살면서 청와대에 시험을 쳐봤는 기라. 근데 그기 돼가지고 지 자동차 기술로 박근혜 따라다니고 그란다.** 대통령이 대구 가믄 대구 따라가고, 서울 가믄 서울 따라가고. 박근혜 차 검침한다 카이. 우리 아들은 검침만 하고 차 고치는 사람은 따로 있고 그렇단다. 됐나 안 됐나 검침만 딱 보고, 박근혜가 어디를 가믄 고장날까봐 따라다니는 기라. 청와대라 카믄 똥을 퍼도 좋다 카는데 안 괘않겠십니꺼? 하하하. 청와대 직원이니까네, 이제 마 박근혜 대통령 쫓가나도 갸는 괘않다 아입니까. 오새 보이 박근혜를 쫓가낼라 카데. 쫓가나겠지예? 마 쫓가나도 우리 아들은 청와대 직원이라가 괘않다 캅디다. 이명박이도 했고 노무현이도 했고, 지금 서이째 맡은 거라예. 어느 대통령이 제일 나은가는 안 물어봤어예, 하하하. 그래도 공무원 아입니꺼. 그래 먹고사이 다행이지. 갸는 이자 원숭이띠라갖고 기술이, 재주가 있어예. 원숭이가 열한 시 되만 설칠 때 아입니꺼. 내가 아침 열한 시에 갸를 낳았거든예. 그 시간에 나올라꼬 거꾸로 들어앉아가 그래 안 나오고 애를 묵이고 그랬는 거라예, 하하하. 그래가 손재주가 좋은 거라

- 사글세와 유사한 개념의 임대 방
- 인터뷰 당시인 2017년 1월, 박근혜 대통령의 탄핵 정국이 이어지고 있었다.

예. 전날 저녁부터 아프더이 아침 여덟 시부터 배를 틀어가, 거꾸로 나오니라고 죽을 뻔하다가 열한 시에 딱 나왔다 아입니꺼?

큰딸은 인물도 참하고 재주가 참 많은데, 공부를 시길라 카이 제일로 어려불(어려울) 때 났응께 돈이 하나도 없어가지고 중핵교밲에 몬 시깄어예. 고등핵교만 시깄어도 갸는 슨상질(선생질) 할 깁니더. 재주도 좋고 똑똑하고 그렇거든예. 제일 먼저 났응께 더 없었는 거라. 그캐도 지금 대구 북구청에 있는데, 성당 댕기고 붓글씨 쓰러 댕기고 집에 하루 종일 안 붙어 있어예. 그래 결혼을 시기놓이께네, 교도관 신랑을 만나가지고 사우가 교도과장이라예. 거도 공무원이라. 공무원 사우 아입니꺼. 한집에 공무원 서이 있는 집 오댔습니꺼? 하하하.

막내딸이 좀 몬하다. 운전하는 신랑헌테 보내놓이께, 운전하면서 벌어먹고 사는 기 힘들더라 카이. 가시나 서이 낳아가지고 대학 시길라 카이 힘이 많이 드는 거 같더라 마. 첨에는 '범골'* 카는 데 치았거든예.** 범골이마 여 꼴짜구서 가찹다 카이. 그란데 그 신랑이 먼저 애인이 있었든가 봐예. 그기 신랑한테 딱 붙어가지고 결혼해도 밀리나왔다 아이가. 그때만 해도 천오백 들여가 결혼을 시깄는데, 지 직장 다니면서 모은 육백 고거하고, 내 더 보태가 결혼을 시기놓이께네, 거서 밀리나왔다 아입니꺼. 그래가 또 딴 데 시집갔다 카이. (그럼 재혼을 한 거네요. 다른 여자 붙어 있는 거 일찌감치 그만두길 잘한 거예요. 그리고 요즘은 이혼하는 거 흠

---

* 대구광역시 달성군 가창면 범골. 우록리와 같은 가창면이다.
** 딸을 결혼시키는 것을 '치운다'라고 표현한다.

도 아니고요.) 그렇지예? 그래가 다시 총각한테 시집갔다 카이, 하하하.
근데 직장이 안 좋아가지고, 차 몰고 운전수로 몬 번다 카이. 그래가 딸
서이 키아가 대학 시기고, 딸도 마 괜않다. (그럼요. 이혼도 잘 해준 거
고, 열심히 잘 살고 있네요. 요즘은 아들보다 딸이 더 좋다는데, 딸 셋 대
학까지 공부시켰으면 키울 때고 나중이고 얼마나 재미있겠어요.) 그치
예? 맘고생이 많았어도 그기 훨씬 잘한 거라. 여 촌에, 꼴짜구 범골에 처
박혀 있다가, 시집 두 번째 가서는 저기 경산에 아파트 얻어가 삽니더.
을매나 잘됐나, 하하하.

지 학교 보낼라고 내가 넘의 밭 기어다닌 거는 하나도 몰라예

아아들 키울 즉에 고생 마이 했지예. 영감이 돈을 너무 몰라가지고 나
가 고생을 많이 했어예. 나는 뭐 다른 이 밭 매고 일해주고, 식당이랑 고
시원서도 일하고, 봄에 모 숨궈주마 또 일당 받고, 장사도 했어예. 보따
리 장사는 안 했고 밭에 채소 같은 거 숨궈가지고 대구 장에 가가 팔기
도 했고. 대신동* 가서도 팔고 염매시장**에도 내다 팔고. 온갖 거 해가
만날 내다 팔고, 감이랑 은행이랑 밤도 따고 줍고 해가 내다 팔고. 작년
에도 은행 주워가 깨끔하이(깔끔하게) 해가 식당 갖다주고, 십팔만 원 받
았어예. 여기 은행나무 천지 아입니꺼. 전에는 더 많이 받았는데 작년에

* 대구시 중구
** 대구 서문시장

는 좀 적더라 카이. 근데 감 따다가 내 허릴 다쳤잖아예. 홍시도 팔러 가
고, 산에 가 포도도 따고 해서 팔고. 장사 많이 했어예. 그래가 우리 큰아
들이 조 삼산 카는 데 우록국민핵교를 다녔는데, 그때만 해도 처음에는
버스가 없어가 걸어가다가 냉중에는 버스가 저 아래 생겼어예. 밭매만
그때 돈으로 삼천 원인가 그런데, 차비 줄라꼬 혼자 넘의 밭 기어다니매
밭매고, 허리 아파가 밤에 잘 자도 몬하고, 다음 날 또 넘의 밭 매고, 그
래가 아들 차비 주고, 없어가 몬 주면 걸어 내려가고 그랬어예. 내가 한
븐 일 나가믄 메칠간 차비가 나오는 거라. (큰아드님은 그거 알아요? 허
리 아파도 저 차비 주려고 남의 밭 기어다니며 밭매고 했다는 거?) 하이
구, 그런 거 모립니더. 아아들은 지 애럽게 (어렵게) 공부한 거만 알고, 없
어서 공부 몬 시긴 거 그것만 압디다. 지 핵교 버스 태와 보낼라꼬 내가
넘의 밭 기어다닌 거는 하낫도 몰라예. 지가 처음에 은행에 드가가지고
대구 중앙통 있을 적에, 그때만 해도 촌사람들은 국민연금 열 줄도 모르
던 땐데, 일해가 돈 쪼매 생기면 이삼십만 원 모타가 (모았다가) 아들 갖다
주고 했어예. 지 은행 있으믄서, 학교가 짜르이께네 (짧으니까) 고생이 될
거 같아가. (아들 실적 늘려주려고 일부러 그 은행까지 다닌 거네요.) 맞
다, 우리 아들 실적 늘콰줄라꼬 거를 가고 또 가고 그랬다 카이. 그래 했
는데도 원망만 하는 기라. "오매가 한 게 뭐 있노?" 이칸다. 지 대학 공
부 몬 시긴 거, 지 결혼할 직에 돈 몬 주고 지가 빚내가 방 얻은 거, 그런
거 때문에 그런 말일 지끼는 모양이라. 아파트 살 적에 돈이 다 안 되니
까, 여기저기 긁어모아 일단 입주해가지고, 도지• 놔서 그 돈 보태서 방
얻어가 나갔는 기라. 그러니 뭐 "결혼할 때도 돈 하나 안 주고 부모가 한

•　일정한 대가를 주고 빌려 쓰는 논밭이나 집터

게 뭐 있노?" 그 소리를 하는 기라. 나가 하나도 안 한 게 아이라예. 한다 꼬 한 게 그거뿐인 거라예. 다글다글 긁어모은 게 그거백에 안 된 거라 예. 그래도 저그는 잘됐지 않십니꺼, 내를 원망을 하거나 말거나 저는 은 행 부지점장까지 하고. 그럼 된 거지예…… 그래 살고, 내도 이래 다 됐고. 그래 이불 이런 것도 내삐리뿔고 새로 사믄 되는데, 이자 늙어가…… 육십만 돼도 새로 사겠십니더. 지금 나가 여든하나 아입니꺼? 을매나 산 다꼬 흔 이불 버리고 새 이불을 사겠능교? 있는 거 덮다 가는 거제…… 하이고 마 이제는 잘합니더, 큰아들이고 큰미누리고 이자는 잘합니더. 큰 자슥들이 그래도 제일 낫지예. 제사도 다 알고, 어무이 아부지 생신 날짜도 잘 알고. 잘하는데, 내가 그 말이 글케 서러버가 안 잊어져가 이 캅니더. (언제 따로 붙들고 잘 이야기하세요. 내가 그 말이 참 서럽더라, 안 잊히더라, 그렇게 차분히 얘길 하세요. 큰아드님도 큰며느님도 죄송 하다고 할 거예요. 저도 보니까, 자식이 부모한테 잘 못한 거는 다 잊어 버리고 그러더라고요. 잊어버려서 그렇지, 알게 되면 잘못했다고 할 거 예요.)

그노무 젖이 불어가지고…… 그노무 새끼

하이구, 내 살은 거럴 다 잊아뿌러가 백에 하나도 기억이 안 나는데, 참 또 빌게 다 생각난다 카이. 큰아들 거 두시 살 고만할 때, 하도 시오마 이가 그캐쌓서 내뺐었거든예. 내빼가 친정에서 하룻밤 자고, 아도 내삐 리뿔고 친정으로 내뺐는데, 하룻밤 자고 나이 젖이 불어가 아파가 몬 전

062

디겠는 기라. 우유 믹있시믄 마 괜않을 긴데, 젖이 불어가 몬 전디겠는 거라. 오새는 젖 주는 약이 있다던데, 그때는 약이 있나 뭐가 있나. 처매 놓이 저드랑이 여가 아파 몬 전디겠는 기라. 처매놔도 젖은 마 팅팅 해 가 기양, 하이고…… 그래가 아츰에 왔다 카이. 그때 궤짝에 옷을 넣어 뒀는데, 그때 농이 있나 뭐가 있나, 오이께네 시오마이가 그 궤를 뒤지면서는 "뭐 할라꼬 왔노?" 이카데예. 시아바이는 방에 누벘고…… 내 암 소리도 안 하고 아를 안아 젖 물렸다 카이. [눈물을 훔치신다.] 그때 영감은 없었고, 오데 갔능가 없었어예. 그래 아 묵일 젖이 아프이께네 젖 믹일라꼬, 그것 땀세 살았다 카이. 성날 때는 마 싸우고 지지고 있어도, 아 쬐매만 있으이 성이 풀리뿌고 마음이 돌아가지고 이 집에 이적지 살았다 카이. 살았는데, 나중에 큰아들이 "오매가 한 게 뭐 있노?" 그카믄서 내를 원망하이께네…… 우리 시오마이도 만날 "큰아들 땜에 도망 몬 갔다" 그 소리를 했거덩. 나는 아이다. 내 지 따문에 몬 갔나? 젖이 아파가 왔다 카이…… 그노무 새끼…… 그때는 짜낼 줄도 모리고. 오새는 짜내는 기계 안 있나? 그걸로 짜내뿟으만 안 왔을 긴데…… 안 왔으만 될 긴데, 젖 묵일라꼬. 그래가 이제껏 살았십니더. 아이구, 내사 마 말도 몬합니더, 참말로. 내 살은 거를 우예 다 말로 하겠십니꺼……. [다시 눈물을 훔치신다.]

(아이구, 시집하고 친정하고 멀기나 해야 도망을 가도 도망가는 맛이 나지요. 바로 이 고개 너먼데, 하하하. 그래도 이제 그 아들이 잘하잖아요. 언제 붙들고 원망을 제대로 하세요, 호통도 치고. 아드님은 그런 말한 거 기억도 안 날 거예요. 기억나면 벌써 잘못했다고 했을 거예요.)

가차와도 가서 안 오믄 되지 마, 하하하. 그노무 젖이 뿔어가지고…… 그노무 새끼…… [눈물을 훔치시며 웃는다.] 전에 우리 시오마이가 만날 그카데에. "없는 집구석에 식구는 많고, 영수 저거 따문에 내가 이적지 살았다." 우리 영감 이름이 영수라예. 시오마이 그 소리가 그래 듣기 싫더만, 내도 똑 그렇더라 카이께네. 똑같지예, 똑같애예. 팔자가 마 그리 니려왔는 기라. 니래기라예, 니래기. 그 미운 시오마이 팔자가 와 내헌테 니렸을까예? 하하하. 지나놓고 보이께네 통 큰 거는 뭐 쪼매 나쁘고, 이자 다 이해를 하겠는 거라.

거래가 사는데 내 시집와가 그 많은 식구에 만날 읎이만 살다가, 쪼매 살 만하이께네 몸이 아파가 힘을 몬 쓰이께네 가마 생각하믄 허무하더라 카이. 이자 가라 카는 데는 한 군데뱄에 더 있겠나 싶고. 내 요즘은 '그때 살았는 기 좋았을랑가 나가뿟는 게 좋았을랑가' 이 마음이 들더라 카이. 살다가 나가뿟으마 이거보다 몬했을란지 더 나았을란지 알 수 있십니꺼? 마 아부지가 만날 그카데에. "여자는 시집가면 그 집서 죽어 나가야 된다" 이런 소리를 하는 기라. 시오마이는 허구한 날 지 아들한테 "조걸 지집이라고 딜꼬 사노. 후치뿌지(내쫓아버리지)" 그캐도 나는요 속으로 '할마이야, 내가 끝까지 산다' 그런 맴 가지고 버팄어예. 자슥들만 안 맨들었으마, 그런 맴도 안 오지예. 안 오고말고…….

꼴짜구서는 일제고 뭐고 모른다

(어르신이 1937년생이면 일제시대도 좀 사신 거네요. 우리 나이로 아홉 살에 해방된 거니까요.) 살았겠지예. (그 일제시대에 대해서 기억나는 거 좀 얘기해주세요.) 거 뭐 난리쳐 들어온다 칼 즉에…… (난리쳐 들어온 6·25는 열네 살 즈음 이야기이고, 열 살 안 돼서 일제시대 기억이요.) 6·25 난리는 알지. 고거는 생각나도 일제 거는 생각나는 기 없어예. (일본이 전쟁하면서 비행기 만든다고, 집집마다 숟가락이니 놋그릇이니 쇠란 쇠는 다 걷어가고, 쌀도 걷어가고.) 거는 잘 안 생각키는데. 우리 살던 꼴짜구는 쇠 낼 게 뭐 있노? 양석(양식)도 뺏어가고 말고 할 거도 없었어예. 그 꼴짜구에 농사져 먹을 거도 별라 없었어예. 그카니 일본 놈들이 오지도 않았을 기라. 일본 뭐 그런 말도 그때는 들은 기억이 없어예. 그 캤다는 그 소리를 냉중에는 들었지. 내 다 커서, 마 난리도 다 지나서 일제 뭐 그캤다는 거를 들은 기라. 꼴짜구서는 일제고 뭐고 그런 거 잘 모른다. 그카고 핵교 다니는 사람이나 있으마 뭐 듣는 기 있었을 긴데, 꼴짜구서는 그런 친구도 없었다 마. 일제고 해방이고 뭐가 있었겄나. 꼴짜구 사람들 몬 묵고 사는 거는 어느 놈이 뭐 해나 다 똑같제. 김일성이가 되나 박정희가 되나, 거 사는 사람들은 매한가지라. 냉중에나 듣고 마 그 캤나부다 카는 거제. 정신대 뭐 그거도 다 늙어가 테레비서 해줘가 아는 기라.

뭐 우옜다는 이야기만 들은 기 육이온 거라

전쟁 기억예? 6·25 말입니꺼? 우리 고향 대일리가 꼴짜구여서 엔날엔 사람이 별라 없었답디다. 없었는데 딴 데서들 와가지고 한 사람 두 사람 살믄서 동네가 됐답디다. 우리 마실에 내 저…… 열세 살 묵었나 열네 살 묵었나? 오매는 돌아가시고 없었을 때라예. 대구서 우리 마실로 소까이,* 소까이는 모르지예. 거는 모를 기라. 소까이는 피란 간다는 일본 말이라. 대구서는 우리 마실로 피란 오는데, 우리는 뭐 갈 데가 없으이께네. 거 꼴짜구서 피란을 얼로 갑니꺼? 뻘개이(빨갱이)들이 어디서 오는 줄도 모 리는데. 그카다가 꼴짜구 근처까지 쳐들어올 거라 캐가, 엔날게 큰 밀 있 어예, 밀 카면 압니꺼? (예, 밀가루 만드는 밀.) 잘 아네, 하하. 우리 마실 에 작은 밀 말고 큰 밀을 숭궜는데(심었는데), 어디서 따다다 소리가 커 지마 우리는 다들 거 가 숨어 있었다 카이. 누구는 어디서 비행기가 총질 을 하더라 카고, 미국 군인도 봤다 카고, 인민군인지 국군인지가 뭐를 우 옜다 카고, 그게 6·25인 기라. 뭐 우옜다는 이야기만 들은 기 6·25인 거 라. 무섭기는 무서벘지예. 언제 쳐들어올지 모르이까네. 근데 우리 마실 은 아무도 안 쳐들어왔어예. 피란도 뭐 딴 데 가도 안 했어예. 산으로 가 마 뻘개이들이 숨어 있어가 더 위험하다꼬. 그라니 산으로도 안 갔는 거 라. 난리 퍼지마 다 죽는다꼬 난리들이더만 지금꺼정 안 살아 있십니꺼, 하하하. 오매 돌아가시고 얼마 안 있다 사변이 난 거라. 일제, 해방, 뭐 거 는 모리겠고 6·25 사변 때 고거만 생각나예. 그게 6·25지 싶으다. 큰 밀

---

* 소까이. '소개'의 일본어 발음. 소개疏開는 공습, 화재 등에 대비해 한곳에 집중된 주민 이나 시설물을 분산시키는 것을 말한다.

밭에 숨어 있는데, 대구서 우리 육촌 오빠들 막 밥 싸가지고 마카 짐 지고 오데예. 우리 사는 대일리 거가 깡촌이라꼬 그리로 피하러 오더라 카이. 거는 오고 내는 밀밭에 숨고. 그게 6·25지 싶으다.

　　그라고 우리 영감은 열여덟 살에 갔다 카든가. 집이 너무 없이 살고 하이께네, 배고프고 하이 군에 갔는 기라. 6년 있었다 카더라. 6·25 전쟁 나갔다가도 하나도 다친 데 없고, 동상들도 전부 군에 갔다가 손꾸락 하나 다친 데 없어예. 그래 우리 시오마이가 반점쟁이라 카는 기라. 이래 아들 복이 많았어예.

　　여 동네는 6·25 때 뻘개이들이 낮에는 산에 숨어 있다가 밤에 동네로 내려와가, 마 밥 해돌라 카고, 고구마 겉은 거 뺏어가고 그랬답디다. 낮에는 또 누가 와서 군에 안 간다고 두드리 패고, 끌고 가고, 도망도 가고. 그라니 마 영감은 제 발로 군에 갔답디다. 영감이 군에 가고 여그는 뻘개이들이 버글버글거렸답디다. 그라이 뻘개이한테 밥해주믄 낮에는 저기서 와서 두드리 패제, 안 해주면 뻘개이들이 두드리 패제, 이래가지고 애 묵었다 카데. 낮에는 퍼렇고 밤 되마 뻘겋고. 그래가 우리 시오마이가 뻘 개이들헌테 밥 마이 해줬다 카데. 시오마시는 그때도 잘 묵여줬을 겁니다. 손이 크고 넘 퍼주는 거 좋아하니, 하하하. 그라믄 뻘개이 밥해준 사람 끌고 가가 때리고 쥑이고. 뻘개이 따라다닌 사람들도 이 마실에 있었다 카더라. 따라다닌 게 아니라 끌려다닌 건데 그걸 따라다녔다 카믄서 순경인가 군인인가가 또 끌어가가 죽이네 살리네 그랬다 카더라. 그라니 우리 영감이 뻘개이한테 끌려갈까도 무섭고 배도 고프고 그래가 군인을 갔다 카더라. 그래가 사변에도 나가 싸우고, 스물여섯에 제대해가 일곱에 결혼했는 거라. 그래 군에 6, 7년인가 있었다 카더라. 제대하고 나도 뭐 훈련을 받는다 캅디다. 훈련 받다가 휴가 내가 우리 친정으로 혼인하러 온 거라. 시집 들어왔을 때도 훈련 남았다고 메칠씩 안 들어오고 그랬다. 내는 마 그때는 새색시니까 얼굴도 몬 치다보고, 어디 갔다 왔나 물어보도 몬하고, 오믄 오나 가믄 가나 그랬다 카이. 그라다가 우예 됐는동 큰딸이 생겨뿐 기라, 하하하.

영감이 물러가 파토났다 마

내 나이 올개 팔순인데, 큰딸이 동상들한테 '니캉 내캉 큰아들 큰딸잉께 오십만 원씩 내고, 작은 아아들 둘이 삼십만 원씩 내가 모트자' 했든가봐예. 그래가 다 모여 밥 한 끼 잘 묵고 남은 돈 백만 원을 내 갖다주더마는. (아이구, 좋으셨겠네요.) 좋지예, 좋고말고. 잘합디더, 아아들이. 그래 며칠 안 있으마 영감 생일이라. 생일인데, 젊을 때는 애끼고 했는데, 이자는 안 묵고 애껴서 뭐할랑 싶어가 "돈 이거 놔뒀다 뭐하노? 없으믄 빚내가 쓰지 뭐. 그래 한번 실컷 묵으나 보자" 해가지고 이자, 영감 생일 때 께* 그게 칠팔만 원 하는 비싼 데를 간 거라. 식구가 스무나 돼가 한 마리씩 묵으믄 돈이 얼맨데. 다리 떨어진 거 이런 거는 갱매(경매) 같은 데 가믄 헐케(싸게) 산다꼬 사러 가자 캤어예. 두어 짝 사가지고 여 집이서 쩌가 묵을라꼬. (아이구, 언제 잡숴요? 저도 좀 얻어먹으러 와야겠

---

* '대게'를 말한다. 이 말을 못 알아들어서 여러 번을 되물었다.

네요, 하하하.) 그라이소 마. 이번 토요일 날 가지 말고 여 오소. 토요일 날 다 오라 캐서 할라 칸다. (저는 금요일에 가야 되는데. 아깝네요, 하하하. 자손들 모여서 맛있게 드세요. 그리고 어르신 팔순이랑 할아버지 생신 축하드려요.) 고맙습니다. 이자 비싼 거는 몬 사고, 딸하고 사우하고 포항 바닷가에 간다네. 새벽 일찌거니 갱매하는 데 가가지고, 다리 떨어진 거는 헐타네. 그거 두어 궤짝 사서 솥에 쪄가 묵을라꼬예. 갱매장서 도매로 사니께 싱싱하고 싸지. 께 어항에 들었는 거 살라 카먼 한 마리에 이삼십만 원짜리도 있답디다. 그걸로 이십 마리 사먼 돈이 얼맵니꺼? 그건 몬 묵지, 비싸서. 그래가 내가 칠십만 원 줬다 아이가. "날 주는 거로 느그 께 사와가 실컷 묵자. 께 묵고 싶다" 그래가 큰딸헌티 칠십만 원 줬십니더. 사가 오믄 우리 집서 불 때가지고 추어탕하고 묵을라꼬예. "너거 칼치 좀 사온나. 칼치하고 찌지가 여서 묵자. 저 점방* 가믄, 저 식당 가믄, 한번 먹고 오는 거지 찌꺼기도 없고 배도 안 부르더라" 그랬어예. 영감 생일엔 여서 먹을라꼬예. 영감 생일이 섣달 스무여섯 날이라예. 나는 시월달이고. 내 생일엔 묵었다. 내가 큰딸한테 칠십만 원을 딱 내놓으니 큰미누리가 "우리 오마이 돈 잘 쓰신다" 이카데. 그카니 내가 시오마이한테 만날 툴툴대던 거가 생각납디다, 하하하. 우린 몬 써봤다. 아이다, 영감은 마이 써봤고 내는 몬 써봤다. 내는 돈을 애낄 줄만 알았는데, 이자 애끼가 뭐하겠십니꺼? 좋은 거 먹지. 전복도 묵고 다 묵어봤는데, 께 그거는 잘 몬 묵어봤다. 엔날 우리 아들 총각 적에 저 한참 먼 바닷가 거 있을 적에 께 사 보냈는데, 그때 묵고 한 30년 만이다. 그때 좀 묵고, 딴 건 다 무우봤는데, '께 한번 배부르게 묵고 싶다. 사오너라' 이캤다. 촌에서

* 가게

70만 원 카만 크지예. 식구대로, 사우랑 딸도 아아들 딜꼬 오고, 스무나무 치 무울라 카만 께 두 상자 사오라 캤거든. 헐타 카네, 20만 원, 10만 원, 뭐. 갱매장에서 하마 도매로 넘가가, 다리 떨어진 거 하마. 솥에 불 때 쩌 가지고 그래 묵자 캐놨십니더. 아이고, 우습다 우스버. 우리 시오마이가 내려다보시마, 자알한다 할 기라. 하하하. 그래가지고 마 사는 게 그렇십 니더.

그래 내 그칸다. 인제 묵고 자픈 거 묵어야지. 점방 가마 묵을 게 을매 나 많십니꺼? 엔날게는 아 업고 장에 가마, 점심도 안 묵고 물건 사가, 지고 이고 해가 집에 오마, 착 가라앉아가 인나도 몬했는데, 오새는 대구 장에 가믄 뭐 국시라도 묵십니더. 돈 딱 주고 사 묵고 온다 카이.

영감 생신 잔치 이야기를 그렇게 신나게 하시고도 모자라셨나보다. 아래는 1차 인터뷰가 끝나고 며칠 후 한글반 선생님 집에 오셔서 따로 하신 이야기다. 곧 있을 남편의 생일상 마련을 위해 벌써 마음도 몸도 바쁘셨다.

다리가 아프이께네 힘이 들어가 태와놓고만[*] 나오는 길이라예. 미물⒮메 밀⒭ 말이라예. 그걸로 미물묵이랑 전을 할라꼬예. 그랄라믄 미물을 푹푹 씻어가, 일러 건져가, 말려가, 한 푼 살짝 태워가, 까불러가, 뜨슨 물에 씻

●   빻다. 메밀 열매를 빻되, 가루까지는 아니고 굵은 조각을 내는 정도로 빻는다는 의미

어가, 깨끗하게 빠사갖고 해야 되거든예. (아이구, 그냥 메밀가루 사다가 하시지 않고요.) 농사지어논 게 있어갖고예. 거도 마 방앗간에 가마 태와주는데 많지도 않은 거 갖고 차 타고 나갈 거 뭐 있십니꺼? 내 손으로 해묵지 머. 많이 하면 힘들어가, 서 되만 태와가 까불러 씻어가 건져놨어예. 내일 침 맞으러 가 오다 곱게 빠사올라꼬, 집에 잡채도 쪼매 있어갖고, 서랑나물_(시금치) 사야 되제, 뻘건 거 사야 되제, 버섯이랑 파도 사야 되제, 살 거 많아예.

영감 생일이 26일인데 바로 설 밑이라예.* 아침에 일찌거니 아들하고 딸하고 시장 가고, 내는 집에서 미물 하고 잡채 하고…… 그칸데 가만 생각해보이까네 '께 살라믄 나도 따라가야 하나……' 지금 이러고 있어예. (아이구, 허리 아프시다면서 자꾸 일을 만드세요.) 맞다. 내가 일을 만든다 카이. 아아들도 "가마 있다가 주는 밥 묵으믄 되는데 일을 자꾸 만든다" 이칸다. (밭 놔두는 게 아까우셔서 메밀 농사를 지으시면 일이 얼마나 많아져요.) 인제는 농사도 몬하겠다. 고구마를 두 뭉텅이 심어갖고 잘 키와놨드만 돼지가 다 파묵었다. 영감은 내삐리뿌라 그카는데 거다 또 미물 심으면 되거든. 미물이 댓 되는 되는 기라. 올개는 허리 곯아서 농사 몬 짓겠다 카이. 그래도 했는 거는 또 해묵어야지예. 그래가 태와놓고 놀러 나오는 길이라예. 미물묵이랑 잡채 해놓고, 스그는 께 사와가 삶아

* 필자는 2017년 1월 15~19일까지의 1차 인터뷰를 위해 15일 새벽부터 서둘러 서울발 동대구행 기차를 탔다. 1차 인터뷰는 15일(일요일) 낮에 조순이 할머니 집에서 진행되었고, 이 대화는 17일 오후에 할머니가 내 숙소이기도 했던 한글 선생님 집에 문득 들러서 이루어졌다. 1월 26일(목요일)이 할아버지 생신이고, 설 명절 겸 생신 잔치로 자손들이 모이기로 한 날은 28일(토요일)이었다.

묵고 다 모여 놀고 그카믄, 이기 다 재미로 하는 거지 마.

나는 1차 인터뷰를 마치고 금요일에 우록리를 나오고 나서도 토요일 '께 잔치'가 궁금했고, 3월에 한 2차 인터뷰 때 슬쩍 여쭤보았다.

(지난 1월 저 왔다 간 토요일에, 설 명절 겸 영감님 생신 모임에서 게 잔치는 잘 하셨어요?) 됐다 마…… 몬 묵었어예. 내가 돈을 따로 줬는데 이놈 아아들이 또 윽씨 짜집니더. 애끼고 마 돈을 잘 몬 쓴다. 내 닮았는가, 등신이라. 지네 사는 거는 내처럼 안 애껴도 되는데 말이라. 내 팔순이라꼬 지들이 모타가 준 돈을 께 사다가 묵자고 다부(도리어) 내줬는데, 아아들이 "에이, 께 사가 묵을 거 뭐 있노?" 카는 기라. 집에서 할라 카믄 저거 마누래들도 귀찮거덩. "고마 여 식당서 밥 한 그릇 묵고 치우자" 누나가 그라자 카이, 저거 누나캉 의논해가 께 사러 안 갔어예. 그래 께를 몬 묵었어예…… [영 섭섭하신 눈치다.] (아이구, 그러셨구나. 정말 섭섭하셨겠네요.) 그 뒤에 한번 따라가 께 묵으러 가자 카는 거 내가 마 그때 감기 걸리가지고 안 갔어예. 가고 잖도 않고 마. 다린 이들은 가지 말고 아부지랑 나랑 저랑 강가에 가서 한밤 자면서 께도 사묵고 하자 캤는데 몬 갔어예. 안 갔어예. 즈그도 미안켔지예.

내가 올개 팔순인데 팔순을 몬 해묵은 기 윽씨 치이가지고 캤거던예. 올개 나는 뭐 자슥들도 저래가 있고 팔십토록 고상했는데…… 팔순 잔치 해가지고 마을 사람들은 몬 묵여도 형지들 다 오라 캐서 밥 한 끼 묵으믄 좋겠다 싶은 맴이었다 카이. 근데 자슥들은 그런 마음이 없어가지고 안 해주는 기라. 그래 자슥들한테 내가 뭐 얻어묵을라고 해돌라 카기도 싫고 그가, 주는 대로 얻어묵어뿔고 치았어예. '친정 형제하고 시가 형제 불러가지고 팔순 때 밥 한 끼 묵어야제' 내 이런 마음을 묵었는데, 아아들이 그래 하기 싫다 캐. "우리 식구대로 밥 묵고 치우자. 뭐 벌일라 카노?" 그래가 마 치아뿟어예. 속상치…… 속 좀 상터라 카이. 그래도 말을 몬하고. 영감이 똑똑치 않아 그런 거라예. '느그 아바이, 오매 고상 크게 했는데 느그 오매 팔순은 친척들 불러가 갈라 묵어야 된다', 자슥들 놓고 이래 말해야 되는데 저 천지 자슥들, 저것들은 알지도 몬하고. 영감이라고 마 말 한마디 할 줄도 모리고, 가르칠 줄도 모리고, 뭐 주장도 씨울(세울) 줄을 모리고. 그 승질, 씰데없는 승질만 팩팩 하고 날래지, 그런 말은 한마디 몬한다. 미누리가 암만 잘 몬하이 '니 와 그라노?' 한마디를 하나…… 시오마이 카는 거보다 시아바이 카마 주리*를 할 긴데 말이다. 그라이 영감이 잘 몬핸 탓이라. 자슥들한테 '느그 오매 올 팔순인데, 우리 집에 와가 고상했는데, 느그 오매 시가 형제하고 친정 형제하고 밥 한 끼 묵어야 된다' 이래 말로 딱 자슥들한테 했시만 그대로 할 긴데, 영감이 안 카이께네 내도 안 카고. 그라다보이 마 즈그들 마음대로 한 거라. 내가 뭐 내 얻어묵을라꼬 그래 카겠십니꺼? 그래 몬하이께네 속이 상터라. 영감 탓이다, 내 원망했어예. 할마이 팔순도 해줄 줄 모리는 영감이 뭔가 싶으더라. 내가 영감헌테는 몇 번 귀띔을 했거든예. 영감이 물러가 파투났다 마. 영감 팔순 때는 뭐 했능강? 안 했능강? 모리겠다. 잘 안 생각킨다. 내가 뇌졸(뇌졸증) 그게 한 번 와가 다 잊아뿟다. 음…… 했

•   충분, 여유 등의 의미.

나? 안 했으마 그때는 돈이 없어 몬했지, 지금은 그래도 엔날보다 돈이 안 흔합니꺼. 엔날게는 돈이 없어가 하고 저버도(싫어도) 몬했거던예. 내 마음 겉으면 께 사와가, 다 겉이 실컨 갈라 묵고 놀다 갔심 좋을 긴데, 자슥들 마음하고 내 마음하고 그룽게 틀리더라 카이께네. 그래 '자슥들 많이 있시이 뭐하노?' 이래 맘도 들고, 그것도 미리미리 내가 딸네한테 딱 부러지게 귀띔을 했심 또 모릴 긴데. 내가 치다보고 있싰더이마, 그 기 아이더라 카이께네. 딱 식구끼리 밥 한 끼 묵을 날 받아놓고 오라 카데. 그라이 거따 대고 '내 팔순 지대로 해볼란다, 이리는 안 된다' 그칼 수도 없는 기라. 팔십이 되마 좀 편할랑게 했더이만 매 똑같다 카이. 근 심 걱정이 언제 끝나노? 사는 기 그룽네예. 그라이 죽는 날꺼정 이라다 죽는 기라.

어르신 자녀분들에게 실례될까봐 조심스러운 대목이다. 아흔이 가까워오는 친정 부모님이 계신 필자도 이 대목에서 반성되는 게 참 많다. 서로 편하자고 밀어붙인 게 두 분을 여러 번 섭섭하게 했을 거다. 혹 팔순 되는 부모님이 계시면, 하시자는 대로 형편껏 즐겁게 맞춰드릴 일이다. 다시 인터뷰를 하고 있는 할머니의 방이다.

내야 그러다가 죽으면 그만이지만 땅은 쉬고 나면 또 살아나는 거라

묵는 약예? 몸이 뭐 다됐십니더. 내는 달구지 타다 다쳐가지고 다리가 절뚝절뚝해가, 그래 약을 묵고. 거 말고도 이번 대목* 지나고 경대병원에 약 타러 가야 되에. 머리 맑아지는 약, 뇌출혈 또 오지 마라 그 약하고, 혈압 약하고, 갑상선은 약이 많습니더. [목줄기를 만지시며] 츰엔 여에 뭐가 도돌도돌하데예. 혹은 아인데 일할라 카믄 뭐 신경 씨이게 도돌해. 병원 가보이 갑상선이 뭐 우쨌다 카더라꼬. 그래 수술을 하고 죽을 때꺼정 약을 먹어야 된다 카이. 거다가 혈관이 좁아진다 카믄서 그 약하고, 콜레스텔 거도 안 좋다 캐가 약을 마이 묵십니더. 나는 경대병원 거서 살아 나왔으이께 만날 거서 약을 받아다 먹어예. 그런데 딴 거는 극정 없어예. 검사하라 카믄 하고, 몬 고치는 빙이면 죽으마 그뿐이고. 허리 이기 탈 안 나고 있시만 다행인데, 허리가 이자 다 곯아가지고 그기 제일로 그릏다. 오새 무르팍도 뻐덩해예. 뻐덩해 질질 끄실고 다녀예. 집에 오니 영감이 "와 다리를 끄시노?" 이카더라. 내가 환자매이로 끄시는 게 표가 나예. 나사도(나아도) 표가 나고, 약을 묵어도 표가 나고. 뇌출혈 거 풍 왔제, 갑상선 수술했제. 갑상선은 암이라 캐서 놀랬는데, 마 수술해뿌리마 괘않대예. 수술한 지 5년 됐어예. 그래도 약은 죽드락까지 묵으라 카데. 이래놓이 천 가지 만 가지라예. 팔도 아프고, 누우면 전신만신 다 아파예. 내가 원캉 독하이께네 살지, 포시라벘으면** 병원에 가 누웠 있을 기다, 지금. 내가 단단하이 이리 살아 나왔지예, 물렁했으면 몬 살았 나왔심더. 일을 모질게 악착겉이 하고 그랬는 기, 지금 그기 다 빙이 된 기라. 하이고, 이래 내내 아프다 소리만 하는 거럴 책에 쓰마 누가 읽을라나 모

---

* 장사꾼에게는 장사가 잘되는 날. 농사지어 장에 내다 파시던 습관으로 명절을 대목이라고 말하시는 듯하다.
** 귀하게 대접받고 자라서 험한 것을 안 겪어봄

리겠네. 다들 지겹다 칼 거라예. 촌 할매 몸 곯은 거야 뭐 다 그런 건데, 거를 누가 들을라꼬 하겠어예. 나만 죽겠는 거고, 미련하게 악착겉이 일한 할망구들만 억울한 거제, 안 그래예? (아이구, 들어야지요. 집집이 부모님 이야기고, 자기들도 늙으면 다들 그렇게 아플 거예요. 어르신만큼은 안 아파도, 다들 그렇게 아프다가 갈 거예요. 억울하실 거 하나도 없어요, 하하하.)

저 물 너머에 우리 밭이 있거든예. 전에는 그 개천에 다리가 있어가, 거 밭에도 뭐를 많이 숨궜댔어예. 그러다가 큰물이 한번 와가 여름에 홍수가 씨게 났다 카이. 그래 다리가 떠내려가뿟다 마. 그카고는 마 돌다리만 놓고 다리를 안 놓데예. 다리 좀 놔달라꼬 그래 말을 해도 안 놔준다 마. 다리 놓으마 여 뒤로 해가 바로 건너가는데, 안 그라마 거를 갈라마 뺑 돌아가야 되는 기라. 마 이제는 다리를 놓아줘도 거까지 가가 일하기는 힘들지만도, 그래도 거 밭이 있으이 다리 좀 있으마 좋겠구마, 거다 다리를 놔도 이제 씰 사람이 없다꼬 안 놓주데예. 하이구, 이제는 나나 영감이나 뭐 일 몬한다, 몬해. 자슥이나 주는 거지 뭐. 소 한 마리 묵이던 거도 팔고, 염소도 다 팔아뿔고. 거 물 너머에 땅 천오백 평을 산 거라. 얼마 전까지도 물 건너다니마 농사를 지었다 카이. 거 말고도 묵콰논 땅이 많아예. 묵콰노믄 저도 쉬는 거라. 내 몸 아픈 거마냥 밭도 힘이 빠졌는 건데, 사람 늙은 김에 땅도 쉬어야지 뭐, 하하하. 내야 뭐 그러다가 죽으마 그만이지마넌, 땅은 쉬고 나마 또 살아나는 기라.

밭에 꼬추가 벌겋게 익었는데 거 좀 따놓으면 어떻노

시어마시는 내하고 오래 같이 살았지예. 처음에 시집왔을 때는 당신이 다 일을 처리하고 마, 내는 밥이나 하고 시기는 대로 했어예. 젊을 때는 시오마이한테 참하게 안 하나? 근데 나이가 사십 오십 돼갖고 살림을 맡아 살끼니 자그 마음에 드는 게 없는 기라. 다린 메누리들 보민서 나를 거 하더라 카이. 지사(제사)는 또 얼마나 많노? 한 달에 한 븐씩인 기라. 만날 지사 장 봐오만, 돈 쪼매 가지고 이것저것 살라 카만, 애끼가 작은 거 사야 안 됩니꺼? 시오마이는 돈 빚내가지고 마 큰 거 한 마리 사왔뿌는 기라. 그카믄 또 빚내야 되거든예. 그런 승질이고, 나는 요것조것 애끼 사고. 조구(조기) 작은 거, 보통 거 사가 오만 "내 죽거든 제사 지내지 마라" 그캤다, 조구 작은 거 산다꼬. 그래가 오새는 제사 때 부산 사는 동시(동서)가 조구 큰 거, 이마한 거 사가 온다. 그래 "죽은 조상님들 조구 큰 거 잡숴가 좋아하시겠다" 그카고 웃는다 아이가, 하하하. 그래가 우리 동시가 그칸다. "큰 거 사오니 우리 오마이 좋아하시겠다. 제사 지내지 마라 카시다만, 잡숫는가 모리겠네" 그카고 웃는다, 하하하.

지금도 제사는 여서 다 지내예. 질부*들하고 칠남매 팔남매 다 옵니더. 삼십 명 마 그렇게 모입니더. 그래가 청소도 해야 되고 이불도 꾸매놔야 되고. 명절 장도 최하가 육십만 원어치는 봐야 됩니더. 거다 보일라에 지름 넣고 이리저리 하믄 백만 원은 든다 카이. 전기도 옇야지, 가스도 옇야지.

• 조카며느리, 조카의 아내.

하이고, 제사라마 또 할 말이 한 트럭이라. 맏아들네라 지사고 모사(묘사)°고 내가 다 채렸어예. 떡도 만들고. 그라이 을매나 일이 많고 힘들고 했는데 오새는 마 좀 줄였어예. 전처럼 할 수가 없는 기라. 아츰 일찍 나서가 대구 장에 떡집으로 가예. 가가 쌀 한두 되 떡을 해가 와서 지삿상에도 놓고 나눠 먹어예. 떡을 여러 개 하니 한두 되씩만 해도 안 모질라예. 그러이 을매나 수월십니꺼. 전에는 찹쌀, 멥쌀 농사져가, 도꾸바아(도꾸방아)에 찌어가, 불라가(불려서), 고두밥 쪄가, 팥 삶아가, 고물 해가…… 다 손으로 했어예. 내가 하마 60년을 모사를 채리다가 오새는 큰아들이 알아서 해라 카미서 조카들하고 어불러(어울려) 하라꼬 보내뿔고. 나는 벌초, 벌초 카먼 압니꺼? (네, 묘에 난 풀 베어주는 거요.) 거도 아네, 하하하. 전에는 벌초하믄 열다섯 명 돼가 내가 밥 다 해주고 그랬는데, 오새는 벌초하고 밥도 사 무우라 카고 "모사 지내는데 떡도 챙기온너라. 사가 온너라" 이카고 나는 안 합니더. 이적지 내 팔남매 맏미누리라꼬 다 했어예. 웃대, 사대 봉제사 다 지냈지예. 사대 봉제사라 카먼 네 평상 사람들 지사를 지낸 거라. 근데 힘이 없어가 이자 몬하겠다. 모사 거도 차차 올리뿌서 마이 적어졌다. 지사도 엔날게는 한 달에 한두 번썩 지냈는데 이자 다 엎치뿌이끼네(합쳐버리니까) 마이 줄었지. 묶아 올리뿔고, 엎치뿔고 하이 제사가 영 없는 기라. 그라니 오새는 영 수월한 기라예. 없는 집 지사 돌아오데끼(돌아오는 게) 그래 힘들다 안 카나? 그런 시절 마 이 마실에서 내가 고상 제일 마이 했을 기라예. 이만치 없는 집이 없었거든예.

• 산소에 가서 지내는 제사

한 달에 한 븐도 더 지사가 오는데, 거 할라믄 일이 을마나 많은데예. 쌀이 있나? 이자 농사지으마 쌀 말고 나락, 거를 독에 넣어놨다가 디딜바아(디딜방아), 디딜바아 안다 캤지? 하하하. 거 디딜바아에 쩌가지고 제삿밥을 하믄 고거는 따로 떠놓고, 보쌀만으로 밥을 따로 하고. 그래 두 가지 밥을 해가지고 지사 지내고는 그걸 섞어가 먹는 거라. 거도 뭐 으른이나 남자들은 쌀밥이 마이 들어가고, 여자들은 쌀알을 셀 지경이라. 그래도 엔날게는 지사 때나 그래 섞어놓으마 좀 얻어묵었지예. 다린 때는 보쌀만 묵고. 한여름에도 다달이 지사라 아 업고 장을 보러 갔다 카이. 그리고 놋그릇도 닦아야 되는 기라. 놋그릇 압니꺼? (네, 옛날 제사 때 쓰는 놋그릇요. 저 어려서 우리 집에서도 썼어요. 닦아보지는 않았지만요.) 진짜 잘 아네. 놋그릇을 닦을라 카마 지푸라기 해가, 재 넣어가, 땅바닥에 허리캉 다리캉 요래 쪼그리고 앉아가 힘을 팍팍 줘감시러, 하이고 마 고생 고생……

그래 여름에 지사 장 보는데, 아 업고 보따리 미구 들구 오만 얼마나 덥십니까? 그땐 차도 없었어예. 걸어 걸어 고개럴 여러 개 넘고 그래 댕겼어예. 시동상들 있지만도 마 혼차 마이 갔어예. 돈 애낄라꼬 뭘 사무울 줄도 모리고. 하이고, 등신이다 참. 땀을 줄줄 쏟으마 저 아래서부터 여 비탈을 기이올라오는데, 밭에 꼬추가 벌거이 익었는 거라. 비는 올라 카고. 그카믄 거 좀 따놓으면 어떻노? 할마시 둘이 그걸 안 따고 벌개이 놔두고 노는 기라. 오실댁이라꼬 여 와서 일 잘 안 하고 늘 겉이 노는 할마이가 있었어예. 그 할마이도 맨날 일 잘 안 하는데, 그날 둘이 그카고 맬거이 노는 기라. 그래 내 승질이 나는 기라. 비 맞으마 꼬추가 안 좋거든예. 다 곯아뿔거든. 나가 쏘가지(성질)가 나서 장보따리만 들라놔뿔고, 고추를 막 땄는 기라. 제사 일 내삐두고 꼬추를 마 한 포댈 땄는 기라. 내 승질에는 시오마이라고 집에서 놀면서, 아도 안 보면서 꼬추 좀 따놓으믄 어떻노 싶지 않겠어예? 안 그란교? (아휴, 백 번 천 번 성질이 나지요.) 한여름에 나는 아하고 장봐가 오니라 점슴도 몬 묵고 땀 삐질삐질 흘리가 오는데…… 그라고 꼬추를 들라놓으이께 비가 억수겉이 쏟아지는 기라. 그카고는 제사를 또 장만해야 되잖아예. 지녁이 다 돼가니께. 근데 벌써 늦었지예, 꼬추 한 포대 따니라고. 그래 동시가 저 건너 마실에 살았는데, 일찍 좀 오라 캐가 밤에사 제사를 장만했어예.

여는 제사를 밤 11시 돼가 지내예. 근데 저 헌집 살 적에, 나는 웃채에 살고 우리 시오마이는 아래채에 살았거든예. 제사를 지내고 나마 아래채에 밥을 가져가거덩. 그래 "동서, 니가 밥 가져가라. 내가 가면 안 잡숫는다" 그래 해가 아랫방에 보냈어예. 보내이 안 자셨어. 아침에 가이께네 안 자시고, 여름 되만 파리 안 있십니꺼? 파리들 밤새 붙으마 몬 묵거든예. 덮든지 잡숫든지 하면 어떻노? 기양 냅두고 있는 기라. 그때 소 묵였그든. 승질이 나가 그 밥을 소 구정물에 다 내삐리뿟어예. 그라고는 아침 밥 잡수러 오라 카이 또 안 오는 기라. 그래가지고 우리는 아침 묵고 일하러 나갔는 기라. 내도 내 길로 가뿟지 뭐. 그거럴 시오마이가 마실에 댕기면서 "밤에 제사 지내가 즈그끼리 처묵고 밥 한 그릇 안 준다" 이카미 그짓말을 하고 다닜는 기라. (아이고, 저런.) 그라모 남들이 그래 인정 안 하겠십니꺼? 맨날 밥 안 준다 카고…… 웃방으로 밥 잡수러 오라 카면 니 했는 밥 안 묵는다 카고 나는 줘도 안 묵으니 승질 나서 일하러 가뿔고…….

농사지어가 웃방에 쟁여놓으마, 거를 아랫방으로 퍼가 와가지고……
열두 말 되는 뒤지*가 있었거든예. 뒤지는 안다 캤나? (네, 쌀 뒤주.) 벨거
다 아는구마, 젊은 새댁이. (내년에 환갑 되는 여자한테 새댁이라고 해주
시니 감사합니다, 하하하.) 육십이마 젊지, 새댁이지. 하이고, 좋겠다 젊
어가, 하하하. 그래 열두 말 들어가는 뒤지가 있었는데, 이 집에 우째 그
런 게 있노 했드만 대구 부잣집서 가왔습디다. 오촌 아재가 대구 부자거
든예. 아까 처음에 말한 대구 서남빌딩 주인이 오촌 아재라예. 우리는 그
아재 덕 마이 봤십니더, 참말로. 밭도 빌려 짓다 우리 쥐뿔고, 영감도 시
내 빌딩에 갱비로 직장 다니고. 참 고맙지예.

뭐하다가 그 집 야그(이야기)가 나왔노? (뒤주요.) 맞다, 뒤지. 그래 이
집에는 암것도 없는데 뒤지가 있을 택이 없지예. 나무 뒤지 큰 거 열두
말 들어가는 거, 그게 웃방에 있었어예. 농사지어가 거에 쌀 여놓거든예.
그라모 시오마이가 거 쌀을 푸욱 퍼다가, 칼치를 사가지고 찌지고 묵고
마. 내가 승질이 나가지고 뒤지 문을 잠가뿌렀어예. 그랬더니 그거럴 뚜
드리 부시는 기라. 부숴가지고 밥을 해예, 쌀 퍼다 칼치 바꽈가, 쌀로만
밥을 해가 아랫방에서 혼차 잡쉈어예. 그르니 속이 안 좋잖아예. 한집에 밥
을 따로 해가 묵는다 카면 얼마나 넘사시럽노. 그런 승질을 못 고치가지
고 기양 해묵드라 카이. 놔둬뿔지 마. 우리 시오마이가 최씨야. 최씨 앉
은 자리엔 풀도 안 난다 안 캅니꺼. 억수로 독해예. 슨상님도 최씨라예?
최현숙? 맞다, 그렇구나. 하이고, 고집 씨겠고마. (제 고집도 한 자락 하

• 뒤주. 쌀 따위의 곡식을 담아 두는 세간의 하나. 나무로 궤짝같이 만드는데, 네 기둥과
  짧은 발이 있으며 뚜껑의 절반 앞쪽이 문이 된다.

죠, 하하하.) 씨게 생겼네, 하하하. 그래 밥하고 국 끼리가 혼차 아랫방에서 자시고 윗방에 밥 먹으러 안 오이, 승질이 을매나 나노? 그래 살았어예…….

 그래 밥도 같이 안 묵고 밉다 카매 살다가 아예 나가 따로 살게 된 거라. 그기 새집 지어가 들어올 때 큰방 안 내줬다고 그런 기라. 그건 야그 했제요? 그기 참, 내도 시집와가 40년 가차이 살고, 회갑이 내일모레 됐든가 그때라. 애들 시집 장가보내서 손주까지 있던 때라. 영감도 살아 있고. 그라마 안방은 당연히 우리 차지 아입니꺼? 안 그렇습니꺼? 근데 새집 들어오마 작은방 줬다고, 그래 나가뿐 겁니더. 하이고, 내 참 우세시러버서…… 작은아들이 여 아래에 집 지어가 살다가 대구 가뿔고 집을 놔둬놓이 빈집이께네 "니한테 밥 얻어묵기 싫다. 내 작은방 쓰기 싫다" 카면서 나가 살았는 기라. 뭐 혼자 끼려 묵자믄 묵기야 하지 뭐. 아직 팔 팔하던 양반이라. 기운도 좋고 자시기도 잘 자시고. 그래도 마 국이니 김치니 내가 다 해 날랐다. 츰에는 안 자시드만, 차차 묵데. 묵어야지 뭐. 안 묵고 오대 삽니꺼? 곁에 있어도 안 먹는 사람, 억지로 묵일 수야 있십니꺼? 근데 뭐 차차 드십디다. 그람서도 이웃에서 뭘 끼려가 한 그릇 떠다주믄 미누리보다 낫다 캐쌓다가, 그 이웃이 좀 안 오마 또 그 이웃을 욕했다가. 그래 냉중에는 치매 걸리가 오만 억지를 다 부리고, 결국에는 씨러져가 내헌테 실려와가, 내 손에 밥도 물도 얻어 잡숫고…… 하이고 참, 애 마이 묵었어예. 츰엔 좋다 카고 일 잘한다 캤다가, 밉다 카고 동네 돌아다니매 내 욕 다 하고. 내 시집올 때는 내더러 좋다 카더만, 뭐 작은 미누리 보고 또 밑의 미누리 보이께네, 거 빠져가 그리 내려가뿔고 나는 밉다 카데예. 내가 말도 몬해예. 한정이 없어예. 몸 고상보다 속고상을 마이 했어예. 신경을 마이 쓰마 갑상선에 걸린다 카데예. 내 갑상선 그기, 신경을 마이 써가 암이 온 거라. 마 시오마이 따문이다 그거는. 아이고, 그런 시오마이에 팔남매 맏미누리가 아무나 하는 게 아이라예.

내 승질 꼬라지 보시느라 그 양반 속고생도 억수로 했겠구나

이자 생각하믄 내도 마 잘한 거 없십니더. 츰 시집왔을 때나 고분고분 했제, 아아들 크고 살림 맡아서는 싫은 거 싫다, 내 소리를 좀 했십니더. 좀 핸 거가 아니라 따박따박 말대답도 하고, 속으로 욕도 하고 그랬어예. 속으로 욕하믄 그기 다 겉으로 보이거든예. 그라이 내가 을마나 미웠겠어예. 우리 영감이 대구 나가 사니까 나았지, 아마 여서 겉이 살았시마 영감도 내도 시오마이도 더 싸우고 난리도 아니었을 거구마. 내도 승질이 있는 사람이거든예. '내 죽었다……' 그래는 몬 사는 사람이라. 근데 우리 시오마이도 내랑 승질이 같은 거라. 그라이 싸움이 되지예. 그기 이집 니래기라. 여자들이 좀 씬 게 니래기더라 카이. 근데 그 양반이 빚까지 내가매 남들 퍼준 그기, 돌아가시고 나서 생각해보이 손이 커가 맴도 컸나 카는 생각이 들더라 마. 살아 계실 적에는 몰랐는데 곁에 없으니 그 양반 맴이 컸구나 싶어예. 승질이 나매이로 몬되가 그렇지 속은 참 너른 양반이었다 싶어예. 뒤끝도 없고, 없는 사람 불쌍타 할 줄도 알고. 그기 참 겉이 살면서는 안 보입디다. 내가 멍충인가 등신인가, 살 때는 안 보이더라 카이. 내헌테 잘했나 몬했나 그거로만 봤는 거라. 내도 이래 나이 들어가 시오마이처럼 할마이가 되고 보이, 그 양반 미웠던 게 달리 보입디다. 풍풍 쓰는 거가 그리 밉더만, 이자는 애끼고 몬 쓰는 내가 참 등신 같기도 하고, 그래 넘들 퍼주드니만 그 덕에 자슥 손주들이 잘됐는가 싶기도 하고. 누구 하나 큰 병에 걸린 거도 없고, 중도막에 사고 나가 잘못된 자슥도 없고. 그게 다 우리 시오마이가 넘들헌테 퍼준 덕을 받는 거다 싶더라 카이. 그카고 내 늙어가 아들 미누리 땜시 뭐가 좀 섭섭하고 그럴 때마다 죽은 시오마이가 생각난다 카이. 내가 뭐 했을 때 미웠겠구나, 내가 뭔 말 했을 때 분했겠구나, 내 승질 꼬라지 보시니라 그 양반 속고생도 억수로 했겠구나, 그 생각도 오고. 늙어보이 그런 게 차차 오는 기라. 팔팔하믄 그런 거 모린다. 최순상도 안쪽은 모린다. 거 알라믄 안쪽 멀었다 카이. 그니께 다 살아봐야 아는 겁디다. 아니, 죽을 때도 다는 모리고 갈 겁디더.

"씹터랭이 닳도록 장에 댕기더만 다라아도 몬 샀나?"

아, 다라아. 그기 생각나네. 한번은 다라아 때매 한바탕 난리를 지긴 거라. 내 시집올 때버텀 다라아 하나가 있었어예. 한날은 미주 끼릴라꼬 다라아에 콩을 담가놨는데, 시오마이가 와가 거를 비와돌라꼬 난리를 지기는 거라. 오마이가 시동생네 집에 나가 살 때. 오마이 살림에는 그래 큰 다라아를 쓸 일이 없거든예. 근데 하필 콩 삶을라꼬 담가놓은 거를 우예 알고 딱 그날 와가 비와돌라 카는 거라. 꿈자리에 다라아가 보이나, 하이고 마. 미주 끝나마 내가 가간다꼬 아무리 그래도 당장 비돌라 카는 기라. 그래 마 속이 상해가지고 "죽으마 그놈의 다라아 가갈라 캅니꺼?" 그캤지. "끼리고 나믄 내가 가갈랍니더" 아무리 그캐도 "당장 비와내라" 소리소리를 지르매, 그케 둘이 또 싸웠다 아이가. 큰 다라아라예. 모욕(목욕)하는 다라매이로. 한븐 고집을 부리마 그기 될 때까지 지기는 거라. 결국에는 콩을 체에 받혀놓고 다라아를 비와줬다 아이가. 하이고, 몬 이겨요. 그래 비와줬더만 그 큰 거를 가가 나가데. 무거버 들지도 몬하고 질질 끄실고 나가미 내헌테다 대고, "씹터랭이 닳도록 자아(장에) 댕기드만 다라아도 몬 샀나?" 이카는 기라. 그르이 마 내는 속이 뒤집어져 죽겠는 기라. 근데 싸우는 거럴 들고는 옆집서 "우리 다라이 가가 끼리소" 이카데. 하이고, 망신시러버라. 거래도(그거라도) 가가 올라카는데, 거따 대고 어른이 또 "우리 다라아 놔두고 뭘 넘의 다라아 가오노?" 이카믄서 질질 끄실고 가던 다라아를 길바닥에다 탁 내동댕이치고 가삣는 기라. 그 무거븐 걸 끄실고 갈라 카이 힘이 부쳤는 거라. 우째긴 뭘 우째라? 도로 끄실고 와가 콩 불려서 미주 끼려가 된장 만들어가 갖다 바쳤지예. 하이고, 거거는 내 죽을 때꺼정 안 잊아뿐다. 그때만 해도 승질이 별나 그런가 했드만, 내 늙어가 보이 그기 치매였든 기라. 부모가 자슥 거 미주 끼리는데 놔두지, 뭐 할라꼬 비와돌라 카겠능교? 그때는 치맨지를 모리고 쏘가지가 몬되가 그런가 해서 내도 쏘가지를 부렸는데, 오새는 생각해보이 참······.

치매가 한 2년은 왔었지 싶어예. 영감탱이는 오매캉 나캉 싸우는 거도 모린 체해예. 모리닌 척하고 직장 따문에 늘 대구 나가 있다 일요일에나 하루 오고. 그라니 지 좋은 대로 안 보고 모린 체하고 그란 거라. 아는 척할라마 당연히 오매 편 들어야지예. 마누라 편들면 노인네가 얼마나 더 섧노. 내가 다 잊아뿔서 그렇지, 한도 끝도 없어예. 그래 살았십니더, 내가.

쏘가지 더러운 며느리 년 낯 세워주고 가신 거라

우리 오마이 돌아가실 때예? 하이고, 시오마이 구신(귀신)이 오시가 다 들을라, 하하하. 그기 그니까 그래 있다가 거 연세가 구십여섯에 돌아가 있는데, 그때만 해도 내랑 납납해져갖고 좀 나을 때라예. 하루는 그 집에 방 도배할라꼬 "어무이예, 우리 집에 좀 가 있으이소. 도배할랍니다" 그 카니, 일어나 나갈라꼬 문턱을 넘어가다가 폭 주저앉았는 거라. 문턱에 걸리 넘어진 기 아닌 거 같다 카이. 그때 딱 뇌출(뇌출혈) 그기 떨어진 거라예. 하여튼 그캐서 우리 영감재이가 집으로 업고 갔는데, 그질로 마 몬 일나데. 그질로 마 똥오줌 싸고, 병원에 입원도 했다가 나가라 캐가 퇴원하고. 그래 누버가 한 20일 내내 고상하다가 돌아가신 거라. 근디 그게 참 노인이 복이 많은 기라. 우예 그리 숩게 돌아가시나? 나도 그 양반매이로 죽는 게 소원이라. 당신도 그렇고 자석들도 그렇고 끝모듬에는 별 고생이 없었다 카이. 집 나가시갖고 내 속고생은 엔간히도 시깄지만도, 가실 때는 그리 숩게 가시더라 카이. 아닌 말로 내가 그 걱정을 좀 하기는 했거든예. 맏미누리 년 미워가 가실 때 내 고생 좀 시키지 싶었어예. 내헌티 벌을 좀 주고 가지 않겠나, 그 생각에 좀 각오가 됐그든예. 근데 가시면서도 그리 속이 크게 가신 거라. 그날까지도 혼차 자기 발로 댕깄다 카이께네. 혼자 댕기고 혼자 끼니 잡숫고. 치매는 쪼매 왔었지. 그때만 해도 치맨지 뭔지 몰랐지. 그냥 노망인갑다 했지. 짐치(김치)도 돌라 캐서 가갔는데, 또 돌라 카고 또 돌라 카고. 집에 와보믄 구정물에 짐치가 항금* 드가 있고. 솥에다 뭐 태우고 하는 거 보이, 지금 생각하니 치매였

---

* 한금, 매우 많이.

던 기라. 짐치 돌라 카는데 쥐야지 우야노? 냉장고를 이래 챙길라 카믄 내를 손 몬 대구로 하고, 도독놈매이로 뭐 가갈까 겁을 내고. 그기 치매가 왔던 모양이라. 시오마이 살림을 마이 몬 챙겼어예. 치우고 챙길라 카믄 "뭐 디비냐?" 카매 손 몬 대구로 하고. 그때는 성격이 뻘나가 그카나 했드만…… 그 어른이 구십여섯꺼정 씽씽해가 내를 억수로 밉다 캐쌓더니, 끝도막에는 우리 집에 업혀와가 내 손에 얻어 잡숫고 그라고 가셨으예…… 쏘가지 드러븐 미누리 년 낯 세워주고 가신 거라, 그기…….

글자 들어올 자리가 있겠십니꺼

내가 팔순이 돼가 이자 공부래는 거를 하는데, 마 한글 그기 머리에 들어오것십니꺼? 평생 써묵어가 머리가 녹실었고, 팔십 평생 살마 묵꽈둔 기 채워져가 있는데 지금 공부한다꼬 들어설 자리가 어디 있겠어예? 그라이 자꾸 잊아뿐다 마. 글자 들어올 자리가 안 남은 거라. 어떤 날은 "이래 죽을 때 다 돼가 열심히 배와가 저승 가서 좀 써묵을랑가?" 그카믄서 한글반 할매들끼리 껄껄 웃는다 카이. 어려서 우리 집이 핵교 곁에 있었는데 내가 공부에 신경을 썼시믄 그때 벌써 배왔을 긴데 신경을 안 썼다 카이. 부모가 보냈시먼 다녔겠지만, 뭐 아무도 낼 신경을 안 쓰고 내도 안 썼다 카이. 그때만 해도 야학 그런 게 지녁으로 있어가 메칠 나가 봤는데 아이고 마, 졸려가 앉아 있을 수가 없더라 카이. 그때가 여나문 살이나 묵었는가 모리겠다. 오마이가 일쩍 가가 땡빛에 일하고 살림하니라 일이 많았거든예. 그라이 마 글씨를 배운다꼬 앉았는데 잠이 그렇게 쏟아지는 기라. 그라니 챙피해서 더 몬 나가겠더라. 우리 아부지가 내를 백얌생이 카마 아주 귀해라 했지만도, 딸은 공부 안 해도 된다 카믄서 핵교 보낼 생각은 안 한 거라. 여 시집와서도 뒷글[*]이라도 해볼라 캤어예. 저 아래 무슨 센터에서 하는 한글반을 버스를 타가매 대녀봤댔어예. 근데 만날 일한다꼬 시간을 맞출 수가 없는 거라. 식구도 많고 일도 많아가 몬 나갔다 아이가. 그래가 작년부터 경로당 한글반을 시작했어예. 유슨상이 한글을 갈챠준다꼬 해가, 처음에는 유슨상 집에서 했다 아이가. 그러다가 좀 뒤에 경로당에서 하게 된 거라예. 이기 즘에 몇 번 읽고 쓰믄 좀 하지 싶었는데, 뒤에 하다보마 앞의 새까맣게 다 잊아뿔고 츰 보는 글씨 같은 기라. 참말로 뭐에 썬 거 같다 카이. 연필로 내가 써놓은 거가 있는 거 보이 배우기는 배운 긴데, 와 츰 보는 거 겉은가 모리겠어예, 하하하. (그래도 읽는 거 보니까 잘하시던데요.) 마 콩나물 물 주드끼(주듯이) 그래 생각코 기양 하는 거라. 콩나물 기를 때 물을 주마, 물이 다 빠져나오는가 싶어도 콩나물은 크거든예. 거랑 똑같다 싶어예. 다 잊아뿌는 거 같아도 하나씩 남는 거가 있더라꼬예. 그래가 아는 글자가 하나씩 생기니 그기 좋고, 어디 글자 나오믄 속으로 '뭣이다 뭣이다' 카매 읽어보는 그기 아주 신기하고. 밑에 들어간 거까지는 잘 몰래도, 이자는 위에 써진 거는 웬마이 읽지 싶어예. 맞다, 받침. 그 받침이 들어가마 좀 어려버지는 거라.

슨상님이 전라도니 충청도니 한글반 할매들이 책 낸 거, 시랑 그림이

<hr>

[*] 남들 공부하는데 어깨너머로 하는 공부, 혹은 학교가 아닌 다양한 기회로 뒤늦게 하는 공부의 통칭

랑 편지랑 뭐 그런 거로 책 낸 거를 보여줬어예. 글이랑 그림이랑 해서 전시회도 했다 카더라꼬. 우리는 어느 천년에 할라나. 죽기 전에는 할라나 모리겠다 마. 그거는 모리겠고, 이래 늙어가 공부하마 치매가 안 오는 거라. 글 배우는 거는 뭐 그렇다 치고. 모이고 노는 재미 그게 먼저라, 하하하. 오새도 여 경로당에 할매들 모여가 만날 화토 하고 놀거든. 할배 없는 할마이들은 매일 모여가 노는데, 나는 그래 몬했지. 어쩌다나 한번 썩 끼고. 근데 여서 한글반 하믄서는 일주일에 시 번, 월 수 금. 아침에는 내가 안 빠지고 꼬박꼬박 나온다. 우리 영감도 내 한글반 가는 거는 좋아해. 한글반서 어울려 어디 가는 것도 잔소리 없고. 그래가 그기 또 내헌테는 좀 자유가 되는 기라. 그 김에 어떤 때는 화토도 좀 끼고, 하하하. 어제도 어디 나갔다 오는 질에 잠깐 들러가 화토 치고 놀았다 카이. 들어오는 질에 다리나 좀 쉴라꼬 들렀다가 붙들렀다 아이가. 어제는 좀 잃었다 마, 하하하. 이래 늙은 사람이 가끔 져주고 돈을 좀 보태줘야 안 하나. 그래야 젊은 사람들이 좋다 칸다. 늙은 할마이래도 돈 있으마 좀 씰모가 있는 기라, 하하하.

정치 그게 깡촌 사람들이랑 뭔 상관이래요

투표는 안 빼뜨리고 꼬박꼬박 해예. 여는 뭐 투표 빼자(빠져)묵는 사람 없을 거라. 나는 마실에 가가 언론 들어보고 대략 찍어예. 전번 대통령 선거 때는 박근혜를 찍었지예. 아무래도 여그서는 죄다 박근혜 찍었을 거라예. 근데 이 난리를 지기니 속이 상하고말고. 그걸 우예 말로 다

합니꺼? 믿었던 사람이 그래 엉망을 쳤대는 거도 그렇고, 아무리 그캤대도 대통령인데 저래 쫓가낼라 난리를 지기는 것도 그렇고. 최순실이한테 속았다고들 합디다. 안 그라마 그렇게 했을 리가 없지 싶어예. 근데 청와대 근무하는 우리 아들은 박근혜 쫓가나도 괜않단다. 대통령은 잘려도 우리 아들은 안 잘린답니더. 공무원이 그기 좋은 거라. 그래도 마 박정희 대통령 딸이 그래 쫓가난다이 그 속상한 걸 어예 다 말로 하겠어예. 아들이 청와대 근무한 거가 한 10년 됐지 싶어예. 노무현 대통령 할 때 드갔거든예. 기술로 뽑아간 거라예. 청와대서 뽑힌 기술이면 최고 아니겠능교, 하하하. 우리 아들은 청와대에 있어도 누구 찍으라 그런 말 안 합니더. "와 그 말을 안 하노?" 하고 물으이께네 "뭔 소리를 하든 이 동네 사람들 누구 찍을지 빤한데 뭐 할라꼬 입 아프게 그 말을 합니꺼?" 그카더라. 저는 지가 모시는 대통령이랑 한 표를 찍지 않겠나 싶어가 "니는 누구 찍었나?" 물으이까네 그런 거는 안 묻는 거라 캅디다, 비밀 뭐라고 하매. 그래, 비밀투표. 여는 비밀투표고 뭐고 간에 죄다 박근혜 찍었을 깁니다. 대놓고들 찍으라 카고 찍었다 카고 그랬댔거든예. 근데 저래 난리를 지기니 사람들이 다들 마 조용합니다, 오새. 탄핵 그 얘기는 다들 벙어리매이로 입 다물고 삽니다. 그 얘기 잘못 나왔다가는 동네 싸움 날까 겁나더라 카이. 탄핵 거를 잘한다 칼 수도 없고 안 된다 칼 수도 없고. 그기 오새 여기 사람들 스트레스라. 말은 안 해도 속으로 쏘가지 나는 스트레스라, 그기. 제발 싸우지 말고 대통령이고 국회의원이고 간에 도둑질이나 하지 말았으면 싶으다 카이. 정치 그기 여 깡촌 사람들이랑 뭔 저기가 있어예? 노무현이가 되나 박근혜가 되나 이 동네는 버스 그거 하나가 안 들어오는데. 마 대통령 아이라 국회의원 선거 때도 후보 얼굴 보기 힘들어예.

비오는 데다 고사리 던지고, 팥 던지고, 이불 던지고

우리 영감 지금은 선비 된 거라예. 그라이 내가 지금이 제일 좋다 카지예. 젊어서 영감이 애믹인 거는 마…… 하루가 멀다 하고 여자캉 놀다 와가, 술 묵고 늦게 드와가 자지도 안 하고 밤새 욕합니다. 술주정이 있어가지구. 그래가 마 술 묵고 밤새 지대로 부수고 욕하고, 살림을 자꾸 부솨예. 상을 둘러엎고 사람을 뚜드리 팰라 카고. 그래가 내는 나와가 혼자 사는 할매 집에 누버 자고 아침에 갔다 카이. 어떤 때는 새벽 밤에 몰래 기어들어가 보마 안즉도 안 자고 있다 들어오는 거 보고 또 욕을 하고. 이래가 정 안되겠다 싶으만 또 내빼고. 그때는 둘이 깔쥐뜯고(쥐어뜯고) 싸움을 마이 했어예. 영감이 괴팍해가 주정이 많았십니더. 없어 고상을 한 것도 컸지마는, 영감 저거 바라지했는 기가 제일 힘들었다 카이.

봄에 삼월달 되만 고사리가 쑥쑥쑥쑥 올라오거든예. 그럼 산에 온데 댕기매 꼬사리를 끊어왔다 카이. 한븐은 꼬사리 끊어가 싯치러 갔다 왔는데 해필 비오는 날이었어예. 근데 그놈우 영감이 술 묵고 와가 마당 비오는 데다 꼬사리 떤지뿌고, 팥 떤지뿌고, 이불 떤지뿌고, 빨래 보따리 떤지뿌고. 그라고도 또 밤새 고함지르매 뵈는 대로 쥐어 던지데. 그카만 아츰에 일하러 갈라믄 치아놓고 가야 안 합니꺼? 영감이 참 말도 몬합니더, 승질이. 기란(계란) 한 판썩을 다 한테 둘러엎어 내던져가, 온 천장에 허옇고 누렇게 엉겨붙어가. 밥상 둘러엎고 고치장(고추장)을 내던지이, 마 전신에 기댕기마 닦고. 온 지랄을 해논 거럴 다시 씻고 닦고 씰고. 그래야 아침에 고시원에 일하러 가거든. (아이구, 놔두고 가시지 뭘 치워놓고 가요? 던진 서방이 치우게 좀 놔두시지 않고. 그걸 혼자 치우려면 또 얼마나 열불이 나요?) 그케 말이라. 열불이 나지, 열불이. 냅두마 누가 합니꺼? 결국에는 내 일인데. 오새 겉으만 거 놔두고 기양 가쁘는데. 그래야 넘들헌티 우세 좀 할 긴데, 그때만 해도 챙피하이께네. 남이 욕하믄 내 낯보담도 아아들헌티 그렇고. 그래 밤새도록 보따리 주서다 치아놓고 아츰에 일하러 올라갑니더. 집에서 닭을 믹있거든예. 마이 믹있어예. 내가 그래 기란 팔아가 영감이랑 아아들 묵이고. 그래가 우리 아아들은 기란 묵고 자랐어예. 근데 영감이 술만 묵으믄 기란을 던지가 애를 믹인다 카이. 하이고, 참 승질도 더러버라. 그기 확 던져뿌만 탁 하고 깨지는 기 좋은갑더라고예. 돈 되는 긴데 아깝지도 않나. 그래 던져놓고는 저는 또 누버 잔다. 뚜드리 부수고 그래 자믄, 내는 밤새 꼬사리는 꼬사리대로 팥은 팥대로 이불은 이불대로 다 치아놓고. 기란 깨진 거 다 닦아놓고, 아침에 또 일하러 가야 되예. 그래야 자슥들 묵이고 공부시키지. 내가 여물게 하이 살지 여간한 사람 같으마 이리 몬 살아예. 그래 살았십니더, 내가.

그래 실컷 자고 나믄 미안타 카는 거도 없다. 돈도 모리고, 술로 주정을 지기고 힘들었지. 그때 내빼뿟으만 뒤지든 살든 모릴 긴데 내가 와 사노 싶은 그런 맴이 들더라꼬예. 말이 그렇지 자슥 넷이나 둔 년이 어디로 내빼겠소. [눈물을 닦다 말고 웃으신다.] 오새는 만개 편타. 주정 안 지기고, 술 한 상자 사다놔도 딱 한 병 갖다놓고. 하루 한두 잔썩 알마끔 하이 묵고. 늙어가 철든 거제. 근데 그기 아이라 저 죽을까봐 안 묵는다 카이, 하하하. 하이고, 내 평생 막힌 체증이 오늘 뻥 뚫려뿌리네예. 내도 포원 하나 헐었십니더, 하하하.

영감이 그래 애믹이고 여자 좋아하고 돈도 모리고 이랬어예. 댕기매 애믹이고 바람도 좀 피우고. 그래도 마 집에 델꼬 오진 안 했어예. 영감 캉 내캉 돈 따로 쥐고 쓰거든예. 자기는 6·25 때 군에 간 거 유공자 그 돈이 쪼매 나오거든예. 영감이 6·25 때 6년을 근무해놓이께네 돈 마이 받는 건 아니래도 정부에서 뭐가 있다 카데. 마이 받는 요량하믄 영감이 제일 따라지라. 조금 다치고도 마이 받는 사람이 많더라 카데. 한 달에 한 십오만 원인가 이십만 원인가 나오는 모양이라.* 을맨지 말을 딱 안 한다 카이. 거다가 노령연금도 딱딱 들어와가 날 안 주거덩예. 내가 집 단장 좀 하고 삽작** 할라꼬 돈을 좀 돌라 카이께네 "와? 니 돈 가 해라" 이카고 안 줄라 카더라. "내 쪠매뱆에 없다. 좀 채아주소" 그캐도 마 안 줄라 카데. 내는 이자 노령연금*** 들어오고, 마실에 노인 일자리**** 쪠매 하고 아아들이 쪠매끔썩 주고. 예, 아들 둘이 십오만 원썩 한 삼십만 원 주데예.

엔날게는 노령연금 그런 거도 없었어예. 근데 이자는 준다 카이. 또 올 려주고, 혼자 있는 사람은 이십만 원 주고, 둘이 있시니까 십육만 원인가 그래뱆에 안 나와예. 그래도 나오는 게 을매나 고맙노. 여 노인들 말이 거를 박근혜가 올려준 거라 카든데, 우리 딸아가 그카더라. 그기 무신 박 근혜가 주는 기냐고. 우리가 세금 내가 그 돈에서 주는 기라고. "그기 다

• 　2018년 1월에 30만 원으로 증액되었다.
•• 　사립문, 대문
••• 　2017년 6월 현재 노인연금은 월 20만 원이 최고액이다. 부부가 모두 받으면 20퍼센트 가 감면되어 최고액이 각각 16만 원이다. (2018년 7월 증액하기로)
•••• 2017년 6월 현재 월 20만 원이다. (2018년 7월 증액하기로)

우리가 세금 낸 기다" 이카데. 그 말이 맞재요? (맞아요. 자식들도 세금 내고, 어르신들도 평생 열심히 일해서 세금 낸 거, 그걸로 받는 거지요.) 우리는 큰아들 작은아들 다 세금 마이 내고, 작은 서방도 세금 마이 내예. 이제 받아봐야 몇 해나 더 받겠십니꺼? 더 마이 나온다니, 더 오래 받고 죽어얄 긴데, 하하하.

그거믄 촌에서 모자라지는 안 해예. 젊어서는 은행이고 밤이고 산에 가서 꼬사리랑 나물이랑 끊어가 장사해가 푼돈 벌고 했는데, 오새는 다리가 아파가 몬해예. 힘이 들고 허리도 아프고. 이자 나물 그런 거는 몬하는데, 마당에 가차이 있는 저놈의 밤하고 감하고는 나무가 있으니 자꾸 열리고. 그기 열리니 자꾸 따고. 따서 모다놓으니 힘들어도 또 장에 내다 팔고. 하이고, 나무를 싹 비이뿌려야 끝인데 영감쟁이가 비이뿌라캐도 "놔둬라, 아이들 따 묵거로" 카마 안 빌라 칸다. "내 따줄게, 놔둬라" 캐. 그카고는 지때지때 안 따주니 내가 속이 타는 기라. 그러다보믄 은행 주버야 되제, 밤 주버야 되제. 안 없애마 그기 다 일이 돼삐러예. 그라다가 내 허리 다친 거 아이가, 감 따다가. 저 밤나무도 일곱 나무나 있는데 이자 다리, 허리가 이래놓이 어쩌겠노?

다린 집 영감들은 일찍 가뿌러가 할매들이 혼차 아이가? 난 복이 많아가 있능가 없어가 있능가 모리겠지만, 영감이 곁에 같이 사이끼네 괜않지 뭐. 없는 거보다 있는 기 낫겠지예. 아궁지에 나무도 잘 때주고. 영감이 "니는 복이 많다. 내가 이적지 살아 있으이께네" 이칸다. 밥이야 마 내 없이도 정지 가가 잘 찾아 먹어예. 찾아 묵어야지 일일이 우예 다 또박또박 챙겨줍니꺼? 오새는 "잔소리하믄 밥도 안 챙기줄 기다" 내가 이칸다,

하하. 그래도 마 혼자 있는 거보다 둘이 지끼고 이바구만 해도 적적하지 않고, 맛있는 거 있시면 사다 묵어가매 괘않기는 괘않지 싶어예. 효자손 있어도 서로 등 긁어주는 거가 좋지, 그런 생각도 들고. 우야만 귀찮을 때도 한번썩 있고 그렇더라. 그라이께네 다린 이는 영감 없시이 뭐 어둡 도록 놀다 가는데 내는 "영감 따문에 밥하러 가야 된다" 이카믄서 나오 는 때도 있어예. 또박또박 챙겨주지는 않아도, 너무 그카는 거는 또 아니 지 싶다. 여 동장 마누래가 즈그 친정오매캉 한 동갑이라놓이, 만날 할배 갖다주라 카미 뭐를 준다. 그래 섬긴다 카이께네. 우씨 아줌마, 동장 아 줌마가 부모 어른마냥 섬기고, 자기가 지차라도 시오마이 시아바이 제사 다 지내고 모시고 있다 카데. 착하다 카이께네.

영감이 젊어가 여자들 쫓아댕길 직에는 돈도 좀 벌었어예. 오새 돈이 적어 그래 들어앉았는 기라. 엔날게 맘대로 댕길 때는 마 나가서 기집 델 꼬 술도 자시고, 친구들캉 놀러도 가고, 바람도 씨이고 이래 했지마는. 오새는 나이가 많아 허리도 아프고 돈도 쬐매끔이니 몬 댕기고 집에 있 는 기라. 귀가 깜깜이라 마이 답답지. 그캐도 내가 혼자 씨부렁대고 욕 을 하믄, 내 귀에도 들릴 동 말 동 그래 쪼매나게 하는데도 내 낯이 다린 가, 싫은 소리 하는 건 단박에 알아뿌드라. 신기하제? 하하하. 그래가 어 뜬 때는 낯은 납납하니 해놓고 뭐라뭐라 욕을 하는데, 냉중에는 거도 아 는갑드라. 무서버라, 하하하. 젊어서로 치면 승질 다 죽었제. 이자는 내가 더 승질을 내고 하이 내 눈치를 보다가도 한번썩 엔날 승질이 나오기도 하더라 카이. 그캐도 마 겉이 밭이랑 논이랑 늘리고, 아아들 가르치고, 시집 장가보내기 바쁠 때는 논밭 줄이매 살아온 긴데, 이자 늙토락까지 겉이 있으니 그기 복 아이고 뭐겠나 싶다. 동네에 친구할 영감들이 다 가뿌러가 혼차 심심허이 있는 거 보마 안됐제.

영감 약을 타러 내일모레 화요일 날 가는데, 머리가 아파가 내가 약 타다줘야 해예. 거다가 영감이 오새 자꾸만 죽고 싶단 소리를 한다 카이. 그게 마 기양 하는 소리가 아이다. 안 그릏겠나? 마실 다니매 이바구할 친구가 있기를 한가? 동네 영감들이랑 친구들은 벌써 다 가뿟다 카이. 자그도 몸이 안 좋으니 친구 찾아서 멀리 나다이지도 몬하지. 내는 그래도 경로당에도 가고 한글반에도 가고. 할마이들 만나가 떠들고 웃고 놀고 안 합니꺼? 근데 영감이라고는 이 동네서 딱 하나 남았다 카이. 이바구할 영감쟁이가 하나도 없어예. 그라이 만날 죽고 싶다 카는 거가 이자는 빈말이 아이다 싶어가 극정이 된다 카이. 맞다, 우울증 뭐 그기 있다 카더라. 머리 아픈 약이 그 약도 된다더라. 갈수록 심한 기라.

저 아래 영감님 하나는 작년에 돌아가싰거든예. 근데 마 그 영감 따문에 할매가 골빙들었다 카이. 술만 묵으믄 뭐 아무나 보고 욕하고. 젊어서는 안 그랬어예. 아주 점잖은 분이었다 카이. 그러다가 사오십 되고부터 안 묵든 술을 그래 묵더니마는, 술만 취하면 식구들한테 그래 욕을 하더란다. 그라드이 경운기 사고를 당해가 머리를 다치고서는, 아무나 보면 욕을 하는 기라. 술 안 묵으믄 산에 다니믄서 송이 겉은 거 마이 해오고 그카는데 술만 묵었다 하믄, 하이고. 입에 담도 몬할 욕을 그래 해가 마, 아지매가 참 애를 묵었다. 그라다가 여든이 채 안 돼서 가신 거지예. 뭐가 그래 맺힌 기 많아가 술을 먹고 아무나보고 별 욕을 다 해쌓고 마. 그카다 작년에 가신 거라. 포한 없는 사람 오데 있십니꺼. 다 담고 묻고 사는 긴데 술 묵으만 그기 다 올라오는갑습디다. 우리 영감은 넘들헌티 그러지는 않으이 다행인데, 그래도 마 극정이라. 우울증 거가 남한테 쏟는 사람도 있고, 자기 속으로 곪는 사람도 있다 카니께 극정인 거라.

촌 노인네들 억울합니더

그래가 우울 뭐가 심해져가 자꾸 죽고 싶다 카는 거 보마, 엔날 미웠던 거는 다 잊아뿔고 안씨럽다 마. 그렇다고 내내 옆에 붙어만 있을 수도 없고. 내는 마 보자는 사람, 놀자는 사람 많으니 안 나갈 수가 있나? 놓고 나갈라마 어떤 때는 안씨러버가 나갔다가도 좀 일찍 오고, 바빠도 한븐썩 들렀다 나가고 그칸다. 그래 생각하믄 아무래도 내가 먼처 죽어야 안 되겠나 싶지만도, 그기 맘대로 되는 것도 아이고. 영감은 내 맴을 모리겠지만서도 그래도 마 내 맴이 그카고 싶어예. 영감은 나 묻어주고 자그 간단다. 겉이 보낸 세월이 그런 맴을 맨들어주는가 싶다 카이. 누구 말대로 한날한시에 죽는 부부도 있다 카는데. 우야든동 영감이랑은 요즘이 제일로 좋아예. 영감한테도 그 말 자꾸 합니더, 지금이 제일 좋다고. 기분 좋으라고 자꾸 합니더, 하하하.

텔레비 보마, 뉴스 보마, 촌에 사는 할배가 농약 묵고 우쨌다 뭐 그런 거 보마 겁난다 카이. 근데 보마, 다 혼차 사는 할배더라. 그래가 우리는 같이 사이 다행이라 싶은 거라. 그라이 내가 먼처 가야지. 할매고 할배고 촌 노인네들 억울합니더, 참말로 억울합니더. 평생 쎄가 빠지게 고생만 하고, 이자 늙어가 마 천덕꾸러기 되고, 아파가 어디 나다니기도 힘들고,

자슥들은 마 늙은이 맴을 모리고. 을매나 억울해예? 우울증 그기 괜히 오는 기 아입니더. 그래 죽는 노인네들 보마 무서븐 기 아이라 서러버예. 불쌍해예.

올개도 밭을 좀 해야지예. 한 서너 마지기 있는 거 내삐리둘 수가 없어예. 우예 해도 해야 되예. 허리 아파도 해야지 뭐. 고거 가지고 아아들 쬐매 주고, 내다 파는 재미가 있는 기라. 노령연금이랑 일자리 쬐매 주는 거로는 살림이 안 되예. 농사지은 거 팔아서 쌀 사고, 지름 넣고, 반찬 사 묵고, 손주들 용돈도 좀 주고, 오만 거 다 하제. 그라고 쬐매 남으면 이 자 통자아(통장에) 넣고. 영감이 밥값도 안 줍디더. 근데다 이자 밭도 몬하고 일도 몬하겠다 카더라. "밭도 몬 매고 일도 몬하믄, 농사 몬 지으면 밥도 몬해준다. 안 해준다" 이라이께네 막 때릴라꼬 이칸다, 하하하. 원체부터 우리 영감은 농사에는 재미가 없던 사람이라. 그라이 젊어서 시내 빌딩 경비 나간 기 다행이지 뭐. 안 그랬으마 저 영감을 시기묵느라 내가 을매나 속이 더 썩었겠노, 하하하. 자기 돈은 아끼고 딱 붙들고 있으마 안 내놓다가도 설 장 본다 카믄 십만 원썩은 주는데, 그기는 그냥 시늉이제. 즈그 오매 아부지 제산데. 내가 뭐라 카믄 "내 죽고 나마 통장에 있는 돈 다 니 끼지, 다린 데 가나?" 이칸다. 영감 먼처 가믄 유공자 그 뭐도 반밖에 안 나온다 카더라. 그리고 마 내가 먼저 죽겄는데, 뭘. 살았을 때 줘야 그기 돈이지, 하하하. 영감이 빠딱빠딱 영글져예.• 일을 안 해가 그렇지 하믄 지운 좋아예. 내매이로 허리 아픈 것도 별로 없고. 이 집이 명이 진 집안이라. 영감이 툭하면 "느그 집은 명 짜린데(짧은데) 명 진 우리 집

• 약하지 않고 건강하다

에 와가 니 명이 질어졌다" 이칸다. 내도 천덕꾸러기가 돼가 명이 안 지나? 엔날 으른들 말씀이 천덕꾸러기가 명이 질다 카더라. 영감은 자기네 명이 질다고 노상 그라는데 나보다는 앞에 갔으면 싶어예. 나 먼저 가고 이 산골에 혼차 남으마, 영감 혼자 우예 살겠어예? 할매는 혼차 살아도 할배는 혼자 남으면 진짜 천덕꾸러기 되는 기라. 마실서도 그렇고 자슥들한테도 그렇고. 그라니 내보다 앞에 가야 할 긴데…… 그기 내 남은 걱정이라. 다린 걱정은 뭐 할 기 있겠어예? 죽는 것도 안 무섭고 사는 것도 안 무서븐데 그기 하나 무섭다 카이.

우예 하다가 명 이야기로 빠져뿟나? 이래 막 되는대로 말이 나가뿌는데 우예 책으로 쓴다 카이. 고상이 많겄십니더. 내가 반 토막도 몬했다 카이. 반이 아이라 십분지 일도 몬했다 카이. 잊아뿌러서 마. 아, 올개 농사짓는 얘기할라다가 그리로 빠져뿟지, 하하하. 올개는 밭에 별로 안 숨굴 거라예. 콩 쪼매 숨구고, 들깨 쪼매 숨구고 뭐, 파도 팥도 좀 숨구고. 채소는 상추, 꼬추 그런 거 몇 개 숨궜다가 나중에 배치(배추)나 좀 숨구고. 이제 별로 안 숨궈예. (아따, 별로 안 심는다면서 종류가 벌써 열 가지도 넘겠네요.) 눈에 뵈니 자꾸 하는 거제. 눈이 안 떠져야 끝나는 거제. 걷는 건 힘들어가 몬 걸어도, 밭일은 되거든예. 그기 내가 생각해도 참 희한타. 하고 나마 냉중에는 아픈데, 하는 동안은 아픈 걸 모린다 카이. 그라니 앞에 보이는 밭을 우예 내삐리두겠나? 우리 큰아들은 여 와가지고 염소 믹이겠다 그칸다. 정년퇴직 다 돼가그든예. 퇴직하믄 미누리랑 아아들은 대구 놔두고, 지 혼차 여 와가 염소 믹이고 이래쌓는다 카데. 집이 여 있시이까네 그카는데. 모리지 뭐, 팔아 갈란지. 죽은 뒤에 우야기나 말기나. 지들이 농사진다꼬 들어와도 내 하드끼(하듯이) 그렇게는 몬

합니더. 몬하고말고예.

내 이만치 했으마 잘했는 거 아이겠습니까

지금 나 가진 재산 뭐 있십꺼? 별로 없십니더. 이 집하고 저 앞에 축사 있고, 밭도 쪼매 있고, 딸들 노나줄 논도 좀 있고. 촌에서 넘 하는 만큼은 되는 거 같아예. 자슥들 줄 거는 다 분가해놨어예. 평생 일해서 모은 거럴 다 즈그들 주고 가는 긴데 공부 안 시기줬다, 집 안 사줬다, 그 말 하는 거가 그래 서러븐 기라. 내 이 소리를 또 하고 앉았네예, 하하하. 저 밭 칠백 평은 우리 영감이 장손이라꼬 받은 거라예. 받아가지고 4대 봉제사 지내고 모사 지내고. 지금도 지낸다 카이. 팔남매 맏이니께네. 그거는 우리가 안 팔아묵고 큰아들 손에 넘가줘야 하는 거라. 대대로 내려가는 기라. 죽으마 묻힐 선산도 있고. 내가 그래도 여 시집와가 살림 야물딱지고 알뜰하게 살아갖고 내랑 영감이랑 자슥들도 살 만하고 밭도 살아 있는 기라. 내가 이리 여물게 안 했으마 내 땅이 오데 있겠십꺼? (그럼요. 고생하면서 알뜰하게 하셨으니 그렇게 늘린 거지요.) 내 이만치 했으마 잘했는 거 아이겠십꺼? (그럼요. 잘하신 거지요. 정말 잘하신 거예요.) 그래가 재산 이만치 해놓이 다린 이들이 우리보고 부자라 캅디다. 재산이 많지는 안 해도, 집도 있고 논도 있고 밭도 있고. 거 뭐가 좀 있으이께 부자라 캅디다. 그래가 우리가 오새 그칸다. 젊을 거 같으만 지금이라도 뭐라도 해가 아들 도와주고 그랄 긴데 이제는 더 몬한다, 이 짓도 끝이다 싶은 마음이 듭디다.

내는 클 때 밥도 몬 묵고, 이불도 없어가 고상했고, 감나무도 없어가 서러벗고, 사람 때문에도 고상했고. 근데 이자 사람 포원도 헐었고 감나무 포원도 헐었고 밥 포원도 헐었고 자슥 소원도 다 헐었는데, 이제 마 아들딸 미누리 손주들 자주 오고 그라믄 뭐가 더 원이 있겠나? 살 거 다 살았고 줄 거 다 해놨는데. 그라고 보이 감나무 얘기를 빼묵을 뻔했네예, 하하. 그기 뭐냐면 내 엔날게 친정도 그렇고 여 와서도 그렇고 하도 없이 살아놓이께네, 넘의 집 마당에 감나무 있는 그기 그륳게 부러벗어예. 그래가 [집 마당 쪽을 가리키시며] 저 감나무를 숨궈서 내 포원을 헐었어예. 집도 너르게 새로 지놓고 저 길에서 다 보이는 마당에 감나무를 떡 심어놓이께네, 참 시상이 다 내 거 같드란 말이라, 하하. 거래 해놓이 지금도 가을기면 감을 멫 자룩썩 따가 장에 팔아가 용돈을 만드는 기라. 그카다가 마 감 따다 떨어져가 허리가 이래 된 거라. 그래도 포원 풀었으니 됐다 마, 하하.

자슥들이 저래 사이좋은 기가 내 복인갑다

재산 분배랄 거도 없어예. 그래도 마 말은 다 해놨어예. 뭐는 누구 주고 뭐는 누구 주고. 아직 넘가주진 안 해도. 내 먼저 죽고 나마 영감이 넘가주던동 뭐 우야기나 말기나. 즈그들이 가가든가 말든가. 저 밑에 축사 거는 내가 죽을 때까지 가 있다가 내 죽고 나믄 느그 해라 그랬어예. 내 안 죽고 돈 떨어지마, 느그가 돈 안 주마, 농협에 거 잽히놓고 돈 씨고 그

102

럴 거라 했어예. 어제매이로 사람들캉 어불러가 오데를 가마 여 깡촌서
도 현금이 있어야 하는 기라.* 그레 언제든지 은행 가마 돈 내주는 축사,
그거는 내 앞으로 마련해놨어예.

아이고 마, 내는 없어가 고상했제 딴 거 뭐 있십니꺼? 형제간 다 있제.
친정도 없어가 살미 큰 고상했고, 시집와도 없어가 고상했고. 그캐도 평
생 살림 키워놓이 지금은 뭐 엔날 요량하믄 부자지예. 땅을 마이 샀는 기
부자가 아이라, 밥 묵고 지내기 넉넉하고 하이께네 부자다 카이. 자슥들
이 저래 살 만하니 그기 내 벌은 기다 싶데예. 쬐매한 거를 낳아가 키아
가 직자아(직장) 가는 거, 결혼시기논 거, 손주 새끼들 맨드는 거. 그기 벌
은 기 아입니꺼? 여 보마 자슥들 이혼해가 그 손주 키아주는 할매도 많
아예. 우리 동네도 몇 되고, 촌이고 도시고 그런 할마이들이 많다 카더
라. 그라니 을매나 고상이겠노. 할매도 그렇고 아도 서글프고.

클 때랑 젊어가 고상한 거는 괘않지. 없는 집 와가 이만침 이뤄가 내
잘한 택이라. 손주예? 내 손주가 큰아들 아 하나 있고, 작은아들 아 하나
있고, 외손주 하나 있고 그래예. 그릏게 아들 손주는 하나썩 뺐다 카이.
아 맞다, 나가 엔날 노인네라 만날 아들 손주만 세아린다 카이. 딸한테
혼나믄서도 또 잊아뿟다 카이. 하이고, 요즘은 딸을 놓으마 더 좋아한다
카데예. 가만 다시 세아려보자 마. 큰딸네, 큰아들네, 작은아들네, 막내딸
네. 여덟이라. 딸 아들 따로 셀 거도 없이 여덟이라. 이만하믄 내 팔자는

괜않다 싶습니더. 포원 다 풀은 택이지 뭐. 근데다가 우리 한글 슨상님이 이래 서울서 작가 슨상님까지 모시고 와가 내 살아온 거를 책으로 낸다 꼬 하이, 이게 마 내가 말년에 복이 터진 기라. 내 살아온 거를 글로 낸다 카이 참 남사시럽기는 해도 설명을 들으니 맞는 말이더라 카이. 나 잘났다 그기 아이라, 촌 할매들 살은 거를 세상에 알리는 그기 필요한 거라. 내보다 더 고생한 사람도 많은데 마 내가 뽑히가 영광이라, 하하하.

어딜 가봐도 여가 제일 좋더라 카이

여행도 많이 가봤어예. 서울 가 있는 작은미누리 사돈캉 일본을 갔댔어예. 작은아들이 보내줘가 즈그 장인 장모하고 오매 아부지하고 여행을 보내줬다 카이. 거 일본 오데 가이까네 뜨신 짐(김)이 무럭무럭 나고. 거는 온천이 많고 좋데예. 거 가봤고, 중국은 우리 친정 형지간하고 가봤고. 제주도도 엔날게 가봤고 오새는 안 가봤고. 여 밑에 큰 동네하고, 기들어 기추해갖고도* 메칠 놀러 돌아댕기고. 미국 겉은 데는 안 가보고. 근데 작년 섣달 겨울게 우리 친정 식구하고 또 여행 한번 갈라 캤는데. 우리 친정 조카가 대한항공 과장이거든예. 그래 공짜로 갈라 캤는데 대구 있는 오빠가 각재이 아파가지고…… 한 집이 아프이 고마 몬 가게 되데예. 그래가 이자 여행은 뭐 끝이다. 나이가 이만하이 가도 몬한다. 허리도 그렇고 다리도 그렇고. '이제 비행기 타고 가는 거는 끝이다 마' 그

* 계 들어 같이 돈 모아서

래 하고 있어예. 중국 거는 형제간끼리 우리 집 영감, 할마이들 해가 둘이씩 서이씩 갔는데 스무 명인가 열다섯 명인가 가가 호텔서 자고 왔다. 다 댕기봐도 한국이 제일 좋더라 카이께네. 청와대 댕기는 우리 아들이 그칸다. "오매, 다 댕기봐도 한국이 제일 좋고 오매 사는 우록리가 제일 좋다" 이칸다. 어디 댕기봐도 넘의 집보다 내 집이 제일 편해예. 내 집에 누버이시면 마음이 포근하이. 딸네 집이니 아들 집이니 가도 안 편코, 내 집이 제일 편타 카이.

뭐 어딜 가봐도 여가 제일 좋더라 카이. 이 마실에는 생사°이 마이 안 나온다 카이. 그라이 엔날게는 여를 꼴짜구라 카고 안 좋아했는데 오새는 공기 좋고 물 좋다고 제일 좋은 데라 캅니더. 오새 대구 사람 서울 사람 오믄 "할매, 좋은 데 삽니더" 이칸다. 공기 좋고 물 좋고 다 좋은데 댕기는 교통, 이기 더럽지. 돈 맨들 거가 적어서 그렇지 사는 데는 여만한데가 없지예. 여는 산속에서 나는 물 아직 묵잖아예. 대구서 수도관 해가보내는 물도 나오는데, 산에서 주는 물이 아주 좋다 카이. 근데 오새는비가 적으마 산물이 좀 끊어지고 그렇더라 카이. 날이 가물마 물이 안 나오고 그래예.

<hr>

•   생사. 곡식이든 야채든 생산물이 적다는 뜻이다. 실제로 산골인 우록리는 현재 논이
    아주 적다.

촌이 이래 망가지는 거, 그기 세상이 한테 망가지는 거라

여 할매 할배들처럼 농사짓는 거는 벌써 다 끝났십니더. 여만 아니라 온 나라가 다 그렇다 안 캅니꺼? 시골들이 텅텅 비어가 땅이 놀고, 지운 다 빠진 늙은이들만 남아 밭이나 쪼매썩 갈고. 집들도 비워가 마 구신 튀나올 만치 다 씨러지고. 여도 많이 그래예. 내는 깡촌서만 살아가 모리지만도, 핵교래는 걸 다녀보지를 않아가 무식하지만도, 사람들 밥 대주는 촌이 이래 망가지는 거 그기 세상이 다 한테 망가지는 거라 생각합니더. 쌀 키우는 데가 잘돼야 거로 밥을 해가 묵고 박사가 되든 국회의원이 되든 그런 거 아입니꺼? 쌀 만들어 대주는 시골들이 그래 낱낱이 망쳐지믄, 그기 다 한나란데 서울이고 뭐고 마 잘될 리가 없지예. 내는 그래 봅니더. 많이 배워가 돈 많은 사람들은 우예 살길을 만들겠지만서도 세상이 망가지면 마 그 사람들도 살 데가 없어지는 거라예. 지네만 살길 찾아대녀봤자 그기 다 막힌 길인 기라. 살아보이 그렇다. 돈으로 안 되는 거도 많고, 외려 돈 따문에 망가지는 거가 많습더. 부모 자슥 간도 그렇고 넘들하고도 그렇고 돈이 다 좋은 게 아닙더. 이 깡촌서도 보마 돈 벌 일이 점점 많아지면서 이웃 간에 싸움이 나고 미워지고 그랬거든예. 내도 그렇고 다린 사람들도 그렇고. 그때는 욕심 채우니라꼬 몰랐는데 이제 죽을 날 가차이 놓고 보이 그게 다 헛짓이라, 그래 보인다 카이. 말은 안 해도 엔날게 내 한 거 생각카마 미안코 챙피시럽고 마 그럽더. 제일로 미안코 고마운 거는 영감도 자슥도 뭐도 아니고, 땅이지 싶어예. 몸뚱아리 하나 말고는 암것도 없는 사람인데 애쓴 만큼 내주고. 힘들다 밉다 싫은 소리 한번 안 하고 해마다 주고 또 주고. 오새 사람들이 그런 거를 알 리가 없지예. 내도 마 이제사 알지, 넘들헌티 그거 갈챠줄 말재주도 없고. 그라이 우리 할매 할배들 가면 끝이다 카이…….

　(아유, 할아버지가 여편네들이 모여서 뭔 얘기가 저리 긴가 하시겠네요. 어르신도 힘든데 오늘은 이만큼 하고, 생각나면 또 얘기해주세요.)

　아이고 중간에 다 빠져묵고 마, 아직도 할 거 많십니다. 내가 다 챙겨둘게예. 영감은 귀가 어두워가 몬 들어예. 욕해도 모른다 카이. 한 개도 안 드낀다 마. 밥 좀 드시고 일나라 카이. 밥 잡숫고 가이소, 내 밥할게. 된장찌지랑 이래 잡수먼 안 되나? (아니에요. 일어날 테니 얼른 할아버지 들어오시라고 하세요.) 슨상님들 가고 나믄 "누고? 누고?" 이칼 거라. "누구길래 저래 와가 몇 시간씩 뭐 하노? 내 흉보나?" 이카믄서. 이자 내가 "나 살은 거 다 말해가 책으로 낼란다" 그 소리 하마 내헌티 싹싹 빌거라. 자그 얘기 잘해돌라꼬. 죄 지은 게 많거든, 하하하. 저 나이 돼도 자그가 잘몬했는지를 모립니다. 내가 "허리가 와 이래 아픈고…… 엔날게 일을 윽씨 해가 골빙 들어 아프다" 그카믄 알는 듣거든. 그라믄 "니가 빙시(병신)이지. 아프다 카고 가지 말지" 이칸다. "아 놓았으마 가지 말지, 빙시이지. 니 몸 니가 잘몬했지" 이칸다. 남자는 넘의 집에 시집와 사는 여편네 맴을 그래 몰라줘예.

　하이고, 내가 또 붙든다 마. 밤샐 거 아이마 오늘은 여까지 하고 뒤에 또 하자꼬예.

첫 인터뷰 마치고 나서 당연히 "뭔 얘기를 그래 오래했냐?"고 할아버지가 캐물으셨고, 할매는 조목조목 적당히 으름장을 놓았단다. 그랬더니만 할아버지가 돈을 좀 푸시더란다.

나 살아온 거야
좋지도 안 하고
나쁘지도 안 하지 뭐

유옥란(안동댁),
1942년생,
경북 안동시 출신

문지방 넘어댕길 만하면 다 죽었어예

내 살았는 역사 얘기를 하라는 말시? 내 살았는 거는 하늘이나 알까 땅이나 알까 몰라예. 너무 고생시리 살았어예. 여덟 살에 오매 죽고……고향이 안동*이라예. 안동이면 진짜 온갖 양반 다 찾는 데거든예. 내 42년생이라예. 근디 호적이 하나 적어예. 내는 언니도 없고 오빠도 없고 혼차라. 혼찬데도 그 상간에 남동상 둘이 얼마 몬 살고 죽었다. 동상들 거는 딴 배서 난 아이라. 그전 계모한테서 난 남동상은 오래 살다가 얼마전에 죽었고. 그래 마 지금 친정 혈육은 하낫도 없다 카이. 우리 아부지가 둘째고 삼형제였는데, 집안에 딸이라고는 나 하나뿐이랬어갖고 귀염을 많이 받았어예. 아부지 형제도 딸이 없고 다 아들이고. 그래가 딸을

---

* 경상북도 안동시. 다른 주인공들에 비해 상대적으로 멀리서 시집을 오셨다.

늦게 낳아놓이 일곱 살 무우도 우리 할무이가 날로 업고 댕겼다. 그라다 마자 오매가 죽어뿌이 그기 뭐…… 없어.

　내는 계모 밑에서 자랐어예. 오매가 내 위로 오빠 하나를 놓았는데 죽고, 두째로 내를 놓고 내 밑으로 아들 서이를 놓았는데, 아그들 기어댕기만 와 문지방에 안 기댕깁니꺼? 안 넘어갑니꺼? 그래 문지방 기 넘어댕길만 하이 죽고 죽고 해서 다 죽어뿟어예. 그라이 그 끝으로 오매가 홧버이 났어예. 홧벼이 나가지고 그질로 병이 들어가 그 넘어가는 굿을 했어예. 옛날에 굿 잘 했잖아예. 울 엄만 막 죽는다꼬 난린데 둥둥둥 두드리고 굿을 했는 기라. 그 굿한 거는 여덟 살 묵었을 때니 기억이 좀 나예. 그리고 막 두드리는데 옴마는 죽는다꼬 난리고, 그라이 더 뚜드리고. 내 생각에 그카다가 죽었지 싶어. 죽고 나이, 왜 마당에서 널(棺) 파잖애예. 널을 꽝꽝 파고 맞추이께네 누가 내헌티 "이기 뭐꼬?" 카고 물으니께네 국시라 캤답디다. 소 죽 주는 국시 판다 카더랍디다. 소죽 여물 밥그릇. 여덟 살짜리가 뭘 알겠으예. 우리 외삼초이 나를 안고 하도 울어 그기도 기억나고. 얼마나 울었다꼬예, 우리 외삼초이.

　그래갖고 우리 오매를 그래 장새(장례)를 했어. 장새를 하고 나니 우리 아부지가 재혼을 했는데, 새오매가 좋아예. 키도 크고 훤출받고. 우리 오매도 훤출받았어예. 내는 오매 닮긴 닮았지만 오매보단 적어, 체객이. 그래 새오매도 남동상을 하나 낳았는데 새오매헌티 나쁜 벼이 나타나더라 카이. 나쁜 벼이, 풍병, 그게 문디이 병이라. 그게 나타나가지고 인제 수용소에 갖다 옇어야 돼. 갖다 옇는다꼬 마 어느 수용소인지, 안동에 어디 다린 데는 모리겠고, 문디이 환자 옇는 데 돈 줘야 되더라 카이. 그때 집에 황소 큰 게 있었는데 팔고, 또 논을 팔고 그랬어예. 아, 논 닷 마지기 썩 두 뙈기뿌이래. 논이 커놓이께 닷 마지기래도 논둑이 하나, 논두름(논두렁)이 하나 그랬어예. 그런 논 닷 마지기를 팔아가지고 새오매를 갖다 옇고 나이 돈이 남았어예. 그러고도 우리는 마 살 만했어예, 밭도 많고.

논 닷 마지기 팔아 새오매 갖다 옇고 남은 그 돈을, 우리 사촌들 집에 송아지를 사줬어여, 멕이라고. 우리 맏아부지네가 참 가난했어여. 그 집이 아들 서이에 딸 하나 사남맨데, 그 둘째 오빠가 서울 살았어여. 그 오빠가 거 있시면서도 사는 게 애로와가지고, 울 아부지가 마음이 좋아서 그 멕이라고 준 송아지가 컸는데 냉중에 그 큰 황소를 팔아 그 오빠 장가 밑천을 줬어예.[*] 송아지 그놈이 커가지고 은가이(웬만큼) 장성해서 둘째 조카 장가 밑천이 된 거라예. 그래도 그걸 모릅디다. 내 겉으믄 알겠던데. 좀 알아주믄 좋겠던데 모릅디다. 거래 내 그 황소를 볼 때마다 "저 황소는 우리 아부지 거라" 캤는데도, 그래 살아도 모르고 그래.

그 오매 갖다 넣었뿌고 내가 살름을 했지여. 아홉이나 열이나 기우(겨우) 묵은 게. 밥을 되는대로 해가 묵고 살면서러 있는데 아부지가 인져 보급대[**]에 간 거라. 그래 남동상이랑 나를 어따 맽기고 가야 잖아예. 큰집에는 오빠가 장개(장가)가 올케가 있잖아예. 그카고 둘째 숙모네 집

[*] 특별한 농기계가 없던 옛날 농촌에서는 소 주인이 이웃에게 소나 송아지를 먹여 키우게 하고, 대신 키워주는 사람은 그 소로 농사를 짓는 일이 많았다. 이 경우는 원래 사촌 오빠에게 소를 키우며 농사지으라고 빌려줬다가 나중에 아예 장가 밑천으로 주었다는 이야기다.

[**] 시간상 6·25 참전 입대나 보급대인 듯한데 상세한 기억이나 인지는 구술되지 않았다.

도 있었어예. 거래이께네 사촌 오라비 댁보다 숙모가 안 낫겠나 싶어가…… "니 오데 가 이실래? 큰집에 가 이실래, 작은집에 가 이실래?" 쪼매난 거헌티 택하라 이거라예. 그래가 작은오매 집에 가 있겠다 캤어예. 그카이 작은오매 집에 우릴 맽겨놓고 울 아부진 보급대 가고. 열 살 좀 넘은 게 거 가가 숙모가 밭매고 일하러 가믄 아 업고 동상들 보고 있었지예. 숙모한테 구염(귀여움)을, 이쁨을 받았어예. 그때 어데 먹을 거나 있나? 그캐도 장새 가믄 음식 쪼가이라도 삼촌이 싸가 와서 날 주고, 그런 기억이 나여.

둘째 새어머니는 밤새 일하고 저녁 호롱불로 아침밥 하고

거래 아부지는 보급대를 뭐 2년인강 3년인강 모리겠어예. 한 2년 살았는 택이지 싶어여. 거래 보급대 살고 나오셔가지고 또 재혼을 했어여. 안동 와룡면이라 카는 데서 오매를 인자 알아가 왔는데 이 오매가 우예 됐나 하믄, 본가가 엔날 질쌈(길쌈)을 마이 했어여. 안동 와룡면이라 카면 저녁에 호랑불 켜놓으마 삼 삶고, 명 잡고 하다가 그 호랑불 가지고 또 아침밥 해묵고 그런 곳이라예. 밤새 일하고, 그 호랑불 가지고 아측에 부엌에 불을 붙여 밥해 묵고 살았어예. 그만츰 질쌈이 씼어여.* 일주일 만에 삼베 한 필썩 짜내고, 그거 가지고 사는 데라예. 사십 자가 한 필이거든.**

* 길쌈 노동이 힘들고 많았다는 의미
** 안동포 1필은 폭이 35~36센티미터, 길이가 40자(22미터). 보통 한 '자'는 30.3센티미

그걸 일주일 만에 짰다더라고예. 그래가 안동포가 마이 나와 그걸 가지고 생활을 했는 모냥이라. 그런 곳에 사는 오매를 우리 오매로 택해가지고 아부지가 또 재혼을 했는 기라. 새오매도 치녀(처녀)는 아니라 캤어. 먼저 결혼해가 안동포 두 필 해가 갔다 놨는데, 사변이 나부래가 신라이 군대 나가가지고 죽어뿌렀어. 죽어뿌이께네 이 오매 되는 사람이 안동포 두 필 해놨는 거를 시어머님한테 팔아갖고, 그때 엔날 도부쟁이,••• 보따리 장사 마이 했어여. 거 도부 장사를 해보겄다 시어마이한테 카이, 어느 시어마이가 혼자 된 며느리를 그래 하라 카겠나? 몬하구로 하지. 그래 몬하구로 카이께네 속이 쫍아가지고 양잿물을 무웠어. 양잿물을 마셨뿌랬어, 죽는다꼬. 애기? 아들 둘 낳아가지고 다 죽어뿟다 캅디다. 복이 없어. 신랑 죽어뿔고 아들 둘 낳아 다 죽어뿌나이 맘을 어데 갖다 붙이겠어예? 그래 장사나 해볼라 카이 그것도 몬하구로 하고. 그래가 내 살 필요 없고 죽겠다 싶어가. (정말로 깜깜했겠네요.) 그래 농약을, 저저 양잿물을 마셨어. 양잿물을 마시믄 이거 뭐 신쭈머이(신발주머니)매이로 오글찌듯 찐다 카데예. 목이 요래 오그라찐다 카더라고. 묵구웅기 요래 홀치써.•••• 거래가지고 뭐를 먹으믄 왈칵 올리고 올리고 그카더라고예. 우린 언간하니 씹어 삼키도 꿀떡해서 안 넘어가나? 근데 쫄려뿌리서(쪼그라들어서) 그래 안 넘어가고 올라오는 기라. 그칸다고 마 죽고 그란 거는 아니고여. 데려올 때 아부지는 그걸 몰랐어, 여자 목구웅기 홀친 거를.

터이고 40자는 13.2미터 정도이지만 삼베를 짤 때 쓰는 '자'는 50.5센티미터를 사용한다. 다른 지방의 삼베는 폭이 35~36센티미터, 길이가 20자(11미터)를 1필이라고 하지만 '안동포'와 '남해포'는 40자를 1필로 한다.
••• 행상, 보따리 장사, 도붓장사. 이리저리 돌아다니며 물건을 파는 일
•••• 목구멍이 이렇게 좁아들었어.

그런 사람을 우리 오매로 맞이했어예. 해나이 우리 집에 와서 사는데, 그때 아부지만 해도 잡곡밥을 안 잡숴요. 그 때는 참 쌀 먹는 사람 드물었어예. 울 아부지는 쌀밥 아니면 안 묵었는 거라. 마이도 안 잡숫고 밥을 쪼매 잡숫는데 쌀을 가운데만 살살 요래 안치가 주걱으로 요걸 폭 떠가지고, 공기에다가 마이도 안 떠예, 한 공기도 옳게 안 돼. 요래 뜨면 그 밥도 다 못 잡솨. 울 아부지가 또 두 때를 같은 반찬 놓으믄 싫다 캐예. 그래 벨났어요. 좋고 나쁘고 간에 딴 걸로 갈아줘야 돼. 평생 험하게도 안 잡숫고, 마이도 안 자시고.

그 동상은 세 살 묵어가 죽은 거도 아니고 생 채로 찢어뿐 거잖아예

저저 참, 중간에 띠어뿟네. 거 두 번째 오매, 문디이 수용소 간 오매. 거가 남동상을 하나 낳았는데 세 살 먹은 때 오매를 수용소에 갖다 옇은 거야. 그러니 막 오매야꼬 찾으매 울잖애예. 그카니 내가 낮에 업고 돌아댕기다 돌아댕기다 밤 되믄 또 업고. 아, 눕지도 몬해. [방바닥에 엎드리는 모습을 보여주며] 이래 엎드려가 아 업고 자예. 자다가 아 깨면 또 일나가지고 밖에 나가가 돌아댕기야 돼예. 그래 키았는데 그 동상이 커가지고 지금 내보다, 나는 칠십여섯인께 동상은 열 살 차 나예. 그라이 육십여섯인데 육십에 죽었어예. 그 암이래 거 걸려가. 동상이 있어가 그래도 내 참 좋았어예. 거 없으마 내는 핏줄이라고는 하낫도 없을 뻔한 거라예. 동상도 내헌티 잘했고. 그 문디이 수용소 간 오매한테 내 거는 참 고

마워여. 그 동상 놓아준 거. 그리고 그 동상이 안 죽고 육십꺼정 살아준 거가 나는 참말로 너무 고마워예. 안 그라믄 우찌 살았겠노, 저나 나나 외로버서…… (정말 그러셨겠네요. 혈육이라고는 이래저래 다 죽고 그 동생 하나뿐인데, 다행히 육십까지 살아줬으니.) 근데 그 동상이 참말로 바보도 아니고, 내도 바보는 아니래여. 그래도 남한테 텃텃하게(떳떳하게) 사는데, 그 모가지 올린다 카는 새오매가 또 아들을 놓으이께네 그기 아 주 똑똑해빠져가지고 마. 이 오매라 카는 게 내랑 남동상은 아주 바보 취 급하고 지 아들만 똑똑타 여기고…… (아이구, 그 설움이 얼마나 많았겠 어요.) 그라고 밥도요, 우리 아부지 밥을 요래 싹 뜨고는…… 자기가 또 목이 다린 이 겉잖으이 환자지, 환자 택 아입니꺼? 환자믄 자기도 드러 나게 쌀밥을 가저와 묵으믄 괘않아예. 자기도 환자이께네 묵어야될따 이 라믄 괘않은데, 아부지 밥 싹 떳뿌고 나믄 자기 밥 뜨요. 자기 밥을 뜨믄 밥그릇 구퉁이에 갖다 붙여요. 기술도 좋데, 요래 붙이데. 거래 붙여놓고 는 그 우에다 허문 밥을 또 덮어예. 속일라꼬 하는 거라예, 그기. 그라고 나믄 내 밥을 좀 섞이게 떠주고, 동상 밥은 영 찌끄레기밖에 없어예. 밥 을 거래 떠주는 게라. 우리도 뭐 그케 허문 밥은 안 묵었어여. 잡곡밥은 영 안 묵었어예. 옳은 쌀밥을 못 묵고 저저 섞어 먹었지 영 허문 밥은 안 먹었는데, 거래 차별을 하이께네 밥 채려놓으면 내는 밥만 뜯어보고 그 랬어예. 요 밥그릇 보고 조 밥그릇 보고. 그리이 내 밥을 동상을 주고 젚 제(싫지), 지 밥은 내가 먹고. 세 살 묵어가 오매를 띠까(떼어) 보냈으이 을 매나 안됐어여? 동상 아가. 내가 여덟 살에 오매 죽은 거도 서러븐데 그 동상은 세 살 묵어가 죽은 거도 아이고 쌩 채로 찢어뿐 거잖아여. 그런 아를 그래 차별하는 걸 보이 내 쪽이 을매나 뒤집어져예. 하도 그러다가 그래 한번은 밥을 바꿨어여. 내 밥을 동상 주고 동상 밥을 내가 묵고 그

카이까네 "그 밥은 비상 쎘앴나?" 이카는 기라. 그래도 내는 아부지 겁나가 딴소리도 몬하고 쪽으로만 '비상이 섞였는 거보다 더하다' 그카고 말지예. 아부지도 언가이 알지마는 내가 볼 때는 할 수 없는갑데예. 한번은 또 "비상 쎘앴나?" 그 소리를 하길래 내가 "비상 썪였는 거보다 더하다" 캤어예. 이카이 마 아쩰했겠지, 지도. 그보다 더하지. 비상이면 비상이라고나 하지. 그래 하이 자기도 눈치로 알았겠지예.

밥을 묵으믄 거래 먹고, 내는 이래 음식을 해 놓으마, 떡 같은 것을 해놔도 그 오매 안 보는 데서는 안 묵었어여. 아무리 배고파가 썪어 내려앉아도 안 묵어예. 근데 남동상 이거는 안 그래. 오매 없시만 갖다 무뿌는게라. 그래 무뿌고 나마 난리가 나는 게라. 난리가 나고 거래도 뭐 어렁게네 묵고 싶으면 묵는 기라. 그라이 만날 그 아들을 미버캤제(미워했지). 아주 읎는 집도 아닌데 심보가 그러이 할 수 없데예. 없어 그른 게 아이라 심보가 그런 거라예. 이 오매가 아들을 둘 낳았어여. 낳았는데 둘 다 똑똑해예. 하나 낳고, 큰눔아 일곱 살 때 아들을 또 하나 낳은 거라예. 근데 그라고 나서 내가 시집을 갔어. 스무 살에 갔어여. 근데 울 아부지는 딸 허락해주고는, 아무거시 없시믄 자기는 농사 몬 짓는다 또 그카더라고예. 내를 의지하고 살았거든예, 농사고 뭐고. 그러이 딸이 시집을 가는 기 서러븐 거지예. 근데 내 시집가던 해에 들에 두 형제 갖다놓고, 동사아는 나무 밑에 눕혀놓고 큰눔은 막 뛰댕기잖아예. 그러다가 고게 인제 뱀에 물렸던 모양이라. 그때는 뭐 젤 큰 남동사는 또 지대로 볼일 보러 들에 따라댕기매 일하던 때라예. 뱀에 물렸다 카이, 밭골 진 데 저짜서(저 멀리서) 오매하고 아부지하고 밭매고, 두 영감 할마이가 일하는데 "오매, 오매. 배미 물렸다!" 카더랍니다. 울 아부지 영처이 쫌 디요. (그게 무슨

118

뜻이에요?) 승질이 무섭다, 그 말이라예. 거래가주고 뱀에 물렸다 카믄 얼른 가봐야 될 거 아입니꺼? 오매가 얼른 가볼라 카이 아부지가 하는 말이 "물래긴 뭐 물래"* 이카이 오매가 꼼짜아를 몬하고 밭을 밌는 게라. 영감이 뭐라 카이 몬 간 거지. 그라이 동사이 다리를 찔룩찔룩카매 "오매야" 울매 걸어오이, 독이 다 올랐지. 독이 다 올라가지고 보이 뱀에 물랬던 자국이 있더랍니다. 거래갖고 달비**를 한 가대이(가닥) 끊어가 다리를 묶어가 해도, 옳게 안 묶인 거라예. 그게 미끄러버가 옳게 잘 매지나? 달비이 그게 끄내끼(끈)는 되지마는 옳게 묶이가 안 지지. 그래가 업고 집에 왔는데, 그때만 해도 병원에 갔시마 되는데 병원은 안 가고 집에 눕혀놓고 약 지으러 갔답니다. 약 지으러 가이 약방에 사촌 시동상이 있었는데 얘기를 들더마는 "하이구 형수요, 갸는 죽었네요" 이카더랍니다. 그 소리 들어보이 참 깜깜하지. 그래가 약 지아 오자마자 죽더랍니다. 갸가 그게 일곱 살이었지예.

그래 죽어뿌고 나니, 동사이 또 있잖아예. 그건 또 그럭저럭 컸어예. 커가지고 그건 또 여자가, 우리 오매 되는 이가 복이 없어 할 수 없어. 복 없는 건 안 됩디다. 본가서 낳은 거 둘 죽어뿔고, 우리 집에 와가 둘 낳았잖애예. 아는 마 똑똑허요. 똑똑허가 우리를 마 등시이 취급을 했어예. 거래가 큰 거 죽어뿔고 두째 하나 있는 거 고넘을 키워가 학교에 입학을 시겼어. 시기났는데 감기 들래가지고, 이제 봄이라 밭매러 가가 꼬추 밭을 두 군데 갈았다 캅디다. 내는 그때는 시집갔을 때이 모르지예. 내중에

• "물리긴 뭘 물려"
•• 긴 머리카락을 이르는 말

듣고 안 기라. 그래가 아부지하고 큰 남동사이 같은 꼬치밭에 가고, 오매 혼차 다린 밭에 가고 그랬다 카데. 거래갖고 우리 숙모가 보이께네, 그 동사아 인제 학교 갔다 온 놈을, 감기 걸린 거를 아츰에 약을 안 멕여 보냈답디다. 안 멕이고 보냈는데 갔다 오이 저저 아침에 약을 안 무웃다 꼬 그 두 번 거를 합해 멕애뿌랬어예. 밥 멕이고 인제 약 묵고 자라꼬 카는데 약을 안 무울라꼬 찔찔 우더랍니다. 눈물을 흘리면서러 "오매, 이거 안 묵으면 안 돼?" 하면서러. 그걸 억지로 두 번 거를 멕여가지고 "약 묵었으이 여 누버 자거라" 그캤더니 자더랍니다. 재워놓고 꼬치밭에 갔어. 울 숙모가 밭에 갔다 오다 보이 그날 비가 포실포실 오는데, 이게 마리면 _(마루면) 밖에 또 청마루가 있어예. 그라고 마당인데, 여개 자던 넘이 밖에 마당에 떨어져가지고 막 다 까래비더랍니다.* 약에 취해서 그런 모냥이라. 막 그래 까래비드만 냉조 결국 죽었어예. 그런 복 없는 사람이 우리 집에 들와이, 무신 끝이 걸리겄어예? 자기도 본새 아들 둘 낳아 다 죽어 뿌고, 새로 시집이라고 와서 또 머스마 둘 낳고. 아들 놓는 복은 있어예. 근데 낳아가 다 몬 키우고 죽어뿌고. (아이구, 그 둘째 새어머니도 그렇고, 아버지도 참 안되셨네요. 그렇게 새로 결혼하면서 잘 살아보려 해도 자꾸 자식들이 잘못되고 하니.) 그라니까예…….**

---

* '할퀴다'의 경북 사투리
** 두 이복동생의 출생에서 죽음까지의 시기는 대략 1950년대 초에서 1960년대 초다. 그리고 유옥란의 구술로 볼 때 남매 8명이 태어났지만 그중 2명만 유아기를 넘기고 살아남았다. "해방 당시 한반도의 인구는 약 2500만 명이었으며, 과거 약 50년간의 인구 증가율은 연 1~2퍼센트 수준으로, 인구 현상은 전형적인 후진국형에 속해 고출산, 고사망을 보였다. 1945~1960의 인구 증가 추이는 1945~1950년에 연 4퍼센트, 1950~1955년에 연 1퍼센트, 1955~1960년에 연 3퍼센트씩 증가했다. 6·25 전쟁 이후 새로운 의약품의 보급으로 사망률 및 영유아 사망률이 급격히 낮아졌지만, 농촌 지

그래갖고 이자 그질(그길) 거대로 우리 남동상하고 서이 씨 숨구고 농사짓고 살았어예. 근데 그 남동사하고 오매하고 만날 안 맞아가 불마이고, 밉고, 이 또 머시마라 뿔룩뿔룩한 승질이 있고. 거래 살았는데 결국에는 울 아부지도 몸이 아파가 저게 안 되이께네, 거 뭐 잠자리 그기 안 됐는가 으쩐가 고마 실실 나가뿌래, 여자가. 부부가 원체 정은 있었어예. 영감한테서 몬 떨어져. 떨어지질 몬해. 잠시도 떨어지면 안 되고 이런 승질이라예. 그래갖고 사는데 오매가 동상 아가 하도 뿔룩뿔룩카이께네…… 지가 놓은 자식도 우예 저지레할 *** 동 모리는데, 남이 놓은 자식이 우예 될 동 압니꺼? 그러니 의심이 나던강 실무시(슬며시) 그냥 나가뿌랬어예. 오매 되는 이가 나가뿟어. 우리 아부지는 지금 세상 편찮아가지고 들어앉았는데 이 오매가 나가뿐 거라. 그라고 나니 우리 아부지는 눈에 마 할마이백에 안 띈다. 마누래백에 눈이 안 띄이. 그기 딴 큰 병도 아이고 홧병이라. 내가 그때 시집가가 대구 대명동 살았는데 그러이 저저 연락이 왔어, 오매 좀 데꼬 오라꼬, 찾아오라꼬. 여자를 그래 밝혀. 낮에도 누구 말처럼 신랑 각시 잠자리할라 카고 이런 아부지라. 좀 씨여. 그라이 낮으로 우리 놀다 오마 영감 할마이가 둘이 방에 문 닫고 일하고 있어. 낮에부터 다 들려. 그만치 심해. 그러니 여자가 없으면 몬 사는 거라.

역에는 아직 의약품의 의료 혜택이 뒤떨어졌던 시기여서 유아 사망률이 여전히 높았다."(출처: 국가기록원 인구정책 부문 요약)
*** 일이나 물건에 문제가 생기게 만들어 그르치다

깔깔이 치마 포로로한 거 입고 오매 찾으러

내가 시집가고 나서도 친정 오마, 아부지가 오매 좀 찾아오라 카는 거라. 그 오매 있는 곳을 내가 알았어. 안동 거가 아니라 저 알로 부산 쪽이라. 그래 한븐 갔어. 내가 그때 포로로(포르르)한 옥색 깔깔이 치마 고런 거 입고, 우에는 또 깔깔이 보오한 데다가 빨간 재미 땡땡이 고런 거 하고. 그래 한복 한 벌 입고 나니 날아갈 거겉이, 남의 눈에 그만치 이뻤어예. 그래 하고 찾아가서 어떤 식당에 물어보러 드갔어. 드가니 어떤 젊은 사램이 날 보고 반해가지고 따라댕기드라 카이. 장가를 간 사람이야. 그래 뭐 쌀장사 한다 카더라. 그때 이런 꺼먼 주머니를 앞에 이래 앞치마 마냥으로 뿔룩하게 돈 보따리를 차고 댕기드라. 그카기나 말기나 사람들한테 물으니 오매 있는 곳을 갈치주더라 카이. 그래 그 집에 가이께네, 야…… 하얀 고무신이 놓였드만, 아이고 신발만 봐도 딱 그 오매다 싶어. 근데 오데 가뿌고 없어. 그 오매가 또 신기가 있어가지고 점하러 갔다 캐. 물어보니 다린 영감을 얻어가 그 집에서 영감 할마이가 한데 산다 카데. 촌집인데 뒤에 대밭이 빽빽하고, 대나무 밑에 바로 집이 있는데 초가집도 멋겉은 그런 집이데예. 늦어가 돌아올 수가 없으이 옆에 혼자 사는 할매 집에서 하루를 자기로 했어. 그 할매가 또 오매를 잘 아드라 카이. 그러고 있는데 저닉에 오매가 내를 찾아왔어. 내가 와서 찾더란 말을 들은 거지. 그래 와서 하룻밤 잘 재워서 식사 잘 시켜서 보내라고 부탁하고 가고, 내는 그 집에서 할매하고 둘이 잤지예. 데리고 오지를 몬했어. 안 올라 캐. 그래가 할 수 없어 가지고 혼차 집에 왔지. 그카고 얼마 있다 울 아부지가 돌아가싰어예. 초상 치르는 거도 내가 다 했고, 울 아부지 환갑도 내가 다 했어예.

내는 원래 시집은 가창 저짝으로 갔는데 대구 대명동으로 이사를 왔
지. 내가 스무 살에 시집을 왔는데, 사십둘에 아를 났어. 그러이 20년을
자석 없이 살았어여. 자석 못 놓고 사는데, 신랑이 일곱 살 차이라. 내보
다 일곱 살 더 묵었어예. 스무 살, 스물일곱 살. 그래 시집 장개 가가지
고 사십 살까지 애기를 못 놓고 살았어예. (아이구, 애 못 낳는 시집살이
가 얼마나 힘드셨어요?) 아이고, 남자가 못 놓으이 마. (아…… 근데 남
자 때문이라는 걸 시댁 사람들이 알았어요?) 알았지예, 알게 됐어예. 시
집 어른들은 츰에 시집 오듬쩔로(오자마자) 아를 바라더라 카이. 신랑이 나
이가 많으이께네. 신랑은 두째 아들이라. 우리 시숙 되는 사람은 저 영주
철도국에 있고 아들 사형제나 낳았어. 딸은 없고 아들만 사형제라예.

신라아는 농사짓다가 사촌들이 오라 캐가 대구 와가지고 저 노가다,
집 짓는 데 건설 일하는 그런 데 댕깄다. 근데 이 신라아라 카는 사람은
오늘 돈을 십만 원 벌어다주믄, 그걸 내가 다 써도 말을 몬하는 사람이
라, 여자겉이. 다 써뿌믄 다 썼다 카나, 안 쓰믄 안 썼다 카나 아무 말도
안 하는 사람이라. 그래 맘이 충신이야, 곱아. 그래이 이래도 좋고 저래
도 좋고 그거라. 그런데 내는 그게 아이라. 남자가 돼가 여자가 울마 저
여자가 우예 우는강, 화가 나 있으마 뭐가 답답해서 화를 내는강 거 좀
알라꼬 해야 할 긴데…… 내 여자니 심정을 알라꼬 해야 되는 거 아이
라? 근데 신라아가 이기 맹물이라. 마음 좋은 거뿌이지. 내 생각은 골나
마(화나면) 까짓 남자가 돼가지고 지 여자 한번 쥐박아뿌고 뚜드려 패뿌
고. 내 승질이 그래여, 여자가. 그런데 신라아는 글치를 안하고 그런 용
맥이 없고 마음만 좋았다 이게라, 물러터졌지예. 그러이 내가 남자 겉으
믄 쿡 쥐박아뿌고, 지 여자 울믄 또 우예 운다 카는 것도 좀 알라꼬 해야

되는데 울면 우는 갭다, 놀먼 노는 갭다, 자먼 자는 갭다, 이래 맴이 좋다 이게라. 내는 그게 불마이라. 근데다 자석도 못 낳아. 병이 있는 게 아니고, 그게 마 냉자 보니 고자랬어. 내가 말이사 마, 언넘 남자를 상대해봤어야 이기 고잔지 뭔지 아지예, 안 그래예? 그래 그것도 모리고 살았는데, 냉중에사 글타 카고 보이께네 느낌이 어떻다 싶은 게 알겠더라마시. 거거를 옳게 몬하는 거라. 거래갖고 내 안동 저 꼴짜구 촌에 사는데, 보리 필 때가 지나서 막 저래 피는데도 다린 생각이 안 나고 미쳐가지고 마음이 뜨더라 카이. 그캐가지고 신라아를 데꼬 안동 도립병원에 갔어. 가자 카이 츰에는 안 갈라 카데. 그래도 하도 가자 카이 결국에는 갔어예. 그래 내하고 자기도 검사 둘 다 하는데, 남자가 애기를 몬 가진다 카데. 근데 그때만 해도 인공으로 애기를 가질 수 있다 카데. 그래가 인제 시집에 가서 글타 카이께네, 시아부지 시어머이는 인공으로 해가 가지라 카데. 근데 신라아이 안 된대. (왜요?) 몰라, 딱 거는 안 된다 카데. 충시이 곁은 게 그건 또 딱 안 된다 카데. 안 돼도 내가 안 된다 카든가, 아닌 말로 내가 다린 남자 보고 저프다 카믄 몰래도, 신라이 지가 안 된다 캐. 됐다 그러고 거래가 살다가 참말로 결국에는…….

각중에 풍파 나고 마음이 다 뜨는 게, 막 흔들리더라 카이

우리도 정이 있었어예. 둘 다 서로 정이 있었어. 그리 마음 좋고, 마음 편하이 사니 그 맛으로 글턴동 서로 정은 좋았다 카이. 그러이 이 남자는 이 여자가 없시믄 안 된다 카는 뜻이고, 내도 뭐 내 앞처리 다 하고, 글을 몰래 글치 뭐, 어데라도 일등은 몬해도 이등 할 정도는 되고 하니. 사람도 참 아깝고 그렇지. 그러니 그랬던 모양이지. 사람도 아깝고 마음이 달라질까 생각캤던 갑지, 마음이 고운 사람이. 그래갖고 거래 몬하고 살았어예. 그러다가 시동상들이 대구로 와라 그래가 대구 와가 사이께네, 시숙네 아들이 너인데 셋째 조카가 나한테 와서 고등핵교 다니고 대학도 다녔어예. 거래 대학 1학년 하고 군에 간 새에 인제 내가 파산이 됐어. 딴 건 다 저거 집에서 대고 밥만 내가 멕여주고. 내가 능력이 안 되이께네…… 그래 각중에(갑자기) 풍파가 나고 마음이 다 뜨는 게, 마음이 막 흔들리더라 카이. 이래는 안 돼갖고, 신라이 인제 거래가 했는데 한번으로는 둘이 다툼을 했어. 근데 와 그라노 카믄 동새⁎가 마음 편케 가지면 괘않은데 지 자석 주이 안 편한 거라. 괘않다가도 한번썩 지 아들 보러 온다꼬 오믄 찔찔 울고 짜고 막 안돼 카고 이래. 이자 '지 자석을 줬다' 이게지만도 지 자석이 지 거지 뭐 오데 가나? 살림 내준 거보다 오히려 더 든든치. 그치만 또 사람 마음이 안 글테요. 뺏긴 느낌이 들던강 그래 울고, 안 된다 카고. 그래 울 땐 내 마음이, 내 심정이 디비져예. 그걸 보이 또 안됐어. 그래도 싸우고 그라지는 안 했어예. 즈그 딴에는 양자겉이, 나는 모르고 변변케 해놨어. 즈그는 요량이 있었던 모양이지. 나는 또 그게 아이라꼬 이랬는데.

그래 마음이 시끄러버가지고 내가 한번은 신랑하고 다툼이 나고 안동 친저어를 갔어예. 아부지하고 그 새오매가 있었지예. 그때 돈이 있어가지고 내가 팔백만 원을 징기고(간직하고) 친정을 지녁에 드갔어예. 글자

⁎   동서. 조카의 어머니

도 모리는 게 나도 꼬치 장새 하겠다고. 글짜만 알아도 벌써 하겠던데 그것도 모리는 게 우예 하노 그랬다 카이. 자식이 읎으이 씰 데가 어딨능교? 신랑 버는 족족 돈이 모타지지. 그래가 저녁에 가이께네 사촌 오빠, 육촌 오빠, 내하고 서이 밤에 앉아가지고 우리 육촌 오빠 집에서 아침 세시까지 화토를 쳤어예. 서이 앉아가 무슨 재미로 쳤는가 참. 그래 화토를 치는데 전보가 왔어, 신랑 죽었다꼬. (어머, 세상에. 얼마나 놀라셨어요?) 그래 말이라, 농약 묵고 죽은 거야. 이 사람은 인제 각시이 안 온다, 안 오이 난 살 필요 없다 이런 거라. 그래가지고 번개시자아°을 가가 농약을 사가지고 두 병을 먹었어. 번개시자아이 먼데 또 그까이 가가 사온 거라. 그래 약을 사가 두 병이나 뭐 뭐 마시뿌랬어. 우리는 또 바이(방이) 컸어. 세 사는 바이. [종이에 그림을 그리며] 요 바이고, 요 옆이 주인집이라. 우리는 마래(마루)가 바이래. 마래에 벽이랑 문이랑 만들어가 우리 방을 한 거라예. 그래 살았는데, 지녁에 벽이 막 쿠당탕 쿠당탕 카더란다. 쿡쿡 쥐박는 소리가 나고. 막 이래 쫓아댕기마 뒹군 거지 뭐, 약 먹고 못 전디가. 울리고, 울리고 그래놓이 옆집에 막 쿵덕쿵덕해. 그카니 뭔고 싶어가 보이께네 기양 저저 죽는 판이더란다. 이래가 사촌끼리 집에 연락해가지고 인제 병원에 데꼬 갔는데, 가면서 죽었다 캐. 가는 도막에 숨져뿐 거라예. 그래가지고 전보를 받고 혼차를 몬 보내이께네, 저 끝에 막내이삼촌하고 왔어. 오이, 막 시동상들이 깔쥐뜯고(쥐어뜯고) 마 사람을 마 몬살구로 하네. 사람 죽있다꼬. 내가 죽인 거나 한가지거든. 서방 죽인 년 뭐 그러진 안 해도 "니가 가가지고 죽었제" 이카고. 그래가지고 하도 허패 디비져가(허파 뒤집혀서) 나도 죽겠어가 약이라도 하나 사무을라꼬

° 대구 중구 태평로에 있는 번개시장

약국에 드가믄, 날 감시한다꼬, 어차피 죽은 놈은 죽었제 내까지 또 죽을까봐 지키고. 내가 약국에 드가믄 어느새 쫓아와가 "동서, 여 와 오노?" 카더라. "내 머리 아파 약 사무러 왔다" 카믄 "와? 조카들 놔뒀다가 뭐할래? 삶아 무울래?" 그카더라. 조카들한테 사달라 카지 본인이 뭐하러 오노 이게라. 꼼짝를 몬하게 하는 기라. 거래 지키고 감시를 하고. 거 장새를 지내고 나이 사촌 종동새들하고 종시동생하고 "죽은 이별은 인자 끝났다만도 산 이별을 우예 하고. 죽은 이별보다 산 이별이 더 무섭다" 그카는 거라. 죽은 사람은 이자 이별했는데 산 사람은 또 우예 이별하꼬 이게라. 내가 시동상들하고 동새들하고 마 잘 지냈어예. 성격이 원캉 남자 성격이라가 편케들 지내고 다 좋다 캤거든.

[다시 그림을 그리며] 요개가 우리 사는 집이고, 요 뒷집에가 바로 저 이웃집인데, 그 집 아저씨가 나이를 좀 먹었어여. 우리하고 차이가 많애. 근데 차준데 그 아저씨가 자기 친구가 혼차라고 중신을 할라꼬, 사미에 갔다 오이께네 중신이 들어오더라 카이. 사미한다 안 카나? 장사 지내고 사흘 만에 산에 갔다 오는 거, 그게 사미라. 그케 말이라. 너무 빠르지 말이다. 그 중신이 우예 들어오나 카먼, 이 사람 냅두믄 친정 안동에 가뿐다, 가뿌마 놓친다 이래가 안 놓칠라꼬. 말할 거 같으믄 가뿌믄 올 일이 뭐 있노 이게라. 자석도 안 낳았는데. 거래가지고 중신애비가 들어오는 게라. 거래 난 안즉 그럴 여유가 안 된다꼬 답을 하고 그 자리는 보도 안 했는데, 지금 신라아를 보게 됐어예. 내하고 한집에 사는 앞의 방 아주머이가 모욕탕을 갔는데, 지금 신랑네 종형수가 울 집 옆에 살았거든. 그라이 한집 사는 아주머이가 그 집에 누구 죽었고 색시가 아도 없고 마 그른 야기도 했는갑더라꼬. 그카다가 그기 추석인가 그 밑에 모욕탕에 모욕하

러 갔는데 신랑 종형수가 모욕탕 문 앞에 드가가 누구 나오라꼬 꽘을 지르더란다. 나오이께네 그 옆집 아주머이라. 미안타꼬 카마 하는 소리가 자기 시동상 얘기를 하고 어쩌고 하마, 참말로…… 그 틈을 타가 중신이 돼가지고 이자 내헌티까지 말이 온 거라. (그러니 동네 사람들이랑 친척들이랑 모두 어르신을 안 놓치려고 욕심을 냈던 거였네요.) 긍까. 똘똘하고 일도 잘하고 승격도 좋고 하니까. 그래 그 차주 아저씨가 소개해준 거를 미뤄놓고 저 사람을 먼저 보게 된 거라. 종형수가 차주 아저씨가 다리 놓고 뭐 우짜고 한 소리를 듣고 모욕탕까지 와가 꽘을 지르며 서두른 기라, 하하하. 근데 차주 친구 되는 그 사람은 우예 돼가 시어마시하고 마누라가 한목에 죽어뿌렀다 카데. 그 소리 들으이 섬뜩하이 막 무섭데 또. 거래가 인사로 치마 그 사람을 먼저 봐야 하는데 이 사람을 먼저 봐뿌랬어. 먼저 봐뿌랬는데, 또 다린 이가 보자 캐가 한 사람을 또 봤어. 봤는데, 딸이 하마 나이가 꽉 차가 시집을 갈라 카이 아부지가 혼자라가지고 아부지를 갤혼시키고 시집을 가겠다는 게라. 아아들이 삼남매라든가 그런데 그 집 딸 하는 말이, 오매만 돼주마 천지 고맙다 이기라. 그래 부탁하더라고 내헌티. 그카고 선보는 자리에 뭐 오기도 마이 따라왔어. 뭐에 뭐고 뭐에 오고 해가 마이도 따라왔더라고. 내는 승질이 울룩불룩한 사람이 좋아, 남자고 여자고. 근데 신라아를 보니 첫번 신랑도 홀따부리*하고 홀가부리해가 그랬는데, 이 신랑 자리도 보니 용맥이 없어. 둘이만 앉해놓고 모다들 비캐주데. 얘기 나누라 이 말이겠지. 근데 둘이 앉아봐야 뭐, 있어보이 말 한마디 하는 것도 없고. 문지방에 앉아가 들어오도 않

---

* 성격이 단단하지 못하고 무르다. 홀타부리, 홀가부리, 홀라부리 등을 같은 의미로 사용하신다.

고. 그래 나는 싹 덧정 없어져버리가 저런 사람은 안 된다고 포기했는데, 거도 차주라 돈은 많은 모양이라. 근데 돈 암만 많아도 뭐해? 저런 사람은 승질이 안 맞는다 싶어가 포기를 했는데, 자꾸 거 저저 안방 사는 차주 그 친구헌티 전화가 와서 내헌티 연락이 오능 게라. 그 안방 차주 집서도 내헌티 엉가이 찍어 붙일라 카는데 내가 안 받아줬어여. 그카니 내가 할 수 없는 게라. 그래 그거는 자빠져뿌렸어예. (와, 어르신은 성격이 분명하시고 자기 생각도 확실하게 표현을 하시네요.) 그때나 지끔이나 내는 좋다 싫다를 알아듣게 딱 말해뿌린다 카이. 그거 땜시 욕을 묵기도 하고 오해를 사기도 하는데, 내는 뭐 우물우물 어영부영 그런 거 몬한다. 더군다나 혼사 이런 거는 확실히 해야 저짝도 다른 자리를 알아볼 거 아이가 말이다.

어떤 놈은 홀라부리해가 그렇고, 어떤 놈은 거씨서 그렇고

그라고는 그해에 이 사람으로 갤혼을 온 거지. 그때 내가 갓 마흔이라. [액자에 넣어 벽에 걸린, 학사모 쓰고 찍은 영감님 사진을 가리키시며] 지금 여 사람으는 우리 신라입니더. 농협에서 노인대학 해가지고 나무 할배 돼가지고 대학 졸업 맡았다. 잘생깄다, 키도 크고. 그래 종형수가 선을 내려가지고 이 사람을 보니, 가마아 보니 말도 글코 몸무데기도 글코 그럴듯해. 마음에 들어. 돈은 없어. 생활 능력은 보믄, 채림(옷차림)을 보면 암만 자기가 다리게 저해도 돈 없는 것도 표가 나니라. 근데 이 사람은 옷걸이가 또 좋아가지고 암캐나 걸치도 인물이 나여, 하하하. 잘났다 이칸다, 나는. 일하다가도 물 후룩 찍어 발라뿌고 닦아뿌고 옷 한 가지 처억 걸치믄 멀끄음허니 돼가 그래 나간다. 그런 승격이라. 난 그게 좋거든예. 근데 그게 또 탈이라. 하유, 내가 혼차 속으로 그칸다. '어떤 놈은 너무 홀라부리해가 그렇고, 어떤 놈은 또 너무 거씨서(거칠어서) 그렇고' 하하하. 내보다 쎄지만도 나는 또 깡다구가 있어예. 그기 있기 따문에 겉이 살았지, 엥간하믄 한테(한데) 몬 살아예. 그라고 아무래도 남자가 쫌 쎄야지 거래 거래 서로 또 살거든. 저 사람이 총각 때는 서울 살았거든, 껄렁패매이로 해서. 성냥 공장도 다니고 성냥 장사도 하고 오만 거 다 했단다. 거 돌아댕기던 사람이라놓이 객재(객지) 물을 마이 묵고, 또 대구 대명동 우리 종육촌, 아니지, 종동새 젤 큰집 아가 메리야수 공자아를 했는데 그기 쫌 겉이 있고. 옛날에 메리야수 공장 자알됐거든. 천지 돌아댕긴 사람이래, 저 사람은. 여서 동장질도 마이 했어예.

결혼해서 여 와서도, 울 집 신랑이 참 사람 좋아하고 마음이 좋고, 내도 그래가지고 사램이 그래 긇어예, 밤낮으로. 우리 집에 모여가 화토도 치고, 엿치기도 하고, 엿내기도 하고. 그라이 식당 할 때는 엿을 아예 띠다놓고 엿치기를 했어. 딴 데서 사가 엿치기를 하느이 도매로 띠오는 기라. 가게 하마, 천 원 치 팔믄 이천 원 되고 만 원 치 팔믄 이만 원 되거든. 뭐를 팔아도 꼽장사가 되예. 그래 팔고 이래 했어예. 무시(무)도 저 밖에 겨울 무시를 묻으면 나락 떼기를 가(가장자리)에 빙 돌려요. 뜨스라고 (따뜻하라고) 짚 돌리고 나락 껍데기도 돌리고 이래 묻어놓으마 얼지도 않고 바람을 안 먹는 거라. 그라믄 마 그 무시는 놀러 오는 사람들이 다 묵는 기라. 오는 사람마다 마 저 무시 내오라고 그카니 뭐 남아날 수가 없어예. 그래 재미있게 살았어예.

사십 넘어가 아들 둘 낳어예

저 양반도 초혼이 아니었지예. 첫 번째 장개를 가이께네 여자가 얼빠아해. 머리도 모지래고 사람도 모지래가지고 만날 싸우고 쥐이박고 마이랬는데, 마 마음에 안 드이 자기가 돌아댕겼어. 나가뿌랬어, 여자랑 어마이랑 놔두고. 그때꺼지 아는 아직 안 만들었단다. 우옛던동 나와가지고 돌아댕기다가도 가끔씩 집을 갔을 거잖아예. 그래가 아를 맨들어놨단다. 가시나를 하나 놔놓는데, 글다가 또 그 아아 씨가 될 때 됐더란동. 아아 씨 말이다, 애기 씨. 동사아 있실 때가 됐더란동. 여자가 나름 바보같애도 신랑이 서울 어데 있는 거를 찾아갔더란다. 찾아가지고 만내가주고 아를 또 맨들었어. 그래 본시 딸이 둘이라. 참말로 거래가지고 이혼도 모하고…… 그래 마 하도 신랑이 거씨가 마눌은 바보겉이 좀 모지래놓이 막 후지박아*쌓이께네 친정서 델꼬 가뿌랬다 안 카나. 딸들은 놓고. 거래 딸이 둘 있더라 카이.

지금은 첫째는 서울에 있고, 두째는 저 구미에 있다. 구미 있는데 그것도 공부하다 고마 중지해뿌랬거던. 큰 거는 내 오이께네 국민학교 입학했고, 작은 거는 네 살이고. 그런 걸 키워놓이 큰 거는 인제 내한테 뭐 퍽퍽, 말도 푹푹 하고 하이께네, 우리 시어마이가 저거 아무래도 저래 두믄

• 윽박지르다

내가 가뿌겠다 싶어가지고, 며늘 잃어뿌겠다 싶어가지고 학교 다니는 큰 딸아를 서울로 보내뿌랬어. 서울 저 농방(가구점) 하는 데 뭐 마실 사람이 있어가지고 글로 마 해가주고 보내뿌랬어. 우리 영감은 맏이라, 육남매 맏이. 그래가 보내뿌고 나이 고마 그질로 큰딸아 갸량은 하마 좀 틀어졌어. 내를 지 아부지 뭐이란다 싶어가주고. 집에는 뭐, 서로 연락도 잘 안 했어. 그래 지내다가 시집갈 때는 저게 저 아빠한테 연락 와가지고 폐백실에 앉아만 있어달라고 하데. 그래 연락이 왔다 캐가지고 둘이 갔어. 다방 오데를 갔어. 가이께네 돈을 오십만 원 주더라. 주면서러 그래 폐백실에 앉아가지고 폐백 보고 좀 해도고 거래, 딴 건 없고. 거래갖고 폐백 봐주고 잔채(잔치)를 치룻꼬. 저게 신혼여행 갔다가도 우리 집에 안 온다 캐. 그래 내가 돈 삼십만 원을 쥤어. 신혼여행 가는 데 삼십만 원을 쥤어. 여행 갔다 오마 인제 친저이 왔다 시집 안 가능교? 첫길에 안 그라나? 근데 안 올다 캐. 거래 뭐 내는 안 오믄 냉주에 오믄 안 되나 그랬는데 그질로 영 발걸음이 없어. 요즘 저 앞에 길 너르는 데, 우리 땅도 거 좀 들어 있어예. 그 보상을 받을라마 그 딸이 도장을 찍어야 되거든예. 근데 뭐 아예 오지를 않으이, 우리는 거 보상도 아직 몬 받는 기라. 거를 뭐 우예 해야 되는가 참…….

그래 큰 거 시집보내고, 또 두째가 여개서 학교를 다니다가 서울에 직자아를 갔다. 가가 그거 또 시집보냈는데, 그때는 저거 아빠 죽고 아빠 없이 시집갔다. 내가 보냈다. 큰아는 즈그 아빠 이실 때 출가시깄고, 두째는 즈그 아빠 가고 내가 출가시깄어. 두째는 애를 셋 놓고 결혼을 했어여. 식을 늦게 했다 카이. (그때나 지금이나 그런 경우가 많지요.) 내는 식을 올려줄라 캐도 일쩍 안 할라 캐가, 그짝 능력이 그런 모양이래요.

거래가지고 식을 아 하고 이시이까네, 낭주에 늦게 시기준 거라예.

　내가 여그로 시집와가 남매를 낳았어여. 사십에 시월에 딸 놓고, 사십 둘에 아들 놓고. 그때로는 진짜 늦게 낳은 건데, 별거는 없고 배 째고 낳았어여. 병원에 가서 아를 낳았는데, 나이 사십에 배 째고 나왔시이 간호사가 또 아 놓겠나 싶잖겠어예. 내가 간호사라도…… 근데 아 나났고 인자 자궁을 돌릴라꼬, 신랑한테 거래 자궁을 돌리도 되나 우야꼬 물으이, (자궁을 돌린다는 게 무슨 말이에요?) 자궁을 돌리믄 애가 몬 들어서예. 그래 자궁 돌릴라꼬 승낙을 묻는 거라. 물으니 우리 신라이 하는 말이 "하이고, 내 정신 좀 채려가 숨 좀 쉬자" 이랬지. 그러이 아들이 없으이 몬 놓구로 할 순 없고, 또또또 놓으믄 기냥은 몬 놓고 배 째고 낳아야 되고 나이도 많고 하니 신경이 좀 씨이잖아예. 숨 쫌 돌리자고 카이 참말 욕을 하더랍니다, 가시나아들이. 이 나이에 아를 또 날라꼬 한다꼬 막 욕을 하더랍니다. 그래가 신라아도 "저년 저 욕하는 거 봐라" 그카매 겥이 욕을 하고, 하하하. 그래가 참말 안될따 싶어가주고 몬 돌리구로 하고 있었는데, 거래 또 저 아 씨가 있어가지고 두 번째는 아들 났어예. (아유, 마흔 넘어 늦게 자식 둘 낳으시면서 정말 좋았겠어요.) 그것도 모리고 살았어예. 바보래. 좋은 것도 모리고 부러운 것도 모리고. 내가 생각캐도 바보래. 내 생각 겥으믄 바보는 아이지 싶은데 그래 바보 겥으노. 사느라고 정신이 팔리가 그 여유가 없었던 모양이라.

아라도 낳아봤구나 싶어 좋더라고예

그캐도 뭐 지나놓고 보니 살믄서 젤로 좋았는 거는 아무래도 자석 낳은 그거라예. 마흔 넘어 낳았으니 마 안 좋을 수가 없지예. 딸은 초산이니께네, 나도 애기 낳는 거를 하는가 해서 좋았지예. 옛날 여 말고 저 본가, 촌에 살 때 아침에 샘에 가믄 "하이구, 누가 아들을 낳을라나 물이 요래 선다" 그런 말들을 했댔거든예. 물에 뭐 꼬쟁이 걑은 게 이래 서면 "하이고, 누가 애기 가질란가" 이 소리들을 했댔어예. 그러이 여로 시집오고 나서는 샘에 물 뜨러만 가믄 내도 모르게 뭐가 서나 보믄서 나는 어떨라는고 싶고, 마음이 만날 떨리고 안됐댔어예. 그전에사 뭐 모리고 살았는데 여로 시집와서는 맘이 그럽디다. 글타가 애기라고 가졌는데, 처음에는 좋은 거도 모리고 나쁜 거도 모리고 그랬어예. 막상 놓고 나이께네 그래 좋더라고예. 딸아라도, 나도 아라고 낳아봤구나 싶어 좋더라고예. 옛날 속담에 있데. 하이고, 나는 호박이라도 낳아봤으면 한다 카고. 두루뭉술이라도 낳아봤으면 한다 카고. 그런 애기가 있었어예, 하하하. 나도 참 낳아보이까네 그땐 참 기분이 좋았지예. 그라이 신랑은 아들 놓기 바래가 마음을 썼겠지마는 나는 뭐 그런 거도 모르고. 영감하고 시어마이는 아들 낳는 거를 마이 신경 썼겠제, 장손이니께네. 근데 나는 마 벌로 (대충) 살았어, 하하하. 딸을 놓고는 또 애 있을까봐 약을 먹었다 카이. 안 낳을라꼬 보건소 가가 약을 또 가왔어. 피임약을 몇 번 먹고 했는데 지대로 꼬박꼬박 못 먹게 되데. 그러다가 이제 또 보건소 간다고 하이께네 영감이 저 밑의 논두렁에 있다가 내가 내려가는 걸 봤어. 그래놓으니 느낌이 왔는지, 약 먹는 거럴 봤는지 영감이 화가 난 기라. 그라디마는 그질로 올라와 술을 퍼묵고, 내가 오이께네 요강을 막 저 문에다가 탁 던지고

마. 또 문을 이래 또 때리고 "우리 집구석 다됐다. 다 망했다" 카믄서 막 설쳐쌓더라 카이. 그카이까 시어머니가 뭔데 뭔데 하고 그카더이마 냉중엔 느낌으로 알았던 모양이라. 영감, 시어마이 몰래 먹었지. 그래가지고 내헌테 뭐라 카시데. 내는 알겠다꼬만 하고 그랬지. 종가 맏며느리가 뭐 할 말이 더 있나? 근데 내는 아들 낳고 싶은 거는 별라 없었어예. '배 쨰고 낳는 거를 또 낳나?' 그 생각이었던 기라. 그러다가 우예 또 아가 들어서 놓으께네 우리 외사촌 동서가 하는 말이 "아이고, 형님요. 그 약 묵다가 애기 가지면 정상이 아이라 캐요" 그캐. 근데 마 약 안 묵은 지 오래돼가 애가 섰는가 괘않았지 뭐.

내 오십만 원 받곤 안 할란다

둘째 놓을 때는 대구 동산병원으로 갖다 눕히놓고, 침대에 올리놓고요. 여 침대에 올리놓고 밑에서 기계를 막 갈더라 카이께네. 그래 마 "와 그카노?" 카매 겁나더라 카이. 산모 앞에서 그게 뭔 짓이고? 밑에 여기서 간다, 써걱써걱하이. 그때 참 겁나더라. 이제 나 죽었다 싶으드만. 거기서 와 카노 딴 데서 카지. 그래가 아들 낳을 때 시껍을 해뿌렀어.* 그 연장 가는데, 딴 데 가 하믄 될 긴데 내 보는 데서 갈더라 카이. 기계를 낫 갈듯이 갈아. 마춰 주사는 놓았는데 안직 마춰가 안 된 거라. 그때 마춰 시켰는가 우옜는가. 아들 낳아놓으니 마 영감하고 시어마시는 좋아했지예.

• '식겁하다'의 경상도 방언. 뜻밖에 놀라 겁을 먹다

집안도 마 들썩거렸어예. 집안이고 동네고 다들 잘됐다고 들썩들썩했다, 하하하. 아무캐도 딸 낳을 때보다 더 좋아들 하더라꼬. 영감으로는 딸만 셋에다가 늦게사 아들을 놓은 거니 안 좋을 수가 있나? 더구나 맏아들이라 더 그랬지예.

외아들인데 갸가 욕심이 없어. 내헌티다도 만날 먹고 쓰고 다 해라 칸다. 내는 뭐 늦게 아들 낳아가 손자라도 하나 보고 죽어야지. 그게 목적이지 딴 거 없다. 손자 낳아도 키아주진 몬한다 이자. 억만금을 줘도 키아주진 모해. 딸이 구미 있었는데, 딸은 은행에 댕기고 신라아는 엘지 있었는데, 총각 때부터 엘지에 있어노이 싫증났는강 뭐 딴 거 해볼라고 몸부림쳐쌓더만 결국은 가족이 다 외국으로 가뿌랬어예. 손주가 여섯 살인데 갸도 데꾸 가뿌렸제. [사진을 가리키며] 조게 손주고, 조짜아 사진은 우리 딸내미고. 저거는 딸내미 아 때고, 또 저저 옆에는 우리 아들 애기 때 백일 사진이고, 어짜아 거는 외손자고. 근데 우리 외손자를 내가 키웠어어. 딸아가 은행 댕기께, 구미 딸네 집에 가서 키아줬지. 그래가지고 봄 음력 사월달에 거 가면서러 여 농사 쪼매끔 쪼매끔 지어놓고 갔거든. 토요일 날 여 와서 일요일 날 가고. 토요일 날 저 용계동,● 거서 택시 타고 집에 와여. 와가 일 좀 하고, 일요일 날 또 하고 저녁에 다부(다시) 가고. 1년을 꼭 댕겼어예. 거를 우예 댕겼을꼬 몰라. 거래 꼭 댕겼어예. 내는 키아주는 돈을 받았지예. 한 달에 백만 원썩 받았어예. 그때 백만 원 받은 거가 오새 생각하믄 좀 씨게 받긴 받았다 싶어도 저거가 능력이 되이 받은 거제. 능력이 없시믄야 돈 안 줘도 봐줘야지 우얍니꺼, 내 보

● 대구 달성군 가창면 용계리

136

태줘도 션찮은데. 첫 달에 가이께네 돈 오십만 원 내주데. '내 오십만 원 받곤 안 할란다' 그카고 돈을 농에 탁 옇어놓고는 아무 말도 안 하고 가 마 있었어. 내도 귀가 있으이 듣고 댕기거든예. 거는 전부 아파트고, 전부 친정오매들이 와예. 모두 아 봐주러 오는 기라. 거래가지고 물어보니 팔십만 원 받은 이도 있고, 칠십만 원 받은 이도 있고 뭐 대중없어. 백만 원 받은 이는 잘 없데. 그래도 내가 백만 원 돌란 소린 아 했지. 그래 오 십만 원 요래 딱 주는데, 딴 말 안 하고 '내 오십만 원 받곤 안 할란다' 딱 그 말만 했어, 하하하. 뭐 몇만 원 돌란 소린 아 했어, 난 승질이 그런 승 질이라. 그랬더이까는 다음 달에 백만 원 주데예. 그러이 백만 원썩 다달 이 입금되는데도 한 달에 차비를 이십만 원썩 잡고 댕겼어. 택시비 이 십만 원. 저저 여서 내려갈 때는 잘 안 타는데 올 때는 무조건 택시 타고 들오거던. 그러이 이십만 원 잡았어. 거래 치니 팔십만 원 받는 거잖아 예. 그래가 또 칠십만 원 주든지 팔십만 원쯤 주믄 더 돌란 소리도 실지 로 모하잖아예. 그래도 '느그가 그만한 능력이 되고, 넘을 두마 그 정도 줘야 되이' 생각했제. 아무래도 할마이가 넘보다 낫고, 저거 엄말 주는 거고, 둘이 벌어 집 사가 살고 하니 뭐. 시집이 남해라. 사위네도 아들 하 나 딸 하나 남매뿐이래. 누나는 공무원이고 거도 남해서 아 둘을 낳아가 지고 다 친정오매가 키웠어. 그래 있다가 시누네는 아를 키아가 부산 왔 는가 이래. 우리 딸 시집보낸 첫해에 시집보내이께네 사돈집에서 내헌티 쌀 한 포대 주고, 들기름 참기름 짜가 한 병썩 주고, 참깨도 한 되썩 주고 그랬다 카이. 첨부터 그래 오던 거가 해마다 와예. 올개도 마 이제 올 거 다. 그래가지고 남해*다보이 시금치도 해 팔고 하는 모양이라. 시금치도

•   경상남도 남해군

갖고 오고, 굴도 해마다 한 박스썩 오고. (이쁜가보네요, 며느리가. 그러니 사돈집에다 그렇게 잘하지요.) 이쁘지요. 그런 며늘 몬 봅니더. 내 딸이라도 똑똑하고 배울 만치 배웠고, 4년 대학 시긴다고 나도 애무웠고. 다리 이는 막 딸네 쪽에서 시어머이헌티 잘 보일라꼬, 혹시 저 시집살이 할까봐 뭐 싸서 보내쌓고 그라는데 우린 꺼꾸로라예. 시아버님이 아주 좋아 몬 삽니다. 인물 좋제 능력 좋제 뭐, 저런 며늘 보기 참 힘들다. 내가 꺼죽해(허술해) 글체 딸은 마 똑똑합니다. 지금은 저 카랜다 카는 데 거 갔다. (캐나다요?) 예, 캐나다. 거 갔는데, 그카느라 1년을 놀은 택이지. 그래 올부텀(올해부터) 직자에 댕긴단다. 애들은 아들만 둘인데 네 살 여섯 살 됐나 몰리겄다. 거래가지고 직장 댕기면서 거 둘을 키우느라 지도 애 마이 무웠다. 하나는 안 벌어도 먹고살 긴데 그칸다. 사는 건 괜않애여. 본래도 괜않았어여. 거 가서도 벌써 집을 두 채나 사고 차도 두 대나 샀다꼬 자랑하데. 거서 아아들 공부시기고 사위도 더 공부한다꼬 갔어예. 내가 너무 멀리 갔다고 뭐라 카만 딸이 "다리 집 자석들은 외국 못 가가 오매들이 안달인데, 오매는 딸네가 잘돼가 외국 사는 것도 뭐라 칸다" 이칸다. 그래도 내는 또 서운한 마음이 있어예. 와 서운한가 하만 나는 너를 가르챘다고 애묵고 했는데, 갸가 옆에 있시믄 내가 천지에 돈 들어갈 거가 없거든예. 사위가 엘지 있다보이 화장품 다 갖다주제, 비누 퐁퐁 다 갖다주제…… 사 묵는 거나 내 돈 들까. 하이타이 같은 것도 마 박스떼이로 갖다줘서 안죽도 다 안 쓰고 있어예. 그래 이제 마이 썼다. 그리고 한 해는 돈을 십만 원썩 오만 원썩 모아가 천만 원을 맞촤가 기양 통장에 넣어놨디만은 "이거 와 이래 놔뒀노?" 카마 지 돌라 카데. 가가드니만은 1년 됐지 아마. 한븐은 테레비가 오래돼가 안 나와. 전화를 해가 테레비 사 보내라고 고함을 질렀다니께. 그캤더만 금방 테레비를 사서

보낸 기라. 엘지에서 사가 많이 싸게 샀다 카더라. 직원들은 원가로 준다
카데. 그카고 그 천만 원은 지네 외국 갈 때 주더라. 내는 신발이고 옷이
고 내 돈 주고 안 사 입어예. 뭐 앞으론 돈 들제.

　딸이 가차이 있을 때는 내가 혜택도 마이 보고 좋더이마 외국 가뻐리
니 좀 외롭다 카이. 전화는 마 자주 옵니다. 어제도 전화해가 몸은 어떻
노 카데. 그래 내 아파가지고 병원에 댕긴다 카마 뭐 검사하라 칸다 캤어
예. 다리가 아파 걷도 모한다 카이께네 좋은 병원 알아보고 수술해라 이
카매 또 곧 전화한다 카더라. 외국 가고는 용돈 보내란 말을 안즉 안 하
고 있어예. "오매 생활비 얼마나 되나?" 그카기는 하더라. 뻥이(빤히) 알면
서 묻기는 뭐 할라 묻노 싶어. 영 없으면 내가라도 다문 보태주는데, 능
력이 되지 싶은데 안즉 안 주네, 마 마음속으로는 그칸다. 내가 언제 죽
을동 모르지만 나 죽어뿌고 나믄 자석들 후회합니더. 우리 오매 살아씰
때 내가 한 푼이라도 보태줄 긴데, 생활비를 줄 긴데, 그라고 후회합니
다. 묵고 씰 거 있으이 내 말은 안 하지마는, 달라 카믄 욕심부리는 거 겉
고. 만날 아들 아들 카고 아들 줄라꼬 안 쓰고 안 먹고 어쩌고 한다고 딸
이 그란다. 아아들 키울 때, 거래도 딸보다는 아들이 암만해도 마음이 더
가지. 지금도 글치. 딸은 여 있시믄 또 어떨란동, 먼 데 가뿌이 참말로 남
보다 낫도 아 하다. 이웃사촌이면 더 자주 보기나 하제. 글치만도 아들
은 또 달라요. 우리 시누이 시아부지 돌아가셔서 문상 갔는데, 아들은 내
헌티 자꾸 겉이 문상 가자 카더라. 자기 고모부 아바이가 돌아가신 긴데,
오매도 가가 사람들 만나고 오자는 거라. 딸은 그런 말을 안 했거든. 그
래 구미서 지 일 마치고 아홉 시 넘어가 내헌티 와가지고, 날 델꼬 장례
식 병원에 갔다가 또 여까지 델다주고 가더라. 글 때 보이 아들이 낫다

싶어. 딸은 또 보만요, 임시이 옷 사주고 용돈 한 푼 주고 그 재미지, 딴거 뭐 있어예? 똑바로 말해가 거래도 아들이라꼬, 저놈이 내 죽으믄 내 영자아(송장)이라도 처리하잖애요. 거거 낫지예. 나는 그래 생각해요. 암만 아들이 낫어요. 딸하고 비교 모합니다. 내 딸이 암만 저래 있지만, 지 잘 사이 지 좋지 내헌텐 아무것도 없어예.

새 마누라니 은그릇이라 카지

첨에 이래 없는 집에 오이 집도 초가집이라예. 방 두 칸 정지 한 칸, 따악 그거라예. 이 터 아니고 저 오데라예. 뭣 곁은 집에 살았어예. 시아버지는 엔닐 일찍 돌아가싰어. 오십 뭐 몇 살에 놀아가싰다 그라데예. 거래 가지고 시어머이 모시고 살았지예. 시집오이께네 시어머님하고 한데 사는데, 신랑 보고 와가 살았어예.

그래가 낭중에 이 집을 지었어어. 새집을 지으니 시어머이가 좋아하시더라꼬예. 신라아도 맨 농사지었어어. 배운 기 없고 하이 뭐. 농사도 신라아는 뭐 농땡이고 이래예. 밭일을 하먼 나는 아침에 일을 해서 열두 시가 될라 카만 "열두 시 넘어도 괘않다. 내 여 더 해야 된다" 이러는데, 신라아는 시계만 보고 있다가 열두 시 채 되기도 전에 끝내는 승질이야. 끝내고 들와버려예. 시간만 때우는 게라. 나는 아이거든. '요걸 좀 땡기 하믄, 더 늦도록 하믄 냉중에 좀 숨다' 그런 계산이 있거든. 우린 농사일을 그래 하다 마이 싸웠어예. 딴 건 싸울 게 없었어어. 부부간에 뭐 금실이 나쁘진 안 한데, 주로 일 따문에 싸웠는 거라. 농띠이 치는 이하고 상대가 되나? 그리이 '오늘은 뭐 해야 된다, 요게는 우째 해야 된다' 카는 거를 내가 다 머리를 틀고 짜고, 신라아는 겨우 따라만 하는 기라. 틈만 나면 들어와삐매 잘하나 모하나 따라만 다니는 기라. 그카믄서 이 집 종형수, 중신했는 그 형수한테 만날 "형수요, 내 따라 할라 카이 죽겠다" 이칸다, 하하하.

거래갖고 첨에 시집와가 이 마실에 들오이 사람들이 "사그 도오 깨고 은그륵 샀다" 그카더라 카이. 그륵으로 말하믄 사기그륵을 깨고 은그륵으로 샀다 이기라. 새 마니라가 그만치 좋다 이기라. 그카고 시누들한테 대우 잘 받고, 종시숙들이랑 종시동상들헌티도 지금꺼정 좋다 소리 듣고 산다. 가정을 이만치 꾸리고 살고, 영감도 자석들도 모두 노력했고 글타. 여 오이 아무것도 없고 빚덩거리(빚덩어리) 앉았고 이랬어여. 그래 이만치 나 사이, 동민들도 글코 집안도 글코 우리 시누들도 글코…… 모두 고생 마이 해가 빛 본다, 그칸다. 두째 시누가 우리 아까 점심 무러 갔던 고 밑의 동네 있는데, 아침지녁으로 전화를 자주 해예. 내 아플까봐 걱저이고, 내 몸 걱저이고, 자기도 아프믄 힘들다 카고. 팔십너이 무웄나 그런데, 자주 전화하고 산다. 거래 거래 삽니더.

아, 내가 메눌을 안즉 못 봤십니더. 아들이 서른다섯, 하마 마흔 다 갔는데. 내가 나이 또 안 많으면 괘않은데…… 젊은 거 겉음 괘않은데 내 나이가 많아가 맨날 부탁하는 거가 장개가라 강개가라입니더. 애인은 있는데 식을 안 올린다. 겉이 사는 거도 아이다. 내가 만날 "내 산지 가거라. 내 죽고 남 후회하지 마래이. 어마이 이실 때가 낫다. 우예든지 니 장개가거래이" 캐쌓아도, 그눔 자석은 "우리 오매 생전 안 죽어. 우리 오매 목소리 들어봐라. 생전 안 죽는다" 그칸다 카이, 하하하. 내는 몸이 아파 아야 아야 캐도 전화 오마 막 천연하이 받거든에, 안 그릏나? 자석 전화에다 대고 죽는소리 안 하거든. 그 따문에 아파도 아픈지도 모린다. 전화로 들어보먼 찌렁찌렁하거든. 내 승질이 또 마 죽겠단 소리 싫고.

씨를 뭐 우예 하고, 비료를 오데 우예 하고

자기가 일 안 할라니까, 내헌티 마 일 안 하고 논다꼬 잔소리를 안 하는 기라. 영감은 놈팽이짓도 좀 했다 마. 남잔데 마 우야겠노? 쏙은 안 좋고 그 따문에 쌈도 됐지만도 남자니까 그런가부다 했다 마. 그카고 마 농사일은 싫어해도 아파트 경비도 나가고, 동장질도 마이 했고 회장질도 마이 했고, 동네 왕초라예, 하하하. 우리 영감은 객재(객지) 물을 많이 무웄기 따문에 총각 때 막 돌아댕깄어. 서울로 대구로 막 돌아댕기고 반건달이었다 카이. 그카다가 꼴짜기에 들와가 살라니 깝깝하지. 그래 나랑 농사일 하믄 내가 앞뒤를 해야 돼. '어제 뭐 했으니 오늘 뭐 해야 된다. 점슴 전에는 뭐를 하고 점슴 먹고 나면 뭐를 해야 된다' 그걸 다 내가 해야 하는 기라. 씨를 뭐 우예 하고, 비료를 어데 어예 하고, 거가 그 사람 머리에 하나도 없다. 그냥 따러서만 겨우 하는 기라. 시키는 거 겨우 눈가림으로나 하고. 그래도 마 그 승질에 따라 하는 거만도 다행이라. 승질 내마 무서븐데 여자 따라 하는 거만도 고맙제. 그리고 생각했다 마.

영감 있일 적에 식당을 좀 했댔어예. 뭐 뭐 내는 생각도 없는데 신랑이 맥쥐(공연히) 한다꼬 그래 해가지고 브로끄(블록) 집을 막 아무따나 지어가, 그래 식당 허가를 내가지고 글다가 뭐 몇 년도 몬했어예. 하다가 금방 치았는 거라. 그기도 우리 땅이었는데 내 작년에 팔았어예. 팔 때 보이 거는 내 앞으로 있데. 할 때는 마 이왕 하는 거 식당도 하고 뭐도 하고 하마 그래 씨기 했었는데, 까짓 이제 팔아뿌자 갈아채자 싶어가……* 작년에 내놓이 퍼뜩 또 팔래뿌랬어예. 거래 팔아뿌고 나이 속이 시원하다 카이. 내 살아 새에 처치해야 돼. 옷 한 가지래도 버릴 걸 버리뿌고, 바가치(바가지) 하나라도 버릴 거 버리뿌고. 있는 거 묶어두고 거래 살 필요가 없어요.

　젤로 힘들었던 거는 마, 아이고 이 집 와서 농땡이 영감하고 살라니 참 힘들었다, 하하하. 나는 이래 아침 먹고 일하러 가면 열두 시가 안 되면 손 안 놓고 일해여. 우리 영감은 중간에 화장실 간다 카고 가마, 아예 손을 놔뿌려요. 놔뿌고 드가서 안 나와여. 억지로 하지 재미로는 안 한다 이까. 영감이 총각 때 오만 데 다 돌아댕깄는데. 그래도 종손이니 별수 없어 돌아온 기라. 그래이 돌아댕긴께네 이 집도요, 서울 사는 막내 시동상 앞으로 돼 있었어예. 그래 있다가 내가 '맏이라 카믄서 집도 없고 글타'고 툭툭거렸다. 그카니 시동상헌티 시어마시가 맏형한테 해주라 캐가지고 그래 받았어. 종가 재산 그런 거는 뭐 별라 없었어예.

　영감은 승질이 진짜 남자라여. 불룩불룩하고, 뒤도 없고 그때뿐이고.

* 　까짓거 이제 팔아서 갈아치우자 싶어서……

남헌티나 부부간이나 그때뿐이라. 찌지한(쩨쩨한) 건 없어. 금세 우루룩
해도 그때뿐이고 오래 안 가여. 내도 승질이 그렇고. 나는 여자라도 승질
이 남자매이로 글타 카이. 우리 영감 있을 때부텀 남자들, 영감 친구들하
고 술도 한잔 먹고 그랬다 카이. 그래도 마 영감은 뭐라 안 했다. 또 이웃
제 아저씨랑 화토도 마이 치고 윷가치도 마이 놀고 그랬다. 동네 여자들
이 싫어하고 그런 거 없다. 그래 뭐 많이 하고 그런 거는 아이고, 눈에 벗
어나게 그런 짓은 안 하지, 그런 사람도 없었고. 식당 할 때 마 술도 팔았
는데, 동네 아짐들이 쪼금 싫어해도 뭐 별 저거 없었다. 내 남자 자주 가
면 싫다 싶어도 딴 건 없지 뭐.

한 날이라도 병원에 있었으면 원이 없고 한이 없을 긴데

영감이랑 내랑 싸우기도 많이 싸웠제. 내도 순한 승질이 아이잖아예.
저 우에 식당 집 친정이랑 우리 영감이랑 먼 친척이거든여. 젊어가 둘
이 싸우마 애들 아부지는 뚝하마 집을 뛰쳐나가거든예. 그라마 내가 그
집에 전화를 옇는 거라. 우리 아저씨 집 나갔으이께네 거서 좀 잡으라
꼬. 그때는 살림집이 저 아래였거든예. 그라마 그 집 신랑이 나와 기다
려가 우리 아자씨 내려오는 거를 잡는 거라. 그래가 집에 데리고 가가
"대포 한잔 잡수이소" 하마 살살 달래가 집으로 데리고 오고 그래 많이
했다.

우리 영감은 칠십아홉에 갔다. 정월 열사흗날 돌아가싰는데 요새 겉

144

으마 아깝지요, 아깝고. 오래 아팠시믄 또 괜않은데 아프도 안 하고 자다가 가뿟어. (아이구 복도 많으시네요, 그 양반.) 정월달에 눈이 와가지고, 눈 그래 마이 온 거가 생전 첨이라예. 많이 왔는데, 눈이 우예 된 게 마, 질도 없고 댕기도 몬하고 그라가 눈을 쳐야 되는데 나가보이께네 나도 그때는 몸이 안 좋아놓이 뭐 겁을 내거든, 한창때랑은 다르치. 일을 해도 전처럼 막 하지를 안 해. 조심을 하고 겁을 내는데, 눈이 하도 마이 와가, 여 뒤에 주뚜막* 뒤에 씨는(쓰는) 것도 쪼매 씰어보이 못 씰겠더라. 그래 들와뿌리고 누벘다. 저꺼정 마당 거, 안 그라믄 그 승질에 집 앞 길꺼정 다 씰 텐데, 가만있지를 안 하는 성질입니다. 그런데 그날은 조 쪼매 씰다가 들오드이 술을 저 컵에⋯⋯ 원래 쪼맨츰 술잔에 안 묵고 클라스에 한 클라스를 부어 먹는 승질이라. 소주 한 되 가지고 이삼 일을 안 갑니더. 술을 그렇게 묵어예. 술도 묵고 몸도 튼튼하고 건강하고 뭐 아픈 데도 없고, 생전에 병원 안 가보고 약도 안 지어 무우봤어예. 그랬는데 심장마비인 모양이지 뭐. 그래갖고 눈을 치다가 "하유" 카마 들오데. 들오디마 술을 한 잔 마시데. 그카드니 또 나가 해보드이 안 되는가 또 들오데. 그래 또 한 잔 묵고, 글타가 밤이 돼뿟어. 어두버서 "지녁을 머을까" 이카데. 밥도 있어가 안 했어. 식은밥 쪼매 있는 거 방에 가지고 들어와 한 숟갈 묵고, 또 부치개를 꾸워달라 캐가 거 묵고. 더 무우라 카이 안 묵고 그카데. 그래 나는 인제 저 밭에 가가 마늘 한 접 갖고 와가 거실에서 자긴 테레비 보고 나는 마늘 까고 그랬어예. 테레비를 보마 난 영감 따라 같은 거 안 보이께, 영감 여 자먼 나는 마루 가 자야 된다. 영감이 마루 테레비를 보마 난 바서서 보다 자고. 테레비 보다가 잠이 드니까네 그카

* 부뚜막. 여기서는 부엌을 가리킨다.

게 되더라꼬. 그래가 잠잘 때는 갈래 잤어.* 그래 그날은 내가 마늘 까니라고 겉이 거실에 앉아 테레비 보마, 며칠 날 제실에 제사 뭐 행사 있어가 "거 가는데 한복 입을래, 마이 입을래?" 카이, "마이 입지 뭐" 이카데. 한 삼사 일 남았는데 그 이야길 하고 그랬어. 그카다가 한 열 시쯤 돼가 나는 잘라꼬 방에 들올라 카이께네 거실 저 문을, 윗목의 창문 두 개를 자꾸 다독거리데요. 추분(추운) 모양이제. 밖에 눈이 하얗이까네 추븐가 문을 자꾸 다독거리이. 덜 닫겼나 싶어 자꾸 다독거리더라 카이. 이 방은 외풍이 없어예. 거실은 아무캐도 외풍이 있잖아예. 그래 내가 바아 들오면서러 "이 방에 들오소. 들와 자소. 이 방이 더 뜨시다" 이카이까네, "괜않다. 내 여 잘란다. 자거라" 이카데. 그래 바아 들와가 누웠시이 잠이 안 와. 영감은 테레비 보고. 그래 내는 눈 깜고 있시이, 하이고 뭣이 막 머리를 갖다 짓눌래. 이래 처박아. 내 머리를 막 짓눌러가 처박아. 그래 처박으믄 무서부믄서러 마 그카다 새벽녘에 잠이 들어뿌랬어. 그카는 느낌이다가 잠이 들었겠제. 영감이 아침 네 시만 되믄 일나예. 다섯 시까지도 안 있어. 나도 뭐 네 시, 다섯 시 되믄 일나고 여섯 시믄 늦은 건데 그날 늦게 잠이 들었던강 눈을 뜬께 이래 환한데. 환한데 시계를 보이께네 아침 일곱 시라. 일곱 시믄 밝잖애여 하마. "아이고, 무슨 잠을 일케 자노" 그카미 문을 여이까 영감이 이불을 여까지 덮었어. 요 목까지 다 덮었어. 다 덮고 팔 다 요래 펴고. 몸부름도 안 쳤어. 딱 요래가 누벘는 기라. 그래 "하구야, 우리 영감도 뭐 저저 날 새는 줄도 모리고, 나도 마 날 샌 줄 모르고 자고. 왜 이카노?" 그러믄서 이불을 제꼈어. 쓱 제끼니께네 그래도 꼼짝 아 해. 거래 꼼짝 아 해가지고, 이상하다 싶어가 몸을 만지이께

* 떨어져서 잤어. 갈라서 잤어.

성그러.* 그래 갔다 카이, 참말로. 그래 허망하게 갈 수가 있나. 그래 가이 눈물도 콧물도 안 나고 마. 요 왔다가 부엌에 드갔다가 혼자 왔다갔다. 왔다갔다 왔다갔다 와 그랬던동 미친 듯이 댕깄지. 저 갔다 여 왔다 뛰어 댕깄지. 무서븐 건 몰라. 그래가 전화를 했지. 무섭지는 안 하데예. 벌써 죽어뿌랬어…… (아이구, 얼마나 놀라셨어요, 그래.) 놀랬지예. 하이구, 내가 승질이 마 남자 겉지마는 또 겁이 많거든예. 머리가 마 하얘지면서리, 그때는 마 내가 씨러지겠는 거라. 사람들은 마 죽는 복이 좋다 카고 내도 지금 생각카마 그렇다 싶지만서두 그건 냉중 이야기고 그때는 마 놀래고 겁나고 깜깜해지는 기라 마.

그 전날 눈이 하도 마이 와가 여그를 차가 몬 댕깄어예. 우리 딸아가 졸업하고 대구은행 거 댕겼어요. 지 아부지 죽기 그 안날(전날) 밤에 여그를 올라오다가, 늦기도 하고 길이 마 없어져가, 못 오고 다부 돌아갔어. 아까 점심 묵은 그 밑에 둘째 시누, 아가 고모네 집에 가서 잤어예. 거서 자고 직자아 바로 갈라꼬. 안 글찮애도 고모가 뭣하믄 우리 집에 와가 자고 댕겨라 늘 이캤거든. 그날 밤에 아무캐도 몬 올라간다꼬, 고모네서 자고 갈란다고 전화가 왔어. 그래 내는 "잘 갔다" 이카는데, 저거 아부지는 또 아 안 온다꼬 뭐라 카데. 문을 내다보고 또 내다보고 하매 "질이 작아서 차가 몬 댕기나, 질이 없어 몬 댕기나. 와도 되겠구만" 자꾸 그카는 기라. 보고 젚었던가베. 그때는 그런 생각이 없었는데 냉중에 가고 나서 생각해보니 그래. 내는 "눈이 많아가 몬 오는 거를 우예 오노?" 그카고. 그때 왔시믄 저녁에 보기라도 했고 그랬으믄 딸이 원이래도 읖지예.

* '느낌이 차갑다' 또는 '차갑게 느껴진다'라는 뜻의 경상도 말

그래가지고 아침에 떠억 죽었어. 그래 젤 먼첨 우리 시누한테 전화를 했어. 하이께네 뭐 오줌을 누라 카나, 나더러 머리에 걸터앉아가 오줌을 누라 카는 거라. 오줌은 뭐 영 죽어뿌랬는데 무신 양밥*이 있는 모양인지 그카데. 고모네서 딸이 자고 일나 출근한다고 썼다가 전화를 받고 마 급히 온 거라. 근데 눈 때문에 차가 몬 올라오고, 저어 밑의 동네에 차를 놔두고 걸어 올라왔어예. 딸이 와도 뭐, 병원 차가 저 밑의 동네까지만 와 가지고 몬 오고, 영구차도 몬 올라오고 그카다가 다부 돌아가고…… 근데 내는 너무 당황시러버가 눈물도 안 났어예. 부엌에 갔다가 이 바아 들왔다가 또 부엌에 갔다가 막 혼자 댕깄지 뭐. 마 얼 줄 모리겠더라.** 다들 연락하니 마, 연해 차 대고 걸어 올라오고. 울 아들은 와가지고 "울 아부지 자누마는……" 뭐 이카매 울고. 울 시누네 거 생질***이 와가지고 막 외삼촌 가심에 엎드려 우는데, 진짜 그거는 안죽도 생각킨다. 외삼촌이라 카믄 끔쯕했거던. 글케 우더라구. 서로 잘했어. 우리 영감도 그 누나라 카믄 뭐 저거하고, 생질을 자슥맹키로 알고. 그래 그렇게 울지. 우는 거 생각카이 지끔도 마음이 아퍼. 거래 숩게 가뿌랬어. 병원도 한번 몬 가보고. 한 달이라도 병원에 있었시믄 워이 없고 한이 없을 긴데…… 그르니 너무 아숩다…… 영감으로 하면 잘 간 택이지 뭐. 거 젤 큰 복이라 마. 그래 저우 병원으로 모셔갔어. 거 무슨 병원인 동 몰르겠네. 장례식장 있는 병원으로 갔지. 영감이 칠십일곱에 갔고 그때 내가 칠십둘이었으니까 뭐 몇 년 안 됐어예. (3년 전이니까 2014년이나 됐겠네요.) 예,

---

* 액운을 쫓기 위해 무속적으로 하는 간단한 조처
** 어쩔 줄 모르겠더라
*** 좁게는 누이의 아들을 일컫지만, 넓게는 조카의 의미로 사용된다.

그래 장사 지내는데 딸아가 은행에 있으이께네 상옷이고 널*이고 뭐 전부 오데요.

에미 복 없는 년한테 좋은 복을 그래 쉽게 주고 가신 기라

울 시어머님도요, 팔십여섯에 돌아가싰어예. 내가 모시다가 팔십여섯에 가싰어도 내 죽 한번 안 끼러봤어예. 원캉 건강하싰거든예. 그카다가 우리 막내 시동상이 서울 있는데, 저저 동새(동서)가 춤바람이 나가지고 애 둘 형젠데 자석들을 놓고 집을 기어나가뿌랬어예. 그래 우예노? 우리 시어머이가 거 가가 한 2년 살았어예. 그래도 겨울방학이랑 여름방학 되마 여글 오제. 큰집을 오마 온 식구 와 있고, 개학하면 가고 그랬시여.

춤바람 거가 아주 무서븐 거더라꼬예. 그냥 바람나는 거랑은 아주 다르더라 카이. 솔직하이 말해가 내는 남자고 여자고 바람나는 거는 안 살고 할 거는 아니라 카거든예. 죽이네 살리네 카마 싸우는 기야 뭐 쌍질이 나이까 글치마는 아아들 놓고 살면서 갈라설 거는 아니라. 근데 춤바람은 마 그게 아니더라꼬예. 아예 지가 더 난리를 치매 집을 나가뿔고, 냉중에 나만이래도 한번 보자 캐도 안 본다 카고. 참 그기 바람나는 거보다 더 무서븐 거더라꼬예.

* 관이나 곽을 통틀어 이르는 말

(바람이든 춤바람이든 남자가 바람났다가 돌아오는 거랑 여자가 바람났다가 돌아오는 거랑은 아주 다른 거라고 봐요. 다들 남자에 대해서는 뭐 그러려니 하지만 여자에 대해서는 더 심한 비난이 평생 따라붙는 거지요. 그런데 어르신은 여자가 바람나는 것도 꼭 이혼할 일은 아니라고 생각하시는 거네요?) 그릏다 카이. 남자 쪽에서야 마 죽이고 싶겠지마는 그기야 여자도 마찬가지라. 여자들이 참고 살아가 글치, 서방 바람난 거로 찢어질라 카마 대한민국에 안 찢어질 집 별로 없을 거라. 안 그랍니꺼? 하하하. 더구나 새끼들까지 놓고 사는 사람들이 그래 갈라설 거까지는 아이라, 여자나 남자나. 낼로 노망들었다 칼지 몰래도, 이기 내 솔직한 생각이라. (대단하시네요. 보통 어르신 연세에, 더구나 농촌 어르신들 생각은 '남자는 돼도 여자는 절대 안 된다' 그런 생각인데 어르신은 그게 아닌 거네요. 남자나 여자나 똑같은 기준으로 봐야 한다, 그거잖아요.) 당연하지. 똑겉이 봐야지. 잘못한 거도 똑같고, 용서를 해줄래도 똑겉이 용서를 해야 된다 그 말이라. 거 말고는 그래도 지 할 일을 잘 하마, 그기 뭐 끝장낼 거는 아이라 이기라. 거 하나갖고 죽일 년 화냥년 카마 그래 자꾸 밀어쌓니까 더 나쁜 질로만 가뿟는 거라. 에미 노릇도 할라 카고 살림도 잘 살라 카마, 거는 그냥 덮고 가야 하는 거라 그 말이라. 그카다보마 부부 사이도 돌아오고 그카는 거라. 남자들 바람나도 글 안 하나? 여자들헌티도 그래 해야 맞는 거라. 내 생각은 글타 마. 새끼까지 있는 사람들이 거 바람이 한번 난 걸로 갈라설 거는 아이지. (남자든 여자든 똑같은 기준으로 봐야 한다는 말씀이랑 부부 이외의 성관계가 여자에게도 절대로 안 되는 것은 아니라는 말씀은 정말 앞선 생각이네요. 남녀 모두에게 공정하기도 하고요. 요즘 젊은 여자들 중에서도 그런 생각 못하는

사람이 많거든요. 남자 바람피우는 거는 별수 없이 참아도 여자 바람피우는 거는 여자들도 가만 놔두지를 못하는 거지요.)

하이고, 우예 말이 이리로 왔노? 맞네, 막내 동새 춤바람 난 거. 그래가 집을 나가뿌이 시어무이가 서울 가시가 아아들을 키우신 거라. 그카다 각재이 시어무이가 편찮다고 연락이 왔어여. 각재이 그카니 우리 신랑 하는 말이 "우리가 가는 거보다 거서 차 한 대 대절해가 내려온나" 캤어. 한 지녁 여덟 시나 돼가 전화가 왔던가, 준비를 하니라고 거서 아홉 시나 열 시에 출발해갖고 여를 새벽 두 시 돼가 도착했어여. 시어머이도 마이도 안 편찮으셨어예. 아프기 시작해가 삼 일 만에 가시어. 여 와서는 하루도 채 안 되고 가신 거라. (참, 정말 이 집 양반들은 다들 가시는 복이 많네요.) 아, 서울서도 편찮애가지고도 막 댕기더란다. 아파도 영 아파 누분 기 아니고, 왔다갔다 댕기고 그랬대. 그러다가 갑자기 씨러져가 못 일어난 거제. 서울서 시오매한테 놀러 오던 할매가 하나 있었대. 그래가 그때 우리 시동상이 그 할매를 함 와보라 캤단다. 오매가 씨러져가 몬 일어나이 좀 와보시라꼬. 그 할매가 오디만은 요 위에 누운는 데 거 등허리 밑에다 손을 넣더랍니다. 그러고는 안 된다 카미, 몬 산다 카미 큰아들한테 모시고 가라 카더랍디다. 그래 여 와서는 일나지를 몬하더라꼬. 그러다가 삼 일 만에 가신거라예. 등에 손 옇으면 손이 안 드간답니더. 안 드가면 죽는답니더. 그래가 안 된다꼬 큰아들한테 모시고 가라 카더랍니다.

그때 내가 저 밑에서 장사를 했거던예. 닭도 잡고 염소도 잡아가매 식당을 했는 때라. 그 장사를 하이께네, 오매는 모시고 와야 되는데 우리 큰시누하고 적은시누가 저들끼리 의논을 했어. 오매가 오마 어느 방에다 모시나 그카믄서 의논을 했던 모양이라. 방이 다섯 개거든예. 적은방네 개하고 큰방까지 다 하믄 다섯 갠데, 그 제일 큰 바아로 모시지 할 수 없겠다 이카미 미리 의논을 했던 모냥이라, 딸 서이. 즈그가 미리 의논을 해놓고는 내한테 묻는 거라. "오매가 오면 어델로 모실래?" 그카고 물어. 그래서 "큰바아로 모시지 마 딴 데 오데로 모십니꺼?" 그캤어. 그랬더니 좋아하더라고. 큰바아가 우리 쓰는 안방인데, 그리로 모신다 카이 을매나 좋노. 거는 고맙게 생각지. 내가 "당연히 안바아로 모셔야 되제. 아래채는 우리 집이 아니고 넘의 집이다" 그캤어. 아래채도 우리 집이야 우리 집이지만도 넘들 오매 가매 들락거리고 노다 가고 하니, 내논 집이라 생각한다 그거라. 그러이 당연히 어무이를 우리 안방에 모시야 하는 거라. 내는 거래 생각해요. 저 적은바아 모셔도 되지만 나는 원래 큰바아로 모실라 캤거든.

시어머이랑 내랑은 아주 좋지도 아 하고 나쁘지도 아 하고 괘않았어예. 거래 이래 모신다 카이께네 저거 딴에는 좋았어. 신랑이고 뭐고 좋았던 모양이라. 그래가지고 뭐 오래갔나? 새벽에 오셔가 밤 지나고 그 아침에 돌아가셔. 그런데 보이 자꾸 자. 끄르렁끄르렁하매 자꾸 자는데, 눕혀놓이 똥을 쌌지 싶으다 캐가지고, 다들 저녁 먹고 나서 두 시 넘어 왔는데 몸을 만지이 막 코를 찌르는 게라, 냄새가. 똥을 싼 거라. 그래가 우예노. 드가가 옷 한 벌 찾아가지고, 신라이라도 거들어달라 카믄 되는데 내 혼자 달랑 들어가가지고 내 손으로 아래도 씻고 닦고 옷도 갈아입혀가 기저귀도 새로 채고 그래 해드렸어. 그래 인제 차 대절해 왔는 운전수가 저 밑의 방에 잤어예. 그때 밤에 늦어 몬 가고 자고 가는데, 일곱

152

시에 아침을 채렸어예. 가는 사람 묵고 가라고. 아침을 채려가 내줘서 묵고 있는데 돌아가신 거라. 둘이나 안방에 있었어여. 그런데 돌아가신다고 막 카데예. 그래 마 금방 운명하고 서울서 온 사람 떠나고 뭐 이랬어예. 그래 숨게 돌아가시데, 참. 신라이 뭐 말은 폼나게 안 해도 마음으로는 고마버해여. 나를 고맙다 생각하는 기라. 안바아 내주고, 아래 씻기고 기저귀 한 번 갈아주고 했다고. 술만 묵으마 "니는 미늘 짓 했다. 내는 아들 짓 한 게 없다. 니는 시어마시헌티 기저구라도 한 번 갈아챘시이 미눌 노릇했다" 만날 그 소릴 했어예. 내가 참 등신이라. 기저구 채러 안방 드갈 때 영감헌티 겉이 드가자 그럴 거를…… 그때는 그 생각이 안 났는 기라, 내 등신이라…… (그 어르신 참 며느리한테 좋은 일 해주고 가셨네요. 병환이 길어지면 또 힘든 건데 그러시지도 않고.) 그래 말입니더. 에미 복 없는 년한테 참 좋은 복을 그래 숨게 주고 가신 기라. 살아서는 그 양반이랑 친하고 그게 별로 없었는데, 그릏게 가시고 나이 두고두고 보고 싶고 고맙고 글타 카이. 내는 부모 복 없는 년인가 했더만 그래 시어미 복이 있더라 카이…….

우리 신랑이요, 남자는 남자다. 내 할 처리 다 하기 때문에 내 하는 거마 몬하게 하고 그른 게 별로 없었어예. 어디가 술 먹어도 "니 와 술 먹노?" 소리 안 하고 "니 어디서 놀데?" 그 소리도 안 하고. 내가 그마만큼 내 처리를 잘하는 거라예. 시어마이 이실 때도 별라 힘들고 그러지 않았어예. 시어마이헌티 아아들 놓고 일하러 가마, 아아들이랑 밥도 잘 챙겨 잡숫고. 글다가 내가 윷가치 하고 놀다 와도 그런가부다 기양 넘어가고. 그러니 내도 뭐 잘해드리지는 몬해도 마음으로 잘하고, 그래 살았어여.

근데 보이 요즘은 참 죽어서도 서러브겠더라. 우리 아래 어른 하나가 돌아가시가 가보이께네, 우리 상주질 할 때만 해도 상주들이 빈소 밖에 앉았다가도 손님 오마 다 빈소에 드가가 곡도 하고 이랬어예. 근데 아래 어른 상을 가보이 상주가 아들만 너이고 그라이 그 짝들이 다 있을 거잖 아예. 짝에 손자에 손부 며늘까지 다 있더라 카이. 그때 저닉 한 열 시 넘 어 갔는데, 마 빈소 바아에 아무도 없어. 장례식장 병원서러 했는데, 가 이께네 빈소 바아 아무도 없고 마 밖에 손님방에 다 있더라꼬예. 우리가 빈소 드가도 들어오도 아 해. 그카다 우리가 절 다 하이께네 맏상주만 하 나 들오데. 맏상주만 들와가지고 맞절하고 그래 하데. 세월 좋긴 좋다 캤 다, 내가. 몬 보믄 몰래도 보믄 또 저들도 상주라 카먼 다 들와야 되는 거 제. 맏상주만 들와가 서로 인사하고 거래 끝내뿌고. 글코 마 곡소리도 없 고. 빈소 바아에서는 곡소리도 좀 나고 바깥에서는 시끌시끌도 좀 하고. 그기 상갓집이고 죽은 양반도 포원 풀고 가는 긴데……

우리 지사는 뭐, 영감이 맏아들이지만도 우리 아버님이 막내이래가지 고 시어머이, 시아버지, 신라아 이래 서이지. 간단하다 카이. 오새 세사이 저래 되믄 다 합해요. 영감 할마이 합해가 내가 제사를 모시지. 아직 아 들이 결혼 안 했으니. 우리 막내이 시누이는 서울 있는데 잘살아여. 딸네 들은 다 잘살아예. 우리 맏시누도 잘살아가지고 우리 영감 거 농띠이 치 고 만날 돈 없으이께, 시누부 돈을 얻어 썼다 카데예. 내 오기 전에 뭐 돈 도 갖다 쓰고. 그 누나는 돌아가싰어예. 아들네는 마카* 밥이나 묵고 살

• 말끔. 하나도 남김없이 모두

지 몬살아여. 시동사아 둘은 다 죽어뿌놓이 멀어져뿌렀어예. 맏시누랑 아들 셋은 모두 가뿟고, 둘째 시누랑 막내 시누 그래 딸 둘이 안즉 살아 있어여. 동서들도 살아 있고.

내가 젊을 때 술을 좀 무우거든예. 근데 우리 시어머이도 좀 잡쉈다. 그래가 시어머이 생일이라꼬 잔치를 채리드렀는데 이웃도 부르고 시동상, 시누들도 불러가, 그때가 초가집이었다. 그때 우리 시어머이가 문 앞에 앉아가지고 내다보마 자꾸 내를 불러가지고 술을 준다, 한잔 무라꼬. 우리 시오마이랑 맞잽이*했다 카이, 하하하. 많이는 안 잡숴도 좀 잡숫는 다. 근데 생신이라꼬 사람들이 자꾸 술을 주이께네 내를 부르시는 거라. 대신 마시라꼬. 시누들도 마 다 좋아여. 맏시누는 돌아가시고, 중간의 둘째 시누는 요 밑에 있고, 막내 시누는 서울 있어여. 안즉도 우리 시누 둘다 나 아플까봐 걱정이고, 몸 챙기라 카고 걱정이 끓는다 카이. 막내이도 서울서 전화 자주 온다. 이 중간에 있는 시누는 자기도 아파 누벘으면서도 맨날 내 걱정이고. 나는 죽어도 되는데 니는 죽으마 안 된다꼬 그라고. 죽으마 안 되는 거 어딨노? 죽으면 죽지, 안 글노? 하하하. 그래 마음들이 좋고 서로 맞아서 잘 지냈다 마.

* '맞잡이'의 방언. 여기서는 술을 떠놓고 같이 마신 것을 말함

식구들 죽는 복을 잘 타고났다고들 하데예

너무 어려서 여덟 살에 오매가 죽어가 서러벘고, 오매가 같은 형제들도 다 죽고 나 하나빽에 없어가 외로벘고, 새오매들 자꾸 바뀌가 고생해서 그릏지. 첫번 결혼서도 글코 여 와가지고도 마 시집 식구들하고나 남들하고나 잘 지내고 그릏다. 첫번 결혼도 신랑이 마 그래가 아를 몬 놓고 그카다가 죽어가 그릏지, 이웃이랑도 일가랑도 서로 잘하고 대우받고 살았다 마. 그라이 신랑 죽고 나서도 이웃이고 신랑 쪽 사람들이고 중신을 그래 서둘러 나선 거지. 내가 남자 승격이라 좋다 싫다를 확실하게 해가 좀 저기하는 사람은 있어도, 내 속을 알면 다들 잘 지낸다 마. 동무하고도 잘 지내고 동네 사람들하고도 잘 지내고. 아무 걱정 없이 잘 지내여. 이자 내 몸이 아파 걱정이지 딴 건 별거 없어예.

이달[정월] 스무여섯 날이 영감 제사였는데 밤에 아들이 저놈을 사가왔어. 뭐 박스 하나 큰 거 들고 와가 이거 뭐냐 카니까 테레비라. "테레비를 뭐하러 또 샀노?" 카이까 "에이, 사줘도 탈이다. 보라고 샀지" 이카데. 우예든동 안 뜯고 방에 들여놨다 카이. 저거를 누가 달라 카는가 물어봐야겠다 카이.

방이 셋에 마루도 방 모양이로 쓸 수 있게 창문이랑 다 야물게 했어예. 식구는 안 많애도 추석 때는 형지간 사촌간에 마이 모이께네 집이 널찍해야 하는 기라. 우리 영감이 우록 김씨네 맏이거든예. 자기는 아들이 하나니께 자기가 이 길을 닦아놔야 한다, 동생들이랑 사촌들이 내 없어도 오게 할라만 자기가 길을 닦아놔야 한다 카매 집을 크게 져놓고 자꾸 다 오게 했어예. 그래가 안죽도 제사 다 지냅니다. 우리 집은 제사를 열두 시 넘어 지내여. 여섯 집이 모이마 같이 만나가 와도 차가 서너 대도 넘게 온다. 우리 아들은 자고 아침에 가고, 다른 집들은 새벽에 늦게도 가고 자고 가기도 하고. 영감 없어도 다 모이는 거려니 한다, 영감이 잘 해놔가. 벌초하는 것도 우리 아들 어릴 때부터 내가 종질(조카)들한테 그캤거든. "느그가 우리 아들 안고 댕기마 벌초하는 거를 갈치라." 우리 아가 좀 어렸을 거잖아예, 늦게 낳았시니. 그캐도 장손인 기라. 그라이 사촌형들이 즈 어릴 때버텀 종손 종손 카매 안고 댕기마 가르친 거라예. 우록 김씨가 김충선 거 김씨라예. 김가들 촌수가 살았는 사람으로는 우리 영감이 젤 높았어예. 여기 할매들 머리 보얗고 팔십, 구십 된 분들도 울 영감이 아재 돼예. 안죽도 여 아래 가마 우록 김씨네가 마이 삽디더. 팔십 넘은 할매도 다 날 보고 아지매라 캅니더.

　우록 김씨 산소가 여 산에 많십니더. 그카니 벌초를 놉을 사서 할라 카믄 그기 다 돈 아입니꺼. 다들 모튼(모은) 돈으로 내야 하는 기라. 그래 내가 아들한테 먼첨 물어봤어예. "사촌형들 손 모아가 겉이 벌초하자 칼라는데 니 할 수 있나?" 카니께 "하지, 뭐" 이카데. 밭 갈라 캤으마 안 한다 캤을 거라예, 하하하. 지 아부지 닮아가 농사는 아예 몰라예. 그니께 벌초도 마 몬한다 카믄 돈 주고 해야지. 근데 종손이 한다 카이 다들 또 하자 하데. 내 속으로 아들도 고맙고 종질도 고맙고 그랍디다. 그래가 첫번에는 내가 밥을 자알 해줬어예. 그래 해주이께네 내가 할 말이 있는 거제. 전에 식당 할 때는 제사 말고 지네 놀러 와가 점심 해돌라 카믄 백숙 해주고 돈도 좀 받았어예. 안 주마 뭐 안 받지만은 식당 하는 집이니께네 뭐 해돌라고 시키고 돈도 알아서 줍디다. 내 그거는 받았어예. (장사니까 당연히 받아야지요. 종가 일로 모이는 것도 아니고 놀자고 모이는 거면.) 맞아예. 그치만 벌초하고 밥 믹이는 거는 종가 며느리가 해줘야지예. 내는 공사가 분명한 사람이라.

서울 막내 시동상네 거 동서가 춤바람 나가 그래 갈라서고 재혼을 했거든예. 근데 그 새 동새가 사람이 아주 좋아. 지금은 막내 시동상은 돌아가시고 동서만 있는데, 벌초하마 십만 원썩 보내와여. 벌초한다꼬 오든 몬해도, 밥이나 잘 해 잡수라고 보내는 기라. 그래저래 모트면 한 이십만 원 되거든. 그래 작년에는 밥할라니 내도 힘 쓰이고 해가 저 백록집●에다가 시켰어. (아이구 잘하셨네요. 종가 며느리도 이제 늘어서 못 한다고 하세요. 돈 주고 사 먹으면 되죠 뭐. 다들 그렇게 하는데요.) 근데 시깄드마는 돈을 쥐삐렀어. 내가 줄라꼬 시깄다 카이까네, 그건 아지매 용돈 쓰시면 된다 카는 기라. (이쁘네요, 하하하) 이쁘지, 이쁘지만도. 거래 하이 다음엔 힘이 들어도 내가 밥을 해줘야 된다 카이. 종가 며느리가 돈까지 모타서 받고 그걸 혼차 먹을 수가 있나 말이다, 하하하. 잘 묵는다, 여 촌에 오마 나물 반찬에 열무김치 거 밥 갈아가 뿍뿍하니 하고 된장 찌지고 해가, 반찬도 뭣걸이 해줘도 잘 묵어예. 일하고 나믄 얼마나 맛있노? (아이구 친척들이 다들 좋네요, 서로 챙겨주고.) 예, 서로 잘해예. 내도 이렇고 저렇고 하매 역할 다 하고예.

그래 하이 우리 아들도 저 아부지 있을 때 아침 추석 쇠러 와서 깨우믄요, 안 일났거든예. 그래도 우리 영감 마음이 좀 너그러버예. 나는 애

● 우록리에 있는 백록식당

158

가 타 죽는데, 영감은 느물느물해가 뭐라고 안 하고 참고 있고. 나는 막 불이 나. 그래 애를 믹이드마는 요새는 안 깨와도 알아서 일어나고 딱딱 알아서 해요. 제사만이 아니라 다른 집안일들도 알아서 챙겨예. 이자 책음감이 생기는 거라. 자기가 종가 종손이니. 그래 내 그카거든. 부주도 오만 원짜리 같은 거는 번번이 니헌티 소소히 하라는 소리 몬하고, 큰돈 이십만 원 삼십만 원짜리는 니가 해라 떠맡겼어예. 책음감을 가져야 하는 거라예. 지 돈이 모자르믄 내가 보태기도 하지만, 먼첨 책음감을 느껴 놔야 돼예. 그카니 모리믄 지가 물어. "뭐 부주 오데 얼마 하믄 되노?" 카마. 이십만 원 할 자리는 이십만 원 해라 카고, 삼십만 원 할 자리는 삼십만 원 해라 카고, 내 차차 갈챠준다 카이. 그래 나가는 돈이 많아예. 여가 우록마을 아닝교? 그카니 우록 김씨 일이 많다 카이. 저거를 내가 사십 둘에 낳았으니 망정이지, 몬 낳았으마 우짤 뻔했어예? 종가 며느리로 와가. 내가 저거를 배 째고 낳았잖아예. 둘 다 배 째고 낳았으예. 자궁이 안 벌어진다 캐가. 우리 딸 놓을 때도요. 딸 놓고 나서 간호사들이 자궁 돌리라 캤단 말 내가 했지예? 영감이 딸 놓은 것도 좋았지만 아들 욕심을 안 가질 수가 없었던 기라. 내 나이가 많아가 걱정은 들지만 못 놓으마 몰라도 놓으믄 놓아야지 싶었던 모양이라. 아들을 말이다. 그래 내는 마 아들 놓고 딸 놓고 다 놓았어, 두 살 터울로. 참, 우리 초가집 뭣 겉은 데 살 땐데, 우리 시누들이 모이마 "하이고 낸중에 우리 오매 죽으면 솔아 쟈는 우예 할꼬, 우예 할꼬" 그카고 웃었어예. 시어마이가 그 손주를 을매나 이뻐하고 귀해하고. 내는 귀해하고 그런 거 없는데, 시어마이가 참 좋아하셨지예.

이 집 지었을 때 시어마이는 서울 막내 시동상네 애 봐주러 기실 때

라. 새집 다 지어서는 오시라 캤어. 그래가 이자 저쪽 방을 시어머이 주고, 요쪽 방은 아들 주고 이 방을 우리가 하고. 새집에 이사 왔다고 한분 왔다 가신 거지. 그라고는 서울 가서 을매 되지도 않아가 편찮아가 다시 오신 거라예. 그때 내가 안방 드렸다고 다들 그리 좋아했댔어예. 두고두고 영감도 고맙다 카고 시누들도 모두 고맙다 카고. (그럼요. 하루이틀이라도 얼마나 고마워요. 똥 기저귀까지 갈아주셨다면서요.) 근데 며칠도 안 계시고 바로 이튿날 돌아가시뿌렀어예. 잠자는 드끼(듯이) 가셨어예. 급히 가신 거가 섭섭지만도 뭐 시어머이 돌아가시봐야 내가 고생한 거도 없고. 신랑 죽어봐야 또 내 고생한 거도 없고. 내가 식구들 죽는 복을 잘 타고났다고들 하데예.

봉고 타고 장에 나가 많이 팔았지예

내 살아오면서 한 일들이야 뭐, 처녀 때는 천날만날 아부지하고 겉이 댕기마 농사짓고 살았어예. 우리 아부지가 나한테 의지를 많이 했어예. 친저어서는 넘의 농사는 안 했어여. 처녀 때는 마 그래 읎게 살지는 않았지예. 이 집 와가주고는 원체 없어가 고생을 했지예. 농사일이 젤로 많았고, 그거 말고도 일 많이 했어예. 고시원에 일하러도 마이 댕겼어예. 저 밑에 금곡 고시원이라고. 아침에 가면 밤에 오고, 거서 고시생들 밥해주는 거를 했어여. 안골 거 고시원서도 밥해주고 장도 봐주고 그랬어예. 그러고는 식당이랑 가게도 쪼매 했제. 넘의 식당에서 일도 했고. 내 일한 데가 고시원도 여럿이고 식당도 여럿이라. 농사지은 거 자아에 내다 파는 거도 많이 했어예. 지금도 그거는 쪼매 하기는 하지. 작년에만 해도 이빠이 했어여. 가을 전까지는 댕겼어요. 이자 가을철 하고는 마 안 갔어예. 채소를 마 쪼매끔 갈아놓으도 그걸 뭐 다 먹십니꺼? 혼차 먹는데. 거래 가믄 한 오만 원, 몇만 원썩 가오고 재미로 팔아가 푼돈 썼어여. 장에 가서 길에 놓고 파는 거제. 여 뒤의 밭에서 키아가지고, 다듬고 묶고 해가 보따리에 싸서 저 구루마에 싣고, 저 밑에 마을회관*까지 가예. 회관까지 가믄 이 마실 봉고가 거까지 와예. 전에는 그 봉고가 없어가 아랫마을 거 1리까지 보따리 이고 걸어간 거라. 얼마 전부터 봉고가 생기가 장에 가는 기 아주 편치. 거 기사가 보따리들을 봉고에 실어주믄, 장에 가가 꺼내놓기만 하먼 되거든. 보따리는 서너 보따리 거래 가지. 장바닥에 놓고 팔아가 거로 점심 사 묵고, 몇만 원썩 가오이 뭐 통자아 돈 빼 쓸 일 없고. 거 가지고 용돈 쓰고 그래여. 올 때도 시간 맞춰가 봉고 타고 오고. 봉고 놓치마 가창 2번 버스 타마 저 아랫마을까지 오고. 거만 해도 마이 편해진 거라. 전에는 마 쩌어 아래 삼산까지만 버스로 온 거라. 그래 거까지 이고 지고 하매 장을 간 거라.

여서는 농사만 지으마 입밖에 몬 산다. 자식들 안 굶기고 멕이는 거밖에 몬한다 카이. 엔날 어른들 한 게 그거 아이가? 우리 아부지도 글코 여 시어무이 시아바이도 그렇고. 원캉 꼴짜구여가 농사도 별라 없다 카이. 우리는 그카믄 안 된다 카고 산 기라. 내도 글코 영감도 글코. 그라이 마 별거를 다 한 기라. 콩 농사를 마이 지어가 메주 끼리가 팔기도 하고 주기도 하고 마. 설 쇠고 나마 메주를 많이들 가가거든예. 메주를 마이 할

<hr />

* 백록 마을회관. 그 회관에 경로당도 있고, 일주일에 세 번 한글반도 운영된다.

때는 일이백도 됐어예. 영감도 아파트 경비 다니고, 넘의 일도 좀 하고 그랬지예. 그래 했으니 둘 키우마 대학꺼정 공부 다 시기고 한 거라예. 안그라마 몬합니다. 자석 많았으마 대학 공부 시기는 거도 몬했을 거라예. 이 꼴짝서 아무리 해봐야 자석 여럿 대학 보내는 건 몬합니다.

영감이랑 식당을 하다가 몸이 아파가 식당을 치았어예. 한 10년 전이나 됐나, 마 풍이 왔었다 카이. 심하지는 않아가 다행이지만도 이제 조심하라 카더라고, 다시 오면 쎄다고, 못 인난다고. 그때 일을 너무 씨게 하기는 했어예. 겨울게 여 경로당 지을 때 밥해주면서, 저 뒤에 산소 있는 그 산에 사토하는데* 놉을 다섯이 했거든. 동네 사람들 너이하고 우리 영감하고 다섯이 했다 카이. 그라가 내가 국수를 삶아가 올라간 거라. 근데다가 그 가을에 김장도 했댔어. 춥다고 하지 마라 카는 거를, 나는 또 승질이 가만 몬 있어예. 그래 했다이께네. 그라가 저녁이 되이께 입술에 감각이 없고 나무 껍데기 같애. 말이 좀 어둔해. 영감이 "니 말이 와 그러노?" 이카데. "몰라, 말이 와 그런동? 입이 뭐 떡떡하고 글타" 카이께네, 그때 우리 영감이 농사지으매 저 아래 아파트에 수위 보러 댕깄어예. 그래 거를 가야 하니께 같이 가자고는 몬하고 "내일 빙원에 꼭 가라" 이카데. 그래 다음 날 공사하는데, 오후 중참을 세 시 돼가지고 소주 한 병하고 고구마 삶아가지고 갖다줘뿌고, 바로 그질로 대구 한방병원에 갔다 카이. 혼차 갔지. 한방병원에 가이께네, 다리는 괜찮고 입만 그래 됐어. 그라이 갔다 눕히놓고 검사한다꼬 발바닥을 긁어제끼데. 그라고는 보호자 불러오라 캐가 우리 영감 오라 캤지. 출근했는 사람을, 밤일 갔는 사

* 사초하다. 무덤에 떼를 입혀 잘 다듬다

람을 불러왔다. 불러오니께네 잠시 왔다 보고 가고 그러고는 입원을 한 거라. 입원을 일주일을 하라 카데. 아주 씨게 온 거는 아닌데, 그래도 오는 도중이다보니 겁이 납디다. 혼차 걷지도 말고, 보호자 하나 있어야 한답디다. 환자가 한방에 이짝 서이 저짝 서이, 여섯이 그래 있는데 전부 간병이 있어. 환자들 간병이 있는데, 내는 간병은 필요 없더라 카이. 다린 간병인들이 좀 도와주기도 하고 그럼서 좋아진다 싶었어. 그래가 내일 나가니 모레 나가니 그러고 있는데, 그날 저녁에 머리에 뭐 나사가 빠져가지고 덜커덩 내려앉는 소리가 나요, 내 귀에. 그러고는 머리가 아프기 시작하는데 눈을 못 떠, 아파 죽을 지경이라. 그람서 맥을 못 추는데 이라다 죽지 싶더라꼬. 그래 마 의사를 부르고 난리가 났는데, 에말인가 거를 또 찍어야 된대. (엠알아이MRI요. 머릿속을 찬찬히 다 찍는 거지요.) 맞다, 그거. 근데 거서는 또 안 찍어. 그 기계가 없대. 큰 병원으로 가야 된다 카더라고. 그래 마 영감한테 연락해가지고 와가, 에말 거를 찍으러 갔어예. 큰 병원 가가 에말 거를 찍으니께네, 이상이 있으믄 에말 거 찍는 돈이 보험이 되고 이상 없으면 안 돼여. 근데 큰 이상은 없어여. 마이 나쁘지는 않다 캐. 그래가지고 약을 쓰니께 마 괜찮아. 그래가지고 일주일 더 있다 나온 택이라. 그때 사십만 원이드만, 에말 그기가. 퇴원시키면서 의사가 이제 재발했다 카믄 그걸로 끝난다 카데. 그래 풍이 지나갔고, 그라고는 아직까지는 잘 지내고 있어예. (그러셨군요. 그런데 저는 어르신이 풍 지나간 거를 못 느꼈어요. 말씀도 전혀 어눌하지 않고, 걸음걸이도 아주 좋으시고.) 말이 임시로 좀 어둔했댔고, 걷는 거도 좀 이상하다 캤는데 괜찮아졌어예. 그러느라고 식당도 뭐 얼매 몬했어예. 채리다 말았지 뭐. 그 아픈 게 육십너이 때야. 며칠 전에 병원에 약 타러 간 길에 피 검사 소변 검사 다 하고 왔어예. 몸은 뭐 괜찮다 그래여. 원래

위가 안 좋아 젊을 때부터 손이랑 얼굴이 붓고 하는 거는 그양 그런 거고. 그래 마 풍 조심하라고 다 안 카능교? 또 오마 클난다고. 그래도 승질이, 말로는 좀 애끼야지 싶어도 몸이 가만있지를 몬하고, 승질도 마 남자 승질이다. 없어도 짜는 승질이 아니고, 되는대로 산다. 짠다고 생기나 오데? 사람만 추접어지지.

여서 농사지은 거는 마 배치(배추)도 좀 숨궜고, 담배도 좀 숨궈봤고. 할 건 다 해봤어예. 담배 농사가 아주 힘들어예. 거는 마 쪼매 하다 몬했다. 담배는 혼차 몬하거든예. 일이 씨고 많아예. 그라이 같이 일하는 사람이 짝이 맞아야 하는데 신랑이 일을 열심히 하는 그기 아니었거든. 근데다가 내나 신랑이나 농사 말고 다른 일들도 하니라, 그래 쎈 일을 오래하지 않은 거라. 쌀농사는 먹을 만치나 했고, 넘한테 파는 거는 안 했어예. 안동에 댈 거는 아니지만, 그래도 내가 여 왔을 때는 쌀농사가 좀 됐었어예. 사람들 얘기 들으니 그전에는 논이 별로 없었다 카더라꼬예. 내 왔을 때는 전기도 들어와 있고, 길도 내고 그럴 때라. 아주 엔날 꼴짜구는 면한 때라. 배추는 부업으로 돈 만들라꼬 좀 했지. 배추는 장사꾼이 와가 사가여. 트럭으로 와가 아예 밭떼기로 싣고 가는 기라. 상치 겉은 이런 채소는 그때그때 장에 마이 갖다 팔았어예. 요 밑 파동이라꼬 버스 종점 있는 데는 매일 장이 서예. 노점 장사지. 요즘이야 종점까지 봉고 타고 가지만도 전에는 머리에 이고 거까지 갔어예. 감 한 접 이고 걸어 내려가니라고 골병들었을 기라, 하하하.

하이고 마, 이제사 여도 뭐 마을버스라도 올라나 우짤라나. 조 우에 길을 포장하믄서 좀 널쿤다 카더라. 그래, 거다가 깃대 안 꽂아놨나. 그라믄 거 있는 우리 땅 끝에가 길로 쫌 들어간다 카이. 보상은 해준다 카더라 마. 길 널쿠고 포장하마 암만해도 땅값이 쫌 오를 거라. 글다보마 여도 마을버스 들어오지 싶다. 촌사람들만 살 때는 아무리 버스 해돌라꼬 난리를 지기도 안 해주더마, 이제 도시 사람들 들어와가 민원 넣고 하니 들어주는가 싶다 카이. 언제 들어올랑가는 몰래도 여 늙은이들은 더 꼬부라지마 버스 타기도 힘들다 카이. 집에 들어앉았거나 요양원에 들어갔을 긴데 버스 와도 뭐 타보겠나? 땅값이 오르마 안 좋지야 않지만도, 그기 내 좋을 거는 없다. 오리나 마나 내랑은 상관없다. 자석들이야 쫌 낫겠지 뭐.

태극기 집회 거 시내 사람은 많이 갔겠지

선거 때만 되마 버스 놔준다꼬 했댔거든. 그기 마 은제 적부터 놔준다 놔준다 한 긴데, 선거만 끝나마 싹 입 딲아뿌린다 카이. 여야 뭐 만날 같은 당 안 찍나? 지금 뭐뭐 그 뭣이냐? 이름도 자꾸 바꽈쌓가 헷갈린다 마. 한나라당. 또 바꽜나? 새누리당? 그래 그 새누리당을 여는 만날 찍는다 카이.

하이고, 선거 얘기는 하지도 말라 카이. 박근혜 거는 우예 그럴 수가 있노? 내도 찍었지, 박근혜. 좋다꼬, 최고라꼬 그라이 협조해달라 캐가 다들 협조했지러. 박근혜 국회의원도 여서 만들어준 거 아이가. 달성 여가 박근혜 국회의원 만든 동네라 카이. 국회의원도 그렇고 대통령도 그

렁고 여 가차이는 억수로 찍었지. 근데 지금 그 뭐야? 그래, 탄핵.* 테레비 나오는 거를 보니께 마 쏙이 상하지. 우예 그럴 수가 있나 말이다. 박근혜 대통령 되고 노령연금 거도 이십만 원으로 십만 원 더 안 올랐나? 박근혜가 대통령 되니까 올린 거라 그기. 그러이 그거 하는 거는 좋았는데, 이제 마 저래 안 좋다 카니께네 다들 맘이 안 좋지. 처음에 내는 안 믿었는데, 가마 보니 뭐 안 믿을 수가 없는 거라. 태극기 집회 거기에 대구 시내 사람은 많이 갔겠지. 촌사람은 몰라도 시내 사람은 많이 갔다 카데. 몬 가는 사람들은 돈이라도 내라꼬 저 시내 가마 서명도 하고 돈도 모투고 거런다 카더라. 테레비 나오는 거는 다 사기라 카고, 그게 아니라 카고. 내 생각에는 테레비서 하는 말이 다 사기는 아닌 거 같다. 다 맞는 말은 아닐라나 모리지마는 박근혜가 잘못은 마이 한 거라. 같은 여자라서 더 안됐지. 그래, 여자 대통령은 츰 아이가? 결혼도 안 하고 그래 살았는 게, 오매 아부지도 다 제명에 몬 죽고 말이다. 요번에 최순실인가 거만 아니면 인기 있을 긴데, 그년이 때려직일 년이다.

뭔 얘기를 하다 일루 왔노? 내사 마 정신이 없다 카이. 아 그래, 선거 때마다 마을버스 놔준다 그카다가 일루 왔구나 마, 하하하. 마을뻐스 일찌거니 놔줬으마 할매들 농사지가 내다 팔기 좋았지. 지금 채소 키아가 내다 파는 거 말고 돈 들어오는 기는 노인연금 거서 이십만 원 나오고, 국민연금 한 이십만 원 나와여. (아, 국민연금도 나오시는군요. 다행이네요.) 영감도 국민연금 있었고, 나도 장살 하다보니 국민연금 다 있었

• 박근혜 국정농단으로 인해 2016년 말부터 시작된 탄핵 정국을 말한다. 이 인터뷰는 헌법재판소의 결정을 바로 앞둔 시점인 2017년 3월 초에 진행되었다.

어예. 둘 다 있었는데 내 거는 적고 영감은 좀 많앴어예. 그래가지고 내 거 없애뿌고 많은 걸 내 거 하라 카데요. 연금 거서 시기주데요, 안 그라믄 모리는데. 거다가 아들도 추석하고 설에 오십만 원썩 주고. 근데 가마 생각해보믄 안즉은 아들한테 안 받아도 내 생활비로 살아나갈 수 있는데, 그게 또 아이더라 카이. (그럼요. 줘 버릇 하게 해야 돼요.) 거래가지고 내가 전번에 "명절에 한뭇썩 줄라 말고 다달이 이십만 원썩만 내라. 마이 돌란 소리 안 한다" 그랬어예. 이십만 원 줘봐야 뭐. 그거 모타가 씰라 카는 게 아이라, 받는 재미로. 주는 사람 재미있고, 받는 사람 재미있고. (그럼요. 아들한테 용돈 받았다고 자랑도 좀 하시고, 하하하.) 거래가지고 이십만 원썩 줄라 카이 "에이 오매, 있는 돈 씨면 될 긴데 자꾸 그칸다" 이카미 별 관심이 없는 게라. 그래 저번에 왔을 때 통자아를 보여주면서 내가 "자, 계좌번호 알아가가 이십만 원썩 입금시기라" 그캤다이께네. 그카다 쩌번에 정리하러 가가지고 통자아를 들써보이 안 왔어. 거래 저 언제 문상 갔다가 왔는 거한테 "안즉 입금 안 시겼데?" 카니께 "아차, 잊아뿟다" 그카더라. 그래 내가 본시 잘모했어. 전에 딸이 여 이실 때부터 내가 "아들딸 구별 없이 이십만 원썩 날 좀 도고(줘라)" 캤심 됐는데 말이라예. 내일 또 내려가보믄 통장 찍어볼 챔이라. (그렇게 해야지 버릇 돼요. 딸한테도 그렇게 하셔요. 그렇게 해서 받으시면 손주들 붙잡고 "봐라, 너희 엄마가 나한테 이렇게 줬다" 그 얘기까지 하시면 애들도 배우고, 용돈 준 자식들 낯도 세워주는 거고요, 하하하.)

하유, 아들 사는 건 뭔동 몰리겄다. 우리 아들이 참말로 정끼•를 하도

• 어린아이가 갑자기 심하게 놀라며 몸에 경직과 떨림이 오는 증상. 경풍이라고도 한다.

자주 해싸가, 으러러러 캤시믄 놓쳤어예.* 몬 살릴 뻔했어예. 시간만 있시면 정끼를 하고. 놀라가지고 마. 그래 되면 밤에 자다가도 애 업고 침 맞으러 막 뛰가고. 침을 많이 맞았어예. 침도 우리 시외삼촌, 시어머님 동사이 낳거든. 거 가가 맞으믄 첫판엔 마 아프다꼬 울드니만, 냉주에 좀 크니께네 자꾸 가자 캅디다. 저쪽 건너 동네였어예. 가자 카고 또 "할부지, 내 침 낳시이 돈 도. 내 돈 도" 그카고. 돈을 지가 줘야 되제, 침 낳시이 돈 돌라 캐, 하하하. 그래가 백 원짜리 주믄 "이거 안 해. 더 도" 그러코롬 난리였어예. 그니까 어려서는 방에 눕혀놓고 밭일을 몬했어예. 몬 미더버가 애 업고 일했어예. 마흔셋에 증말 힘들게 얻은 아들이니 만에 하나 잘못되마…… 그런 걱정이 안 있었어예?

언제 저 젤 큰 시누부 양바이 돌아가셔가지고 문상을 밤에 가이께네, 둘째 시누부가 대구 저 어데라 카노? 저, 성당동. 거서 약사고, 아들은 부산 가서 의사 하는데 즈그 할배를 자기 부산 병원에 모셔가 있다 거서 돌아가셨다 카이. 그래 이리 옮기왔다. 질부가 내보고 뭐라 카냐믄 "하이고 귀한 아들, 하이고 귀한 아들" 그 소리 하지 마라 그카데. 귀하믄 다 귀하지 뭐 누구라꼬 안 귀하냐고. 그 소리 들으니 또 글타 싶더라꼬예. 아들 낳을 때 난 좋은 것도 모리고 있는데 울 아저씨는 아들 그래 늦게 낳았다꼬 좋아 몬 살고 아주 귀해하더이마는 고등학교 드가가지고는 막 혼을 냅디다. 아 삘날까 싶어가, 저거 잘못될까 싶어가. 근데 뭐라 캐도 마이 안 카고 하기는 참 잘했다. 그 고비를 잘 넘겼다. 아이고, 앞으로 사는 것도 그래 살동 싶다. 내가 그래 삽니더. 지금은 마 몸 아플까봐 걱정

•　　여차했으면 죽었어요

이지, 뭐 딴 걱정은 없어예.

내 취미가 장에 나가 물건 파는 긴데 우야노

내 구미서 딸네 아아들 키아줄 때도 토요일마다 여 오마, 일요일 아침에 식당에 일해주러 가가 저녁까지 해주고 또 구미 가고 그랬다. 거래가지고 그 고시원에서 일을 하고 있는데 우리 아들이 전화가 왔댔어. "오매 뭐하노?" 그래. "오매? 오매 식다아서 술 묵고 있다" 그랬어. 식다아서 일한다 카믄 싫어하그든. 그카고는 "그래 니 내 술값 좀 갚아도" 카니 "얼만데?" 카더라. "안즉 얼마 안 무웄다. 더 무우봐야 안다. 무우봐야 알지, 우예 아노? 규저이 있나? 마이 무우찌 적게 무우찌 모리겠다" 그카니 "그래? 알았다" 그카더라구예. 그카드니 뒤에 돈 십만 원 주더라. 그리고 장에 장사 갔다 올 때도, 저 밑에 고 아까 차들 올라가는 거 오르막을 걸어 올리는데, 한 대여섯 시 돼가 오믄 몸이 디여* 죽겠어예. 몸이 디가 헐떡헐떡하매 올라온다. 올라오는데 딸아가 전화 와가 "오매 뭐하노?" 그래. 장 가서 장사하고 온다 소리 몬하고 "논다" 이카고 치우고. 딸자테고 아들자테고 속이고 살지, 다 말은 몬해예. 아이들한테 도둑질하듯 살았어예 참말로, 하하. 그런데 한번은 자(장)에서 물건 팔고 있시께 전화가 왔어. "오매 뭐하노?" 카데. 그때 가을이라 추불 땐데, "내 오늘 뭐 쪼매 가지고 자아 왔다" 카고 바른소리 했거든. "빨리 가라,

* 되다, 힘들다

빨리. 택시비 주께 택시 타고 빨리 가라" 카데. "빨리 가라. 안 가마 내 돈 주나봐라. 마 돈 주나봐라" 그케 막 썽을 내고 끊더라꼬. 뭐한다꼬 "돈 주나봐라, 돈 주나봐라" 그캐쌓노? 그카다가 아프믄 병원비가 더 들고 몸만 더 곯는다꼬 난리다. 글치만도 내 취미가 그런 걸 우야노? 그걸 아 해가지고 밥을 몬 묵는 거는 아이지만, 그기 취민 거라. 그러고부텀 아 아들헌티 더 숨카요.

글고 여는 콩 농사를 마이 하더라꼬예. 우리도 콩 많이 했어예. 스무 말쌕 했다. 내는 메주는 마이 안 했고 콩으로 마이 팔았지. 그래도 메주로 열 말 넘게 팔아도 봤어예. 메주로 팔라 카믄 손이 마이 가예. 콩대다 거둬가 마당에 말렸다가, 탁탁 두딜겨 털어가 씰어 담아서는 또 키로 수도 없이 까불러야 돼예. 그카고도 콩을 일일이 골라내야 된다. 썩고 몬생신 거를 골라야 콩으로도 좋고 메주로도 좋게 나온다 카이. 메주 할라마 일찌거니부텀 커다란 다라아에다가 콩을 뿔라야 돼. 뿔코 나마 이자 잘 건져가 가마솥에다가 삶는 기라. 콩을 삶을라마 물하고 불하고를 딱 알맞게 해야 돼여. 뚝하믄 타고, 안 타게 할라꼬 물이 많아도 안 좋아. 물이 다 쫄면서 밑에는 타들 안 해야 해. 거를 딱 알맞게 하는 기 그기 실력이고 솜씨라. 그래 다 삶아가지고는 뜨거우니까 식혀야지. 너무 식으면 또 찧고 밟기 힘드니까네 아주 뜨겁지 않게만 식히는 기라. 그래가 절구에 넣어 쩌가, 거를 메주 틀에 넣어가지고 일일이 꾹꾹 밟아줘야 돼예. 메주 할라믄 몸살이 안 날 수가 없어예. 저 아래 영감님 하나는 메주 밟다가 돌아가싰어예. 몸이 안 좋아가 메주를 몬하고 있다가 더 늦출 수가 없으니 날을 잡았는 모냥이라. 온종일 무리를 하다 메주 밟다가 그만 씨러지신 기라. 결국에 몬 일어나시고 가신 기라. 그릏게 힘든 게 메주 만드는 일이라. 메주 틀은 네모난 것도 있고 둥그란 것도 있고, 마 각각이지. 여는 네모난 거를 마이 하더라꼬예. 손으로 빚어도 되는데 그카믄 모냥이 다 제각각이라 안 이쁘고 꾹꾹 눌러지지도 않아예. 꾹꾹 매매 밟아야 낭주에 메주가 뿌사지고 깨지고 그기 없어예. 틈이 있고 잘 못하마 거가 썩는다 카이. 그래 만든 거를 겨울 내내 말려야 돼. 나락 지푸라기를 깔고 그 위에다 바람 통하게 띄엄띄엄 해가 나란히 널어가 말리는 거라. 그래가 웬마이 마르마 하나썩 지푸라기로 묶어가 매달아놓는 기라. 요즘은 나락 지푸라기가 귀하니까 양파 자루 같은 망, 거다가 하나씩 옇어 매달아놓고 그런다. 거를 이제 불을 때가매 바람을 멕여감서 메주 방에서 띄우는 거라. 아츰지녁으로 메주 방에 불을 때줘야 돼. 안 따땃하마 메주가 잘 뜨지를 않아. 뜨는 거가 잘돼야 썩지를 않고 꽃이 뽀얗고 이쁘게 피거든예. 그캐야 낭주에 된장 간장 꼬치장이 맛있는 기라.

　내는 뭐 자석이 많지 않으니까, 아아들 메주는 별라 안 해봤다. 아들은 안즉 장개를 안 갔으니 메주 가갈 일도 없고 딸도 마 내가 메주 해줄 일이 없어예. 시댁에서 다 해주이께네. 딸은 대구 좀 있다가 구미 살다 이제는 외국 가고 없는데, 여 살 때도 시집이 남해라가 거서 오만 거 다 와여. 남해 바닷가가 시댁인데, 멜치 오제, 미역 오제, 뭐 반찬이랑 뭐랑 김장까지 다 해가 오제. 미누리 아니라 내까정도 만날 얻어무울 판이다 마. 결혼하는 첫해부텀 사돈네가 농사지은 거로 오만 게 다 왔어예. 쌀 한 포대기 오고 마늘도 오고 참깨도 한 되씩 주고 참기름도 짜가지고 한 병씩 주고. 그래가지고 한번 얻어묵으마 내가 농굴 게 뭐 있나.＊ 작년에는 하도 맴이 씨여가 소고기를 사가 보냈어예. 돈으로 마 우얄 수도 없고, 그런다고 내가 농사지은 걸 보내자니 그 집 농사가 내보다 훨씬 많고. 그런다고 마 만날 말로만 인사하고 그러기도 저거하고. 그래가 소고기를 십오만 원어치 사가 보냈다 카이. 그거는 사돈댁에서도 돈 주고 사가 드실 거 아이가, 하하하.

요새도 한번씩 장에 가예. 아래도 갔다 왔고 내일도 갈 참이라. 뭐 나생이(냉이)도 좀 뜯고 쑥도 좀 뜯고 해가 모타논 거를 가지고 갈라꼬예. 겨울초를 좀 뜯어 팔아야지. 많이 안 심어도 다 몬 묵어예. 이자 뭐 내 혼차 묵는 건데 무우마 을매나 묵겠노. 안 숨군 사람들 좀 주고 그래도 많이 남는다. 그래 이짝 겨울초는 마 비닐로 덮어놨다. 치르나빠**라꼬 김치 담는 거, 유채. 거가 추운 데 난다고 해서 겨울초 아이가. 혼자 키아놓으니 많아가 비닐로 덮어놨는데 내일 뽑아가지고 가 팔라고. 큰 거는 뽑아내야 좋거든. 그래 한븐썩 상에 가마 한 사오만 원썩 가지고 와예. 그게 푼돈은 돼예. 한 달에 서너 번 간다고 치도 이 나이에도 내 용돈 쓸 거는 번다 카이. 전에 영감 이실 때는, 장사 나갈 욕심에 고구마도 마이 숨구고 이라믄 첨에는 영감이 장에서 뭐 파는 거를 아주 싫어했어예. 다린 건 다 도와줘도 그거는 절대로 안 도와주더라꼬예. 그래도 내는 하고 젆은데 뭐. 그래가 혼차 쉬엄쉬엄 챙겨가 자아에 나갔거든. 감도 가가 나가고, 잣이랑 은행 겉은 거도 주워다 팔고. 저녁에 와서 "오늘 밑천 오만 원 가갔다, 보소" 카마 주머니를 쥐어주마, 거를 세알려보마 밑천 제끼고 많

• 나눌 게 있나
•• 유채나물. 꽃이 피기 전에 뜯어서 겉절이로 해 먹거나, 생것은 쌈으로 먹는다. 보통은 '시나빠'라고 하는데 어르신은 시르나빠 혹은 치르나빠라고도 부른다.

으마 십만 원 가차이도 되거든에. 그래놓으마 우리 딸아헌티 전화해가 "아무거시야, 느 오매가 내보다 돈 더 벌었다" 이카매 더 안 말리더라꼬 예. 그카다 한번은 아침에 보이 사람이 없어예. 이상타 싶어가 나가 보이, 재미가 있었는 모양이라. 밭에서 고구마 따더라 카이. 생전에 자그가 알아서 그런 일을 안 하니라. 그거 보고 내가 느꼈다. 이제 뭐라도 좀 도와줄라고 그카는구나. "영감도 참 변하는구나" 혼자 그캤다니까. 돈 보따리 세알리보마 을매나 재밌능교. 그카니 자그가 자에 내다 팔지는 안 하지마는 그케라도 도와주고 싶었던 기라. 그래 하매 같이 거래 살았어예.

자아 가보믄 재미있어예. 물건 가져가 여래 앉아 팔고, 이바구하매 들을 거 듣고 안 들을 소리도 듣고, 식다아가 음석도 사 먹고 하믄 참 재밌어여. 자아 구경도 재미있고. 뭐라도 재밀 붙이마 그게 재미지. 다리 이는 어쩌다 나가믄 어색하고 뭐 일차마는 내는 하마 단골 돼가지고 가믄 여 앉아라 저 앉아라 카고 마. 아는 사람이 많고. 내는 장사 잘합니다. 지금 보름나물* 주문 받아났어예. 바짝 붙어가지고 하믄 재미도 있고 돈도 벌고, 하하하. 손님이 자꾸 끊는다, 내한테는. 글코 또 영 손 놓고는 몬 있고예. 바른말로, 승질이 영 안 하고는 모 있다 카이. 안 하믄 되레 병나고. 무리만 안 하믄 되예. 뭐래도 노력해야 돼예. 채소래도 가꾸고 해야 돼. 운동 삼아 한다꼬 하는데 마음이, 사람 욕심이 또 안 그렇데. 욕심 생기고 눈에 마음에 자꾸 걸리고. 내가 이래 아프다 카믄 우리 아들이 질래** 보

---

* 음력 정월 대보름날에 묵은 나물을 삶아 무쳐 먹는 풍속. 또는 그 나물. 이 나물을 먹으면 여름에 더위를 이길 수 있다고 한다.
** 질녀. 조카

고 그칸다 카데. "누나예, 울 오매는 날 보믄 만날 아야야 칸다" 그카더랍니다. 내 지보고 애애 소리도 아 하는데…… 아프이 아프다꼬 하는 긴데. 아들 오면 아파라 아야야 카긴 카지. 날만 보면 그칸다고 크일이라 칸다. 그카믄 지 가고 혼차 내헌테다 대고 아야야 그캐야 되나? 들을 사람 있을 때 아야야를 하는 거제, 하하하.

봄 되마 뭐라도 또 숨궈야지. 마이는 아 해도 뒤 안에도 밭이거든. 들깨나 좀 숨구고 채소나 해가 묵고. 딴 거는 없어, 줄 데도 없고. 근데 이자 올개는 안 해야 되는데, 노인 일자리도 올개는 해야 되고 참. 노인 일자리 가고 글공부 다닐라 카믄 나갈 여개가 없다. 노인 일자리, 여어 길 청소하는 거. 거를 일주일에 삼 일을 하거든. 나가면 경로다아 너머 저짜으로 다니는데 이 꼴짝 길바닥에 뭔 씨레기가 있다고 일주일에 삼 일을 노인네들 풀어가 줍겠나. 씰고 줍고 마 그럴 게 없다. 기양 줄라니 글코 해가 그기라도 하고 돈 주는 거라예. 그니까 그거야 뭐 운동 삼아 걸어 내려가고 걸어 올라오고 카매 종우(종이)나 담배꽁초 줍는 거라. 떨궈진 기 하도 읎으이, 꽁초나 비니루나 뭐 떨어져 있으마 반갑다 카이, 하하하.

이제는 가차운 요 밭 그거나 부쳐묵고 하지, 딴 데 멀리는 몬 가. 거기에 상추 숨구고 뜰깨 가와 숨구고 꼬치 쪼매 숨구고, 멀리 밖에는 안 해. 내가 혼차 또 얼마나 먹나? 올개는 콩도 쪼매 무울라 캤드만 그것도 몬 숨궜다. 올개 농사는 뭐 별라 안 할 거라예. 작년에는 콩 심은 거가 다 날라갔어예. 올개는 뜰깨나 쪼매 숨구고, 감자 숨굴라꼬. 고추는 내 따 무울 것만 숨구지 아이 해. 이제 좀 있으마, 봄 되마 해가 따땃하이 내리가 풀 마이 난다. 여게 그카믄 그 향이 을매나 좋노…….

젤 힘들었던 거는 뭐, 내는 오매가 일찍 돌아가셔가 서러벘지. 그게 평생 남았는 젤 큰 설움이지예. 그거 때문에 어려서 힘들고 쌩고생도 했고 글치 뭐. 그러이 살림을 일찍부터 살았어여. 물이 멀어가지고, 물 뜨레질 해가지고 퍼가 이고 오는 거지. 물 이러 가는 데 거까지 거리가 아주 멀어예. 거짓말 좀 보태믄 오 리나 돼. 물 이고 오마 손이 시러버가지고 물 부야 되는데 못 가고, 이 주뚜막에 얹어놓고 방에 드가가 손꾸락 끄트머리가 죽은 거 같은 거를 이불 속으로 옇어. 그래 옇어뿌믄 뜨거워. 그기 따가버 몬 살아예. 손이 따가버가 막 간질간질하고. 거래가 손이 늦도록 퉁퉁 붓고 이캤다 카이. 거래 그런가 오새 자주 가라버예. 손발이 자주 가라버. 건지러버가지고 막. 동상 기가 있는가 몰라도 그만하이 다행이지.

여나 저나 깡촌 여자들은 물 길으는 게 큰 고생이었지예. 여 와가지고도 금시* 빨래하러 또랑에 갔어예. 전기는 들왔든데 수도는 아즉 없더라 카이. 도랑에 가가 첫해에 했제 아매. 그라다 좀 가이께네 웅디이(웅덩이) 파가지고 빨래했어여. 지금이야 뭐가 문제야? 세월 좋아졌지, 뜨건 물 펑펑 나오고 세탁기가 다 빨아주고. 이래 좋은 세상이 왜 이제야 왔는가 원망시럽다 카이. 내 어렸을 때 왔으마 좋았을 긴데 말이라, 하하하. 근디 어떤 세탁기는 말래도 준대매. 참 세상 좋아졌다 마. 근데 그 말리는 거럴 세탁기가 해주믄 전기를 마이 쓰는 거라매. 글코 빨래는 볕에 널어 바

* 여기 와서 바로

람에 말려야 사람게도 좋은 거제. 세탁기 속 껌껌하고 깝깝한 데다 넣고 뜨건 바람으로 말리마 그기 뭐 좋겠노?

딸이 점심 약병에다 빨간 색칠을 해놓고 갔어예

나 살아온 거야 아주 좋지도 안 하고 나쁘지도 안 하고 뭐 글치. 핵교예? 내 여덟 살에 오매 죽고 넘의 오매헌티 자라다보이 시가 늦고 때가 늦고 날짜가 넘어 시가이 흘러가뿌이께네, 글타보이 이 몸 무데기만 다 커뿌랬어예. 그카다가 또 작은집으로 보낸 거라. 그래 떠댕기다보니 다 지나되도록 학교를 드가지를 몬해 때를 놓쳐뿌랬지. 때 늦어가지고 무데기는 남맨추로 마이 커뿌랬어. 우리 집은 생활 능력이 안 돼가 몬 가지는 안 했어. 돈은 개양 거대로 있었는데 누가 핵교 가라 챙기주지를 안 했는 거라예. 그래가지고 늦게 학교를 들라 카데예. 근데 오데? 삐쭉하이 커가지고. 그래 몬 가고 놓쳤어예. 그라이께네 살믄서 글씨 모리고 몬 배아가 깝깝한 게 수태 많았지예. 눈 뜨고 몬 보니 을매나 답답어여? 모리는 척도 몬하고 아는 척도 몬하고 마. 우리 애들도 오매가 글씨 모리는 걸 알았지여. 그래 이자 내 공부한다 카이 "그래, 열심히 배아가 내헌티 편지 좀 써라" 이칸다. (아유, 이쁘게 글씨 잘 쓰시니까 큼지막하게 써서 편지 한번씩 보내세요.) 근데 전에는 아죽(아예) 암것도 모리고 크게 불편한 거도 모리고 살았는데, 눈 감고도 까무쳐* 살았는데 우리 외손자 볼 때 거

---

* 까불거리고 맘대로

가 있시이 아아들 장난감 그걸 모리이 그기 아주 답답었다. 내가 알아야 가르치기도 하고 이랠 긴데 암것도 모리고 답답었어. 감기 들래갖고 약을 묵일 생각하믄, 아츰 몇 시에 먹고 그런 시가이 안 있십니꺼? 아츰, 점슴, 지녁, 이래 써 있는 것도 모리니 그것도 깝깝하고. 혹시라도 잘못 멕일까봐. 그러이 주로 내가 점슴 약을 멕이믄, 딸이 점슴 약벼어에다 빨간색칠을 요래 해놓고 가고 그랬어여. 아츰하고 지녁은 딸이 멕이고. 그래도 글씨를 모리다보이 그게 만날 신경이 씨이데여.

한글반 하는 거는 재미있다. 몰래도 재미있다. 한번썩 간다 카는 그기도 재미고, 대화도 하고 뭐. 슨상님이 좋아가지고 좋아여. 슨상님이 마 뒷말이 없다. 글도 저래 참 잘 갈챠주고. 갈챠줄 생각했는 거만 해도 얼마나 고마워. 저런 사람 없으마 어디가 이래 하겄어예. 월급을 줘도 힘드는데, 그래 봉사하는데 을매나 좋노? 글이야 마 까무울 때 까묵더라도 깨닫는 게 있어야 되는데 모리겠다. 자꾸 잊아뿌리니 마. 한글반 말고도 경로당 거서 자꾸 오라 안 카나? 화투 치자고. 거는 따지도 안 하고 잃지도 안 하고 노상 본전이라. 그냥 노는 거지 다린 거 없다. 따봐야 몇 푼 따도 몬하고 잃어도 마 그거뿐이라. [동전 주머니를 달랑달랑 흔들다가 열어 보여주시며] 맨 십 원짜리고 백 원짜리 좀 있고 글타 뭐. 할매들이랑 같이 놀고 밥해 묵고 하는 재미라. 쌀이랑 반찬이랑 다 있어가 거서 모이서 점슴 해 묵고 한다 카이.

거래 삽니다, 내가. 글씨를 잘 몰라가 참 답답했지만, 인자 거도 편케 생각한다. 근데 내 이래도 바빠요. 집에서 공부 좀 할라꼬 앉으마 또 화토 치러 오라꼬. 내 없시만 안 된다 이기라. 내가 이래예. 승질이 쪼끔 나빠도, 내 생각 그대로 지껴야지* 기양 몬 있어예. 받고 지끼뿌는 승질이라. 슨상님이 공부하다가도 누가 뭐라 캐서 내가 뭐라 지끼먼, 날로 슨상님이 몰래 눈치 주고. 팍팍 지낀다꼬 마. 내는 몬 말래여. 근데 슨상님도 서로 편한 것이, 슨상님도 유가고 내도 유가거든. 그라이께네 또 거래 지내고 한다. 그래놓이 만날 내가 퍽퍽 지낀다꼬, 슨상님이 가마이 보믄 좀 못마따아해. 난 안 그래. 오히려 지껴야 돼. 여 경로당 동네 사람 모아 가지고 회의를 해도, 다린 이는 몬해도 난 지께요. 이건 그르다 옳다 말해버리는 승질이라. 그래놓이 동장 마누래가 "형님 최고라. 다린 이는 입 몬 띠도 형님이 다 말한다. 형님이 말해야 돼" 이카더라. 내가 글씨 거만 잘 알믄 뭘 해도 해여. 내가 안즉 이 나이에도 뭐라도 한다. 똑바로 말해서, 글씨 잘 알 거 겉으믄 다린 이 할라칼 거 겉음 내도 다 한다, 하하하.

나 죽으마 자식들은 여 안 들어온다. 안 들어오지 여 뭐 할라꼬 오겠능교? 안 온다. 아들이나 다 늙으마 종가도 산소도 마 다 여 있으니 들어올랑가는 몰래도, 젊어서는 여 안 들어온다. 공기야 여그만큼 좋은 데가 어딨노?

좀 있으마 우리 딸내미가 아아들 데꼬 온다꼬 전화 왔다 카이.** 거 외국 간 딸내미 말이다. 그래가 내가 복숭아 젤 비싼 거로 두 박스 사다놨다 카이. 손주들이 복숭아를 그래 좋아 안 하나? 갈 때 뱅기표 끊으라고 줄 돈이랑 손주들 용돈도 따악 찾아다놨다. 모리지, 뭐 오랜만에 왔으니

---

* 지껄이다, 할 말을 해버리다
** 이 부분의 인터뷰는 2017년 8월 한여름에 진행한 것이다.

용돈을 주고 갈랑가. 그거야 주마 받고 안 주마 마 말고. 그기는 지들 일이고 내는 내 할 거만 하믄 된다 카이. 이자 보믄 또 몬 볼지도 모리거든. 그 먼 데서 은제 또 숩게 오겠나? 몬 볼 생각하고 내 포한은 안 만들라꼬 그래 하는 거라.

가믄 간다꼬 울고, 오믄 온다꼬 울고

울 아부지는 내헌테 잘했어여. 사람도 그마하믄 좋고, 없는 사람도 아이고. 근데 자꾸 마누라들이 그래 잘못되는 바람에 평생 애무웠지예. 내 시집가고 울 아부지 마이 신경 썼어여. 와 썼나 하마 친저이라꼬 아부지 보러 간다 카믄 딸이 오이 좋다꼬 반갑다꼬 울고, 갈라 카믄 간다꼬 섭섭다꼬 울고…… 우리 아부지 우는 거는 참 내 말도 몬합니다. 가믄 간다꼬 우고, 오믄 온다꼬 우고. 생모 일찍 잃고 둘째 오매 셋째 오매 마, 그 밑에서 내가 눈칫밥 먹는 거를 아부지가 알았지예. 내도 마 아부지가 알 테니까 뭐라 말하지도 안 했고. 아부지 속상할까봐…… 근다고 아부지가 결혼 안 할 수도 없고. 거거 쌓인 마음이 참 많았겠지예, 아부지가. 거래이 시집보내놓고도 나만 보마 울었으예. 울 아버지 우는 거 내 참 말도 모해. 내 시집보내주러 따라왔다가 그 이튿날 갈 때, 동네 사람들한테 소문 났어. 우느라꼬 길을 몬 가고, 길이 안 비이가 몬 가더라꼬 동네 소문이 다 나뿌랬어요. 색시 집에서 혼례를 하고 삼 일 정도 자고 시댁으로 들어왔는데* 그때 아버지가 델따준다고 겉이 안 오능교? 그러다가 하룻밤 자고 가는데, 눈물이 가로막혀가 운다꼬 질을 몬 찾아가더라네. 그렇게 소무이 나가 내도 참 마이 울었십니더…… 우리 아부지가 눈물이 하도 많아가, 내도 마이 울고 애무었어예.

아들 싸매(삼아) 딸 싸매, 아부지는 나를 그래 알았는 거라예. 환갑이라꼬 내가 자아를 봤는데, 깨소금까지 다 샀다 카이. 다 챙겨갔어예. 환갑 챙겨줄 사람이 없으이. 동상이 안즉 애리제(어리제) 뭐. 딸 없었으면 그걸 또 누가 챙겼겠어예? 그때 나는 애기 몬 낳는 그 영감하고 살 때지. 친정 가서 사촌들 다 불러갖고 환갑잔치를 해디렸지여. 그래 우리 사촌오빠가 "다 암캐도 동사이 대단타. 깨소금까이 다 샀나?" 그랬어요. 장 봐가 드가가 동네 사람 다 불러가 갈라 묵고, 부주 들어온 거 내가 다 챙기가 아부지 드리고. 내가 아들 요량 다 했어예. 남동상이 내보다 열 살 적은께네 마이 어리지예. 그카고는 환갑 지내고 아부지는 이내 돌아가셨어예. 갑자기 마이 편찮으셔가지고 병원도 옳게 안 갔어예. 마음도 이상하고 우울증 뭐 그기 있었는 모야이라. 안 그릏겠나? 마눌들 둘이 마 그렇제, 자슥 낳으마 다 크다 말고 죽제. 그때는 우울증 그런 말은 없었지만도, 지금 생각하마 우리 아부지 병이 그거라. 우울병. 내는 뭐 우울증 없지 싶은데, 내 승질이 글치는 아 하지 싶은데. 몰라, 다 글친 아 하다 카는데. (어르신 성격이야 활달하신데요 뭐.) 예. 글타꼬 생각하는데 그게 마 전염이 된다 카데예, 자석한테로. 몰라, 다 지 사주팔자대로 살지 우예겠능교. 사주팔자는 난 안 봐봤어예. 내 승질이 강한 모야이라. 십 원 한 자아이라도 벌어보고 젚고, 그래가 뭐 남 없으믄 도와주고 젚고 그런 승질이

• 조순이 할머니나 뒤의 이태경 할머니처럼 결혼식 후 친정에서 해묵이를 하지 않고 3일 만에 시집으로 들어갔다. 지역의 차이와 연배의 차이가 있는 듯하다.

라. 사는 기 뭐 있어여? 내는 다 그런 마음이라. 사주야 뭐 우옜던동 내가 내를 보는 게 글타 카이.

지금 생각하면 그 오매도 참 불쌍타 카이

아부지한테 맞고 그런 거는 없었는데, 낭중에 그 양잿물 묵었다 카는 오매 오고서는 좀 맞기도 했다. 다 일러바쳐예, 영감한테. 마 그냥이나 일러바치나? 없는 일도 만들어가 일러바치고 그라이 아부지는 화도 나고 또 속이 상해가 때리는 기라. 그래가 좀 맞았다. 다들 그래 혼나고 살지 뭐. 마냥 좋을 수가 있나? 내도 그 오매 말 부러 안 들을 때 많았거든. 내도 내지만 남동상한테 잘 안 하믄 고집도 부리고 엇나가고 마 그캤거든. 그라이 오매도 속상했겠지. 그때는 어려서 몰랐지만도 지금 생각하마 그 오매도 참 불쌍타 카이. 자석들 낳는 대로 그래 다 죽어뿌고, 지 몸도 그래 되고, 새로 시집와서도 또 잘 안 되고. 그때는 내도 철이 없어가 마이 미워했는데, 미운 짓 하는 그게 다 지 팔자가 쎄고 사는 기 힘들어가 그런 거라.

하나 있는 남동상 거가 암이 걸리가 벌써 죽었어예. 20년 가차이 됐나. 포우리 살다가 환갑쯤에 죽었다. 딱 남매 남았는 건데 일쩍 가뿌드라고. 그래도 육십꺼정 살아준 기 을매나 고맙노. 그 동상 아이만 내는 아무도 없는 거였다…… 배다린 형제라도 그래 나를 못 미더워 안 하고 서로 잘했거든예. 그렇게 업고 키운 걸 지도 아는가, 배다른 차이가 없었어

예. 서로 의지하고, 내는 지 몬살까봐 걱정이고 지는 날 몬살까봐 걱정이
고. 더 오래 살았으마 좋은데 그래 죽어뿌고 나니 혼차 외로버, 아무도
없어서…… 오매도 없고 아부지도 없고 서로 하나 남았는 건데 말이라.
그 동상 밑으로는 조카가, 아들 둘 딸 둘 사남매라예.

　사촌은 많애여. 사촌들하고는 친형제지간 같이 지내예. 울 아부지 형
제가 사형제인데, 아부지가 둘째래여. 우에 큰아부지고 알로 삼촌 둘이
있고. 그런데 우린 고모도 없고 사촌 간에도 딸이 내 하나뿐이었어예. 나
중에는 딸도 낳았지마, 내가 젤 먼저 태어난 가시나라 클 토락(때)까지 이
쁨을 많이 받았어예. 그래가 "떡골, 떡골" 카매 떠들리서(떠받들려서) 살았
어예. 그래 안즉도 마 사형제에 딸로는 내가 젤 맏이거든요. 사촌 여동상
들도 내를 끔찍이 여긴다. "언니, 언니" 하매 전화도 자주 오고.

　내헌티는 지금이 젤로 편한 때라. 영감 먼저 간 거도 몸으로 치면 편
치 뭐. 내 맘대로 해도 신경 쓸 거 하나도 없고. 쫌만 젊어가 맘대로 돌아
다니믄야 좋겄지만, 뭐 나만 늙는 것도 아니고 늙으니 편해지는 것도 있
고. 나는 인제 뭐 딴 거 생각할 거 없어여. 내 몸만 그저 건강하이 있고
되는대로, 있시이 있는 대로 없시이 없는 대로 사는 거라. 치매랑 풍이랑
그런 거만 걸리지 말고, 우리 영감모냥 숨게 가얄 긴데…… 영감님 닮아
야 될 긴데 모리겠다. 오래 사는 것도 안 좋아여. 허리, 다리 아프면 마음
대로 모하니께. 그러고 더 살믄 뭐하나? 한심스럽기만 하제. 건강하게 잘
댕기고 하다 팔십 왔다 갔다 해서 죽어야지. 그게 정상이더라꼬. 실지(실
제로) 난 글타꼬 봐요. 내가 봐도 팔십 넘었다 카믄 천덕꾸러기라. 팔십 왔
다 갔다 할 때, 안 넘어 죽어도 돼. 내가 설 쇠믄 일곱 아이가, 일흔일곱.

그러이 팔십이라도 안즉 몇 년 남았는데 사는 건 살지만도 입만 살아 건강하지, 뭐 몸띠이는 안 글타. 입만 살았다. 그러이 싫은 거를 몬 참고 입으로 다 지끼고 있다. 글코 눈비가 와도 여 방 이불 밑에 누벘는 승질이 아입니더. 일을 해야 되고, 참 고스돕을 치러 놀러도 가야 되고.

나물 뜯다 말고 노래하고 이바구하고

나이가 팔십 가차이 되니 죽을 때가 돼가 그르나, 자꾸 어릴 때 생각이 나는 거라. 전에는 그 생각 안 났는데, 이상치…… 어려서는 친구도 많았어예. 내가 또 친구들이랑 노는 거를 좋아했어예. 가시나고 머스마고 안 가리고 노상 놀고 다니는 기라. 하이고, 만날 밤으로 옥수수 꺾으러 가고, 고구마 캐러 가고. 그땐 그래 안 하믄 먹을 거가 뭐 있나? 안동에 옥수수가 잘됐어예. 밤에 옥수수밭에 가마 나락 껍데기 한 포대기를 들고 가 머스마들하고 옥수수 꺾어가 한 포대기썩 메고 오고, 하하하. 옥수수를 요래 기양 제껴 꺾으믄 소리가 나잖아예. 고걸 요래 나락 껍데기로 쥐어 꺾으마 소리가 없어져예. (머리도 좋으시네요, 하하하.) 감자, 고구마도 숨가놓은 거 캐믄 오새 겉으마 콩밥 먹지만* 그때는 애들 그러는 거를 마 여사로(예사로) 생각했어예. 동네 애들이 먹는 거니까 그러려니 한 거라예. 옥수수랑 감자랑 콩 그런 거는 쌂아 묵고, 고구마는 그냥 흙 털어가 썹어도 묵고. 그래 놀았다.

---

*   감옥 가지만

가재 잡으러도 댕기고, 딸아라도 썰매 타러도 가고. 눈 타고 얼음 타고. 놀 때 내는 마 천방지축이라, 하하하. 촌에 밭매고 이라믄 점섬 묵고 나마 좀 쉬잖애여. 그라믄 또 도랑 가가 가재 잡고. 가시나라도 그랬어예. 사내아들이랑 꼴 베러 가가 꼴치기도 하고. 꼴치기라 카는 기는 꼴 비이놓고 (베어놓고) 낫 던져가 꼴 따먹기를 하는 거라예. 집집이 애들 천지니 다 소 멕이러 가가 오만 짓 다 했다. 다린 가시나들은 안 하고 그래도 내는 머스마들이랑 같이 했다. 그라다 잃어뿌면 낸주에는 꼴이 없어. 그라믄 집에 오마 혼나지. 꼴 베러 가가 맨손으로 온다꼬. 혼도 나지만도 우예 연구도 잘해가 잘 둘러댔다, 하하하.

가시나들하고 나물 뜯으러도 가여. 하루 종일 봄나물 하러 좀 멀리 간다 카믄 점슴도 싸가지고 간다. 그라마 막 그때 맛있는 거 해간다고 찰밥도 해가 가고, 누구는 고구마 누구는 옥수수 마 그래 해서 친구들이랑 이래 돌라앉아 딱 갈라 묵고. 뭐 종일 나물 뜯나? 뜯다 말고 친구들이랑 놀고 노래도 하고 춤도 추고 이바구도 하고. 을매나 떠들고 웃을 기가 많노? 그라다가 집에 올라 카마, 마이 뜯으나 적게 뜯으나 울 아부지가 또 마중 와, 지게 짊어지고. 가시나들 걱정된다꼬. 아부지가 내를 을매나 이뻐했다 카이. 맏아부지네 맏오라비랑 올케언니도 사람이 좋아가지고, 내가 만날 거리 놀러 가서 마이 자고 그랬어. 사촌들 간에도 재밌었고. 서로 잘하고 이래 살았어. 아우, 그때 시절 같으마…… 그래 사는 거가 재밌었어. 철없을 때라 그래 더 재밌었어예.

이래 죽으마 마음에 걸리는 게 딱 하나 있다

내 이래 죽으마 마음에 걸리는 게 딱 하나 있다. 영감 전처 딸들이다. 작은딸은 그래도 가끔 연락도 오고 그랬는데 큰딸이 그래 안 보고 안 오고 하이, 그기 마 아프다…… 결혼식 때 연락 와가 그때 보고 끝이 된 거라. 지 아부지한테 폐백 받는 자리 채워돌라 카믄서. 내도 그 옆에 있었다. 이제는 마 아부지까지 없으니 더 볼 일이 없겠지만도 아부지 제사 때는 그래도 가끔이라도 오마 안 좋나? 갸가 내헌티 마이 섭섭할 거라. 미울 거라. 내가 즈그 오매를 밀어낸 거로 생각하는 기라. 그러이 마 우야겠노? 버선 목이라마 싹 까뒤집어라도 보일 텐데, 내가 누구 밀어내고 그런 거를 우예 생각하겠노? 나도 재혼이고 사나아도 재혼이라가 편케 잘됐다 칸 거고, 남자가 승격이 활발해가 좋다 칸 건데 마…… 갸 마음도 안다. 내도 계모 밑에서 서러벘던 사람인데 우찌 갸 마음을 모리겠노? 어린 마음에 와 내가 안 밉겠노? 지 오매가 죽은 거도 아니고 살아 있는데 말이다. 그카니 큰아는 머리가 좀 커가, 국민학교 다닐 때는 뭐를 좀 알지. 그라니 말을 대놓고 푹푹 하고 그카더라. 그라이 지 할마이가 혹 내가 가뿔까봐 어린아를 서울 친척헌티로 보냈는 건데, 그때는 내가 뭘 몰라서 거를 막지 몬한 거라. 그기 내 잘못이라. 그카지 말고 데꼬 있어야 했는 긴데. 싸우고 힘들고 해도 내가 데꼬 키아야 했는 긴데…… 지는 어린 것이 쫓가났다 싶었겠지. 그 맘을 내가 안다…… 내가 어떻게 그 마음을 모리겠노? 나는 더 어려서 오매가 죽어뿟고 새오매를 둘이나 겪었는데 지 맘을 모리겠노? 나는 그래도 아부지 사랑을 받아가 나은 편인데, 지는 아부지랑도 몬 살고 할무이 시기는 대로 보내뿐 거라. 그카니 더 억울하고 한이 되고 그렇지. 그때는 내도 생각을 몬해가 안 막은 거거든. 근데요, 피가 안 섞이마 돌아선 맘이 다시 오는 기 안 된다 카더라. 내 속으로 났으마 쥐어뜯고 싸워도 다부 돌아서는 긴데, 내 속에서 나온 게 아니마 안 보믄 마 끝인가부다 한다. 우예겠노……

넘들은 마 달린 입이라 말을 하겠지. 이 동네 사람들이야 내 오기 전부터 영감네를 아는 사람이 많으께, 뭐라 뭐라 말을 할 기라. 이웃 간에 좀 안 좋은 일이 생기마 그 소리부터 나오더라. 지도 새오매 밑에, 계모 밑에 자랐으믄서 전처 아를 쫓가냈다 카마 별 억지가 많더라. 내 젊어서는 지랄지랄을 했지만도 이자는 뭐 괘않다. 나이 들어보이 딱 말 나게 생겼더라 마. 안 글나? 계모 아래 커놓고 지도 못된 계모 되는 딱 그거 아니가? 그래 마 지금은 내 죄구나 그칸다. 내 그리 태어난 게 죄고, 갸 어려서 서울 가는 거 안 막은 죄다. 마 우야겠노…… 이제는 넘들 말질은 마 아무치도 않다. 갸가 젤 불쌍코, 어려서 오매 죽어뿐 내가 불쌍타. 우야겠노……. [눈물을 글썽이신다.]

내가 오새는 가마 앉아가 갸 생각도 하고 내 생각도 하마, 내 어려서 그 둘째 새오매 생각이 난다. 그때는 내가 마이 미워했는데 이제 와서 생각하마 그 새오매도 참 불쌍타. 뭐가 어째가 그래 낳는 자석마다 그리 잘 몬됐는 것도 안됐고. 내가 승질이 불뚝불뚝해가 나를 이뻐할 수가 있었겠나, 그 생각도 하고. 무슨 팔자가 그래가 또 다른 남자한테 갔나, 그라고는 잘 살았나 우옜나 안됐기도 하고 글타. 다들 자기 한을 몬 풀어가 넘헌테 그래 삐뚜루 하는 거더라. 내를 봐도 글코, 그 새오매를 봐도 글코. 안 그런 사람도 많은데. 안 그랬으마 참 좋았을 긴데, 그걸 잘 몬한 거라.

글씨는 머리로 안 드가고,
베 짜는 거만 머리로 드가고

이태경(각골댁),
1935년생

1차 인터뷰를 위해 우록리에 도착한 다음 날 아침, 한글반을 찾아가 할머니 세 분에게 인사를 드리고 공부 시간에 함께 참여했다. 이태경 할머니는 연세가 가장 많았고, 꼬부라진 허리와 지팡이가 특징이었다. 이튿날 오전, 메주를 말리고 있는 할머니의 방에서 첫 인터뷰를 했다. 아궁이에는 계속 불을 땐 흔적이 남아 있었고, 주로 그 방에서 생활하시는 듯 밥상을 겸한 책상에는 책, 공책, 연필, 안경 등이 놓여 있었다.

슨상님 하는 거매이로 안 되고 까묵었으예

미주 말린다꼬 겨우내 아궁지를 때거든예. 그라이 요즘 내는 이 방에서 산다. 쩌 아래채 새로 지은 집에는 가끔 마 청소나 하고 먹을 거나 챙기러 드간다 카이. 혼차 사는데 거다 보일라 돌릴 거 뭐 있나? 아궁지에 장작 때는 그기 젤 좋다. 내도 허리가 아파가 지지는 기 좋다. 여 할마이들도 등 지지러 온다 카이. 자고 가는 할마이도 있고. 설 되마 아아들이랑 손주들이랑 마이 올 기라. 그래 마 아래채 청소할라, 머리할라, 바쁘다.* 명절 미칠 전에는 보일라도 좀 돌리놔야지.

허리가 아파도 내애 수술 안 하고 4, 5년 전에 월배** 거 병원이 허리 수술 잘한다 캐가 갔어예. 거래가 보자, 하룻밤 입원하고 다음 날에 주사 한 대 맞고 수술을 하는 데 얼매? 백오십만 원 줬나? 그래 돈을 많이 주고 해도 허리가 안 붙더라 카이. 이튿날 아침에 여어 또 올라간께네 고마 허리 뒤에 여가 타악 땡기데. 거래 마비가 내리와가 거래 거케 됐으예. 신경을 꽉 눌렀다 카데예.

엊지녁에 책을 한번 들따본께네(들여다보니), 슨상님 카는 거매이로 와 그리 안 되노? 와 교실에서랑 다리노 싶어예. 또 까무웄으예. (아이구, 까먹으셔야죠. 머리에 들어간 게 나가야지 살지, 들어간 대로 다 남아 있으면 머리 복잡해서 어떻게 살아요? 하하, 저도 맨날 까먹어요.) 그래 내 캤다. 이거 안 잊아뿌야 되는데, 와 이카노. 아는 거는 또 헤에엥하이 다 알겠고, 모리는 거는 또 깜까암허니 글코, 참. (아유, 어제 공부하시는 거 보니까 제일 잘하시던데요 뭘. 다른 할머니들 계신데 그 얘기하면 샘 내실까봐 입 다물고 있었는데, 어제 옆에서 보니까 제일 잘하시고 제일

* 1차 인터뷰는 2017년 설을 2주 앞둔 1월 중순에 진행했다.
** 대구시 달서구 월배

열심히 하시더라고요. 다른 할머니들한테는 제가 이 말씀 드렸다고 하지 마세요, 하하하.) 잘하든 모해도 내사 마 열심히는 하지예. 2학기 때는 쪼매 어룹디마는(어렵더니만) 인자 좀 나사지겠다 싶어예.

마실 할마이들이 우리 공부하는 거 보고 '아따, 큰 공부들 하네. 할마이 빈호사 셋 나오겠다 마' 이카고 웃습디. (큰 공부지요. 큰 공부고말고요. 여든 넘어서 하는 글공부가 제일 큰 공부예요.)

올개 그렁께네 내가 팔십서이라. 명절 시면 팔십 서이. 태어난 해는 잘 모리겠고, 개띠라. (그러면 가만 보자. 저희 엄마가 1933년생으로 닭띠니까 어르신은 1934년생이네요.) 글고 내헌티 말할 때는 좀 크게 얘기 하시라예. 귀가 내내 괜찮티마는 및 달 전부터 귀가 푹푹 쑤시고 아프데예. 그래가 막내한테 "하이고 야야, 내가 귀가 자꾸 쑤시고 아프다 카이" 그캤더니 이빈후까 가자 카데. 이빈후까 가이께네 아무 이상이 읎다 캐. 검사하고 아무 이상이 없다 카고는 그래 귀 소제만 하고 와 있응께네 좀 나은가 싶드마 가는귀가 먹은 거 같더라꼬예. 그래 귀가 어덥더라 카이. 아아가 자꾸 뭐라 캐도 몬 듣고. 그래 아아가 "옴마 귀가 좀 어덥다 어덥다" 이카더라고.

첨엔 허리 수술하고 집에 와 좀 있은께네 귀가 자꾸 푹푹 쑤시매 아프고 눈도 뿌여니 잘 안 뵈고 글터라 카이. 아파갖고 이빈후까 가고 이자 안과 가고 약도 타가 오고 이랬다. 맞아예, 허리 수술 하니라고 마취도 하고 끼니도 굶고 힘도 빠지고 해가 그래됐는가 봅디다. 그캐도 귀가 쑤시고 아픈 거는 없어졌어예. 눈도 자꾸 이래 뿌옇게 흐리고, 요새도 자꾸 근지럽고. 그래가 안과 가이께네 요맨한 걸로 물약 두 통을 주더라잉. 고고를 껍데기를 빼마 [엄지와 검지를 2센티미터 정도 벌리시며] 또옥 요매앤하더라. 거를 하루에 네 븐 눈에 옇고 내비리뿌라 카데. 뭐 백묘장(백내장) 시초라 이카더라. (아, 백내장이 온 거였군요.) 그래 마, 눈에 넣는 물약만 주고 수술은 더 있다 카자드만예. 그카니 전에는 걸짜(글자)가 비고 했는데 이자 잘 안 빈다 카이. 그래 가가지고 안갱을 맞챠놓이 안갱을 씨믄 이자 화아안하이 다 빈다. 이기 돕배기안갱(돋보기안경)이라.

여스개를 오데 펄떡펄떡하는 데 내놓느냐며

고향예? 내 난 데? 요 청도 각북 있는 데 거. 동네가 각골이라 카는데, 지촌동*이라고도 카고. 거서 나서 자라가 열로 시집와가 내가 각골댁이라예. 형제가 오남맨데, 딸 서이고 아들 둘이고 내가 맏이라예. 청도 각북 거서 걸으마 국민핵교가 있어예. 근데 우리는 이자 여스개들이라꼬** 핵교 옇마 안 된다 카고, 여스개를 오데 펄떡펄떡하는 데 내놓냐고 안 보냈어예. 그래가 지끔 내가 여든다섯이 다 돼가 핵교를 다니는 거라예. 우리 남동상들은 국민핵교는 다녔고 여스들은 막내 여동상만 좀 다녔다 카이.

---

* 경북 청도군 운문면 지촌동枝村洞. 마을 이름을 각골이라고도 해서, 할머니의 택호는 각골댁이다.
** 여자아이, 딸

아부지가 위동(외동)이라예. 위동 몰라예? 다린 형제가 없고 위동아들이라 카이. 거다가 우리 오매가 일찍 가뿌니 마 할매가 아아들 다 키았다 카이. 내 출가시이고, 내 밑에 동상꺼정 출가시이놓고 할매가 그래 부산 가가 돌아가싰다 카이. 옴마는 내 열다섯 살 아래에 돌아가싰지 싶어예. 요새 겉으맨 괘않을 긴데 유행 감기 거가 그때는 약을 몬 구해가지고. 유행 감기라 안 캅니꺼, 유행성 감기. 그기 씨게 나가지고 그질로 고마 그래 가 뿌고. 그래가 내가 마 살림을 다 들고 살았는 기라예. 할매가 연세가 많고 아부지가 위동이라 또옥 아들 하나뿐이거든. 딸이 누난지 여동생인지 뭐 옛날에 있었다 카드만 거도 일찍 가뿔따 카데예. 아부지 사촌, 오촌은 많더라 카이. 오촌은 삼형제가 되이 많은데, 아부지는 위동이 돼가 위롭더라 카이. 우리도 사촌 없고. 내는 큰아부지도 큰옴마도 고모도 아무도 없고. 이래놓이 내가 맏이지. 거 아아들을 내가 맏이가 돼나놓이 다 업어 키우고 전부 다 해줘 입고. 그래가지고 아부지가 마 "우리 아무거시 저거 아니마 내가 살림도 몬 산다" 그르고. 거렁께네 옛날에 그때는 농사를 을매나 지았던지 마.

개울에 밥도 소쿠리도 다 떠내려가고

아부지가 농사를 저 걸* 건네 남산**이라꼬, 거가 인자 또 위갓집(외갓집)

---

* 개울, 개천
** 경북 청도군 각북면 남산리

인데 위갓집에도 또 위동이라. 옴마도 아들 하나 딸 하나 고래뿐이라. 그래 옛날에 와 만주 안 갔십니꺼? 여가 하도 묵고살 뭐가 없으이, 만주 가마 묵고살 뭐가 많다 캐가 식구가 다 만주를 간 거라. 그래 위갓집 농토가 마 논 한 마지기에다가 그 서 마지기 닷 말 짝 이런 거라. 거를 다린 이한테 줄라 카는 거를 아부지가 맡았는 기라. 요새는 기계가 있지마는 옛날에는 갱운기(경운기)가 오듰습니꺼? 다리도 없는 거를 물에 빠져가 건네를 대니며 손으로 농사를 다 짔는 기라. 그때는 막 인자 전부 손으로 항께네 아부지가 고상이 안 많겄십니꺼? 거래가 내가 모 숭구는 데마다 따라댕기고, 밥도 해가 올리고. 그때는 걸에 다리도 읎었거든예. 오매가 있을 때지만은 오매는 동상들이 있으이 몬 따라가지예. 그라이 내가 마 열 살도 안 됐는 거라. 맞다, 위삼촌이 일제 그거 끝나고 다시 왔으이 께니 그때가 일제 때라. 그래, 일제시대라 카데. 그때는 어릴 때라 하도 멀어놔놓이 기억이 아롬아롬하이 그래예. 내가 일고여덟 뭐 그때라. 그래가 이래 크은 걸이 있었는데, 거를 건너가지고 밥 올리고 하는데 돌다리도 없고 걸물로 기양 건너가는 기라예. 여는 걸도 쬐매하이께네 건너가는 기 숩지. 거는 걸이 한없이 너리거든예. 점슴(점심) 올리러 물을 건너가가, 요새나 양산*이지 그때는 양산도 읎었어예. 그래가 삿갓을 소쿠리 우에다 떠억 덮어가 이래 갔어. (아, 비가 왔나보네요?) 예, 비가 마아이 왔다 카이께네. 비 왔단 말 내 안 했나? 비 마아이 왔다 그날. 내 말이 마 순서가 없다 카이, 하하하. (아이구, 막 비가 쏟아지는데 지금 순서가 문제예요? 하하하.) 글타, 하하하. 그래가 물에 드가이께네 물이 많애가지고 살은 안 시린데 미끌미끌하고 씰려 내려갈까봐 뒤뚱뒤뚱하고 마. 글

---

* 맥락상 우산인데, 어르신은 양산이라고 말씀하고 있다.

다가 돌 우에 디딜뿌다(딛다가) 미끄러져뿟서. 하이고, 미끄러져갖고 고마
밥을 다 쏟아뿟던 기라. (아이구, 지금 밥이 문제예요? 사람이 떠내려갈
판에.) 글치? 하하하. 그래갖고 인자 밥은 안 떠내려가게 삿갓 거로 눈지
리가 머리통에다 꽉 붙여놨는데, 밥그륵이랑 숫구락은 다 떠내리가뿟서.
그래가 그거 찾을라꼬 꾸부리고 하다 마악 물이 어지러버가지고 물 복
판에 씰리가 허적허적했는 거라. 그카믄서 난리를 치다가 겨우 나와 보
이 삿갓으로 눈질러놓은 밥도 소쿠리도 다 떠내래가삐고 삿갓만 꽉 쥐
어 잡고 있는 거라. 물 우에다가 삿갓을 덮은 폭인데 그게 남아나나? 하
하하. (아이구, 그놈의 소쿠리가 잘 좀 붙어 있지 않고 어디로 떠내려가
버렸대요? 하하하.) 글게 마이다. 아부지한테는 혼 안 났어. 아부지가 뭐
라 캐지도 안 했지. 그래가 점슴을 굶었지 뭐. 아이구 내가 그때 그기 옳
게 다 생각이 나네. 그래도 위가(외가) 동네나 친정 동네도 여보다는 야지*
라 카이.

여는 아주 꼴짜구고 산중이고. 하이구, 여 시집와서 고생한 거는……
친정 동네가 시내랑 가차운 거는 아이라도 거는 농사 곳이고 들이 너르
다 카이. 여는 마 언덕배기 꼴짜구 아입니꺼. 첨에는 뭐뭐 길도 요로코롬
(이렇게) 쪼매애해가 꼬불꼬불캤다. 오새나 좀 널러졌지(넓어졌지). 그르이
뭐 차가 오데 있노? 한 15년 전만 해도 길은 요매애앤헌데 비포장이고
하니 자가용 차도 몬 댕깄어예. 차 아니라 털털 그거도 몬 댕깄어예, 갱
운기 그거도.

• 농사짓기 편한 평평한 땅

외삼촌은 만주 갔다가 나중에 다시 와가지고 저 풍각* 거가 엄마네 선산이라 카이. 고향이라 카이. 글로 와서 살았다. 말만 들었지 풍각이 오데 있는동 거는 모린다. 내가 뭐, 여 와가 생전 안 나가이께네.

고추모종 때문에 일본만 안 갔지, 다 뎅겼어예

어려서 만주는 몬 가봤어도, 세계 안 가본 나라가 읎으예. 가창면에 동갑 기(계)에서 모타가지고 일본만 안 가고 다 돌아뎅깄으예. 어느 나라는 가이 물도 없고 사람도 마이 얄궂기 살고 그럽디다. 먼 사람들하고 겉이 다이이 아주 좋았어예. 일본을 몬 간 고때가 딱 요때쯤인데, 하우스에다 꼬치모(고추모종)를 해놨을 때였는 거라. 다린 이헌티 맽기놓고 가기가 저기혀갖고 영감만 혼차 일본을 가라 캤으요. 오새는 꼬치도 모종 사다 마심으마 되는데, 그땐 저 우에 하우스 농사진다꼬 모종을 내가 다 키운 기라. 추불(추울) 때 밤엔 잘 덮고 해야지 고마 얼아뿔믄 안 된다 말이지. 그래 꼬치모 덮어주니라꼬 내는 몬 간 거라. 그때 영감이 가마 보자…… 아, 영농회장 하믄시나, 거어 농협에도 대이고 면에도 자주 대이고 해놔논께 동갑쟁이 친구들이 기(곗돈)를 모두자 캐가 가게 된 거라예. 그때 일본만 안 갔지 온 세계 다 뎅깄어예. 나라 이름은 보자…… 뭐 어디라 카더라? 월남도 갔고, 중국도 갔고, 또 어느 나라는 가이께네 물도 읎고 빗물 받아 묵고 이카더라. 거가 어덴고 그것도 다 잊아뿌고, 하하하. 그래가 그때는

돈도 마이 들었다 카이. 한 차썩 해가지고 한목에 가 열흘썩 온 나라 댕
김서 오래 있다 왔시예. 그때가 옛날 집인가? 아, 이 집에 있을 때다. 밑에
집 다 져놓고 갔다. 그래도 벌써 오래됐네. 우리 영감이 간 제도 가마이
새악하니(생각하니)…… 나 칠십하나에 갔은께네 내가 팔십서이. 12년 됐
다 하매 맞제? 우리 한글반에서 산수도 배운다. 보태기 빼기 그런 거. 영
감이 저 집을 새로 져놓고 갔은께네 여행 간 거는 15년이나 됐으까. 영
감하고 겉이 갔이께네. 우리 영감이 박사님 나는 거를 몬 보고 갔다. 내
가 그게 참 아숩다 카이. (아, 손주 중에 박사님이 있나봐요. 아유, 좋으
시겠네요.) 좋지예. 근데 영감도 거걸 봤이믄 을매나 좋아했을 긴데…….

한동네서 이짝저짝 다 끌려가 죽고

일제시대 기억나지예. 우리가 다 피란나고 쩌어 산에 빨개이들 오고.
(그거는 일제시대가 아니고 해방되고 나서 6·25 전쟁 때 이야기고요, 그
전에 일본 놈들 밑에서 살 때 이야기요. 어르신 열 살 될 때까지 이야기 듣
고 싶어요.) 일본 놈도 알지예. 농사지놓으마 다 뺏기가고. 나락(벼) 같은
거 해놓으마 전부 공출 대라 카고. 엔날게 놋그릇 같은 거도 다 뺏기고.

육이오 사변 때는 그 빨개이들이 쩌이 어디꺼정 들어왔다 캐가, 내 시
집오고 나서요. 육이오는 갤혼(결혼) 전이라? 맞네. 고래가지고 집은 놔두
고 그대로 피란 나갔다. 그때 내가 윽씨 컸다. 커가 빨개이들이 오마 가
시나들 저기 한다꼬, 집에 있이마 안 된다꼬 저 걸 건너 산으로 피란 갔

다 카이. 그때는 다리가 없었잖아예. 그래가 걸을 건너가가 밤새고, 그러다가 또 집에 들어와가 밭에 일 좀 보고 또 나가고. 아휴 그때 같으믄…… 한분은 빨개이들이 여 비슬산*꺼정 들어와가지고 불이 펄펄펄펄 나고 총을 따다다다 쏘고 막 불이 뻴뻴 나고.

생각해보이 전쟁이 두 번 났지 싶으다. 육이오 사변 한 번 나고 또 그때 무시고, 그래 일본 놈 거거하고. 두 번 났다 카이. 일본 놈 그거는 먼저 그랬으이 기억이 잘 안 나고, 빨개이 들어왔을 때는 기억난다 카이.** 저어 할마이 하나는 빨개이 남편이 저 산에 가가 죽고, 지끔 영감은 나중에 봐가지고 여 와가 살고 그래가 살았다 카이. 젊었을 때 그랬다 그랬다 카더라고예. 우리도 세세히는 모른다. 요새는 전쟁 안 하지만 그때는 무서버가 집에 있어도 맴을 못 놓고. 우리 식구들은 그때 죽은 사람은 없어예. 아들 있는 집은 군인으로도 끌려가고 빨개이들한테도 끌려가고, 우리 친정 동네에서도 사람 마이 죽었다 카이. 일본 전쟁 거 가서도 죽고, 빨갱이 전쟁 거 가서도 죽고 마. 한동네서 이짝에도 끌려가 죽고 저짝에도 끌려가 죽고. 우리야 뭐 뭐가 어느 짝인지 알기나 하나. 지끔도 거는 모린다.

• 　대구광역시 달성군 유가면에 있는 산. 어르신의 친정인 각북면에서 가깝고 지금 사는 우록리에서도 멀지 않다. 지리산 인근의 빨치산들이 비슬산을 비롯한 달성군의 산들을 타고 이북으로 퇴각했다.

•• 　제도 교육을 받지 않은 80대 노인, 특히 여성 노인들은 일제와 6·25 전쟁, 그리고 그 전후의 좌우 갈등으로 인한 지역 내 사건 및 소위 '빨갱이 토벌'로 인한 소란 등을 헷갈려하는 경우가 많다. 주인공의 경우에도 여러 사건을 뒤섞어 기억하고 있다. 친정 동네인 각북이든 지금의 우록리든 산간 지역이어서 빨치산이 많이 있었고 '빨갱이 토벌'로 인한 소란도 오래 지속되었다.

할마이가 국문이랑 한문도 알고

내 어려서 친정오매가 일찍이 돌아가시고 할매 밑에 있었는데, 우리는 형제가 오형제라 딸이 서이고 아들이 둘이고 이랬는 거지. 할매가 손지들 만날 업어 키우고 고생이 많았어예. 옛날에 농사지으마 별로 소출이 없었어예. 그래가 할매가 질쌈을 마이 했어예. 비가 오나마나 길쌈을 만날 메고 짜고 메고 짜고 마. 그래가 옛날에 그거 팔고, 양슥 팔아묵고. 그래도 내 알구로 우리 집은 양슥은 잘 안 팔아묵었다. 농사를 마이 지었기 때문에. 근데 농사 마이 져도 뭐 옛날에는 공출로 다 뺏기뿌고. 만날 디딜방아 찧어가 까불러가 몰래 단지에 담아 묻어놓고 묵었다 마. 안 그라마 왜정시대라 공출을 다 해갔는데도 놔두면 또 뺏들어갔어예. 그라이 전부 다 숨과놔예. 그라믄 낮이고 밤이고 신발 신은 채로 들어와가 다 뒤지고. 하이고, 무서버가. 우리는 부자는 아니래도 농사가 좀 됐고, 여기 매이로 산골도 아니어가 벼농사도 많고 그랬어예. 그카고 우리 할마이가 옛날 할무이라도 국문을 다 알고 한문도 좀 알고 글도 좋고 그랬어예. (그 시대에 여자 분이 국문에 한문까지 잘하셨다면 참 드문 어르신이었네요.) 예, 할무이가 그랬어예. 그런 할무이가 미누리가 일찍 갔으니 손지들 그거를 다 업어 키웠어예. 밥 무우믄서도 업고. 농사지으마 계산도 많이 하잖아여. 거도 할마이가 다 헤아려가 더해라 줄여라 일일이 그러고. 나 갤혼해가지고 우리 첫 아 놓고 나서 돌아가셨다 카이. 오래 사신 폭이라.

배 꺼진다고 노는 걸 말리는 거라

시집오기 전에는 앞산 말래이(꼭대기) 뒷산 말래이 다 다니며 나물 뜯으러 가고, 고사리 끊으러 가고. 마 아픈 데가 없으이께네 온 천지 다 댕겼지. 여 와서도 고사리 끊으러 산에 마이 댕겼다 카이. 그래가 팔기도 하고, 뽑아가 나물도 하고, 말랴가 제사 때도 쓰고, 인자 누가 돌라 카면 주고. 처녀 적에 여스개 친구는 많았다 카이. 긍까 우리는 뭐 우예됐든동 밥만 무우만 기이나가 댕기매 놀고 신나게 컸다 아이가. 아무리 마 읎는 집 아아들도 노는 거는 다 몰리가 다니고, 나물 캐러 가마 고구마캉 옥수수캉 뭐캉 하마 다 싸들고 나오이께네. 니꺼 내꺼 뭐 그런 거 모리고, 한 데 묶고 놀고 했는 거라. 팔월 명절 돼가 숲이라꼬 나가믄 그때는 군데(그네)를 마이 뛰었다 카이. 널도 마이 뛨지. 내는 널 잘 뛠다. 그때는 명지(명주)랑 미영(무명)이랑 해가지고 새파라이 물들이고 뺄가이 물들이고. 치매(치마)를 새파라이 하며 우에는 뺄가이 하고. 한복 따악 해가지고 팔월 명절, 설 명절 되마 그래 입고 군데 때리러 가고, 널뛰러 가고. 우리가 그래 놀고 있으마 동네 할마이들이 쫓아 나와가 야야 카매 말기는(말리는) 거라. 가시나들이 그래 논다고 말기는 기 아이라 배 꺼진다꼬 말기는 거라. 그카다가 마 우리 할마이가 부르러 오마 저짝에서 폴써(벌써) 막 부르거든. "겨이야, 겨이 어딨노?"• 카마 찾는 거라. 카마 전부 다 '쉿' 해갖고 마 모린다 카고 없다 카고. 내는 바위에 딱 붙어갖고 숨도 꽉 참는 거라. 그 래 신나게 놀았는 기라. 옛날에는 명절로 맨날 메칠을 그래 놀마 했는데 오새는 하루이틀 지내뿌우까 마. 옛날에는 명절 크게 했다 카이. 나이가

• 할머니 성함이 '이태경'이므로 "겨이야"는 "경이야"라는 뜻이다.

좀 들으마 할매가 집에 가둬놓고 몬 놀러 가구로 한다 카이. 나이 찬 여스개를 몬 놀러 댕기쿠로 해. 머스마들한테 몬 가구로 하고, 하하하. 그땐 내외를 마이 했다 카이. 할매가 우리 갤혼할 때까지 살아 계시놓으니, 을매나 감시를 했는가 몰라예. 아부지는 글케 안 했는데 놀러를 뽈뽈 몬 댕기고, 나간다고 또 허락받고. 친구들 다 나와가 인자 거 한다 카마 고래가 쪼매 있다가 오고 그렇지. 노니라꼬 오는 거를 잊아뿌고 카면 또 댕기는 거를 몬하게 했다 카이. 우리 할매가 우예 그래 머리가 좋았는가, 옛날에 천지 몬하는 일이 없고. 옛날에는 전부 집에서 옷을 다 비가(배워서) 가잖아요. 두루막(두루마기)도 다 비가가지고 하고. 비주는 거는 나도 마이 해봤다. 그래 비도 마 일이 마으니께네. 명지 지는 것도 메고 짜고 메고 짜고, 키아가지고 그걸 잣아가지고…… 아이고 일도 많지.

글씨는 머리로 안 드가고, 베 짜는 거만 머리로 드가고

할매는 아주 몬하는 게 없고 마 글도 좋고 그래가 할마이가 명지를 짜매시로 국문을 써가지고 둘둘 말아가 이거를 비라 카데. 그래 인자 국문을 비는데 그기 머리에 안 들어가더라 카이. 먹물로 써가지고 종이다가 이래 글짜를 써가 말아가지고 됐다가 명지 짜고 베 짜고 하는 거를 갈치면서 글짜도 갈췄는데, 그기만 머리에 안 드가. 글짜는 안 드가고 베 짜는 거만 마이 짜났어. 마이 짰는데 와 그기만 안 드가나 말이다, 하하하. 그때 비았으마 지금 한글 빈다고 이래 고상을 안 할 텐데 말이다. 사는 동안도 이래 깜깜이로 안 살지. 우리 할매헌티는 읽어달라고 오고 편지 써달라고 오고 천지서 와가 물어보고 갈챠주고 했는데 나는 와 할마이 밑에서 그래 공부를 안 했는공, 하하하. 할마이가 국문이랑 한자랑 글문을 다 씨고 (쓰고) 아조 학자라. 거래가 글문을 써가지고 베틀가에서 갈치는데, 그 걸은 몬 들어가고 베 거는 을매나 짰는동 몰라. 아이고 알궂다, 하하하.

조카사위가 독일 머스마라

친정 동상들이사 말 잘 들었어예. 거런데 마 오새는 몬 오고 몬 가고 그래여. 여동상 하나가 청도에 있는데 마이 아파가 지도 몬 오고 내도 몬 가고 그래가 끊어졌뿌고 읎다. 위따로(외따로) 떨어져 있는께네…… 그 집이나 우리나 아아들 바쁘고 하이 안 찾아가고 그릏다. 전에는 내도 찾어 댕기고 저도 오고 그랬는데 이자는 뭐 힘들어서 몬 간다. 이제 아아들이 차 안 실어주면 몬 본다 카이. 우리 큰아가 일요일에 여를 온다 캐도 열두 시 다 돼가 와가 점슴 묵고 논에 나갔다가 또 여섯 시 되마 저녁 묵고 가기 바쁘이, 뭐 저그 이모네를 곁이 갈 여개(여유)가 있나? 그 동상은 내보다 일곱 살인가 밑이라 내보다는 낫제. 아이고, 늙은이들이야 시간이 많은데 데려다줄 아아들이 바쁘이 뭐. 영감 있을 때는 자주 댕깄는데 이자는 마 저도 힘들고 내도 힘들고 그카니 마마.

청도 거에 하내 있고 부산에도 남동상 하나 있는데, 그 동생은 작년에 여 왔다 갔어예. 전화도 한 번썩 오고. 친정 조카들이 머리가 그래 좋다. 서울에 있는 은행에 들어갔다 카믄시로 그 동상은 돈을 마이 벌어가지고 조카들 공부를 서울가 다 시이가 조카 두 놈이 서울 가 있다. 삼남 맨데 둘은 서울 가 있고, 여스개는 고등핵교 때 부산서 피아노 거 선수로 나가 상 많이 타더이만 피아노 선수로 마 핵교를 독일로 갔다. 거기를 보 내놓이 거서 갤혼을 떠억 해가 왔데예. 그래 내는 조카사우가 독일 머스 마라. 생긴 거도 글치만 말씨가 영 여그 말씨가 아니라. 그카니 뭐 무신 소리를 하는지 마. 조카딸이 뭐라고 알게는 해주는데 말을 몬 알아들으 니 깝깝터라. 그래도 마 사람은 좋아 보이더라, 착하고.

　큰동상은 뭐…… 가뿟서. 죽어뿟서예. 그래도 환갑 진갑 다 지내고 매 느리 보고 손지 보고, 다 보고 갔어예. 큰동상이 머리가 좋아가지고 공직 에 들어가 청도국민핵교 나와가지고 부산 가가 우예 공무원 시험을 쳐 드가가지고 돈도 마이 벌고 마. 가끔씩 면에 오마 아무거시 힐백타(헬리콥 터) 온다고 야단이라 카데. 뭐 누가 높은 사람이 힐백타를 타고 온다꼬 공 무원들이 마 바쁘다고 캐쌓더라. 그러다가 늦게사 동상이 바램(바람)이 나 가지고, 마 여자 띤다꼬 서울로 이사 가도 안 떨어지고 그랬는갑더라. 아 들들은 공부 시이놓이 서울 가가지고 잘돼씨예. 올키도 아아들이랑 서 울 가 살고. 한참 나중사 여자가 떨어졌뿌고 읎어졌다 카더라. 지끔은 선 산만 청도에 있고, 아들들도 손지들도 다들 나가 사는 기라.

나만 이래 꼴짜구에 왔지

　뜨신 데로 내리오이소, 찹다(차갑다). 불을 아측에도 때마 뜨신데 구찮애가 아측에는 안 때고 마 지녁에백에 안 땐다. 하루 한 번썩백에 안 땐다. 우리 쩨맨했을 때넌 뭐 메띠기(메뚜기) 겉은 거 잡으러 댕기도 거는 다 잊아뿟다. 그때는 짐성을 마이 믹이니께네 소 믹이러 데꼬 나가고 이랬다 카이. 소 믹인다꼬 데꾸 나가가 친구들이랑 마이 놀았지. 여스개 친구가 그때 한 다섯인가 그런데 내캉 동갑은 한개 뿌이라. 여 와가이는 염생이(얌생이. 염소)를 많이 믹있는데, 클 때는 염생이 안 믹이고 소를 집집이 믹있어예. 그때는 소가 없으마 농사를 몬 짓거던. 소도 없어가 맨손으로 농사짓는 집도 있었어예. 그라모 마 얼매나 힘들겠노.

여스개 친구들을 보이, 내마 이래 꼴짜에 왔지. 즈그는 다 야지로 가고 나캉 동갑 갸는 즈그 아부지가 오새 말로 하믄 이장질이고, 그때는 동장질을 해놓이께네 핵교를 옇었어. 핵교를 여봐놓이 대구로 시집갔다. 또 내 밑에 한 살가 두 살가 덜 묵은 고거카는 한집안인데 국민핵교는 안 옇었고, 뭐 우예 그랬는고는 몰래도 대구 미군 부대 남자들 댕기는 데를 옇어가지고 시집을 잘 가고 그랬어예. 나만 여 꼴짜구로 왔다 아이가. (몸 고생이야 제일 많으셨겠지만 사람 살기로는 여기가 최고잖아요. 공기 좋고 물 좋고요.) 거는 맞다. 지금도 여 공기랑 물이 최고로 좋다 카이. 츰에는 여기 온께 우예 사람 사는공 싶더라 카이. 해 무울 것도 없고, 하도 꼴짜구라서 마 갑갑터라 카이.

우리 고향은 그래도 야지거든예. 어릴 때는 명절 되마 일찍거니부터 마마 밍지니 미영이니 옷을 하는 기라. 밍지질 해가 물 딜이가 초매저고리 해 입고 그랬어예. 부자는 아니래도 그래 했어예. 물감? 거는 뭐 색깔을 사가 새파라잉 물로 디릴께네, 밍지에다 베에다 이래 물에 풀어가 딜

있다 카이. 새파라이 되고 뻘가이 되고. 고거 곱데, 하하하. 거때는 시장 가가 옷 사 입을 줄도 모리고 옷도 읎고. 오새는 세월이 올매나 좋으노? 옷도 뭐 아무거 읎이 뻘거벗고(발가벗고) 드가도 싹 다 사 입고 나오겄더라 마, 하하하.

설에 새옷 해 입으마 여스개들 모여가 자랑도 하고, 하하하. 밍지 그게 오새 비단이라. 오새는 그런 밍지 없지예. 누에를 집집마다 키아가지고 실로 잣어가 밍지 옷을 해 입는 거라. 내가 열여덟 살에 갤혼했는데, 예단이랑 뭐 한다고 할마이헌티 밍지를 전부 비고 다 짰다 카이. 거를 짜야 옷을 해 입거든예. 오새는 돈만 내마 옷이 천지 아이가. 그때는 다 키와가 뽑아가 짜가 옷을 해 입었지예. 여름은 삼비(삼베) 삶아가지고 옷 해 입고, 삼 갈라가지고 째가 베를 맨들고, 또 목화 거는 겨울옷 하고. 그러니 한 번 옷을 만들면 헐고 또 고치가 입고 물려 입고 그랬어예. 어른 옷 가지고 아아들 옷 만들고, 헐어 구멍 나면 천 대가 꾸매가 또 입고. 그런 거를 다 할마이가 갈챠췄어예.

우리 친정 할매가 위손지 우리 큰아 거 보고 돌아가싰지 싶으다. 그 양반헌티 위증손이지. 그마하믄 오래 사신 거제, 그라도. 친정 할매가 위 동아들 아래로 아덜딸 오형제를 받았는디 오마이가 읎으이 미누리가 일찍 가가 손지들을 무시로 업고 댕기고. 할매가 키우기 애묵었다 카이. 일일이 다 비틀(베틀)로 옷을 해가이고 입히고, 해 멕이고 하느라 애 마이 잡쉈다 카이.

명주를 곱게 할라믄 베틀을 탁탁 쳐줘가매 짜야 되는 기라

밍지 짜는 거가 아주 일이 많다 카이. 우예기나 하믄 맨 먼첨 물 끓는 거에 고치를 넣어가, 거서 실을 풀어내는 거라예. 서가지고 실 나오는 거를 이래 동태에 말아예. 그거를 집 마당으로 갖고 와가 물레에다 다시 매걸어예. 그카고는 물레를 사알살 돌리매 밍지실을 가늘게 뽑아내는 기라. 뽑으마 그 실을 북(북어)에 또 감아예. 그카고 나마 틀에 앉아 북을 이 짝저짝으로 찔러 넣는 기, 그기 밍주를 짜는 거라예. 북을 이래 찌리미(찌르며) 왔다갔다 카는 기라. 북을 마이 안 찌리마 명지가 안 고븐 기라. 곱게 할라믄 바디*를 탁탁 쳐가매 촘촘이 짜야 되는 기라. 그카고 북을 옳게 몬 찌르마 올이 터져뿌는 기라. 바디 치는 거를 잘 몬해도 올이 터져뿌고. 우리 할매는 밍지를 잘 짜이께네 마 하루 종일토록도 짠다. 달가락달가락 카믄서 한번 틀에 앉으마 날이 다 점도록(저물도록) 짠다. 그래한 판 짜고 나믄 그기는 니리놓고 또 틀에 실을 걸어가 실 감은 북을 찌르매 새로 짜고. 내도 마이 짰어예. 그게 아주 재미있다 카이. 그라니 한번 짜고 나믄 니리놓고 또 짜. 밤에는 몬해예. 뵈도 안 허고 소리가 나이께네 넘들 잠도 몬 잔다 카이. 낮으로 내내 짜는 거라예. 그래가 여 와가 시어른이 많으니께 많이 했다 카이. 엔날게는 그런 베를 안 하믄 옷 입을 기 없거든. 파는 기 읎으이께네. 그래가 여 와서도 묵콰논 거를 놉(일꾼)을 사가매 많이 짰어예. 우리 시오마이는 그런 거를 잘 안 하시더라꼬예, 몬 하시는 거지예. 안 해봤다 카더라고예. 내는 시집오기 전에도 밍주를 많이 짜가, 치매저고리도 해가 오고 앞처매도 해가 오고 그랬다 카이. 오새

* 베틀이나 방직기, 가마니틀 따위에 딸린 기구의 하나

야 세월 좋지마는 옛날에는 고상 마이 했다 카이. 고상은 되지만서도 오래 앉아 짜마 재미있다 카이. 그라니께네 글짜는 안 드가고 베만 많이 짰다 안 했능교, 하하하.

영감은 많이 좋은 거도 없고 덤덤하니 그렇더라

내 클 때 우리 면에 "아무거시가 일 잘한다, 일 잘한다" 그렇게 소문이 났는데, 위갓집 있는 풍각이 우리 고향 거 각골에서 가찹거든예. 풍각에 엄마 고모도 있고 위가가 전부 모여 살았다. 거 인자 엄마 고종들이 거서 전을 전신에 펴놓고 장사하고, 풍각장에다 오만 장사 다 하드이 각골에 아무거시가 참하고 일 잘한다 마 소문을 낸 거라. 그래가 내를 욜로 갤혼하게 한 거라. 그래 내가 맨날 "아이고, 와 내를 여로 시집을 보냈노?" 그캤다. 그카고 오매 고종 누가 또 백록 여로 시집을 왔다 카더라고. 그래 "백록 거가 어덴데예?" 그카다가 아이고 너무 꼴짜구라고 을매나 그캤다꼬. 그런데 마 우예 하다 내가 백록 여로 시집을 오게 된 거라. 신라아는 갤혼할 때 첨 봤는데, 좋고 말고 그런 거도 읎고 마. 처음 보이 뭐 아나? 정이 들어가 살았지. 영감은 마이 좋을 거도 없고 덤덤하이 만날 그렇더라. 그래도 사람이 좋고, 키도 크고 생긴 거도 좋고 그랬다 마, 하하하.

엔날에는 전부 다 갤혼하고 색씨를 1년 친정에 놔두데? 와 그란가 몰라. 옛날에 풍속이 그렇더라 카이. 해 묵힐 때 신랑은 자주 와도 신부는 시집에 안 오고 1년 있다가 아주 오는 거라. 세월 먹다 열여덟 살인가 여 시집을 오는데, 여가 차도 없어가 저 산을 재로 넘어가 왔는데, 눈이 와 가지고 마 푸욱푹 빠지더라. 엔날게는 동네에 하님°이라꼬, 마실 누구네 집에 큰일 있으마 잔치할 때 막일해주고, 초상나면 상일해주고 하는 하 님이 동네마다 있었다 카이. 여자도 있고 남자도 있고. 동네서 아무 집 일이나 해주고 아무 집에서나 멕여주고 그러는 사람이라예. 큰일 때 되 마, 그때는 뭐 돈을 주던가 우예 됐던가 모리겠어. 돈 안 줬겠나? 큰일 아 니라도 묵을 거 없다꼬 오마 돈도 얻어가고 양석도 잡곡도 얻어가고. 오 만 거 다 주고 이라더라 카이. 하인이라고도 하고 상놈이라고도 캤다. 그 때는 갤혼하믄 친정 어른이 동네 하님한테 짐 지워가 색시를 시집에 데 려다주는 기라. 내 시집올 때도 아부지 따라 남자 하님 하나, 여자 하님 하나 그래 둘이 따라왔다 카이. 눈이 마이 와가 여서 자고 갔어예. 색시 데리고 왔다고 신랑 집에서 하님한테 밥도 한 상 잘 차려 믹이고 했어예. 친정 동네 가가 소문 잘 내돌라꼬, 하하하. 근데 이 동네는 와서 보니 하 님이 읎더라 카이. 우리 친정 동네는 다 있어예. 야지라서 농사가 좀 있 으니 사는 거는 여보다 좀 나아가 그랬겠지예. 친정 거는 동네마중^(마다) 도 다 있어예. 큰일 때 되마 옆에 마실 하님들까지 우예 알고 와가 일 도 와주고 묵고 자고 뭐 챙겨주고 챙겨가고 그랬어예.

시집오보이 오르막도 많고 길도 안 좋고. 길도 오새겉이 쎄민^(시멘트) 이 있나? 우리 산 데 거 각북은 그래도 야지라 카이. 농사도 여보다 많고 오르막 내리막도 없고 뺀빼앤하이 그랬어예. 거가 저 치실°° 건너에 있는데, 치실은 꼴짜구래도 각북은 청도라예. 좀 판판해서 영 낫지예. 근데 우짜다 이래 산골로 시집을 온 거라 카이. 신랑 각시 쨈매주는 거 말 엏 는 사람이 그래 재 넘어 댕기믄시로 말을 해가 중신했다 카이. 아부지 위 사촌이 중매를 했넌 건데 그 친정이 저 풍각인데 만날 재로 여를 댕기께 네, 오미가미(오며가며) 들어오고 그러다가 우예 말이 돼가 중매가 된 기 라. 아이구 여기 첨에 뭐 아이구 마마.

농사도 저 아래 우록1리마 해도 좀 있었는데, 우예 여 우록2리 이 꼴 짝에 사는 집으로 말이 들어갔나, 참. 그래 내가 와가 이마이 팔십 넘구 도록 살았네예. 영감은 나랑 동갑이라. 열여덟에 갤혼해가 우예 하믄서 겉이 아아들 놓고 마 전부 갤혼 시기고 손지 다 보고, 그라고는 먼저 간 기라.

엔날에 그때는 말만 듣고 선도 안 봤으예. 거때 저어 지끔 사일동,* 거 기 할배 위사촌 하나이 있었어예. 거 위사촌이 청도 봉기**가 친정인데, 사일동으로 시집을 갔던갑제. 그래가 자꼬 재를 넘어 이리 댕기데. 산을 넘어 우리 각골을 자꾸 댕기는 기라. 그래 와가 우리 할아부지보고 오빠 라꼬 하고 글쌓디마는 "아무거시 총각 하나가 저게 있는데……" 카마 말 을 넌 거라. 조카뻘이 됐던 모앵이라. 그래가지고 우예 말 한 븐 했기 고마 일이 돼뿐 기라. 그래가 뭐뭐 선또 안 보고 아무 구함도(궁합도) 안 보 고 했다 카이. 동갑이믄 구함도 안 봐도 되겠다 캤단다. 아부지는 갤혼 전

---

* 대구광역시 중구 사일동
** 경북 청도군 풍각면 봉기리

세 번째 삶 _ 글씨는 머리로 안 드가고, 베 짜는 거만 머리로 드가고   211

에 사웃감(사윗감)을 봤지. 자꾸 중매쟁이가 좋다 좋다 캐쌓매 꼬시가, 거래가 마아. 엔날게는 다 그래 했잖애예. 하이구, 갤혼할 때 얼굴을 첨 봤지. 첨에 봤을 땐 좋은 줄도 모리고 뭐뭐 그렇더라 마.

그래가 동짓달에 시집을 왔는데, 아아 동짓달 아니다, 시월이다. 음력 시월인데 눈이 그리 많이 온 거라. 시월 스무아랜가 그래 눈에 푸우푹 빠지매 와가지고 옆집에 가가이고 옷 갈아입고 그랬다 카이. 새색시가 첨으로 시집 드가는데 아무케나 하고 드갈 수는 없잖애예. 그 옆집이 누구 넨지는 모리지예. 냉중에도 거는 모리겠더라 마. 을매나 정신이 없었는지. 그래 눈이 마이 왔는데도 새색시 시집오는 날이라고 동네 사람이 마이 왔더라고예. 그래가 마 얼루 데꼬 가가 옷을 갈아입혀줬는데, 정신이 없어가가 누가 입혀주는지 누구께 집인지 그걸 우예 압니까? 마 부끄러버가 사람들 얼굴도 몬 치다봤는데예, 하하하. 어디가 시집인지도 모리겠는데, 보이까 눈 치아논 집이 시집이더라 카이. 다린 집 눈은 아직 그대로 쌓였는데 여 오이께네 밑에랑 우에랑 눈을 치았더라 마. 그래가 '저게 나 살 집이다' 그래 눈치챘심더, 하하하.

친정서 혼례 할 때, 족두리 씨고 연지곤지 찍고 그래 했지예. 엔날에는 다 그래 했잖애예. 첫날밤은 마 갤혼한 거날이 첫날밤이제. 엔날게는 장난도 심해가지고 우리 오촌들이 밤에 잠또 몬 자구로 하고, 전신에 문도 뭐 나무에 종이 바른 문 그런데, 다 잡아 째고 들여다보고, 하이고. 그래가 심하게 한 사람은 다치고 이랬다 카더라. 오샌 그런 게 어딨노? 신랑을 거 뭐 달아야 된다꼬 그래 몬 살구로 하고, 하이고 참. 오새 세월 좋지. 사진? 갤혼할 때 사진은 없어예.

212

꼴짜구 여스개는 꼴짜구로 혼인을 해야 잘 산다 캤다더라

진짜 여기는 꼴짜구였다…… 하이고, 각골 거도 꼴짜군데 여는 더 꼴짝이었다 카이. 오새는 야지 된 거라. 엔날 어른들이 꼴짜구 여스개는 꼴짜구로 혼인을 해야 잘 산다 캤다더라. 몰라, 엔날 노인들이 하는 소리지 마. 전에도 여에 사람이 좀 살기는 했는데 하도 꼴짝이라 논농사도 별로 없어가, 양식을 재 넘어가 저 풍각장에 팔아갖고 지고 오고 이러더라 카이. 그이까 해 먹을 기 별로 없었다. 오새는 차가 좋으니께네 멀리 가고 오고 카는데 옛날에는 살기 힘들었어예. 농사지을 데는 없는데 사람은 또 을매나 마이 사이께네. 왜 그런가는 몰라. 그래 꼴짜군데도 사람이 마이 살데. 그라다가 이제 전수 대구 나가뿔고, 우리도 마 노인네만 남고 아아들은 나가뿔고 핸 거지. 오새 보이 여 들어오는 사람이 많더라. 자꾸자꾸 들어오데. 저 안골°에도 사람 들어왔데. 한 집 들어오디만 자꾸 들어오고. 여 또 집 짓는다꼬 터 사가 닦고. 공기 보고 자꾸 들어온다 카이. 그래 뭐 돈 있고 차 있으이 거 전부 사다 무우니 되고. 이래 공기 좋고 물도 산물이 대구 물보다 좋으니 그래 자꾸 오는 기라.

• 우록2리에 있는 다른 언덕 쪽 동네

해 뜨니 일나고, 땅 뵈니 농사하고, 아이들 생기니 키우고 산 거라

엔날에 우리 째맨했을 적에 "저어어 백록*에 가마 쑥이 아주 마많단다" 는 말을 들었댔어예. 엔날게는 쑥논도 마이 지었거든예. 다린 이는 쑥 뜯으러 백록 와쌓아도 내는 한 번도 안 와봤어예. 백록이라 캐도 오데 붙었는지도 몰랐으예. 다린 사람들이 와도 내는 한 븐도 안 와봤다가 여로 시집을 와놔놓이, 하이고 산열 산열 꼴짜구고 꼴짜구고…… 첨에는 보이 마, 우예 사람 사는공 싶더라. 그래 내가 지금 팔십서이니 여서 을매나 살은 거라예? 육십오 년예? 하이고, 징그럽다 마. 그 세월을 우째 살았을까. 내 살아놓고도 모리겄다. 해 뜨니 일나고 땅 뵈니 농사하고 아아들 생기니 키우고 산 거라. 우리 영감 간 지가 십이 년째다 카이, 칠십하나에 갔으이께. 너무 일찍 갔다 카이…….

시집 와가지고 보니, 저 우에 제슬(제실)을 져놨는 기 있어가 사랑채는 덩그러이 좋은데, 몸채는 마 한쪽으로 넘어가고 집도 마카 찌그러지고 이렇데예. 그래도 거서 우리 아들들을 다 낳았다 카이. 딸? 딸은 없고 아들만 오행제라.

시집이라고 오이께네 시동상 하나에 호미 한 개만 있더라 카이. 그래 갤혼해가 살다가 냉중에 살림을 내줄라캉께 집을 지알라 카데. 그래가 여그 터를 샀으예. 보자…… 저 밑에 논 한 마지기 주고 돈 더 주고 그랬지 싶으다. 그래가 집을, 산에 막 다니매 지었어예. 그때는 시동상도 영

* 우록리의 다른 이름은 백록(마을)이다.

감도 마 청춘이고 이래놓이, 산에 가가 좋은 나무로만 다 비이다가 대목●
데려다 저 집을 지은 거라예. 우리 영감은 삼행젠데 맏이가 아니라 둘째
라예…… 글코 이래 보이께네 영감이 고마 많이 짓을 다 하는 기라 마.
시어른을 아버님이 모싰응께네, 우리가 시조모꺼정 다 모시게 된 기라.

시조모가 인자 마 돌아가싱께네 삼년상을 지내라 카데. 엔날에넌 삼
년상을 했어예. 시조부는 시집오기 전에 돌아가싰어예. 원래 할마이가
영감 뒤로 가마 삼년상을 하고, 영감 앞에 가마 일년상을 한다 카데. 그
래 시조모님 상을 3년을 모싰지. 시부모님 때도 한가지라. 빈소를 저 우
에 제실에 모시놓고 아츰지역으로 하루 두 번썩 밥을 떠다 올리고 그랬
어예. 옷도 마 허연 상복을 입는 거라. 그래 삼 년을 다 모시고 또 석 달
을 더 모시다가 이자 탈상을 하는 거라예. 탈상은 동네 사는 자손 다 불
러다 크게 제사를 하는 기라. 그라고는 입던 상복을 다 태우는 거라. 오
새는 그런 거도 없고 을매나 편하노. 편키는 해도 맴이 좀…… 거하지,
섭섭코 마. 늙은이들 사는 기 서러브다 카이. 아이고, 오새는 안 모실라꼬
전부 양로원에 갖다 옇어뿌고 하는데, 영감 돌아가고는 마 절에다 올려
뿌지. 조오 남지장사 옆에 백련암에다 올렸다 카이. 엔날부터 스님 있을
때 댕기놓이께네 거다 했어. 그때 돈 삼백만 원 내고 사십구재 올렀다.
뒷돈 넣는 거 말고 삼백만 원 줬다. 아이들이 전부 직장이 좋아놔놓이 부
주가 그때 돈으로 천만 원 넘게 들어왔다 카이. 병원서 돌아가시가 거서
손님을 맞았지. 아플 때부텀 병원에 있어놔놓이 장례도 병원에서 하고.
오새 세월 좋아예. 시부모님이나 시조모님 돌아가실 때는 집에서 다 했

● 집 짓는 목수

216

어예. 시조모님까지 기셔서 내 시집살이를 마이 했지, 맏미누리 노릇하니라. 그래도 그때는 아픈 데가 없으이께 힘든지도 몰랐다. 다 그라고 사는 기라 했지예, 하하하.

세빠지게 할 때나 지금이나 묵고사는 거는 매한가지라

거 때 여게 내 시집올 때만 해도 동네가 보자…… 오십 호는 살더라 카이. 그치만 농사는 뭐 별라 읊고 해놔놓이께네 묵고사는 게 부적이더라 카이. 부적이니 가난해가 힘들더라 카이. 여가 꼴짜구라 밭이나 좀 갈고 모 숨굴 논이 별로 없었다 카이. 그래놓이께네 저어 청도, 저리 재로 넘어가가 양석을 내애 팔아 넘구데. 여가 산골이라 재가 많아예. 팔조령, 헐티재, 통점령 마 돌아가매 전신이 재고 그걸 넘어야 장에를 다니고 그라니 억수로 고생했다 카이. 그때는 뻐스도 없고. 그래 작년에 내가 대학빙원에 가니 그카데. 드가자마자 "일 마이 했구나, 일 마이 했구나" 그카더라고 의사. 내내 꾸구려서 밭일하고 정지서도 꾸구려서 하고.

영감 있을 때는 농사 마이 지었어예. 마이 지어서 온 동네 다린 이가 "아무거시네 농사가 저 백록에 돌아가미 읊는 데가 없읆고, 안 짓는 데가 읊고, 안 간 데가 읊고" 캤다. 동네 돌아가미 여 뒤에도 있제, 저도 있제, 밑에 저 건너도 있제. 농사지 여도 사고 저도 사고 그래가 아아들 키우고 공부시기고 그칸거지예. 그라다가 갤혼시키고 하매 팔아무욱기도 마이 팔아묵었고. 거다가 선산 근처 종문 땅도* 묵캤던 거를 다시 농사짓고 했어예. 마이 해도 이놈의 자슥, 돈 되는 것도 없고 이 꼴짜구에 사람만 골빙(골병)들었다 카이. 그라도 오새도 뭐 콩도 숨구고 들깨도 숨구고 일을 할라믄 할 긴데, 작년에 내 아프구로 해서 묵콰 내삐리뿌이 마 다린 사람이 하더라꼬예. 다들 뭐라 카는데 해묵구로 내뒀뿌라 캤다. "놀리는 거 카마 안 낫나?" 캤다. 논이 두 마지긴데 포클렌(포크레인)으로 한 똥까리 맨들어가 콩도 숨구고 이랬는데 작년에는 아아들이 하지 마라 난리라. 내가 생각혀도 씨가 빠지게 할 때나 지끔이나 묵고사는 거는 매한가진데 오새 같으마 묵콰두는 거가 더 낫다 카이. 내 몸 아픈 거마냥 밭도 힘이 빠진 거라. 묵콰놓으믄 저도 쉬는 거라. 거래가 이자는 묵콰논 거는 묵콰뿌고, 또 팔리넌 거는 뭐 또 팔아뿌고 그래예. 묵콰놔도 땅이 오데 가나 뭐.

여 시집와서도 입을 게 읎었거든. 시어무이가 마 꼬드랑 꼬드랑하니 좀 그랬거든. 일이 많아가지고 할마이헌티 빈 밍지 짜고 하는 걸 마음대로 몬했다. 그래 마이 몬하니, 몇 넌 거로 하마 좀 모다 지고 그랬다. 그래도 마 명지랑 뭐랑 짜놓으마 어른들이 다 감아 가시고 남은 거는 좀 내다 팔기도 하고 그랬어예. 으른들 계실 때는 시장도 잘 안 가고, 넘헌티 줘가 팔아다달라 카고 그랬어예. 그러다 어른들 돌아가시고는 내가, 차도 우록꺼정 오도 몬하지만은, 저 올라오는 데 삼산**꺼정백에 뻐스가 안 왔거든. 거꺼정 가가 뻐스 타고 대구 대신동 제일 큰 장…… 맞다 대신시장, 그때 거로 팔러 몇 번 가봤다. 장 구경도 하고, 하하하. 그때는 야채, 나물, 꼬사리 같은 거를 가지고 그래 장에 갔다 카이. 여서 삼산까지

•   선산 근처에 있는 문중 땅
••   대구 달성군 삼산리

는 십 리가 넘잖아예. 팔 거를 머리에 이고 지고 십 리가 넘게 삼산까지 걸어가 뻐스 타고 대신시장을 갔다가 다시 뻐스 타고 삼산까지 와가 걸어 들어온 거라. 대신동 마이 댕겼는데, 오새는 대신동 안 간 지가 하마 몇 년 됐는지 모리겠다. 나중에 버스가 아래 우록*까지 와놔놓으니 영 낫다 카더라.

　장에 팔라 가마 혼차 갔지, 영감은 집에서 일하고. 옛날에는 짐승도 마이 멕있다 카이. 소 겉은 거 믹이야 농사를 짓지. 그때는 소랑 사람이 농사를 짓는데, 오새는 뭐 기계로 마이 하이께네 편치. 그때는 밭떼기 하나라도 갈라면 소를 부리야 되이께네. 우리 영감은 일 마이 했어예. 넘의 집 영감들처럼 막 술 마이 묵고 몬된 짓하고 그른 거 없었어예. 아, 전에 여가 집이 오십 호를 넘겼으이께네 남자가 많더라 카이. 남자가 많으이 술집도 있고, 모이가 화토도 치고 노름도 하고. 근데 오새는 그런 게 절대로 없어예. 시내에 차가 자꾸 들어오고 카이 나가서 노나 어쩌나. 여는 불도 안 들어왔어예. 우리 들어오고 시부모님 돌아가시고 나가 전기가 들어왔다 카이. 전기 들어오고, 수도 들어오고. 전에는 밤에 호롱불 써놓고 일했어예. 그래도 그때는 여에 사람이 마이 살아가 동네가 벅실벅실했어예. 노인도 많고 아도 많고. 지금은 마 내 겉은 늙은이들이나 남고 마…….

---

* 우록1리를 말한다. 주인공들이 사는 우록2리는 큰길에서 꺾어서 우록1리를 지나 더 산 쪽으로 올라가야 한다.

손님 술상이 끝이 없었다 카이

시집와보니 저 우에 집 몸체는 보이께네 막 돌아가가 찌그러지고, 아래채는 덩그러니 제실이고 좋더라 카이. 우리 시어른 이래 계실 때는 지녁에도 호롱불 써놓고 사람이 마 꽈악 찼는 기라. 낮에도 고마 지나가는 사람들이 들르고. 그라이 사랑도 방이 두 칸인데, 방이 너리예. 옛날에는 전부 다 오두막집이고 초가집이고 그랬잖아예. 우리 사랑은 덩그라이 아주 좋았다, 너리고. 그래 동네 노인이라 카면 팔월 명절, 설 명절 되마 다 와가 술 대접하고 큰 독에다가 쌀로 한 말쓱 해 옇어가 그거를 다 걸러가지고. 맞다, 그때 쌀이 을매나 귀해. 그래도 쌀농사를 우리가 마이 지으이 쌀도 가가, 밀도 빠사가 술을 한 말쓱 해가 담아 여놓으마 냉중에 그거를 가만히 걸러가지고 마 내가고. 그러이 마 손에 물 말른 적이 없지 뭐. 사람 하나 또 드오마 새로 상 채리가 술 내오고, 사람 또 하나 오마 새로 술상 채리가 내오고. 손님 술상이 끝이 없었다 카이. 거다가 설 명절 되면 마 어른 찾아뵈러 젊은 사람들이 세배 온다고. 일가만 오는 기아이라 동네 사람들이 그래 오는 기라. 그래 세배를 오마 지네는 한 번썩 하고 가는 거지만 손님치레 하는 사람은 하루 내내 상을 채리는 거라. 그래, 누구든 오마 맨입으로 안 보내고 상을 채리는 거라. 그라이 그날은 술상이 떠나지를 않제. 아이고 참, 일도 마이 했다. 옛날에 뭐 내 없을 때는 우옜든공 싶더라 카이. 윽씨 손 마이 탔다. 시어무이가 했겠지 뭐. 그래 시어무이가 보이께네 옳게 일도 몬하고 해서, 고상이 많았다 아이가.

내 시집올 때는 저기 꼴짝 개천물이 또랑이었어예. 물이 저래 많지 않고 쪼브락했다 카이. 다리도 없어가 마 나무를 이래 뚝 던져가 다리를 해가 댕깄어예. 그 밑에 가가 물 퍼오고, 또 저 뒤에 가가 거렁물(우물) 퍼오고. 우리 집 뒤에, 지금 한글 슨상님네 밭에 샘이 하나 있어가 거는 먹는 물 하고, 거렁물은 설거지 하고. 빨래는 저짝 멀리에 있는 큰 계곡엘 갔는데 빨래를 이고 지고 다니기가 너무 멀었어예. 아이고, 여 와가 고생 마이 했다. 식구는 별로 안 많았어예. 시할머니, 시어무이, 시아부지 그리고 시동생 있고 신랑 있고. 시어무이가 마 아아들을 마이 안 낳아놔가 아들만 둘이었다 카이. 보니까 이 집안이 아들이 많은 거 같더라꼬예. 시어른도 아들만 둘, 우리도 아들만 다섯 그렇잖아예. 집안 다 해도 딸이 별라 없어예. 아들들도 그렇고 우리 영감도 키가 크고 점잖고 인물도 잘났다, 하하하. 근데 내가 논 아아들은 큰놈은 크고 작은놈은 작고. 그래 엄마 닮아가 안 그런가, 하하하. 아, 근데 손지들은 또 다 크데. 아이고, 손지들은 오마 이래 아무 구석에 놔도 다 위로 치올라다봐, 하하하. 자주 오도 안 하재 뭐. 저 서울에 대구에 나가 살고 하이 팔월에 한 번썩 보고 설에 한 번 오고 그러제. 대구서 둘이가 다 올해 졸업반이다.

요새는 따뜻한 정지에서 꼭지만 틀면
뜨거운 물 콸콸 나오고 을매나 좋노

첨에만 읎었지 시집이 먹고살 만은 했고, 시어른들도 좋고 해가 고생은 별라 없었어예. 그캐도 시집살이야 다 힘들지 뭐. 내는 아무캐도 물 긷는 거랑 물일 하는 거가 젤로 힘들었다 카이. 물이 가차이 없으이 일일이 길어와야 하고, 겨울게는 눈 오고 얼고 그래가 물 길어오기도 고역이고. 빨래하는 기 또 을매나 힘드노. 개울물 꽝꽝 언 거를 돌로 깨가 빨래를 했어예. 하이타이°가 있나 빨랫비누가 있나? 양잿물 만들어가 하는데 물이 차가브면 빨아지지도 않애예. 내는 물일이 젤로 힘들었다 마. 오새는 따땃한 정지에서 꼭지만 틀마 뜨거운 물 콸콸 나오고, 세탁기에도 뜨거운 물이 지절로 들어가가 빨래 다 해주고. 천지에 을매나 좋노. 그라고 밥을 만날 삼시세끼 가마솥에다 불 때가 하는 게 힘들었제. 그기 서말 치 가마솥인데, 거를 우리 정지에 걸어놓고 불 때가 밥하고 찬하고 했어예. 보서(보리쌀) 끼리가지고 쌀 해가 가운데다 요로오케 얌저언하이 안 쳐가 밥을 하고. 장이 멀어가 뭐 키와가 이고 지고 해가 걸어 내려가 뻐스 타고 장에 내다 파는 그기도 힘들었다. 으른들 생신날이나 되고 명절이나 되마 안 먹던 찬을 하는데, 오새맨치로(요새처럼) 차가 있나 버스가 들어오나. 버스 탈라 카마 삼산까지 가야 되고.

시어무이는 뭐 찬찬하이 일을 잘하지는 모하셨어예. 오새는 옷을 빨아가 입고 양복 입고 하는데 그때는 한복을 해가지고 겨울 되마 디비가(뒤집어) 소캐(목화솜)를 넣어 누벼갖고 입었다 카이. 근데 뭐 우예 장에도 안 댕기고 했는가, 아들 둘하고 아버님하고 소캐가 다 떨어지고 거를 또 걸어매고 그라드라 카이. 그래가 그넘을 씻거가, 푸내가(풀 먹여서), 명지°°는 또 다듬이 해가 반듯반듯하게 해야 되고, 아이고. 겨울옷은 그래다 따가지고 옷감은 따로 씻어가, 푸내가 또 다듬이 해가지고, 솜은 솜대로 씻어가 말려가, 거를 다시 넣고 바느질을 해야지예. 아이고, 시오마이

° 하이타이. 세제의 한 종류
°° 맥락상 무명옷을 이야기하는 듯하다.

는예, 머느리 들여 그런가 일을 잘 안 하시어예. 그라이 바느질부터 다듬이질까지 혼차 다 했어예. 시어무이가 승격은 괜찮은데, 그런 일은 몬하드라 카이. 물도 한 발씩 몬 들고 오고. 농사지어도 뭐 드는 거를 아주 몬하더라꼬예. 그래 다 내 혼차 들다보니 밭농사가 힘들었지예. 오마이하고 내는 밭농사를 마이 했거든예. 그럼 그걸 거둘 때에 들어 나르는 걸 내가 하믄 시오마이는 밭에서 그걸 걷어주고 묶아주고 해야 되잖아예. 그런 거도 잘 몬하시더라꼬예.

우예 내는 그래 일찍 태어나가 그 고상을 다 했노 참말로

벼를 거두마 거를 말랴가지고, 저 산 말래이(고개) 절 앞에 논이 있었으니 그 나락을 다 영감이 지고 오고 내는 이고 오고 그랬어예. 그래 날라오마 거를 또 영감을 거둬가 다 털어야 돼예. 나락 터는 그기를 누가 골동품이라꼬 전부 가가뿟는지 없더라 카이. 보리는 도리깨*로 뚜드리가 거를 또 키로 까불러야 돼예. 콩도 말리가 뚜드리가 일일이 다 골라야 안 되나. 근데 콩은 또 미주 띄우는 일이 숩지 않다. 아이고, 참 고생도 마이 했다. 그래 해도 그때는 아픈 데도 없고 마. 시아부지도 일 마이 하셨어예. 혼인하고 좀 있다 영감이 군대 가뿔고 그라니 시동생 데리고 몇 년 농사를 지으셨지예. 영감이 군대를 늦게 가고 그래가 아버님이 묵고살라 카이, 참. 츰에는 우리 농사가 별라 없으이 힘드셨지예. 우리 거는 그때

* 콩, 보리 등 곡식을 두들겨서 알갱이를 떨어내는 데 쓰이는 연장

농사를 두 마디, 서 마디나 지었는가? 거빧에 없었으예. 오새는 전화만
하믄 하아얀 쌀 갖다주지. 엔날게는 모를 숨구고 피 뽑고, 마 가을걷이
하믄 다 비어서 말리고 털고 찧고 마. 엔날 사람 다 불쌍치. 오새 사는 사
람은 다 복이다 카이. 우예 내는 그래 일쩍 태어나가 그 고상을 다 했노
참말로, 하하하. 논농사도 겠고, 밭에 콩도 마이 숨구고. 영감 젊어서는
마이 했는데도 벼농사는 뭐 팔 거도 없었다. 사내아아들 많으니 다 묵어
뿌고, 쌀 안 숨구는 이웃에나 좀 팔고. 오새는 농사를 몬하이께네 저 산
속에 논둥아리 다 묵콰고 있다 카이. 농사지을 사람이 있나 뭐. 나만 아
이라 다린 할마이들도 일 몬한다, 이제. 집 앞에 밭에나 채소 쪼매 숨구
고 그렇지. 땅이 팔릿는 거도 있고, 그냥 있는 거도 있고, 내버린 거도 있
고. 몬하니까 내버리지 뭐. 그니까 천지가 다 노는 땅이라. 여 한글반 슨
상도 노는 땅 많다. 자기 땅에도 농사 다 몬 지어.

첨에는 남의 농사를 마이 짓다가, 식구대로 억수로 고생해가 논 사고
밭 사고 그랬어예. 그때가 참 좋았지예. 고상을 해도 신이 났다 카이. 울
영감이요, 해마다 시동상 몫을 딱딱 계산해가 참참이 논도 밭도 사주고,
냉중에 장가갈 때 또 따로 띠주고 그랬어예. 그래야지예, 시동상도 고생
많았십니더. 그래도 마 해마다 밭이랑 논이랑 늘리고 살았십니더. 그카
다가 이자 아아들 공부도 시기고 갤혼도 시이고 할 때 하나썩 팔아무읐
제. 여 꼴짜구 사이께 공부 시이기가 제일로 문제더라 카이. 핵교가 없어
가 시내다가 자취를 시기야 되고, 그라이 공납금에 생활비에 방값에 마
곱으로 들어갑디다. 그래도 서이는 고동(고등학교)꺼정 시깄고, 둘은 고동
을 몬 시깄다. 큰아 거도 고동을 몬 시깄지. 그때는 아직 힘들 때 아이가.
그래가 미안치. 고생은 젤로 마이 하고. 그래도 하는 데꺼정 시기나나이

지 앞은 다 딲고 취직 다 했고 글타.

양식을 짚두지에 채워가 놓으마 안 묵어도 배가 부르지예

시집온께 여는 잘사는 사람이 읎더라 카이. 농사도 마이 안 짓고 요런 데 시집와서 한 해 두 해 있은께네 우안하이(우연히) 부자가 논을 사줘 갖고 거를 빌려 농사도 져주고,* 영감이랑 시동상이 젊을 때라 일도 마이 해가 자꼬 논이랑 밭을 사가 농사를 마이 짓게 됐다 카이. 우리 친정 오촌들이 "아무거시는 시집가미 많이 가주가가 저렇기 논 사고 했다" 그카더라. 그거는 아이거든. 영감이랑 시동상이랑 고상을 해가 그래 널쿤 거라. 내도 고상 곁이 했제, 하하하. 하이고, 고상 고상…… 우리는 논 양석은 안 팔아묵었어예. 여로 치면 우리 논이 많았던 폭이라. 가실(가을) 되마 마당에다 자리 쫘악 깔아놓고 나락을 훑는 기라. 기계로 밟아가 나락을 훑거던. 훑고 나마 짚이 나올 거잖아예. 거를 또 엮어가지고 마 오만가지를 다 만드는 기라. 가마니도 짜고 새끼도 짜고 그랬잖아예. 짚두지 안 봤지예? (짚두지면 짚으로 만든 뒤주인가보네요? 쌀뒤주. 나무로 된 뒤주는 어렸을 때 우리 집에도 있었는데 짚뒤주는 못 봤네요.) 그라도 쌀뒤지 아네, 하하하. 짚을 이만치나 되게 짜가 짚두지를 맨드는 거라. 한 두지에다 몬 담아가지고 두지를 더 만들고 했어예. 그래 양식을 짚두지에 따악 넣어놓으마 안 묵어도 배가 부르지예, 하하하. 그래가 전에는 양석을 팔

* 우연히 부잣집 논으로 임대농을 한 것을 말한다.

아무우보지를 안 했는데 인자 요새 팔아묵는다. 오새는 마마 쌀 저거 뭐 이십 키로 한 개 팔아놓마 은제까정 무도 몬 묵는다. 설 때나 되마 또 하나 팔고.

윤달에 귀신들 놀러 갈 때 팥죽 뿌리줘가 믹여 보내고

우리 아아들 키울 때 사진은 저 우에 집 큰방 문 우에 걸어놨으예. 사진은 띠도 안 하고 매일 기양 있다 카이. 거다 건 사진은 함부로 내리고 그카믄 안 좋다 캅디다. 새로 넣을 때도 팥죽이라도 끼리고 마 그래 해야 합디다. 우리 아아들은 큰아하고 두째하고 갤혼식 한 거 전부 거기 있다 카이. 사진 가꼬(액자)에 담아 걸어놔두고, 띠도 안 하고 기양 있다. 여방에 있는 사진들도 윤달에 띠가 옮기믄 될랑가? 윤달에 구신들 놀러 갈 때 그때 팥죽 쑤어가 마당에 뿌리줘가 믹여 보내고 몰래 사진을 옮기야 칸다더라꼬예.• 아아들 사진은 원래 다 여 우에다 해놨었거든. 여 집이 엔날부터 있던 집이랑. 그카다가 냉중에 새집 짓고서는 아아들 갤혼 사진들만 전부 큰방으로 옮겼다 아이가. 사진이 많아서 저거는 옮기지도 안 하고 기양 있다.

• 인터뷰를 하는 방은 아래채의 메주 말리는 방이었다. 아궁이에 장작을 때서 가마솥에 콩을 삶아 메주를 빚어 그 방 안에 넣어 말리고 있었다. 방이 따뜻하다고 그 방에서 이야기를 나누자고 하셨다. 전에는 아래채가 본가였다가 위채를 새로 지으면서 이곳이 아래채가 되었다.

우리 큰미누리는 중매로 했어예. 거도 중매했다. 큰미누리가 어디 나가도 인물도 좋고 키도 크고 온 집안에 며느리 잘 봤다고 참 좋아했다. 그래 두째 거도 중매했고. 셋째 거는 중매했는가 우엤는가 기억이 잘 안난다. 고마 퍼뜩퍼뜩 돼뿌데 고마. 그때는 한 해 잔치하고, 한 해 또 잔치하고 그랬는데 두째 저거는 갤혼하는 데 돈 십 원도 안 들었어예. 다부(오히려) 지금 우리 살림살이 테레비랑 뭐 그기 지네가 사주고, 전부 축하금받고. 직장이 좋아가지고 돈 십 원도 안 들고 식구들은 옷 다 얻어 입고. 차가 여까지 와가 사람 다 실어가고 실어오고. 즈그 살림살이 전부 새로갈고 해도 우리는 돈 십 원도 안 들었다 마. 다들 덕 봤다 캤다. 그래놔도즈그 다 잘 묵고살고. 두째가 머리가 좋아가지고 돈도 들도 안 했고, 지국민핵교 나와가 대구 가가 육 개월 딱 해가 중학교 거를 딱 따가 고동드가고. 고동 드가가 또 장학 받고. 그래서 손지가 또 저 서울 연세대핵교까지 장학생으로 마치고 그카데. 아가 인물도 좋고 키도 크고 마.

아 하나 없앴어예. 사내아아들 사이에 여스개 하나 잃었다 마. 여섯 살인데 이마하이 억시 컸다 카이. 을매나 애지랑(재롱)도 잘 지기고 그래쌓더니 마…… 오매 오매 그라미 밥하믄 정지문 밖으로 쪼로로 열고 내다보고. 여스개니까 을매나 더 이뻤어예. 애지랑 떨고 잽싸고. 옛날에 홍역그게 왔는데 여가 넘 꼴짝이라 진즉 병원을 몬 가가지고 마…… 여스개하나 있었으마 내 을매나 좋았을꼬 그란다 지끔도. 머시마들은 지들이아무리 뭐 한다 캐도 여스개랑 달르치. 고거가 그래 애지랑 떨던 그기 지금도 서언하다 마…….

우찌 그리 몬 알아듣노 오딸을

내 어려서는 풍각장을 갔다. 각골서 풍각까정 걸어갔다 걸어오고. 거는 길이 좋은께네. 차는 안 댕기도 오리막 내리막이 없더던. 그때는 다 오일장이었다 마. 여 와서는 대구장을 다녔지. 지금은 서문시장 그게 제일 크지. 서문 거는 오일장이 아이라 매일 장이 섰다. 어제 점섬 무우러 가가다 저 밑에 삼산 안 있었나? 대구서 고꼬정빼에 버스가 안 오는게 (오니까) 거서 여꺼정 걸어왔다 안 카든가예?* 어제 본동**에서 더 니리가이 와 십 번카(차), 칠 번카 버스 마이 안 댕기던교, 그쟈? 거꺼정 걸어가야 버스가 있고, 삼산서 여꺼지는 내내 걸어다이이까 그렇더라 카이께네. 그래가 저 우록1리 지금 거 종점꺼정 차 들온 게 되긴 좀 됐다. 서문시장 말고도 칠성시장이라꼬 또 있는데 거는 멫 븐 안 갔다. 대신동 카마 장 보이가 몬하드라. 칠성시장***은 낄쭈마이(길죽하게) 있어갖고 여 가고 저 가고 이래 하는데 대신동 서문시장 가마 도리도리 돌아가미 전시이 살 데 천지거든.

대신동 거가 작년에 불나가**** 박근혜꺼징 니리오고 안 했나. 거가 엔날에도 그래 큰불이 함 났다 카이. 내 인자는 장에 가는 것도 버스도 맘

---

* 전날 한글교실을 마치고 서울에서 손님 왔다고 점심 외식을 하러 가자고 해서 다섯 명이 승용차를 타고 가던 중에 삼산을 지나며 했던 이야기를 말한다.
** 우록1리
*** 대구시 북구 칠성동에 있는 시장
**** 2016년 11월 30일 새벽에 발생한 대구 서문시장의 화재. 이 인터뷰는 2017년 1월 19일에 진행되었다.

대로 몬 타가지고, 오새는 아아들이랑 미누리가 장 봐가 오고 하이, 장에
갈 일도 없고. 내 빙원을 가믄 우리 막내이가 또 태와가 가고 태와가 오
고. 다린 아이들은 공직에 있고 점방에 있으이께네 일요일만 놀고. 요즘
공직은 일욜도 놀고 토요일도 논다 카더라. 막내가 이제 경찰이 돼놔난
께네 밤에 근무하믄 한낮에 와가 태아다주고 약 타다주고 그칸다. 막내
네 집 머스마가 지금 대학 졸업 시기다 카이. 아를 연년상으로 낳아가지
고, 여스개 하나 머스마 하난데 머스마는 군에 갔다 와가 올개 마마 졸업
하고, 여스개는 작년에 서울 고래대학(고려대학교) 갔는데 공부를 잘해가
장학금 반틈 받고 그칸다. 그기 우예 그리 됐나 카이께네, 고동핵교부텅
공부 잘한다꼬 집에서 핵교를 안 댕기고 잘하넌 아만 빼가지고 대구 성
서 저 오데, 밤으로도 안 보내고 일욜 토욜만 집에 보내주고. 기숙핵교?
거를 기숙핵교라 카요? 하여튼 그라다가 시험을 떡 보디이마는 내가 "봐
라, 정아. 오데 됐노?" 카이께네 "스울 고래대학 갔다" 이카데. 그래가 장
학금 받고. 여스개가 그래 잘해.

　두째네 손지는 서울 연세대핵교 장학생으로 나와가지고 대학원 나와
가 작년에 빈호사 시험 땄잖여. 오새 변호사 사무실에 나간다 카더라. 두
째네도 남매라. 여스개, 머스마 둘인데 두째가 공무원이거든. 달성군에
시험쳐가 드가가 공무원이라예. 그래가 장학금이 아 둘 다 나오는데, 장
학생 되이 군에서 장학금이 안 나오더라 캐. 핵교서 장학생이 돼뿌나이,
하하하. 그거 아깝잖아예. 두 번 주믄 안 되나. 그래가 군에서 안 나와도
뭐 핵교에서 장학생 돼놔나이 좋십니더. 거 지 아바이가 머리가 그래 좋
다 카이. (어르신 머리가 좋으니 아드님이랑 손녀 손자들이 머리가 좋은
거지요.) 그랬는 거는 몰래도 우리 할마이 머리가 좋은 거가 그리로 간

거라. (그 할머니 머리가 아들 손주들한테 어떻게 바로 갔겠어요. 어르신 거쳐서 간 거지, 하하하.) 글치예, 하하하. 근데 영감이 갸 빈호사 되는 거를 몬 보고 간 게 내는 그래 아깝다 카이. 거를 봤으마 을매니 좋아했 겠노…….

　우리 두째가 여게서 나가지고 가창중학교 안 하고 그때는 아 둘이 서이 다 공부를 시일라 카이 돈이 읎어가주고, 그래가지고 지 형은 고마 저 점포에 들어가가 있었어예. 그래가 두째헌티도 "니 거로 갈래?" 카이께 네 간다고 카드만, 거 가서도 아가 자꼬 공부만 할라 캐예. 그래 자꾸 공 부할라 캐쌓이 거 주인이 "야는 공부할 아지, 절대로 일할 아가 아이라" 이카데. "니가 그래 공부하고 싶거들랑 내가 느그 삼촌 집에 하숙을 부치 주꾸마. 거 가 공부해라" 카이, 육 개월 하디마는 중학 거를 따가지고 이 자 고동 시험 치니께네 저…… 대구상고나? 아, 주앙상고(중앙상고). 거를 시험치고 드가가 내애 장학금을 받았어예. 저 오매랑 아부지가 한 번도 안 찾아가니 슨상님이 그캤다 안 카나. "너 오매 아부지는 어떤 사람인데 장학금을 내애 받아도 한 번 오도 안 하나?" 그카더라 카이. 코빼기도 안 뵌다, 그카더라 안 하나? 그래가지고 고마 졸업을 해가 "시험을 오데 치 노, 오데 치노?" 카드니 달성군 농햅에 쳐놔난이 고마 떠억 됐뿌넌데, 그 땐 여 전화가 없었다 카이. 그래가 저 돌리는 전화 안 있십니꺼? 그때는 거가 동네 이장 집에도 없고, 저 핵교 소사라꼬 그 집에 있었어예. 그래 가 시험 됐다꼬 대구 농햅에서 소사네로 전화가 왔는데, 소사네서 안 갈 채줘가지고 몰랐는 기라. 전화 받은 사람이 안 갈채준 거라. 그래 연락이 없으니 떨어졌나 싶어가 지가 늦게사 전화해보이 됐다 카는 기라. 소사 네로 전화도 했다 카는 기고. 그래 고기이 날짜가 내일모레 넘가뿌마 그기 또 안 된다 카데. 하이고, 그래가지고 이놈의 짜석 늦게사 난리가 났다 아이가. 하이고, 낭중에 우리 집안사람들이 종손하고 집안이 전부 대구에 있으이께네 인자 뭐뭐 모사 지내고 뭐하고 자꾸 만난다 카이. 만나믄 전부 "하이구, 꼴짜구 거 처박히가. 하하하, 거 넘가뿟으믄 우예 됐겠노?" 카미 웃고 난리라.

그래가 인자 오늘 알아가 내일 민접(면접)을 가야 하는 기라. 그니께 난리가 난리가 아이라. 그래 시험 되고 민접 되고 그래가 달성군 농협에 딱 드가가지고. 하이구, 어제도 내 이바구했지마는 갱상남도, 갱상북도 거로 다 돌아다니게 시이고 내는 갸 돌아다니는 걸 쫓아다니매 밥이랑 빨래랑을 챙겨주니라 온갖 데 귀경을 많이 했어예. 진주 가 있다가 부산 가 있다가 토냥 가 있다가. 토냥예, 토냥. (아하 통영요.) 맞다, 토녕. 거 바다가 아주 좋다 카이. 또 저저저에게 문경 갔다가 청승 갔다가. 청승 거 가이께네 아주 갱상북도 꼭대인데, 청승 와 오딸 한다 안 캐쌓던교? (오딸이 뭔가요?) 오딸 말이라예, 와 청승 오딸을 모르능교? 하이고. 청승 거 가 여 카마 꼴짜구는 아이라도 거 동네가 멀더라 멀어. 근데 거가 오딸이 아주 유명하다 카이. 두째가 사줘서 오딸도 사무우봤다. (오딸이 먹는 거네요?) 하이고, [손과 팔을 훑으시며] 온 여가 달구 뻘거이 와 안 캅니꺼? 갱상북도 제일 꼭대기 청승 거 오딸! 우찌 그리 몬 알아듣노. 무마 사람게 좋다 카는 오딸, 거 나무 안 있십니꺼? (나무요? 아하, 옻나무! 하하하, 알아요, 옻닭! 하하하.) 기래, 오딸. 청승 오딸. 내는 오딸 무우도 괘않더라 고마. 그기 몸에 좋다 카데. 거 청승 가서 오딸도 묵고.

저게 수안보가 또 오데고. 거는 보이께네 차가 산얼 산얼 즌부 비잉빙

가데. 그런데 거 안에 들어가보이 진짜 좋더라 카이. 옛날에 거 역사 카는 거, 거에 나오는 거를 보여주데. 쪼옴 꼴짝은 꼴짜구더라 카이. (수안보도 가셨군요. 거기에 공무원 연수원이 있어서 많이 가지요.) 맞다 맞다, 거는 밥해주러 간 기 아이고 놀러 갔네, 하하하. 내캉 다 잊아뿔고 섞갈리고* 그른다. 거는 테리비에 억수로 나오데. 마 산을 산을 을매나 드가든지. 근데 거가 억수루 좋다 카이. (둘째 아들 직장 옮겨다니는 데마다 쫓아가 살림 챙겨주셨으면 여기 살림은 어떻게 하셨어요?) 계속 가 있는 기 아이고, 지가 자취를 하이 한 번썩 가서 빨래도 빨아주고, 찬도 날라다주고, 청소도 한 번썩 싹 디비가 하고. 갤혼 안 핸 사나아자슥 아 아들은 그리 챙겨야 안 하나? 그카니 거 아조 눌렀지는 몬하고 자주 갔다 카이. 여 안 오믄 뭐뭐 영감 혼차 뇌뚜믄 일할 수 있나, 농사철에?

　그래가 진주 있을 때넌, 보자…… 스부 주차장(대구 서부 정류장) 거 가가 탔다. 거 있을 때하고 부산 있을 때는 자주 댕깄는데, 청승 거는 느무 멀어가 자주 몬 갔으예. 그래가 마 오새는 하숙 부치마 되는데 그때는 하숙을 몬 부치가, 지가 방을 해가 자취를 했다 카이. 하이고 그래 갤혼해가, 자슥들 낳가지고 장성해가, 저래 공부를 해가지고 잘됐다 카이.

---

*　갈피를 잡지 못할 정도로 여러 가지가 한데 마구 뒤섞이다

232

자고 나면 일하고 묵고 나면 일하고 그기지 뭐

아이고, 내가 잇아뿐 게 있다. 내 스울서도 살아봤어예, 하하하. 두째
따문에 오만 데 다 가봤다 카이. 우리 두째 따문에 내가 스울에도 한 달
인가 있었다. 거는 직장 따문이 아니라 두째가 군에 가가지고, 그리 오라
캐가 거 한 달 있으미 스울살이를 해봤다 카이. 두째가 머리가 좋은께네
군대도 좋은 데 뽑히가데. 거가 무슨 특대라데. 한 달 있으미 방도 쪼매
난 거 한 개 얻고, 살림 사고 솥 사고 마 전부 다 사가지고 그래 있다 대
구로 명령 뭐가 내리왔뿌나이 다 내삐리뿔고, 거 방 얻은 집에 다 줘뿟
다. 서울에 한 달 있어도 밥을 해무을라 카이 넘 있는 거는 다 있어야 되
겠데. 그래 보이 스울 쫌 비싸더라. 그때가 내가 한 사십멫 되기나 오십
멫 되기나 거래 됐다. 스울서 살아보이 사람 살기는 마 좋더라. 살림 살
기도 아주 편코. 사람들도 을매나 인정시럽더라. 뭐 사러 가마 마마 웃어
쌓고 잘해주고. 여는 그래 웃고 잘하고 마 그게 쫌 없거든예. 여자캉 남
자캉 쫌 불뚝불뚝하다 카이. 내도 글코, 하하하. 다 좋은데 스울 말씨가
그래놓이 말을 몬 알아먹겠더라꼬예. 말씨가 여 말씨매이로 숩지가 않고
애롭더라(어렵더라) 카이. (맞아요. 내내 경상도에서만 사시다 보니 서울말
이 어려우셨겠네요. 저도 서울서만 살다보니 어르신 말씀하시는 걸 다
못 알아듣거든요, 하하하.) 그래예? 여 말이야 숩지. 몬 알아들을 기 뭐
있노, 하하하.

거래가 둘째가 엉칸(워낙) 공부하고 싶어하더니 자슥들도 마마 잘하고.
지 아바이가 그래 공부하고 싶어도 대핵교는 몬 갔는데, 지 원대로 자슥
들이 다 했다 캤다. 스울에 연세대핵교꺼정 장학생으로 나와갖고. 그래

작년에 빈호사 시험 쳤다고 와나난이 할배 산소도 다 댕기니라 절에 갔다 카이. 절에 스님이 "하이고, 아가 아바이 닮아가 인물이 을매 좋은지 키도 크고 인물도 좋고 잘나고" 카시더라. 내는 영감이고 자슥들이고 속 썩이는 거는 없었어예. 크게 속 썩인 거는 없고, 영감 젊을 때는 마음에 좀 그카긴 했어도 뭐 신갱 씰 거는 없었어예. 첫째캉 넷째캉은 고동을 몬 시이고 서이는 고동 시이놔난이. 큰아하고 넷째하고는 지금 점포를 보고 있고 손주들도 잘 살고. 두째는 달성군 거서 작년에 정년퇴직했다. 했는데 오새 또 사무실에 나간다 카네.

내는 뭐 만날 일했는 거뿌이라. 한핑상(한평생) 일했는 거가 내 살아온 다다. 고상도 했지마는 재미도 안 있었겠나? 안 그라마 핑상 우예 했겠노? 농사 자라는 거도 재미있고, 자슥들 커가는 것도 재미있고. 그게 재미라, 그쟈? 그리고 또 무신 다린 기 있으마 몰리겠는디 다린 거 또 없응께 거라도 해야지 우야노? 하하하. 자고 나믄 일하고, 묵고 나믄 일하고 그기지 뭐. 거로 자슥들 묵이고 갈치고. 그게 다라예.

자석들 크는 재미가 크지마는 젤 힘들었을 때도 우리 아아들 공부시길 때다. 아무리 일을 해도 아아들 공부를 제대로 몬 시기는 기라. 큰아 헌티는 더 미안타. 마 더 공부시길 생각을 몬했다 카이. 냉중에 농사가 좀 많아져가 아아들 고동 드가고, 서이 너이 공부시길 때도 아무리 일을 마이 해도 돈 들어가기가 바빴던 거라. 공납금 그거 몬 댈까봐 만날 종종 종종 하고. 오새는 마 '아이고 돈 없어가 뭐, 우얄래?' 이런 걱정도 없고 마음이 젤 편치. 돈 떨어지면 아아들이 갖다줄 기고. 뭐 오만 거도 다 사다주고.

콩 삶아가, 밟아가, 밥부제 놓고 깨끗하이 해가

옛날에 친정에는 전부 쌀농사제. 거는 야지라서 쌀농사가 많았다. 여는 산골이라 논이 별라 없더라, 잡곡도 쪼매썩들만 하고. 대신에 여는 콩을 마이 하더라. 오새 보리는 안 간다. 옛날에는 갈았지. 야채? 거는 꼬치 쪼매 숨구고 배추, 무 그런 채소들 쪼매 하고. 깨 겉은 거는 마이 안 해예. 무울 거나 쪼매썩 할까. 덜깨(들깨)도 했는데, 올개는 마 몬 숨구지 싶다. 큰아가 일요일에 와가 하겠다고 했는데 지가 안 오니 내가 다 우예 하노? 그카니 마 땅을 무쿨 수밖에 없는 기라. 이자 내 혼차는 몬한다 카이. 미주도 논에다 숨궜는 거라. 원래는 콩밭이 많았는 기 아이라, 논을 무쿨라 카이 큰아가 콩을 숭궈봐가지고 지은 거라. 근데 또 작년에 가물어가 콩이 적었다 카이. 콩 빈질 때 가물아가. 우리는 그래도 논에다 숭궈놓이 섭이(습기가) 있어가 열긴 열었다 카이. 물이라도 자주 대줬으마 더 잘됐을 긴데 점빠아에 일하러 갈라이, 언제 거 돌보나 카이. 기양 내삐리뿌니 모양이 쪼매 그렇더라 카이. 이제사 콩을 가렸지 뭐.* 점빠아 하는 큰아가 일요일 날 와가 했는 기라. 내는 작년에 빙원 갔다 와가 이자 일 몬한다 카이. 저 밑에 논 두 마지기에 콩 숭구고 지 무울 거나 쪼매 간다. 거도 이래 안 하믄 즌부 사야 되지 뭐. 큰아는 머스마만 둘인데, 큰 거는 갱북대학 나오고 작은 거는 오새 외국 가고 없다 카더라.

이기 미주 닷 말인데 다린 이 거도 좀 있다. 이자 미주 장사는 안 하는데, 누가 해달라 카믄 우리 거 하면서 더 하는 거제. 콩 닷 말을 끼리가

---

* 이제야 콩을 골랐다.

큰아가 혼차 하루 온죙일 다 밟고 해놔놓이, 허리 인대가 넗어져가(늘어나서) 빙원에 치료 받으러 열흘 댕깄다 카더라. 미누리는 따라가미 하도 안 하고 그런다. 대구 시내서 자라놓이 몬한다. 했는 사람이나 하제, 안 했는 사람은 몬한다 카이. 큰아는 전부터 촌에 살았기 때문에 일을 해봐놓이, 내가 몬하든 지가 다 할 줄 안다. 그래 콩 닷 말 끼리서 밟아놓고 갔는 거럴 달으러 온다 캤던 게* 허리가 빙이 나뿌니께 우야겠나? 내가 달꾸마 캤디마는 지가 하게 두라 카는데 마 내가 달았어예. 그래가 이자 미주 안 끼릴라 카더라. 큰아 갸가 올게 육십, 육십너이 말띠인가 그렇다. 애릴(어릴) 때부터 일을 많이 해놔놓이 허리가 아파가지고…… 점방 거도 일이 씨거든. 애릴 때도 글코 커서도 글코 갸가 젤로 고생이 많았지예. 젤 해주도 몬하고. 살림이 아직 안 핐을 때고, 동상도 줄줄이 있으니 잘 봐주도 몬했고. 제일로 미안치예. 그래도 지금 마 제일 가차이 살고 자주 오고 그칸다. 저도 허리가 그래놓이 아래**도 나무를 해와야 하는데 이자 나무 몬하겠다 카믄시로 즈그 친구가 나무 뭐 합판 공장을 하는데 그걸 갖다 때라 칸다믄서 몬 씨는 합판을 가와 때는데, 연기가 마이 나더라 카이. 깨깟허긴 깨깟한데…… 방도 뜨시고. 근데 연기가 마이 나더라 카이. 불을 잘 때는 것도 아이고, 거 설 알로만*** 미주 띄울 때만 때고 안 때거던. 다린 방이야 보일라 때고 이 방만 아궁지를 나눠놨어예. 미주 띨라꼬.

*   (메주를 말리기 위해) 달아놓으러 온다고 하던 큰아들
**   어제 혹은 그저께, 며칠 전
*** 설 아래로만, 설 전에만

메주를 만들라면 콩 삶아가, 밟아가 뭐뭐, 깨끗한 밥부제(보자기) 놓고 마마 깨끄한이 해가지고 고디*로 갖고 디디고. 그래 두 번 밟아야 된다 카이. 모양을 고디로 또 밟어가지고 그래 방바닥에 널어가 말랴가 요래 달아야제. 전에는 짚새기 깔아가 그 우에 널고 짚새기로 달아 매고 했는데, 오새는 마 종우(종이) 우에 말리고 양파망에 넣어 달아 논다 카이. 다 마르면 거로 된장하고 간장 만들어가 남는 거는 돌라 카는 사람도 주고. 오새는 돌라 카는 사람이 마이 없어예, 전부 사 묵고. 사 묵는 거는 맛이 달라예. 집이서 아궁지에 불 때까마 일일이 하는 거랑은 다르지예. 다린 사람 해돌라 카마 하는 질에 겉이 해주제. 요기 달아논 이거도 다린 사람 거 좀 있어가 닷 말 넘게 했는 기라. 우리 거 두 말인가 서 말인가 몰라. 담아가 주믄 알겠지. 이븐 미주도 깨끗하이 떴다 카이. 밤이시 공기도 좋고, 내내 문 열어놓고 있어놓이 다 말랐잖애. 방이 안 뜨시마 곰패이(곰팡이) 피고 막 이란데 이기는 깨끄하이 말랐어.

요새 세월이 그기 드럽다 카이

우리 잉감은 키도 크고 걸때**도 좋고 일도 잘하고 이랬는데, 여 꼴짜 아서 공부를 몬했지. 오래 살도 몬하고. 안 그래도 아가 "아부지 더 살았으마 됐는데. 더 살았으마 손지들 존 일 다 봤제" 그칸다. 손지들 낳은 거

---

* 메주 만드는 틀
** 사람의 몸집

는 다 봤어예. 그치만 빈호사 되고 그런 거를 몬 보고 갔지예. 그래가 오새 있었으마 자랑하고 다닐 긴데…… 하하하, 내헌티? 내헌티야 뭐 오새 아아들맹이로 그러나, 오데? 우리 집안 남자들이 뿔뚝꿀•이 씨가지고(세가지고) 몬하이로 하는 것도 기양 할라 카고. 갱상도 남자들이 더 뿔뚝꿀이 씼는지 우옜는지는 내는 마 여 꼴짜구에서만 살아가 모리겠다. 다른 집 잉감들 얘기 들으마 다 우리 영감보다 씅질이 씨다 캐서 우리 잉감이 좀 낫나 카고 살았다 마. 근데 여는 여자들도 씨다. 승질이 급해가 말도 씸하게 하는 여자가 많더라 마. 하이고, 마 오새 젊은 것들은 사내가 말 안 들으마 사흘 살도 안 하고 전신에 이혼하고, 이놈의 짜쓱들 아 놓고도 안 산다고 이 지랄 하고 마. 저 아래 집에도 보이께네 미누리 가뿟다 카이. 머스마들 둘 두고. (이 동네뿐 아니라 서울이고 시골이고 자식이 이혼하면서 손주 키우는 어르신이 많아요.) 여도 그런 집 많어예. 미누리가 자슥들 놓고 나가서 손지들 업고 키우는 할매들. 애 오마이들이 우째 그런 생각을 하나 몰라. 저 아래도 보이께네 차가 만날 있어. 와 차가 만날 있노 캤드마 그래 여자가 가뿔고 없다 카데. 그카니 머스마를 여 데려다놓고. 아이고, 오새 세월이 그기 드럽다 카이. 자석 나놓고도 우찌 가겠노, 그자? (어르신들로서는 참 이해가 안 되는 일이지요. 그런데 그만큼 이젠 사람도 세상도 많이 바뀐 것 같아요. 여자가 전처럼 당하고만 사는 세상이 아닌 거지요. 여자마다 집집마다 사정도 있을 테고요. 어르신들 살아온 얘기 듣다보면, 도망갈 생각을 하셨다가도 자식 때문에 별수 없이 주저앉았다는 분이 많더라고요. 요즘도 보면 오죽하면 엄마 입장에서 자식 낳고 갔을까, 그런 생각도 들어요. 여자가 자식을 데려가려고 해

• 화가 나다, 성질나다

도 서방이나 법 때문에 못하는 경우도 많고요.) 우예기나 지 자석은 오매가 키아야 안 카나? 내는 모리겠다. 사정이 있어가 안 카겠나 그카기는 카지만 내가 아들만 키와나나 그런가 몰래도, 오마이가 참 거 자석 낳아놓고 맽기놓고 가는 거, 아 오마이도 뭐가 그렇기는 카겠지마는. 근데 마 오새 세월이 그런데 우야겠노. 옛날에는 영감이 뚜드려 패고 다린 여자 보고 그캐도 자석 때문에 살았는데, 오새 그캤다가는 고마 끝이라. 모리겠다 마, 뭣이 잘하는 건지. 오새 여자들이 맞는 것도 겉으고, 우예 새끼들을 놓고 가나도 싶으고…….

우리 잉감도 일 마이 했어예. 잉감은 점잖다. 윗대부터 어른이 점잖았어예. 시어른이 키도 크니 훤칠코, 그래 점잖코. 어른이나 잉감이나 여자고 자석이고 뚜두루 패고 그런 거는 없어예. 여 그런 남정네 많다. 뭐, 엔날게야 꼴짜구에 돈이 오데 있겠노? 내 시집오기 전에는 여 나무를 팔아 살았는갑더라. 농사지을 땅은 적고 산만 많으니 산에 가가 나무를 해다 전부 딱딱 묶아가 팔았는갑데. 그래가 이자 소 구루마에다가 그래 끌고 장에 나무 내다 팔아가지고 묵고살았다 카데. 거도 마 전신에 오르막이고 꼴짜구니 나무 팔아묵고 살기도 힘들었다 카더라. 여는 농사지을 곳은 아니지. 여 전신에 오르막에 꼴짜구에 오데 농사지을 땅이 있었겠노. 냉중에사 오르막이랑 꼴짜구 그걸 전수 밭을 만들고 논을 만들고 한 거라예. 오새야 뭐 저 차가 가믄, 세상에, 아래 저 영농조합 밑에 오데고? 저 길가에, 농협에서 하는 큰 점빵. 그래, 마트. 거 가이께네 뭐 천지 읎는 게 읎데. 세상 좋아졌다 마. 테리비를 보마 저런 세상도 있구나 한다 카이.

고생해가 하나씩 늘쿠다가, 자슥들 공부 시키느라 팔고 한 기라

엔날에는 넘의 선산도 봐주고 농사지어주는 거도 마이 했다. 자손이 다 서울이나 대구 멀리 나가 살마 벌초도 잘 몬하고 하니, 우리가 산소 벌초도 해주고 모사도 채리주고 우리헌티 땅을 맡기가 우리가 농사를 부쳐묵는 거지. 그때는 거 말고도 넘의 농사 마이 지있다. 그래라도 농사 안 지으마 뭐가 없거든. 천지가 산이니 나무하고 나물 캐고 그거는 있지만, 거로 아아들 갈칠 수는 없다 카이. 묵고사는 것도 숩지는 않지마는 갈치는 게 및 배 더 어려분 기라. 그라이 여에 땅만 두고 나가가 사는 사람들 땅을 우리가 돈 주고 빌리가 지은 거라. 그래갖고 여 동네 천지에 여짝에도 일하고 저짝에도 일하고 그랬다 카이. 그래 고생해가 하나썩 사고 사고 하마 늘쿠다가, 자슥들 공부 시기느라 팔고 팔고 한 기라. 그기 촌 할매 할배들 사는 거라.

잉감이 아래채 새집 지어놓고 뭐 멫 년이든가, 삼 년인가 얼마 됐는데 가싰다 카이. 잉감 있을 때 영농회장 하믄서 저 집 아래채를 짓는다꼬 허가를 맡아가 다 지아놓고는 새집서 을매 살도 몬하고 간 거라. 그라고 보이 영감 간 지 십 년 더 넘었다. 칠십하나에 가싰고 내가 지금 팔십너이끼네. (그럼 십삼 년 됐네요, 동갑이시니까.) 다린 이는 빠르다 캐쌌드만 그캐도 뭐 할배 다 되고 우리 막내 손지 손녀 보고 가싰다 카이. 손주가 빈호사 되는 거를 몬 봐가 섭섭지마는 마 다 욕심대로 되나 어디. 영감이 손지들을 귀해카드마, 손지들 어려서는 할배 산소에 자주 갔으니 을매나 좋아했겠노. 이자는 다들 멀리 있고 바빠가 자주 오지는 몬한다.

영감은 핵교는 안 다니고 엔날게 서당 안 있십니꺼? 거를 댕겨가 자기 앞은 닦고, 글도 좋아가 농협 영농회장도 한 오 년 했을 끼라. 동네서도 마 그런 사람 공부를 시깄으마 한자리 해무울 긴데 캤다. 마실 일 처리도 을매나 잘했다고. 마실에 뭐 어떻다, 우엤다 카믄 마 "우예 해라!" 카마 전부 따라가 하고, 마실 처리 다 하고 집안 처리 다 하고 그랬다 카이. 하이구, 전신에 마 다 했다 카이. 혼차만 한 거는 아이고, 여 사람들이랑 겉이 했다 카이. 그카느라고 내도 바빴다 마. 아무캐도 많이 나다이마 농사일이 밀린다 카이. 그래도 동네일이고 사람이 필요하다 카이 우야겠노? 영감이 핵교 몬 다닌 게 한이 있어서 그런가, 자슥들은 공부를 시길라꼬 애를 마이 쓰더라. 엔날게는 또래가 많아가 좋았는데, 다 돌아가뿔고 이래 됐지. 이 마실에서도 모짔다(모였다) 카마 사람이 많아가 재미도 있고, 겉이 일도 잘했다 카이. 영감은 여서 태어난 사람이다보이 마실 사람들이 더 따랐는 거라. 아무캐도 들어온 사람을 동장 시키놓으마, 잘하네 몬하네 마 캐쌓민서 말들이 좀 나더라 카이.

할배는 엔날에 담배를 그래 마이 퓠데이. 그래 폐가 마이 나쁘다 카데. 담배를 암만 껀너라 캐도 안 돼. 담배 마이 잡숴가 폐에 딱 나타나가지고 동산빙원에 가가 검사하이께네 마이 안 좋다 카더란다. 오래도 안 있었어예. 입원한 지 한 달도 안 걸렸다. 그래가 마 갑짜시리 그래 됐다. 오새 겉으마 빠른 거라. 누가 그러더라. "아저씨 얼마에 돌아갔노?" 캐서 칠십하나에 돌아갔다 카이 청춘이라 카더라. 유월에 입원해가 칠월에 돌아가싰다. 그래가 아아들이 스울 오데 젤로 큰 빙원에 가가 나슬 수 있으마 가자 캤는데, 고마 몬 나슨다 카는 기라. 동산빙원 거에 우리 막내 친구가 이사(의사)로 있거던. 그래 입원해가 있으미 돈을 마이 부었다. 그때 영감이 봄에 농사 다 지어놓고 음력 칠월 초, 초사흗날인가 초이튿날인가 거 아래 고마 갑작스리…… 내내 일 다 해놓고 상소도 여물도 보고 다 했는데 갑작스리 그래 가뿟다. 농사 다 지어놨고 칠월에 거둘라는데 갔뿌나이, 아이들도 다 애묵고 내도 애묵고 그랬다. 다 숭궈가 열매 다 열었지, 음력 칠월 초닷새니까. 우찌 그리 각중에(갑자기) 갔는고 말이다…… [눈물을 훔치신다.] 농사는 이자 아이들하고 내가 거두고 놉 해가* 거두고 이랬는데…… 만날 마마 담배를 거래 물고 있더라 카이. 담배도 순한 거 피운 기 아이라 독한 거를 그래 마이 피웠다 카이. 그래도 마 아아들 직장 다 구하고, 갤혼시기고, 손주 다 보고, 전부 아파트 사는 거 보고 그래 갔어. 일찌거니 갤혼을 시기놔놓으니 거는 좋더라. 고상도 얼마 안 하고, 돌아갈 때도 마 아이들헌티마다 말 다 하고. 우예 해라 우예 해라, 전부 다 갈챠주고 갔다. 가기 전에 빙원으로 아이들이랑 손지들이랑 미누리랑 다 찾아와가 보고 그캤다. 장례 할 때도, 하이고 손님이 을매나 많은지 마. 자그가 가창맨에 댕기미 알아놓은 친구 즈언부 왔어예. 세째 이놈의 자슥이 새마을금고 상무라난께, 거 금고가 동네마다 두이서 있거든. 그라고 일도 성실하게 잘하이 온 동네 사람이 다 왔다 카이. 할배 복이지, 고상 안 하고 숩게 가고, 손님도 마이 오고. 너무 갑짜이 가가 내는 아숩드만서도…… 그래 영감이 영농회장을 해놓이 여그 집 짓고 할 때 시계 전부 사다줬던 가창농협 조합장이니 뭐니 병원에 많이 출정했더라 카이.

우리 영감이 단양 우씨인데, 원래는 우씨가 여 없다가 옛날에 무신 난

* 사람을 사서. 놉은 머슴의 옛말

242

리가 날 때 여로 피란했다 카데. 피란꾼이라 카더만.* 그래가 단양 우씨
선산이 여 있고, 비석 세아놓고 그랬다 카이. 여 살다, 대구 나가서 살다,
저 월촌 월배 그리로 나가가 마이 살았다 카데. 그래 나가 살다가 죽으마
다부(다시) 여로 들어와. 저 가마 산소가 마이 있다 카이. 오새는 산소 안
하고 거 뭣이냐, 납골당 거를 많이 한다 카드마는 우리는 안즉 엔날 산소
벌초하고 있다. 영감 산소도 저 절 위에 있고. 우씨가 나 시집왔을 때만
해도 마이 살았는데, 거도 보이 짜다라** 대구 나가뿌서 인자 없다. 우씨
네 대가 다영이 본거지라 카드마. (예, 단양***이요. 그래서 단양 우씨지
요.) 다영 거가 갱상북도 저 우에 오데 있다. 전에 집안 많을 때는 한 차
로 대절해가지고 몇 번 갔다. 근데 오새는 젊은 사람도 멫 없고 카니, 내
도 마 안 가고 큰아가 챙기고 그칸다. 우씨 종친회 가마, 경치도 좋게 해
났다 카이. 제실도 잘 지아놓고 잘해놨더라 카이. 보이 너르기도 넓고 관
리하는 사람도 있더라 카이. 근데 오새는 있는가 없는가 모리겠다. 우리
여도 제실이 있는데, 여는 쪼맨해서 관리하는 사람은 없다 카이. 그카고
이자 우씨 자손이 마이 퍼뜨러졌다꼬 카더라. 지금은 이 동네에 우씨가

- 우현禹玄을 시조로 하는 단양 우씨는 백록당白鹿堂 우성범禹城范(1546~1588)이 대구
  광역시 달성군에 입향한 이래 그 후손들이 가창면 우록2리 백록 마을에서 집성촌을
  이루고 살았으나, 현재는 많이 축소되어 몇 가구만 거주하고 있다. 대구 달성 지역 단
  양 우씨의 관련 유적으로는 가창면 우록리 1098번지에 재사인 백록당白鹿堂이 있다.
  여기에서는 단양 우씨 후손들이 매년 음력 3월 20일 우성범을 추모하는 향사를 지낸
  다. 마을 뒤에 위치한 최정산最頂山 자락에 백록당과 후손들의 업적을 기록한 '단양 우
  씨 백록 유허비丹陽禹氏白鹿遺墟碑'가 있으며, 밀양인 우당 허욱이 백록당을 존경하여
  후학을 양성하기 위해 지은 백록서당白鹿書堂이 있다. (출처: 한국향토문화전자대전,
  한국학중앙연구원)
- '매우 많이'를 뜻하는 경상도 사투리
- 경상북도 영주시

많지는 않고, 여게 사는 사람은 우리 한 집하고 저기 우씨 총각이라고 하나뿐이다. 갤혼 안 하고 기양 사는데, 나이가 이제 칠십하나라 카데.

여 산꼭대기가 아조 많다. 옛날에는 난리나마 산으로 드갔다 카드마. 숨으마 아조 몬 찾는다 카이. 다른 디서 산 타고 도망온 사람도 여 산에 많이 숨어 살았다 카데. 그래가 거서 총질도 많이 하고 사람도 마이 죽었다 카더라. 오새는 난리 나마 산꼭대기가 아이라 밖으로 나간다 카더라. 비행기 타고 해외로 도망가쁜다 카더라, 하하하. 저 우에 식당하는 그 아지매*네 아바이도 마 산사람들헌티 쫓겨가 도망치다가 총 맞았다 안 카나. 그래도 손만 몬 쓰게 되고, 안 죽고 살았으니 을매나 다행이노. 그 아지매가 어제 저녁 묵고 나이 왔더라. 불 잘 때나 본다꼬 왔다 갔다. 거 만날 자주 온다. 그 아지매가 우리 큰아캉 국민핵교 동기라 카이. 그래놓이 내가 혼차 있다고 큰아가 자주 딜다보라 캤다고 자주 온다 카이. 장사한다꼬 만날 오지는 몬해도 볼일 있그나 말그나 자주 온다. (아하, 그렇군요. 오늘 아침 일찍 산책하다가 만났어요. 근데 그분이 오늘 어르신 미용실 안 가신다고 알려줘서 아침 먹고 바로 어르신한테 온 거예요.) 아, 그래 알았구나. 내는 아까 들어오시길래 내 미욘실 안 간 줄 우예 알았으까 했네예.** 안 그래도 미욘실을 몬 가니 선상님헌티나 갈라고 그랬는데 어째 알고 먼첨 오싰나 캤다 카이, 하하하.

* 이 책의 다른 주인공 김효실을 말한다.
** 원래는 그날 아침 인터뷰를 하려다가 설밑에 미용실을 가시겠다고 해서 미뤘다. 그런데 아침 산책에서 만난 김효실을 통해 오늘 미용실이 문을 안 열어 집에 계신다는 걸 알고, 아침에 어르신 댁에 와서 이 인터뷰를 했다.

안 본 정은 안 난다 카이

내 살면서 젤로 좋았던 거는, 보자…… 마 아아들 갤혼식할 때 그때제, 할배도 있었고. 그카고 지금 대핵교 들어갔는 거 막내이 손지, 그 남매가 할배 살았을 적에 아바이 따라 여를 자주 왔댔어. 그라고는 할배 돌아가고 난 뒤에도 고놈 둘이 여를 오마 꼭 어딜 갔다 오겠대는 거라, 쬐매한 거 둘이. 그래 "너네 오데 가노?" 카마 할배 산소 간단다. 둘이 그래 손 딱 잡고 저꺼정 산에를 갔다 오고 꼭 그카더라. 안 본 정은 안 난다 카이. 거 백암사꺼정 가마, 거서도 산에 좀 올라가야 된다. 멀지는 않애. 그캐도 고 쪼매난 다리로 숨지 않제. 그때 국민핵교도 안 드갔다. 그래가지고 오마 남매가 고래 갔다 오고 그래 내가 '아이구, 즈그 할아부지 자주 보고 커놔 놓이 거런갑다' 싶으더라 카이. 그거이 아주 좋고 이쁘더라 카이. 그라고 는 뭐 핵교 고동 드가고는 마 밍절에만 한 븐썩 오고. 올 여개가 어딨노? 설에도 오마 밤차로 스울서 니리와가 즈그 집에서 하루 자고, 여는 아침 에 왔다가 지녁 묵으마 다 간다 카이. 공부도 해야 되고, 직장도 가야 되고. 세상이 그런데 뭐. 그렇고 꼴짜기 있어봐야 암것도 없고.

젤 힘든 거는 몸 아플 때가 글치. 허리가 마이 아프고 혈압 약도 묵고. 대학빙원에 가 검사하께노 당노는 없고 글타더라. 넘 보이께네 당노 있으마 다린 수술을 몬한다 카데예. 허리 수술 할라 카는데도, 하이고 검사를 마 일주일을 넘게 받더라. 그래가 전부 검사 다 해가더니 수술해도 괘않다 이카데. 그래 수술을 했는데, 허리는 마 그대로 아프다. 내 묵는 약은 혈압약밖에 안 묵고, 내가 거 뭐 골단쭝(골다공증) 약을 묵었거던. 첨에 여 중동교* 큰 빙원에 허리 아파 가이께네, 우유하고 요고로또(요구르트)

하나썩 묵으라 카데. 그래 묵으마 골단쫑이 없어진다 카미. 그래 마 이자 안 떠루코(떨어트리고) 묵는다. 가만, 오늘은 묵도 안 했다. 자꾸 잊아뿐다, 하하하. 꺼내놓도 안 하고 냉장고 여놔놓이 자꾸 잊아뿐다 카이. 그라마 미누리하고 막내하고 고고를 안 떠루코 내내 사다 냉장고에 옇어놔. 날짜 넘어뿌믄 안 되고, 새거 사오마 날짜 넘어뿐 거는 즈그네가 다 가간다 카이. 미누리가 내내 올마종** 사가 오고, 아래는 또 한 통 사가 왔더라. 오새는 마 삐 사전(뼈 사진) 거는 찍어보지는 안 했는데, 찍으나 마나 할마이 삐 좋을 기 뭐 있노, 하하하. 큰미누리는 일요일마종 큰아가 오이께네 겉이 오고 볼일 있으마 안 오고 이라는데, 막내이 미누리도 일하러 댕기고 막내도 나가고. 막내이네가 아 둘 대학 시일라 카이 둘이 번다 카이. 그래 막내가 밤에 근무해가 시간 있으마 지녁 따매(무렵에) 자고 여 올 여개 있다꼬 오후에 퍼뜩 왔다 가고 그런다 카이. 막내이 미누리는 무슨 외국 수출한다 카든가. 아이고, 즈그 여동생 회사 뭐 한다 카더라. 지녁 여섯 시 되마 시마이***하고, 집에 가 살림하고 아츰에 일쩍 나오고 하니 여 올 여개가 어딨노? 아 둘 대학 시기이께네 혼차 벌으갖고는 안 된다 카는데 뭐. 공납금이 한 아 앞에 삼백만 원썩 이래 된다 카이. 지금 서울에는 돈 더 마이 든다. 방 자취할라 카다 또 하숙 부치났다 그래놓이께 돈 억수로 들제. 지가 또 방 얻어가 자취한다 카미. 그래놓이 노는 날도 마마 계속 나가 일하믄 돈은 준다 캐. 지네가 을매나 고상스럽겠노.

<hr />

•   중동교. 대구 수성구 중동의 다리
•• 올 때마다
••• 시마이(仕舞い). 하던 일을 마물러서 끝낸다는 뜻

우리 아아들이 담배를 다 끊어뿌고 인자 전신에 술도 안 묵고. 지 아바이 따문에 질렁도 나고,* 저거가 술도 검제하는(검사하는)** 사람이 돼나 놓으께네 술 묵으마 안 되거던. 우리 셋째는 지꼼 부산 마을금고 상문데, 거도 뭐뭐 전신에 검제하고 술 무마 안 되거던. 큰아도 술 안 묵고.

우리 아아들은 애릴 때부터 하나걸이 착한 기 전부 걱정 시이는 거 없고. 그래 집안사람들 말에, 아지매 아아들은 하나걸이 애 미이는 게 없고 우예 그러냐꼬, 하하. 싸우는 거 한 번 읎어예. 집에 안 데리고 있어서 그렇지 애릴 때부터 아아들이 착해. 착한께 함 뭐라 캐보도 안 하고, 즈그 아부지한테 한 차리(차례) 맞아본 것도 없고. 저거 아부지도 나도 때리는 것도 없고. 아아들이 뭐 저거가 착하게 한께네 뭐. 그렇고 마 엔날에 십 원짜리고 오 원짜리고 핵교 갈 때 주마, 핵교 댕기가 오마 거를 낱낱이 모타가지고 생전에 다린 데 안 씨고. 그래가 보마 딱 즈그 공부하는 데 모타놓고. 엔날에 돈이 어딨드노? 내가 저 산에 가가 나물 따고 꼬사리 꺾고 해가지고 저 대신동 가가 팔아가지고 핵교 가라꼬 돈 얼매 줬는디, 이놈 짜썩들이 보마 냉중에 돈이 다 있어가 "돈 주까?" 카마 즈그 돈 안 씨고 모타논 거 있다 카고 안 받는 기라. 아아들이 그리 착하더라 카이. 착하고, 지끔 다 커가 결혼하고 살아도 착하다 카이. 애 미이는 것도 없고.

* 질리기도 하고
** 막내아들이 경찰이어서 '음주단속'을 말씀하시는 것

안 꼬구라질라 캐도 자꾸 꼬구라진다 카이

자석들은 자꼬 인자 옴마 일하지 말래예. 작년에 빙원에 가이 일 마이 했다 카미 일하지 마라 일하지 마라 그카데예. 그라도 뭐 혼차 있으니께네 안 꿈쩍거리도 안 되고 너무 일해쌓아도 안 되기는 안 되는데, 집이 또 밑에 하나 우에 하나 있어나난이 내가 자꾸 올내리놔놓이 허리가 오새 자꾸 더 아파예. 내가 빙원에 있을 때 카마 더 꼬구라질라 칸다. 암만 안 꼬구라질라 캐도 자꾸 꼬구라진다 카이. 작대기 없으마 여 댕기도 몬 하고. 퇴원해서 집에 오이, 마 작년에 농사도 선답 져논 거 있제, 콩 서너 마지기 져논 거 있제, 아이들 일울에 오고 가뿐나이 다 치아야 되제, 집 도 손 안 대마 더러버 안 돼예. 소제하고 닦고 씰고 해야 되지, 촌이 돼가 가만히 냅둬놔도 내내 씰고 닦아야 되제, 오새는 또 보일라 얼을까봐 보일라 올려야 되제. 아궁지 불 안 때마 낫겠는데 오새는 콩 삶고 미주 띄 우느라꼬 자꾸 불을 때니께네 내가 구찮다 캤다. 아궁지 불이 뜨시다꼬 밤으로 한 일곱 시 되마 올라와가 불 때놓고 여서 자고, 아픔에 일곱 시 안 돼가 또 니리간다.* 오새 일곱 시 되마 환하이 날이 다 새뿟는다. 그래 또 내리가 밑에 집에 보일라 올리놓고 소제하고 가마이 닫아놔도 은제 또 맨지가 내리앉아가 닦고 씰고 해야 된다 카이. 오늘 아픔에도 비누칠 해가, 뜨신 물 털어가, 다 닦아가 했다 카이. 허리 아파도 하고 뭐. 더 아 프마 이자 좀 누벘고. 그카고 산다.

---

* 평소 살림살이는 보일러 난방인 위채에서 하시는데, 요즘은 메주 만드느라 아래채 방 아궁이에 장작불을 때고 밤에 거기서 주무시고 아침에 아래채로 가신다. 아래채와 위 채는 한 마당 안에 나란히 같이 있다.

이제 마 다른 극정은 없는데, 나가 오데 아프까이 그기 하나 걱정이라. 작년에 허리가 하도 아파가 고생을 해놔서 무섭다 이자. 허리는 젊은 시절부터 늘 아팠어예. 농사일이 원캉 씬데 안 할 수가 없으니 허리가 천날만날 아팠는데, 저 대신동 거게 중국 사람이 침을 잘 놓는다 캐가 그래 젊을 때 침 맞으러 걸로 마이 댕깄다 카이. 약도 마이 묵고 침 맞으러 마이 댕깄는데도 고마 이쪽 다리…… 여게가 자꾸 땡기고 발이 호독호독하이 그렇데. 여 허리가 아파가 그렇다 카이. 대구 보훈빙원 거를 댕기다가 안 돼가, 그래 월배 거 빙원에 허리 수술 잘한다 캐나잉 거를 가봤제. 츰에는 약을 한 보타리썩 주더라 카이. 지넉에 묵고 아츰에 묵고 마. 약을 무우도 안 돼. 그래가 인자 수술 안 할라 카이 주사로 맞으라 카데. 무슨 주산동 몰래도 뭐 허리다 놔주데. 하릿밤(하룻밤) 입원하고 주사 한 대 놓고 하는데 돈 백오십만 원 내라 카데. 아이구야 마마, 거 보험이 안 된다 카이. 그래가 하릿밤 자매 주사 놓고 자고 집에 왔제. 빙원서는 차도가 있더라꼬예. 다 안 아프던 안 해도 마이 안 아프더라꼬. 근데 집에 와가지고 여 오르막을 걸어 올라가이께네 고마 여 허리 뒤가 따악 땡기더니마 또 아프고 몬 걷는 거라. 그래가 미칠 있다 빙원을 다부 가이께네, 아츰이랑 지넉으로 묵는 약을 한 보따리썩 줘. 그래 거 빙원서 만난 사람 하나가 "그기 무신고?" 캐서 "약봉다리 아닝교?" 카이께네 "약을 절케 무가 우야노?" 이카데. 아이고, 약을 그래 마이 무우니 가슴이 막 따가버가 마. 그래가 가슴 따갑다 카니, 의사가 위장 빵꾸난다 카미 또 붙이는 약을 주데. 그래 집에 와가 약을 붙이고 묵고 그카니 좀 낫다가 거 또 논에 가가 일을 좀 심하게 했는가, 하이고 고마 또 몬 걷겠데. 그질로 빙원에 다부 가이께네, 이사가 하마 너졌다꼬 대학빙원에 가라 그카데. 그카면서 약도 안 주고. 그래가 인자 집에 오도 안 하고 세채 아 집에 가가 자고 바리(바로) 이튿날 대학병원에 갔다, 저저 컨 빙원에.

　가이께네 이싸(의사)가 검사 다 하라 카고, 검사 다 해가 옹께네 수술해야 된다 카데. 그래가 내가 겁을 내닝께네 이사가 대핵교 교싸(교수)라. 수술하는 교싸가 "할매가 와 겁을 내노? 내가 겁을 내야지" 그카더라, 하하하. 하이고, 그래 간호사가 젙(곁)에 있다가 "하모, 구십 살 먹은 할마시도 아래 하고 나갔는데……" 뭐 이래쌓데. 구십 살 그 할마이 소리 들으니 쪼매 낫데. 하이고, 그놈의 검사 여 해라 저 해라, 아츰 일찍버텀 삥삥이를 맸다 카이. 그래가 한 군데라도 이쌍이 있으마 몬한다 카는 기라. 검사 싹 하고 있어가 놓이, 해도 괘않다 캐가 날로 딱 받아가 하는데, 아침에 떠억 드가가지고 뭐 열 시간 했다 카드나, 나는 잘 모리지. 마춰 깨놔놓이 정신이 돌아오는데, 그래 이틀도 안 있었다. 그때는 오줌(오줌) 빼내는 거도 하고, 대빈(대변)도 기주기(기저귀) 채워놓이 죽어도 안 나오고 마. 그래가 사흘 만에 거서 미는 거 주면서 살살 내려오라 카데. 빙원에는 마 화장실이 멀어가 미는 거를 살살 밀면서 화장실을 갈라 카이 간쟁이(간병인이) 따라올라 카데. 오지 말라 캐도 절대 안 된다 카면서 따라오데. 그래, 마 젙에 사람 있으니께네 대빈이 안 나온다 캐서 화장실은 몬 들어오고로 카고 대빈을 겨우 봤다 아이가. 빙원 있으미 내가 계속 화장실 혼차 댕깄지 뭐. 그카이께네 그라다 다친다고 껀정을 하매, 간쟁이랑 간호사가 기주기를 또 채아주더라. 거 내 화장실에 가 빼내 떤지뿟다. 찌찝어(찝찝해) 몬하겠더라. 간쟁이가 함부로 카다 다치마 클난다꼬 조심하라 캐쌓고, 자꾸 화장실 따라올라 카는 거 따라오지 마라 캤다. 간쟁이 저거헌티 다 맽기놔놨으이 책임이 있으니까 그카지. 하이고 그래가 참, 그래구로 한 달도 더 지내고 나이께네 거서는 아주 마 몬 살겠더라 카이. 그캐도 이잔 땡기는 거는 쫌 없지. 전에는 조 우에 언덕을 몬 댕깄다 카이. 하이고, 그래 돈 천만 원 넘기 덜었다 카는 거라.

내는 무릎은 괘않데예. 여 보믄 허리 수술하는 사람은 별로 없고, 마 전신에 무르팍 수술하는 사람이다. 할매들 다 인공 뭐도 했다 카고. 근데 자다가 이래 쫌 심하게 하이께 다리에 마마 쥐가 나가 달달 땡기데. 그래 가 그때는 이싸가 자꾸 오라 카데. 그래 마 빙원을 또 갔다. 그래가 땡긴다 카고 침얼 맞아도 괘않은가 물으니께네 "침은 맞아도 주사는 맞지 마라" 이카데. 그래가 거 침을 한 번 맞아보니께 땡기는 게 쫌 덜하더라. 아이구 내일 모리(모레) 가자고 또 약속을 해놔놔이께네 우얄지 극정이다, 설밑에라. 침은 일주일마종 한 븐썩 목요일 날 가. 자주는 몬 가고. 할매들 침 마이 맞으면 지운이 빠져뻔다 카더라. 청도 거 봉고차가 여 온다. 수술했는 이사가 할매들 삐주사 뭐 그란 거 함부래 맞으마 삐가 녹아뿐다 카데. 그래 삐주사는 한 번도 안 맞았다. 아, 작년에 거 뭐꼬? 맞다, 독감 예방주사. 거는 맞았다 카이. 이싸가 오새는 오라 소리도 안 하데. 마 이 아프면 또 빙원 가야 하는데 하이고, 인자 빙원도 지겹고로.

(저 어릴 때 우리 엄마가 맨날 "다리 저리다. 궁둥이에 맷돌을 달아놓은 것처럼 무겁다" 그러셔서 그게 무슨 소린가 했는데 저도 예순 되니까 다리가 저려오더라고요. 별수 없어요. 나이 먹으면 누구나 차례차례 다 그러는 거더라고요. 평생 농사일을 하셨으니 도시 사람들보다 허리 무릎이 고생을 더 많이 한 거지요. 어쩌겠어요, 그냥 살살 달래가면서 데리고 살아야지요 뭐.)

맞다. 내도 옛날에 할마시들 허리 아프다 다리가 장작 토막처럼 글타 카는 소리가 뭔가 했더니마 이자 알겠다 카이, 하하하. 땡기년 거기 밤으로 타악 땡기데. 그때는 아파 죽는다꼬 혼차 암만 꽘 지리이 되나? 그라다가 우예 놀린께네 좀 낫고. 침 맞으러 댕기니께네 이자 마이는 안 그렇고. 엊지녁에도 쬐매 그러더라 고마. 겁이 나더라 카이. 침대서 이래 일난타 카마 우예 하믄 따악 땡기는데 꽘이 저질로 나오더라 카이. 빙원 서는 아이고 아파 죽는다 카믄 바리 앞에 간호들 꽈악 있어나이 다 오제, 이싸도 쫓아오제. 그래 겁은 안 나지마는 집에는 아무도 읎고 내 혼차 아이가. 그캐도 편키는 내 집이 제일 낫다 아이가. 빙원 하믄 징그럽다 마.

침 거도 지킬놔논께로 걱정이다

오새는 또 공부하러 간다꼬 열 시까정 나간다. 월요일캉 수요일캉 금요일캉, 그래 한 주에 시 번 공부한다 카이. 걸(글)은 잘 몰래도 거 나가는 거가 재미고, 슨생임한테 가가 이바구 듣고 한다 카이. 고 두 시간 나가는 그기 재미다. 오새는 슨상님이 차로 태와가 다들 점섬 무우마 바람도 씨고(쐬고).

그래 오닐 아즉에 가만 생악하니 닐 또 공부하는 날인데 우야꼬 싶으다. 대목이 인자 미칠 남지 안 했는데 가마이 생악하이께 다음 주 금욜 날이 노는 날이던데.* 일월 달력을 오닐 아직에 보이께네, 다음 주는

월요일 날뺐이 공부 몬한다 캤거던, 설밑에라가. 그카니 내일은 공부하
러 갈까 미용실 갈까 우얄꼬 싶으다. 저 어디 할매랑 청도에 침 맞으러
가자꼬 해놔가 그거도 디끼마(뒤집으면) 우야겠노? 내가 꺽정이다. 그래
가 공부 안 빠질라꼬. 공부할 줄은 몰래도 빼무우마 안 되제. 공부 안 빠
지고 미용실 가고, 침 거도 지킬뇨는께로 우얄꼬 싶어. 내가 끅정이다
끅정.

　아이고, 아아들이 차 가지고 와가 태와준다 캐도 머리하러 늦게 가마
사람이 채이사(밀려서) 안 된다 카이. 거 미용실이 해주기도 잘해주고, 사
람이 한번 알고 보이께네 좋더라 카이. 그래가 늦게 가 기둘렸다 할라
카면 너무 마이 기둘리고 아칙에 여덟 시꺼정 갈라마 여섯 시에 나갈라
캐가 추버서 거가 또 끅정이다. 다린 거는 아아들이 다 태아주고 거런데,
설밑에 머리 한번 할라 카이 이기 큰 끅정이구마. 미용실이 곁에 있는 거
겉으믄 좋은데 대구꺼정 나가야 되이께네. 용계동** 가마 하나 있는데,
내는 저 파동*** 거 대구 가다 있는 미용실 한번 가가 질을 딜어뇨는께네
(들여놓으니까) 뭐. 돈도 헐케(싸게) 받지마는 사람도 좋고 잘해주고 하이께
네 거 가가 한다. 전에는 물도 딜샜는데 작년에 아프고 나니 아아들이랑
미누리랑 자꾸 하지 마라 캐가 이자는 안 한다. 그래 내가 옻이 올라
지고, 전에 까만 걸로 물을 딜이께네 머리랑 눈이 미치기 자꾸 근지럽
고 그랬다 카이께네. 미용실도 한두 번은 옻 안 타는 걸로 바리넌데, 그

•　　2017년 설 연휴는 1월 27일 금요일부터였고, 이 인터뷰는 1월 19일 목요일에 진행되
　　었다.
••　　대구시 달성군 가창면 용계리
•••　　대구시 수성구 파동

래 또 일 많다꼬 안 해주고 그래. 미용사도 자꾸 하지마라 캐. 그래가 오
덴고, 작년엔가 청도 온천 가잉께네 엘르베타 타이께네 아지매 한 사람
이 팔을 떡 잡더라 카이. "아이고, 와예?" 카이께네 "하이고, 아지매 머리
보기 좋십니더!" 그카더라, 하하하. "하이양(하얗고) 그런데 뭐 보기 좋노?"
캤더마, 아니라꼬 보기 좋다꼬 그카더라, 하하하. (그럼요. 어르신 흰머
리가 정말 멋있어요. 제 머리는 흰머리가 요거밖에 없어서 아직 멀었다
니까요, 어르신처럼 멋있게 되려면.) 아직 멀었지예, 하하하. 그 아지매
헌티 그 소리 듣고버텀 인차 물은 아예 안 딜인다 카이, 하하하.

일 안 하겠다고 약속하고 집에 오니까 마 대빈이 잘 나온다 카이

내 죽는 거는 그저 마이 안 아프고, 자슥들 애 안 믹이고 그래 숩게 가
는 게 소원이라. 우리 영감매로 그래만 갔으마 좋겠다 카이. 하이고,
내가 작년에 빙원에 가가 한 달 있어보이, 동산빙원 거는 수술 끝나고 일
주일 딱 있으마 나가라 카더라꼬. 아아들도 거 뭐 요양 빙원으로 가라 카
미. 집에 가마 일 또 한다 카미, 편케 있으라 카매 그래 갖다났다 카이.
하이고, 거 가니 다부 빙 얻었다 아이가. 치매 걸린 할마이가 막 욕하고,
오만 사람 다 왔다갔다 카고, 누구는 아프다꼬 내내 지기고, 누구는 똥
오줌 다 받아내고 마. 막 이라이께네 내는 신갱이 약해가지고 머리 아프
고 이렇디마는. 거 보이께네 간쟁이 한 명이 여러 사람을 봐주데. 그런데
마 나는 마아 사램도 필요 없고, 화장실에 오줌 누러 댕기는 것도 내 혼
차 댕기지 넘 따라오는 것도 싫고. 그래도 간쟁이를 이놈 짜석들이 가던

찔로 따로 대니께 거서 돈이 마이 나갔다 카이께네. 하루에 팔만 원이 간쟁이헌테 나갔다 카이. 그람믄 저거가 핀키는 헌데, 나는 필요 없다꼬 간쟁이 나가라 캐도 안 나가더라 카이. 그래가 이사가 한 달 있으라 카는데 한 보름 있으이께네 열이 나고 하잉께네 그래가 큰아가 거서 빙 더 얻었다 안 카나. 열이 나가 대학빙원에 가이께네 담당 이사가 막 뭐라 카데, 미리 안 왔다꼬. 그래 거 가가 다부 입원을 했다 아이가. 아, 열이 나고 하이께네 열을 시카야 된다 카데. 그래 가던 찔로 막 열 식쿤다고…… 열은 안 식히믄 안 된다 카미. 그래 요양빙원까지 하믄 두 달 가차이 있으이께네 공기가 탁해 몬 있겠더라 마. 내는 오층인가 뭐 그런데, 빙원은 십층까지 있더라 카이. 컨손주가 십층에는 목욕하는 데가 있다 카더라꼬. 하이고 마, 공기가 탁해가지고 숨을 못 쉬겄고 화장실에 가도 대빈이 안 나와가지고. 그래가 자꾸 내가 집에 갈란다 집에 갈란다 카이께네, 집에 오믄 일한다꼬 일 몬하구로 약조를 허고 겨우 집에 오이께네 마 대빈이 잘 나온다 카이, 하하하. 그라이 살겄더라 마. 그래 여그가 사는 거는 다 좋은데 교통이 좀 나빠예. 공기는 제일로 좋은데. 대구 카마 서울은 더 탁하겄지예. 빙원에 있을 때는 다들 자주 오고, 막내가 자꾸 와. 자주 오기는 와도 자슥들 몬할 일 시키니께네 미안타 아이가. 빙원서 곁에 사람들 보이께네, 하이고 똥오줌 다 받아낸다 카이. 덧정 없드라 카이.•

박근혜 찍었지만 이제는 모리겠다, 누구 말이 맞는가

내는 박근혜 찍어줬지 뭐. 그전에는 이명박이 찍었고. 근데 박근혜 탄핵한다고 막 그러고, 조사받으러 간다는 그거를 내내 봤다. 아무리 잘몬했다 캐도 거를 보이께네 마음이 참 안 좋데. 을매나 잘몬했는가 싶으고, 여그 사람은 다 그럴 거다. 박근혜가 여그 대구 출신이잖아. 잘했다 카는건 아닌데, 저 밑에 것들이 잘몬해가 지랄하는 거라, 그기. 그리고 아무리 잘몬했어도 저래꺼정 할 거는 아이라. 그래 보이 박근혜가 볼수록 대통령 할 사람이 아이고 즈그 아부지 힘으로 됐긴 됐다. 아부지 덕으로 됐지. 그런데 요번엔 또 어떤 놈이 대통령 될랑고. 아이고, 여덟 사람 나왔든가? 여 누구들은 문재인이 그 사람은 안 찍어줘야 된다 캐쌓더만. 몰라, 이제는 마 모리겠다, 누구 말이 맞는가. 아이고, 누가 될랑고.

[어르신 집 바로 위로 지나가는 송전탑을 가리키며] 저거를 앵긴다 (옮긴다) 카데. 저거만 앵기주마 좋긴는데, 마 저 줄 따문에 안 좋다고들 안 캅니꺼? 저거를 옹긴든가, 다 뜯어가 높이 올린든가 해야 된다는데…… 모리겠어. 오데는 집 곁에는 아니고 논에 세워놔가 그거도 뜯어돌라꼬 도장 찍는 거를 다 돌려가 오데다 넣었다 카는데* 백록 여는 넣었는가 안 넣었는가 모리겠다. 저거 들어온 지가 하마 오래됐다. 저거 잰다고 사람들 들락거리고 한 게 몇십 년 됐다 싶으다. 전에 선거 때 김 뭐 후보가 우록에 왔댔어. 그래가 저거를 딱 보이주마 좀 옹기달라 하이께네 "다른 데는 다들 부탁을 했는데 와 여그는 부탁을 안 했노?" 이카데. "말 딱

---

* 서명을 모아서 민원을 넣었다 하는데

한마디만 했으면 이래 몬할 긴데……" 그카더라 마. (밀양에서는 저거 못 들어오게 하려고 할머니들이 얼마나 싸우셨는데요.) 야, 내도 테레비서 봤어예. 근데 마 여 사람들은 싸우도 안 하고, 그냥 저래 놓으니 저게 집으로 이래 가가 얼마나 불안한고 마. 저 줄이 지금 밑의 집이랑 여도 걸리고, 지금 세 집에 걸려 있다 카이. 보상은 마 돈 쪼매썩 주고, 전기요금 쪼매썩 내라주고 카는데 그게 뭐 을매 되나. 저 아래 우록°에서도 도장 찍어가 내고 그카는데, 백록 여는 넣도 안 하고 그런다. 그래가 아아들 시켜 우록 동장한테 부탁하라고는 했다. 저걸 치아가 산으로 가가든가, 뜯어가 높여주든가 그캐야지 바로 집 우로 지나가이께네. (다른 데서는 땅속으로 묻으라는 주장도 많이 해요. 서울 가면 전봇대고 전신줄이고 땅속에 많이 묻거든요.) 그럴라믄 땅을 마이 파야 되는 기라, 그자이? (그거야 공사하는 사람들이 알아서 할 일이고, 저 고압선 전기가 아주 세서 암을 발생시킨다고 하거든요.) 그라니 말이라예. 내도 그 말은 마이 들었다. 우리 영감 폐 거로 간 거도, 담배도 담배지마는 저 줄 때문에 그런 거도 있을 거라예. 이래 바로 집 위로 지나가이 내도 자꾸 아프고.

요새는 문디 같은 거, 그래 미세먼지 온다 캐

내 죽고 나마 아아들 중에 누가 여 들어와서 살랑가 모리지. 모리겠어, 들어올랑가 안 들어올랑가. 공기 좋고 집이 있으이 공기 씨러나 올랑가.

•   우록1리

아예 들어와 살겠단 소리는 아직 없어. 손지 다 갤혼시키마 이자 여 집이 있으니 왔다갔다하마 공기 씨고 그러겠제. 농사는 안 지이도 된다. 지들 먹을 거나 짓는 거지 뭐할라꼬 농사를 마이 짓노? 아이고, 올개는 마 뭘 숨굴라나 몰라예. 큰아가 아래도 쪼매 해놓고 갔어예. 일요일에만 오니지 혼차는 일이 되도 안 하고, 내 손이 가야 뭐가 되도 되는데 허리가 아파가…… 지 동상들은 농사짓지 말라 카는데, 큰아는 냉중에라도 이리 올랑가 우얄랑가 글타. 내헌티는 뭐 "어무이 없으면 여기 뭐 할라꼬 와예?" 이칸다, 하하하. 큰아는 집도 지 집이고, 저 밑에도 지 집이고 하이여 와서 살 만도 하지.

시내 사람들이 자꾸 들어와쌓요. 여에 집 져살라꼬. 공기가 좋다. 작년에 내가 빙원에 수술해가 두 달을 있으이께네 마 공기가 그기 해가• 숨을 몬 수겠는 거라. 여 있다 거 가니 시내 병원에 몬 있겠다 카이. 거다가 오새는 문디 곁은 거 그기 여도 온다꼬. 뭐냐, 거 공기가 막 안 좋다 카는 거 말이라. (아, 미세먼지요.) 그래, 미세먼지. 그래가 마 마스크 쓰고 살라 카고, 차도 너무 많고. 어제 거기 밥 무우러 갔는 데도 두 번 다시 갈 덴 몬 되더라. 차도 복잡하고 사람도 너무 많고 밥도 기둘렀다 묵고. 한 시간을 돌아댕기마 무우러 찾아댕기고. 사람이 마마 너무 발발거리마 차 타고 돌아댕기니 공기가 탁하제. 밥을 사 무우러 가도 내내 기다렸다 밥만 퍼뜩 묵고 쫓가 나오고 하이께네. 식당도 보이 뭐뭐 넓긴 넓드마는 사람이 문디곁이 너무 복작복작 글코 마, 마이 기다리고. 내는 그래 기둘리고 카는 기 아주 깝깝터라. 가마 딱 들어가고 묵을 거 딱 나오고 다 묵으마

• 공기가 좋지 않아서

딱 나오고 그래 해야지 승질이 맞지. 그기 뭐하는 짓이고? 이런 데도 식당이 천진데. 가면 공기 좋고 뭐 얼매나 잘해가 나오는데 뭐한다꼬 그래 차 끌고 오래 가가 기둘리고 또 기둘리고, 하이고.

치자나 있으면 치자떡 해가 붙이면 좀 시원할 긴데

죽는 거 생각하믄 무섭다 카이, 하하하. 옛날에 할매들이 그카데. "하이고, 아프지 말고 잠자드끼(잠자듯이) 가야 쓰겄다" 내 애려서 보마 할매들이 그카다마는, 내는 무슨 소릴 저래 해쌓는가 했더마는 그기 이자 내 앞에 다단이 오는가 싶다. 하이고, 뭐 우짜다가 나이가 그만치 묵어삣는고 싶으다 카이. 오새는 가마이 생각하믄 뭘 해놓은 쎄월도 없이…… 그래 오새는 또 슨상님이 공부하러 자꾸 나오라 카데. 그래가 나가미 자꾸 취미를 붙여놔는께네 아측에 일어나면 거나 나가야 되겠다 싶으고. 거 취미를 붙이가 좋다, 하하하. 죽는 거 생각하마 무섭지마는 뭐 우짜겠나? 취미를 다린 데 붙이고 생각 안 하다가 오마 죽는 거지 뭐, 하하하.

재산은 마 별라 읎어예. 자식들 갈치니라고 마이 써뿌고 영감 갈 때도 써뿌고 뭐. 이자 내가 돈 모다놓으마 뭐하노? 손지들 대학 나오고 즈그 잘하고. 하이고, 뭐 굶겄나? 내 굶으마 즈그가 갖다줄 기고. 아이고, 지금은 거 노인 뭐라꼬 하매 이십만 원썩* 통쟁이로 따악딱 들어온다 카이.

•   기초노령연금

노인 근로* 신청도 아아들이 몬하구로 한다. 것도 할라믄 신갱 씨인다 카이. 할 일이 있기나 읎기나 아칙으로 나가야 카고. 그캐도 내가 할라꼬, 두 달 전에 와 거를 만날 주는 사람만 주고 안 주는 사람은 안 주나 물어볼라꼬 차 타고 가다가 옆구리를 다쳐가 허리를 더 몬쓰게 된 거라. 거 따문에 아아들한테 욕을 욕을 마 을매나 마이 묵었다 아이가. 이자 뭐 허리가 더 뿌사져뿌러가 하라 캐도 몬한다. 치자나 있으마 치자떡 해가 붙이마 좀 시원할 긴데 말이다. [사실 이 인터뷰를 하고 있는 한글반 선생님 집 마루 끝에 치자 열매가 소쿠리에 담겨 있었고, 어르신은 집에 들어서실 때부터 그것에 마음이 꽂히셨단다. 인터뷰 마치고 가는 길에 치자 열매를 조금 얻어가셨다.]

•　노인 공공근로

네 번째 삶

나는 담배 따는 기계였지만
이젠 편케 생각한다

김효실,
1954년생

2017년 1월 16일 저녁에 처음 만났고, 총 세 차례 인터뷰한 것과 수시로 만나면서 나온 이야기들을 편집했다. 필자보다 세 살이 많아 첫 만남부터 '언니'로 부르기로 했다. 언니는 마을의 거의 맨 꼭대기에서 식당을 운영하고 있다. 첫 만남에서 언니는 직접 농사지은 토종 돼지감자 한 봉지를 가져왔다. 서울에서도 제철에 시장에나 가야 볼 수 있는 건데, 먹어본 건 난생처음이었다.

  　생긴 거는 이래 몬생겼어도 몸에 아주 좋다 카더라꼬. 생으로도 먹고 반찬 해가 먹어도 좋다 카이. 달콤해가, 심심할 때 한 개씩 썰어 무마 맛있다. 노란 꽃이 크게 피는데, 돼지감자 꽃차가 그래 좋다 카더라꼬. 뿌리가 그래 몸에 좋으니 꽃도 안 좋겠나.˚ 그래 마 말리가, 차로 해가, 내도 마시고 손님들헌티도 내주고 그런다 카이. 이파리도 나물 해무마 맛이 아주 좋아예. 버릴 기 하낫도 없는 거라, 이기.

나이가 드니게 발이 시려가 양말을 꼭 두 개썩 신는다 카이. 하이고 육십 넘으니 글케 다르데. 내는 원래 54년생인데 주민등록은 55년생으로 돼 있지. 나올 게 뭐가 있겠노? 하하하.

내는 우록 1동에서 태어나 거서 결혼해가, 나중에 우록 2동으로 이사를 온 거라. 신랑은 강원도 타지 사람이라. 신랑이 총각 때 직장이 대구라가, 거서 살문서 여 근처 일을 맡아가 왔는데 그때 알게 돼가 결혼을 한 거라. 내는 여를 뜨고 싶어가 도시 사람이랑 결혼했는데, 신랑이 여에 주저앉는 바람에 뜨지를 몬한 거라, 하하하. 어렸을 때보다 마을이 굉장히 마이 바뀌었제. 우리가 우록1리에서 2리로 들어올 때는 길도 없었다 카이.

"엄마가 계모제?"

우리 엄마는 계모라. 말하자믄 계모가 아닌 계모다, 그기. 내는 그걸 몰랐어. 울 엄마가 내헌티 나쁘게 한다, 잘 안 한다, 그런 생각은 있어도

• 돼지감자는 생긴 게 워낙 못생겨서 '뚱딴지'라고도 하며 천연 이눌린 성분이 많아 당뇨는 물론 고혈압과 골절 예방에 좋다. 돼지감자 자체로 차를 만들기도 하는데, 김효실은 꽃을 말려서 차를 만들어 마신다고 한다. 근처 산이나 들에 피는 꽃들을 말려 차를 만드는 게 그녀의 취미다.

엄마가 계모라는 생각은 해본 역사가 없거든. 근데 절에서 노스님이 어느 날 "진철이 엄마가 계모제?" 그러서. "스님, 아입니더" 했제. 나는 그때까지 아무 생각 없었다 카이. "진철이 엄마 성품에 계모라 할 사람이 아이고, 그래 내헌티 거짓말한 거지? 진철이 엄마는 내헌티 그리 말 안 하겠나" 그러고 넘겨짚으시는 거라. 자기가 보기에는 그래 보인 거제. 내는 전혀 그런 생각을 안 했다 카이. 엄마가 내헌티 잘 몬하기는 했지만 내 엄마이기 따문에 그런 생각 자체를 안 한 거제. 근데 스님은 딱 한 번 보고 그래 느끼신 거라. 그라고도 스님이 자꾸 그러시는 거라. 계속 아이라고 해도 "맞더라도 진철이 엄마가 내 듣기 좋으라고 그러지" 하시는 거라. 그래가 알았다니까, 넘들이 계모처럼 느낀다는 걸. 스님이 저래 느끼면 다른 사람들도 얼마나 계모라 캤겠노. 나는 계모 뭐 그런 생각을 해본 적이 없어. 아이라, 실지가 생모거든. 근데 내헌티 참 잘 안 했지. 다른 아아들헌티는 다 잘하면서 오남매 중에 내헌티만 그랬어. 우리는 딸 셋에 머스마가 둘이라. 그중 내가 젤 위고. 내가 바르게 살라꼬 엄마헌티 너무 그랬는 거 같아. 엄마가 삐딱하게 나오면 내는 삐딱한 게 질색이니까 엄마헌티도 잔소리를 하는 거라. 그라이까네 엄마 입장에서는 '저년이, 내가 엄만데 지가 내헌티 자꾸 저카노' 이래 느끼고 자꾸자꾸 날 미워하게 된 거라. 난 그때 지나면 잊아묵고 그랬거든. 큰딸하고 엄마는 그래 타고난 운명이 있다 카데.

일하는 거야, 내가 힘이 있었으이께. 클 때는 힘이 넘치잖여. 차암말로 생각도 없이 내는 일을 그래 열심히 했제. 새끼 꼬라믄 꼬고, 담배 널라믄 널고, 마 안 하는 게 없었다 카이. 지게 지라믄 지고, 소 부리라 카믄 소 부리고, 다 해봤어. 엔날게는 다 몬살았잖아예. 그래도 이웃이 다 몬 묵고 살 때라 그걸 몬 느꼈제. 내가 일만큼은 잘한다꼬 동네 사람들이 인정을 했어. 처녀 농부라고 소문났다 카이. 말도 몬하게 일했어예. 담배 농사도 수도 없이 오래했고. 친정서는 14년 정도 담배 농사를 했고, 시집 와가 신랑이랑 이웃집 사람들이 같이 하자 캐가, 거에 휩쓸려가 4년인가 6년을 그래 했제.

내가 어리석어가 우록에서 안 나간 거제

어렸을 때는 학교 갔다 오마 무조건 메뚜기 잡으러 가지. 나갔다 카마 삼베 한 자루에 한 까아득 잡아와. 그걸 오매가 저녁에 가마솥에다 볶는 다 카이. 우록초등학교를 다녔어예. 내 딸도 우록초등학교 시깄고. 여서 만 살았으니까 글케 되지예. 살아가면서 가마이 생각하이 그게 참 웃기 지. 나가 살 기회는 마이 있었는데, 내가 너무 순진하고 어리석어가 우리 아부지를 살려야 된다꼬 생각하고 안 나간 거라. 기회는 많았는데 안 나 간 거는 형제 때문에도 그렇고 아부지 때문에도 그렇고. 아부지가 원래 불구라가 혼자서 힘이 없으니 버리고 갈 수가 없었어예. 맏이다보니 '내 하나 희생하면 아부지 도와서 동상들 다 공부시기고 편하게 안 되겠나' 그래 생각했던 거라. 그래가 동상들 다 공부를 시깄지. 동상 순서가 딸, 아들, 아들, 딸 그래. 아들은 우예 대학까지 시깄고 하나는 부산 가가 지 나름대로 대학원 공부까지 했어. 지 힘으로 많이 했지만서도 바탕을 안 대줬으마 할 수가 없지. 나머지는 고등학교까지 시깄고. 갸들이 오면 아 부지는 줄 게 없어도, 나는 즈그 매형이 용돈이라도 주라 캐가 다문 오만

266

원씩이라도 줬거든. 근데 자기들은 그걸 절대 모리데. 하낫도 몰라예. 막내는 그래도 어느 정도 알고. 갸는 아부지 편찮을 때도 혼차 간호하고 다 했지. 막내 여동상이 제일 애묵었어. 갸는 가차이 살았으이께네 우리 아들도 업어 키우고. 지금은 대구 시내 살아예.

아부지 혼차 힘도 없고, 돈 없고, 묵고살기 힘든데 내가 없으마 밑에 아아들도 키우기 힘들고 하이께네. 엄마는 일쩍 편찮아가지고 나 열 살 쯤에 죽다 살았거든. 옛날에는 병원 갈라 캐도 여서 삼산까지 업고 걸어가야 하는 거라. 삼산을 가도 차가 몇 번썩밖에 안 왔는 거라. 찻길이 먼께 병이 나도 빨리 고치지를 몬하지. 맹장이 터졌는지 뭐가 터졌는지 모르다가 복막염 되고. 우리가 어릴 때니께 엄마가 아파 죽는다 카는데도 병원에 데려갈 수도 없고. 어디가 아픈지는 모르지. 할매가 계셔도 자기 몸이 안 좋으니께 미누리헌테 자꾸 악을 쓰고 그래. 복막염인지 늑막염인지 그게 터져가 아부지가 성산까지 업고…… 그래, 복막염인가보다. 그 복막이 터져가 마 동네 사람들이 다 죽는다 캤는데, 우리 이모할마이 한 분이 경산 하양* 기신데 신기**가 있었거든. 할마이가 편찮아서 힘들어가 엄마헌티 악쓴다는 소리 듣고, 자기가 간호를 해야겠다꼬 오셨지. 이모할마이는 할마이 동상이지. 하루에 토끼를 한 마리씩 잡아가 계속 고아 묵이더라꼬. 토끼를 키우기도 했지만도, 거를 다 잡아먹고 나서는 장에 가 사다가 고아 묵었어예. 그래가 살아났어. 안 그랬으마 죽었지. 옛날엔 회복을 몬해 죽잖여. 뭐 무을 거도 없고, 살림할 사람도 없고,

---

* 경북 경산시 하양읍
** 접신의 기운

간호할 사람도 없잖어. 의료보험도 없고 하이께 엔간허면 집에 와 쉬는 거지. 우리는 천지를 모리지 뭐. 그래도 기억은 다 하이께. 그리고 회복을 하는 데 몇 년이 걸리잖아예. 빨리 안 낫더라꼬. 낭중에는 힘이 다 빠지고 나이 결핵이 오잖아. 그래 보건소 가가 약을 계속 타가 잡숫고 그랬어예. 열 살 무은 기 뭘 아노, 천지도 모르는데. 밥해 묵을 사람이 없으이 오매도 식구들도 마 되는대로 먹고 산 거라.

아부지는 오래전부터 불구거든. 6·25 사변 때 살았던 사람이 많았잖아예. 여는 군인이 들어와 서로 총질하고 그런 거는 없었던 거라. 그런데 빨치산이 저 위 산에 마이 들어왔던 거라. 밤에 젊은 사람 있는 집에 닥쳐가 다 끌어내갖고 우리 아부지는 도망을 쳤어. 어데어데로 이 앞산 꼭대기까지 도망을 쳤어. 근데 밤새 총을 계속 쏘면서 따라왔던 기라. 그래가 총을 맞아가지고 오른손 여게 손가락이 안 펴지거든. 오른손을 몬 쓰이께네 촌에서 농사짓고 살면서 마이 힘들었던 기라. 그기 징용* 끌고 가는 그거 피한 거겠제. 그래 끌려가서 죽고, 안 끌려갈라다가 죽고. 옛날에 수도 없이 죽었대예. 또 여 앞 삼산**에 운암사라 카는 절이 있어예. 거 옆에 커다랗게 구디이(구덩이)를 파가지고, 사람들을 묶아가 끌고 와가, 구디이 앞에 안친다 카데. 그래놓고는 마 거다 총질을 해가지고, 뒤로 다 넘어지면 묻어뿌고. 내도 건너 건너 들은 거라. 쉬쉬하고 말을 안 해서 그렇지 아는 사람은 많을 거라예. 누가 죽었냐고예? 거는 몬 들

* 징용보다는 부역이 적절한 표현이다.
** 대구 달성군 가창면 삼산리. 이 운암사 집단학살 건은 자료를 찾아봤는데 결국 찾지 못했다.

었고, 물어보지도 않았어예.

누구는 손가락 몇 개만 없어도 연금 타고 했는데, 우리 아부지는 총 맞고 해도 아무 보상이 없는 거라. 그냥 놔뒀으면 죽었을 긴데, 이웃에 교장 선생님이 오마이, 우리 할마이하고 찾아 나선 거라. 어데 모기 소리만큼 소리가 나가, 이름을 부르면서 온 산을 헤맨 거라. 신발에다가 계곡물 떠 갖고 몇백 메타를 올라간 거라. 그래 신발에 담은 물을 멕이고 사람들 불러가 델꼬 왔다 카데. 그래가 살았어. 피를 마이 흘래가 몬 살릴 줄 알았는데 살린 거라. 나중에도 [손바닥을 보여주며] 여가 땡기는데, 나았는데도 손이 안 펴지는 기라. 우리 아부지가 굉장히 똑똑했고, 일본에서 학교 마이 다이고 그랬거든. 그런 사람들 다 똑똑한 사람들이제.

다른 사람을 다 살게 해야 하는데

여서 살다 돌아가신 아재 하나는 일제 때 지금 말로 하마 군수까지 지냈어예. 동국대 나오고 그랬다 카데. 그라다 나중에 여로 피란을 온 거라. 도망처가 여에 숨어 살게 된 거지. 꼴짜구가 깊고 산이 많아가 여 숨어 들어온 사람이 많았어예. 거 부인도 그렇고 둘 다 아주 똑똑하고 사람이 좋았지예. 둘이 산에서 만나가 부부가 된 거라. 용하게 안 잡히고 숨어가 잘 살았어예. 돌아가실 때까지 경찰에서 연락 오고 신원 조회 계속 당했잖아예. 우리가 보증해줬어예. 뻘개이 거를 했던가봐예. 사람은 다 시읂이 좋았어예. 그라이 뻘개이고 퍼래이고 그런 거이 뭔 저거가 있어예. 편 갈라가 싸우고 죽이고 하이 그라지, 사람 사는 거랑은 뭐가 없어예. 그라이 아부지가 보증을 해주고 내애 그래 했지.

　나는 아부지가 을매나 힘들겠나 싶어 늘 걱정이었는 거라. 왜냐면 옛날에는 돈을 빌려 쓰면 이자가 칠부 이랬다 카이. 그래서 십만 원을 빌려 쓰면 금방 두 배 세 배가 돼가 갚지를 몬했어. 벌이가 없으니까. 60년대만 해도 나락 농사 이백 평 한 마지기를 짓다가 잘 안 되마 쌀이 한 되밖에 안 될 때도 있었거든. 옛날에 뭐 풀 비가 썩혀 비료 만들고 농약 이런 게 전혀 없었는 거라. 벌레 달려들고 병 돌고 그러면 망하는 거라. 여는 산꼴짜구라 마 쌀농사 지을 데가 거의 없었다 카이. 내 크던 아랫동네는 여보다 평지라 그래도 쌀농사를 마이 지었어예. 그런데 여는 한 마지기에서 쌀이 한 되 나오는 사람, 서 되 나오는 사람, 한 말 나오는 사람, 마 형편 없었어예. 한 말 나오면 횡재하는 거라. 그때는 통일벼가 아직 없었거든예.• 그라이 뭐 쌀이 없잖아. 제삿밥도 보리쌀로 했는 거라. 쌀 한 주먹 넣어가 한 그릇 푸마 보리쌀 나오고, 우리는 그래까진 안 했는데도 아부지가 불구이께네 힘들었제. 내가 만이라 늘 아부지 걱정인 기라. 손이 그래가 몬하는 일을 내가 다 해야 하는 기라. 엄마도 만날 아파가 일을 몬했지. 그라이 나 말고 누가 하나? 만이는 밑에 아아들하고 생각부터 다른 거라. 천지 차이지. 나는 만날 동상들 나무라는 기라. 느그는 왜 거밖에 못하노 하매. 살면서 자꾸 느끼는 거라.

　아부지는 학교도 더 가라 캤어예. 근데 내가 더 가마 아부지가 몬 살

•　다수확 품종인 통일벼가 농가에 보급된 시기는 1972년 이후다.

게 훤하게 보이는데…… 빚져가지고 만날 졸리는(쪼들리는) 걸. 할마이 아
프고 엄마 아프고 하이 잘 살 수가 없지. 거다가 엄마는 돈을 보면 써뿟
는 기라. 그래도 아부지가 똑똑해서 우리 집은 가내수공업을 했어예. 수
출품 양말에 수놓는 거를 했는데, 그래 해도 단지단지 새 밑천 까듯이 돈
을 보마 써뿟는 기라. 빌린 것도 있고 먹고살 것도 사야 되이께네 아끼고
모타야 할 거 아이가. 그래 써뿟고 나마 또 그 사람들 줄 게 없어지잖아.
그래 빚이 자꼬 커지는 거라. 그걸 보니까 내가 학교를 더 몬 가는 기라.
학교를 더 갈라 캐도 6학년쯤 되니까 아아들이 놀리더라꼬. 빚쟁이 딸이
학교 다닌다꼬. 옛날에 그런 기 좀 있었어예. 그런 소리를 들으이께 고마
학교 갈 생각이 없어지는 기라. 내 혼차 희생하마 다른 사람 다 잘 살겠
구나, 그 생각도 들고. 맏이니께네 그것도 책임감으로 생각했지. 우리 아
부지는 원래 시내 살았어예, 대구 남산동이라고. 고향은 여기지, 우록 김
씨니께. 고모 둘하고 아부지하고 전매청 다니고 그랬어예. 삼촌은 어렸
고. 그런데 할아부지가 기어코 고향 가자고, 옛날에 노인들 돌아가실라
카마 고향 가서 죽어야 된다꼬 그러잖아예. 그래가 여를 다시 들어온 기
라. 노인네나 들어오고, 젊은 사람들은 넓은 대처(도회지)에서 꿈을 펼치
게 하마 좋았을 긴데…… 그래가 전부 망치고, 그 고생을 시기고. 근데
아재 하나가 사장이었거든. 그라이 돈을 마이 벌어가 고향에 땅을 마이
사놓고는 그걸 아부지헌티 맽긴 거라. 그래가 여로 들어와가 그 아재 땅
빌리가 농사짓고 산 거라.

　　내도 일하다가 한번썩 오매하고 트러블이 생기마 하기 싫을 때가 있거
든. 그라만 그 아재헌테 가는 기라. 가마, 책을 하얀 보따리 싸주면서 "니
는 무조건 아부지 도우고, 아부지가 시기는 대로 해라" 만날 이래 얘기를

했는 기라. 그라마 집에 와가 또 일하고. 아부지는 머리가 돌아가이께네 '이래가 안 되겠다. 담배 농사를 지야 돈이 되겠다' 그 생각을 한 거라.

옛날에는 여 밑에 우록 동장 하던 사람이 최고 부자였거든. 그 집에서 소를 여러 마리 키워가 송아지를 낳으마, 청도 저런 데 농사짓는 집에다 믹이라고 빌려주거든. 옛날에는 소가 있어야 농사를 짓잖아예. 기계가 전연 없었지. 그러이까 부잣집에서 송아지를 빌려준다 이 말이다. 그럼 없는 사람들이 송아지를 받아가 키워가지고 농사짓고, 나중에 다 큰 소를 돌려주는 거라. 그럼 소 주인은 거를 내다 팔아가 돈 벌고. 이래가 부자는 자꾸 부자가 되는 기라. 쌀도 올개 한 말 빌리 무우만, 내년에 두 말을 갚아야 하거든. 또 '곱쌀미'라고 비싸게 파는 게 있어. 한 말 빌리가마 두 말을 주는 게 아이라 서 말을 주는 거라. 그러이 부자들이 더 부자가 안 될 리가 있나? 일하러 가마 3년 묵은 쌀로 밥을 해주는 집이 있었어예. 그래가 그 집에는 아무도 일하러 안 갔다 카이. 밥을 몬 묵겠다 카면서. 그런 시대 살았으니 내가 집에서 안 살믄 되겠나. 공부를 할 수 없는 거지. 그래가 6학년 다니다가 그만두고 더는 몬 갔지. 그래도 밑에 아들들은 고등학교, 대학교 다 마쳤다.

"우리가 죽자고 베어도 니 따라 몬하겠더라"

살림하면서 아부지랑 수놓는 가내공업도 같이 하고. 수틀 고장나면 고치는 거는 내가 다 해야 돼. 사람들이 새거를 할라 카지 고치는 거는 안 할라 카거든. 그러이 자꾸 내가 하게 되지. 아부지가 손이 그라이, 손으로 하는 거는 내가 다 하지. 옛날에 농사지으마 골짝 논이라 논둑이 삼 메타, 사 메타썩 그래 높아. 나중에는 육 메타, 팔 메타썩 되는 논둑도 생기데예. 골짝 논, 계단 논, 다랑이 논…… 마 그래 부르잖아예. 우리 논은 높은 데 있었어예. 이웃 아재들 논이 우리 논이랑 아래우로 있었는데, 논두렁 비는 거를 다른 사람 열흘 할 때 내는 하루 만에 다 했거든. 하도 해 쌓이 전문가가 된 기라. 그때는 힘이 남아돌았어예. 하루는 아재들이 내 헌티 말 안 하고 자그들끼리 시합을 했는갑더라. 지는 지 논두렁을 비고 나는 위에서 내 논두렁을 비는데, 누가 더 빨리 하나 내랑 시합을 붙인 거라. 그라고는 나중에 내헌티 "우리가 죽자고 비이도 니 따라 몬하겠더라" 그카데. 나는 시합하는 거도 모리고 내 하던 대로 한 거라. 아무리 장정이라도 무슨 일이든 내헌테 당하지를 몬했어예. 옛날에는 아부지가 일을 모하이께 머슴도 있었어예. 머슴이 우리 집에서 먹고 자고 했는 거지. 내하고 일하는 게 숩고 편해서 그런지, 우리 집에는 머슴 올라 카는 사람만 있지 나가는 사람은 없었어예. 그런데 아무리 해봐도 지게 지는 거 말고는 내헌테 도저히 몬 당하겠다는 기라. "내가 아무리 해도 니 반빼기 못하는데 우째 새경•을 받겠노?" 카고 웃는 기라. 내는 기겐 기라, 손이.

나는 늘 '다른 사람을 다 살게 해야 하는데' 이 생각을 한 기라. 새끼도 마이 꼬았다 마. 겨울에는 아재들하고 한방에 모이가 꼬기도 하고, 엄마 아부지랑 화토 치고 놀 때도 옆에서 꼬고. 하루도 쉬어본 적이 없어예. 비가 오나 눈이 오나 일만 했지. 쉬어가지를 몬해. 팔자가 그런가봐. 그

• 머슴이 주인에게서 한 해 동안 일한 대가로 받는 돈이나 물건

걸 뒤집었으마 그기 또 내 팔자가 되는 긴데 거를 자꾸 하는 기라. 내가 그렇게 일을 해도 영감, 할마시는 화투 치고 놀면서 저녁밥도 한번 안 해 줬어예. 내가 다 했지. 밥해가 또 설거지하고, 양말 빨고. 잠도 잘 자지도 몬했고. 아부지는 내를 항상 안씨러버 하지. 근데 엄마는 그걸 아는지 모르는지 늘 내헌티만 불만이라.

너무 졸려 담배밭에 누웠다가 잠들고, 일어나 다시 하고

엄마도 오래 아파가 시원찮고, 아부지는 손이 그래가 일을 잘 몬하시고. 그래 생각하믄서 그저 내가 다 한 기라. 옛날에 담배 농사 지을라마 겨우내 새끼를 꼬아도 모지라예. 요즘은 나이롱(나일론) 줄을 가지고 담뱃잎을 묶어 다는데, 옛날에는 다 새끼로 묶고 달았거든. 싱싱한 새끼 아니마 자꾸 썩어 떨어지는 기라. 담뱃잎이 독해가 그런 거제. 담뱃잎을 따는 기 한참 더울 때거든. 딱 삼복 때라. 그러이 안 그래도 더운데, 담배 일 그기 아주 힘든 거라. 하루 왼종일 잎을 따서 새끼에 꼬아가 널어 말리고, 밤새 새끼에 꼬고. 냄새가 아주 독해예. 댓진*도 많아가 머리카락 이런 데가 떡떡 달라붙어. 그래도 수건 같은 거 쓰면 땀까지 달라붙으니까 그냥 했어. 말리는 거를 요즘은 비닐하우스에서 하지만 전에는 집집마다 담배굴을 하나씩 지었어예. 그기 토굴이라 흙으로 짓거든. 새벽 한 시 두 시라도 일 끝나마 도랑 가서 씻고 오지. 그래도 냄새가 안 빠진다. 다 말

• 담뱃대 속에 낀 끈끈한 물질로 니코틴을 말한다.

리마 정부에서 점수 붙여가 가져가는 거라.

이 동네에서도 담배 농사를 좀 했다 카데. 그래도 담배 농사를 내만큼 오래한 이는 없을 거라. 친정서 꼬박 14년을 하고, 여 와서도 5, 6년 했지. 나중에는 담배 따는 거도 기계라. 다다다다닥, 다다다다닥. 손이 뭐, 기계 한가지라. 그라고 담배가 잎이 익어야 따거든예. 담뱃잎은 얼라들 키매이나 아주 커예. 그걸 아래부터 따는 기라. 한 나무에 스무 개썩 잎이 달리거든. 그럼 잘 보고 다 자란 거부터 따야 하는 거라. 세 잎 자랐으마 세 잎, 네 잎이 자랐으마 네 잎, 그걸 보면서 따야 되는데 첨 따보는 사람들은 델따봐봐야 몬하지. 하루 종일 봐야 모리는데…… 그걸 알아야 따지, 몬해예.

아부지가 우리 동네 담배 농사 총책을 했는 거라. 배움도 많고 일도 꼼꼼하게 하이 그걸 맡긴 거제. 전매청에서 담배 조합에 딱 맡기놓아가 연락도 하고, 담배를 얼마나 지었는지도 조사하고, 안 상하고 잘 말리나 그걸 다 책임지고 하는 기라. 그기 잎 크기대로, 잎 빛깔대로 따로 골라야 한다 카이. 거래가 등급이 다른 기라. 그라고 담뱃잎 말린 거를 하나하나 세아리가 해야 되거든. 모자라나 많나 그거를 파악을 해야 하이까. 그래가 한 골에 몇 포기, 몇 골이니까 몇 포기 이렇게 다 보고를 해. 옛날에는 담배를 그래 마이 지었어예.

동네 남자들하고 같이 넘의 담배 농사 품앗이도 했거든. 거는 일당 받고 하는 거제. 내가 일을 그만큼 잘해주니까 자그들하고 같이 하자 이기라. 담배 농사 주인마다 내를 부를라고 했어예. 남자들은 지게를 져주고,

난 겉이 가가 잎을 따고. 서로 착착 빨리해줘야 일이 돌아가는 기라. 그 때 딸딸이가 어딨고 트랙터 그런 게 어딨노? 내가 따놓으마 남자들이 지게로 날라가는 거라예. 그래가 어디 너른 데 놓고 새끼에 엮는 거라. 아지매들도 좀 했는데, 힘이 들어가 잘 몬한다. 그라고 일 몬하마 아예 일을 주지를 않아예. 일당 착착 나오는 거이, 아지매들이고 장정들이 마이 할라 캤거든. 사람을 쓰는 거도 아부지가 다 책임을 졌어. 일하는 표를 나눠주고 내중에 일당을 받는 거라. 지금 사람들은 아무리 해도 그런 일 안 할 기라.

내가 열네 살부터 아부지랑 같이 토굴에 담배 거는 걸 했거든. 생잎을 새끼줄에 엮어가, 담배굴에다 줄줄이 가득 걸어 말리는 거라. 그걸 걸라 믄 양쪽에서 담뱃줄을 땡겨갖고 걸어 묶거든. 담뱃잎을 새끼 한 줄에 반쯤 엮으마 굉장히 무겁거든. 담뱃줄을 땡겨가 우에도 아래도 공간이 있게 걸어야 되는 거라. 그래야 바람이 통해가 잘 말르는 거라. 아부지는 어른이고 나는 영 얼란데, 아부지가 손이 안 좋으니 땡기지를 몬해예. 원래 아부지하고 삼촌하고 했는데, 삼촌이 좀 하다가 장가가뿌고 없으니 내가 해야 되는 기라. 그럼 아부지더러는 잡고만 있으라 카고, 내가 땡겨서 걸어 묶어야 하는 기라. 그러이 내도 힘이 부치지, 아직 얼란데. 그러이 하다가 놓치고, 떨구고…… 그걸 그 더운 날 토굴에서 하는 거라. 담배 냄새 땜에 안 그래도 숨을 수기가 어려운데 땀은 억수로 쏟아지고, 힘은 부치고. 통나무 요런 거를 벽 양쪽에 딱 붙여놓고, 거기에 올라서갖고 땡겨예. 탁, 탁, 이래 땡기면서 매야 되거든.

그래 겨우 다 걸고 나마 석탄 가루하고 흙하고 반반씩 섞어 이갠 걸

가지고 화덕에다 불을 때는 거라. 토관을 바닥에 깔아가 굴 전체에 불이 돌게 해 말리는 거라. 불 조절을 잘해야 돼예. 그기 기술이라. 엄마는 아프고, 좀 나아도 밑에서 받쳐주는 거나 하지 땡기고 걸고 하는 거는 택도 없지예. 겨우 땡기마 양쪽 끝에 걸어야 되는디 담뱃줄이 너무 무거우니 가운데서 받쳐주지 않으마 고마 땡겨지지도 않고 축 처져뿌는 거라. 그래 받쳐줘가 겨우 고리에다 걸믄 이제 또 양쪽에서 땡기는 거지. 내는 내대로 아부지는 아부지대로. 나는 힘이 모지라고 땡기는 힘은 아부지가 좋으니, 내가 딸리가는 거라. 그러면 엄마는 밑에서 꼬챙이로 이래 받치주야 되는 기고. 어디 평평하이 편한 데 올라가는 기 아이고 외통나무기 때문에 땡기다가 떨어져 자빠지고 그런다, 하이고.

그래가 거를 씨름을 하다보마 바깥이 휘언하게 밝아오는 거라. 장골 둘이 사는 집은 그걸 몇 시간만 하면 다 할 수 있어. 나는 너무 어리가 힘이 모지라니께 땡기고 걸고 하는 게 힘들었지. 아부지는 이짝에서 바치주라 캐도 내가 옳게 힘이 오나, 쪼매난 것이. 그래도 내가 힘을 많이 썼으니 그만큼 땡기가 했지. 거다가 한참 클 나이니께 잠이 마 을매나 오는지. 낮에 엮은 걸 재놓고 안 걸마 잎이 뜨뿌거든(떠버리거든). 그러마 담배를 못쓰게 되니까, 엮어가 재놓으마 밤새도록이라도 달아매야 해. 그래가 여름 내애 불 때가매 말리는 거라. 내 친구들은 거에 죽어도 몬 올라간다 카는 기라. 그걸 한 골 다 하려면 몇 시간 걸리는데 우린 밤을 새요, 밤을. 다 끝나고 나와보마 여름에는 사람들이 논 갈고 있더라니까. 잠이 와가 몬 견디가 담배밭에 가가 누버 있다 잠들어뿔고. 한숨 자고 나마 깨와가 올라가 또 하고. 그라다보마 밤을 새우는 거라. 냄새가 을매나 독해가, 그거마 해도 독이 얼마나 되겠나? 열네 살 그럴 때면 한참 클 때잖아.

클 때 그래놓이 못 컸다 카이. 동네 사람들이 니는 몬 자고 일 마이 하고 그래가 키가 안 컸다고 다 그카더라. 인정을 한다. 잠이 와 죽겠는데 우야노? 동상들은 집에 재워놓으마, 밤에 깨가 울미 오매 찾아 기오다가 논에 둘러빠지고. 담배밭 고 옆 동네에 집이 있었거든. 토굴은 담배밭 옆에 있었고.

결혼하고는 내도 담배 농사를 안 했고, 아부지도 없으니까 몬했어. 근데 신랑 주위 친구들이랑 동네 사람들이 담배 농사를 짓고 있었어. 그래 아주 징그러워가 안 할라꼬 했는데, 엉겨가 또 하게 된 거라. 내 여제(여태) 하고 산 일 중에 담배 거가 젤 힘든 거 같아예.

담배 농사 말고 사슴도 좀 키아봤고 가게도 했어. 30년, 40년 내만큼 벌어본 사람은 없을 기라. 또 한동안은 화장품 장사도 해봤다, 하하하. 담배 농사 하면서 내가 마을 회관에 있는 가게를 맡아 했어예. 구리무(크림)부터, 신발, 아이들 문방구…… 옛날에는 전체적으로 다 팔아야 되는 거라. 마을에서 운영을 내헌티 맡긴 거지. 세를 주고 장사를 하는 기라. 대신에 회관에서 갖다놓으라고 요구하는 건 다 갖다놓아야 돼. 그런데 옛날에는 전부 못살고 그러니까 "보리 매상 되면 준다" "돈 들어오마 준다" 이카믄서 외상을 돌라 캐. 전부 아는 친척이고 이웃이고 하이 안 줄 수도 없어. 그러이 만날 돈이 없는 기라. 만날 빚을 져. 나는 현금 주고 사와가 만날 외상만 까는 기라. 말도 몬하지. 담배까지 외상을 가가는 기라. 갚아준다 카믄서 가져가니 무조건 뺏을 수도 없는 노릇이고. 나가는 거는 국수가 제일 많아. 쌀이 귀해가 한 끼라도 국수를 묵고 일하고 이랑 끼네. 그래 외상만 깔아놓고 그만두고, 돈은 몬 받았지 뭐. 옛날에 비 오

면 벌레가 채소를 다 파묵으니께 밭에 가믄 벌레를 또 잡아야 돼. 비 오
는데 우비 쓰고 내애 벌레 잡아야 되제. 쉴 새가 없었어, 하안 번도. 낮잠
자고 이런 거 평생 없었어.

내는 멫 번이고 말을 했었지, 이러이러하고 저러저러하다

밑에 큰 남동상이 나랑 여덟 살 차이라. 그카니 뭐 갸는 아직 어리지.
걔 어릴 때 엄마가 아팠으니까, 고것도 내하고 할매하고 같이 키왔지. 이
유식도 해 믹이고, 내가 엄마 노릇을 한 거라. 그래도 그거를 눈꼽만큼도
아는 사람이 없어, 갸도 그렇고. 지금도 마 완전 넘처럼 지낸다. 넘보다
몬하지. 엄마가 그렇게 만들었다 카이. 내헌티 계모매이로 하이, 동상들
도 나를 그래 취급을 하지. 이제 엄마도 없고 하니 동상들하고 잘 지내볼
라 캐도 안 되는 기라. 잘못 말했다가는 더 싸움이 나고, 내도 좋게 좋게
말을 하려고 해도 영 들어주지를 않는 거라. 그러이 뭐 말이 안 통해. 우
리 신랑도 그란다. 뭐라고 해도 듣지 않을 거니 말하지 마라 그칸다. 그
래도 내는 멫 번이고 말을 했었지, 이러이러하고 저러저러하다. 여러 번
했었지. 그래 해도 아예 들을 생각조차 안 한다니까. 엄마가 뭐라고 비틀
어서 말을 하매 키운가 몰래도, 내 말을 아예 듣지를 않는다. 그러이 완
전 계모라고 안 카나. 사람들도 들은 거가 있으니 계모 소리가 다린 사람
헌테 먼첨 나온 거라. 내는 아무리 그래도 계모 생각은 안 해봤거든.

동상들이 나하고 나이 차이가 많아예. 옛날에는 못 먹고 부실하이께

바로 이어서 안 생기기도 하고, 생겼다가 잘못되기도 하고 그랬잖아예. 내 밑에 아들이 있었는데 없었고. 그 밑에 여동상하고도 다섯 살 차이라. 순서가 딸, 딸, 아들, 아들, 딸 이래. 바로 밑에 여동상 갸는 내가 한 천분의 일, 만분의 일도 일을 안 했고 시길 생각도 안 했다. 저도 마 할 생각도 안 하고. 지 중학교 댕길 때 하루만 일하자고 일요일 날 델꼬 갔는데, 안 하는데 우짜겠노? 그래가 아예 내삐러뒀지. 그 밑의 동상들이야 천지를 모르지 뭐. 즈그는 내가 우예 살았는지 하낫도 모린다. 하도 편하게 살았으니까. 그라이 오매 말을 믿을 수밖에. 느 누나 나쁘다 카믄 나쁜 줄 알지. 나는 시집올 때도 울 집 거 아무것도 안 가져왔거든. 내가 그렇게 살림을 키우고, 저들 학비 만들어 공부를 시깄어도…… 그때 농협에서 돈을 빌리주는데, 아부지 이름으로 1년을 빌리 쓴 거를 갚아야지 연체가 안 되잖아. 갚을 때 되마 아부지는 돈이 없어. 돈을 너무 많이 빌려 써가 아무도 안 빌려줘. 그라믄 내 명의로 빌리가 그걸 결제해야 되는 거야. 그런 거꺼지 다 해도 엄마는 그걸 몰라. 아부지하고는 모든 기 잘 맞고 대화가 됐기 땜에 일을 같이 했겠지. 엄마는 전혀 모르는 까막 사이라.

아부지는 엄마하고 나이 차이가 많지. 엄마는 그기 불만이었을 거라. 거다가 손이 불구고 하이. 모리고 결혼한 거도 아니고, 아부지도 엄마 불만을 아이께 잘하고 열심히 살라 카는데, 엄마가 그걸 안 알아주고 몬 따라주는 거라. 자기 자신이 그것밖에 안 되니께 할 수 없는 거지. 그러면서 자꾸 엇길로 가는 기라. 잘못을 하면서도 그걸 모른다니까. 엄마는 저 아래 삼산리 사람이라. 거서 우록1리로 시집온 거라. 자그 딴에는 더 시골로 시집을 온 거라. 우리 사촌 이모가 중매를 했는데 아부지가 잘살지도 몬하지, 몸이 그래 불구자지, 그라이 뭐 장가를 옳게 몬 간 거라예.

마누라가 그러이 우리 아부지가 바람을 좀 피웠지. 우리 엄마하고는 너무 안 통하니께. 그 작은엄마가 나는 아직까지도 안 잊혀에. 참 잘했어. 그 엄마는 인생이 잘못 풀린 사람이라. 술집에 나가는 사람이라도 참 괜찮은 기라. 집도 잘살고, 공부 마이 한 사람이라. 아부지가 사귄 작은엄마가 그래 훌륭했어. 우리 외할매가 자그 딸은 싫다 카고 작은엄마만 오마 그리 좋다 캤어. 그 밑으로 자슥은 없었어예. 우리 엄마는 자그 오마이가 아파도 우예 할 줄 모리고 "우야노" 이런 식이었다 카이. 작은엄마가 치료하러 델꼬 가고 간병해주고 그카니 외할매가 굉장히 좋아했지. 그 작은마누라 있는 거를 오매도 알았다. 오매하고도 잘 지냈어, 말도 잘 듣고. 우리헌티도 굉장히 잘했다니까. 그래서 그 오매헌티 진짜 오매가 주는 정을 조금 느껴봤어. 우리 오매는 절대 정이라고는 없고, 내가 아무리 희생해도 그걸 몰라.

나는 남이고 며느리는 딸이고 이런 식이라

산에 나무하러도 갔어예. 다린 집 가시나는 나무하러 안 가는데, 우리는 아부지가 손이 그라이 내가 안 갈 수가 없는 거라. 남동상들은 어린데다 커서도 마 안 했고. 아부지랑 같이 마이 다녔지. 내가 끌어놓으마 아부지가 지게에 껴가 가져오지. 무섭기는 무서븐데 그래도 땔감 할라이 가야 안 하나? 그러이 늘 아부지랑 같이 갔다. 혼차는 몬하지. 힘이 없어가 몬하는 기 아이고, 가시나를 산에 혼차 보내믄 안 된다 그거라. 아부지는 손이 그래가 혼차 몬 가고, 나는 무서버가 혼차 몬 가고. 그러이 늘 같이 대녔다. 그기 참 좋았다…… 옛날에는 주로 갈비* 거를 많이 끌어댔거든. 그기 오래 타고 뜨시고 땔감으로 제일 많이 썼다고. 그러이 소나무 많은 데 가가 아부지가 "여기 긁어놓고 있으라" 카고 다린 데 또 찾으러 가믄, 산에 바람만 불어도 버지럭버지럭해가 어릴 땐 무서벘어. 그래도 '아부지 올 때가 됐구나' 그런 생각하마 기다리는 거라. 그래 아부지 오마 같이 지게에 담고, 아부지가 찾아놓은 데를 또 겉이 가고 그랬다. 지게가 꽉 차마 아부지가 산 아래에다 지다놓고, 또 지러 오시고. 나무하러 마이 다녔지.

한번은 산에 나무하러 갔다가 옻이 올라가 두고두고 고생을 했다 카이. 30년 동안 딱 고 철만 되마 옻이 저절로 올르는 기라. 그때는 얼마나 심하게 올랐는지 오오온 몸이 다 헐었다 카이. 지금도 보마 헐은 자국이 남아 있다. 몸도 몸이지만 얼굴이 젤 심했어예. 입속까지 다 헐어 밥도 못 묵었어. 입가가 헐어가지고 부르터놔놓으니 입을 벌릴 수가 없었어예. 그래도 옛날에는 병원 갈 줄도 모리고 할매들이 전부 마 이래 해라 저래 해라 수들이 많았어예. 낫 가는 숫돌을 갈아 몸에 발라라, 밤송이를 삶아 발라라, 닭 잡아서 피 발라라…… 온갖 거를 다 해봤어예. 오늘은 이거 해보고 내일은 저거 해보고. 그래도 첨에는 안 낫더라 카이. 소 오줌도 발라보고 뒷간에 있는 똥오줌 썩은 물도 발라보고. 밤송이를 삶으마 진한 나무 색깔 같은 게 나와. 그걸 온몸에 바르마 몸이 시꺼메지지. 개 삶은 물을 발라라 캐가 또 그걸 바르고. 근다고 낫나? 안 낫지. 헐었는 기 다 아물어 딱지가 앉아야 낫는 긴데. 나슨지도 모리게 해마다

* 마른 솔잎. 갈색으로 말라 떨어진 것을 땔감으로 사용한다.

쪼매썩 나아졌는데, 그기 30년이 걸린 기라. 근다고 그게 다 나슨 게 아이라 카더라. 옻은 뿌리가 깊어가 언제 또 도질지 모린다꼬 조심하라 카더라고.

우리 집에는 바깥마당이 있어가 밥만 무면 동네 아아들이 다 우리 집에 와가 놀아. 옛날에는 안마당이 있고 바깥에도 마당이 있어. 근데 동네 아아들이 내 옻 오른 거를 보더니 겁이 나가지고 다시는 안 온다꼬 도망가더라고. 원래는 피부가 굉장히 고봤어예. 아무거나 발라도 뽀오야니 뺀질뺀질하이. 그러던 사람이 그렇게 덕지덕지해가, 거다 시커먼 거를 바르고 하이 놀란 거라. 엔날게 가내공업 한다고 보따리 이고 가믄 저 십리, 이십 리까지 이다돌라(이어다달라) 캐가, 그걸 이다주고 그랬다니까. 온몸에 딱지는 앉아가지고. 을매나 오래 고생했는가 몰라예. 다 낫고 나도 전신이 시퍼렇지 뭐. 딱지 표시가 온 얼굴에 남았어예. 지금도 몸이 마이 안 좋으면 약간 표시가 난다 마.

여 와가 또 옻올랐제. 이 동네 와가지고 보이 집 바로 앞에 옻나무가 하나 있길래 당장 빚잖어, 하하하. 또 옻오른다고. 한 번 오른 사람이 계속 오르더라꼬. 옻나무를 치다만 봐도 오르고 안 봐도 그 철만 되마 올라예. 옻나무 샘이라꼬 옻나무 옆에 샘이 있으마, 그 샘에서 씻으마 옻 냄새가 나. 근데 그 물에다 씻으마 낫는다 캐가 그래 갔다 카이. 저 한참 아래에 있는 동네에 옻나무 샘이 있었는데, 그 동네엔 나환자들이 있었어. 그래도 거 씻으러 내 혼차 수건 큰 거를 뒤집어쓰고 가는데, 그 사람들을 보이 무서버가 가지도 모하고 벌벌 떨면서…… 엄마라는 사람이 딸헌티 애처로운 느낌이 있으마, 자기 딸을 혼차 그래 보내겠나? 그 무서븐 동네를. 넘이라도 한 번은 델꼬 갈 긴데, 내 혼차 계속 댕겼다니까. 엄마가 그런 걸 까맣게 모린다.

한번은 동상들헌티 오해나 좀 풀라고 마음을 먹고, 아부지 제사에서 이야기를 꺼냈어. 동상들이랑만이라도 좋게 지내야 안 되겠어예? 그래 마 이야기를 좀 할라 카는데, 메누리헌티 대고 시어무이라는 사람이 뭐라 카는가믄 "제사 왔는 기 아니고 뭐 할 말 있어 왔는갑다" 그카는 기라. 나는 남이고 메누리는 딸이고 이런 식인 거야. 그런 사람이라 말이 그래 안 통하니께, 그게 되겠어예? 그래가 그날도 실패했어. 우리 집에서 일하는 아지매 중에 경산 아지매가 있었어예. 우리 식당에 7년이나 같이 있었는데 그 아지매가 "등신아, 그렇다고 그냥 왔냐? 작심을 하고 갔으마 뭐가 됐든 말을 하고 오지" 그카데예. 내 그날 가가 이 얘기도 했거든. "딸이 옻이 올라가 30년 고생했는데도, 엄마라꼬 쳐다본 일 한 번이라도 있나?" 그랬더니 뭐라 카는 줄 아나? "은제? 은제 그랬나?" 이캤다니까.

결혼하고서도 메주를, 친정에 독이 있으이 콩 두 말을 끼리가 같이 담갔어. 간장도 담그고. 소금 두 가마니 사가지고 이래 담가놓으마 간장, 된장이 그래 맛있어. 나중에 간장, 된장 가지러 가마, 넘 다 퍼주고 하낫도 없어. 다 우옜냐 카믄 누구 주고 누구 주고 다 주고 없어. 그 경산 아지매가 하도 기가 차가 "느그 된장 참 맛있더라. 내가 가가 퍼오꾸마" 그라고는 자기 아들을 델꼬 갔어. 집 주소 갈캐돌라 캐서 갈캐줬지. 가니까 된장 퍼주는 기 아니고 내 욕만 퍼주더란다. 사위가, 우리 애들 아부지가 집을 공짜로 지어줬는데도 "우리 공짜로 안 지있다. 돈 다 줬다" 이런 얘기를 하더란다. 그기 넘 붙잡고 할 얘기가? 그 아지매가 우리 집에 같이

284

오래 살아도 내가 그런 얘기를 합니꺼? 안 하지. 그래도 그날은 좀 된장을 퍼가 왔어. 그라고는 더 가져오지를 몬했다 카이. 전부 다른 딸, 메누리, 이웃 아지매들 퍼줬는 기라. 넘들은 좋다 캐. 내 거로 넘헌티 인심 쓰고, 나는 안 준다이까 그래.

동상들하고 잘 지내는 집, 그기 제일로 부럽다

독(항아리)도 울 아부지가 다 지고…… 손도 옳게 몬 쓰는 아부지가. 그 옛날에는 산 넘어 와야 했거든. 오일장을 다닐라마 재 몇 개를 넘어, 독을 서 말짜리를 지고 왔다니까. 그 성치 않은 몸으로. 그래 지고 왔는데 그 독을 없애가 되겠나? "인제 독 안 쓴다, 니 가가 쓰라" 하길래, 아이고 이기 웬일이고 해가 "그럼 내가 가가지요" 했거든. 그래가 독 가지러 가이 없어져뿌렀어. "우옜노?" 카니까 "깨뿟다" 이카는 기라. 내가 아부지를 못 잊어가, 그 독을 돈 주고라도 내가 가져가야지 싶어 "팔마 안 된다" 그 말까지 했다 아이가. 우리도 여름에 바쁘잖아예. 차도 있어야 되고 시간을 봐야 가지, 바쁜데 일하다 그거 가지러 우예 가노? 그래가 시간을 좀 끌었더니 팔아무우뿌고 없는 거라. 그른데 울 동상이 "뭐라카노? 엄마가 그 독 깼다 카더라" 카는 기라. 알고 보니 다른 사람들이 옆에 절에다가 팔아무우다꼬 안 카나. 그러이 계모 소리 듣겠지.

아부지에 대한 안 좋은 감정은 전혀 없어. 아직까지도 안씨럽다. 돌아가시고 없어도 항상 그 마음이 있어. 우린 통하이끼네. 엄마가 아부지를 전연 안 봐주니께 내는 더 안씨럽제.

스님이 왜 그래 계모라 하나 하믄…… 저 밑에 있을 때, 박 머시기라고 아는 여자가 하나 있었어예. 시아부지가 그때 미국에 가면서 땅하고 산하고 좀 지키돌라 부탁을 한 기라. 아무헌테도 맽길 데가 없고 내헌티 밖에 맽길 데가 없다 카믄서, 나더러 거 땅에 농사지으마 지키돌라 캤거든. 그래 고랭지에다 배추 농사를 지었어. 동네 아지매가 다 와가 거들어주고 그랬지. 옛날에는 공짜로 거들어주고 그랬어. 그래가 배추 다 뽑고, 좋은 거만 내다 팔고, 부실한 거는 그냥 동네 사람들 줬거든. 그때만 해도 니아까(리어카)가 제일 큰 이동 수단이었는 거라. 동네 사람들한테 니아까 끌고 지게 지고 하마 가가고 싶은 대로 다 가가라 그랬어. 서로 많이 가갈라꼬 한 집에 둘이, 셋이 와서 가갔거든. 그래도 남은 거는 절에 김치 담그게 주는 거라. 내는 볼일이 있어가 엄마헌티 "스님 좀 갖다주라" 그랬어. 스님헌테 배추 갖다주러 가서는 무슨 소리를 우예 했는지 모리겠다 카이. 그런데 스님이 나중에 내보고 그 말을 하더라이께네, 계모라꼬. "진철이 엄마, 엄마가 계모지예?" 그카는 기라. 나는 그때까지도 엄마가 내헌티 항상 그래 하고 살았지만, 그런 생각은 전혀 안 했다니까. 너무한다, 이런 마음은 있었어도 계모 생각은 내 해본 적이 없다. 그래도 마 오매 죽을 때까지 계모란 소리는 안 해봤어. "스님헌티 가서 도대체 무슨 말을 했노?" 그거만 물어봤지. 그랬더니 "내가 뭐라 캤나? 암말도 안 했지" 그러고 마는 기라.

아부지는 내 결혼하고 돌아가싯다. "내가 이제 느그 괜찮은 거 좀 보고 살라 카이 죽는다. 더 몬 보고 간다" 이래 말씀을 하싯지. 맨날 고통만 있다가 자기도 이제 심적으로 좀 편해질라 카이 가시데. 옛날 말이 하나도 그른 게 없는 기, 없는 사람이 핫옷* 두 벌 입을 형편 되면 죽는다 카이. 옛날엔 뜨신 옷이 없으니 솜 놔서 지은 옷이 두 벌 있게 되마 죽을 때가 되었다, 그 말이라. 핫옷, 오새 핫팩 마냥 뜨시다는 뜻이라. 고생하는 사람 따로 있고, 누리는 사람 따로 있다 카더니 울 아부지는 호강을 몬 했다. 그래도 엄마는 호강을 했어. 아부지보다 10년 더 사셨지. 자식들이 살 만했으이 엄마는 좋은 세상 보고 간 거지. 아부지는 엄마를 그냥 참고만 산 기라. 크게 싸우고 그런 것도 없었어예. 다른 남자들 겉으마 승질도 내고 때리기도 했을 거라. 아니믄 쫓가내든가 갈라서든가. 그러니 자기 마음을 알아주고 대화도 통하는 여자를 보게 된 거라. 그 시대에는 남자가 여자 하나 더 얻는 거가 흉도 아니었고.

친정집도 우리가 다 지이줬거든. 올케가 들어오이께네 그걸 잡히가 뭘 해야 한다 그라더라고. 신랑이 일단 두말없이 해주라 캐가 해줬어. 그런데 어느 날 갑자기 팔아뿟다 카는 기라. 아부지는 돌아가시고 엄마는 살았을 때지. 난 전혀 판 줄도 몰랐어. 명의는 아부지로 해놨었거든.

근데 인자 내 바로 밑의 여동상이 한날 그라더라 카이. "언니는 엄마 아부지 다 돌아가시면 어떡할라노? 갈라갈라나?" 요샛말로 형제간에 분배를 해야 되잖아. 그래 묻는 걸 "내는 그런 거 안 바란다. 바라고 집 지준 거도 아이고, 느그도 다 집 있다 카고 괜찮으니……" 막내가 그때 집이 없었어. 전세를 살았는데 내가 "막내 줘라" 그리 말을 했지. 그런데 여

---

* 면에 솜을 넣어 만든 옷

동상이 그 말을 할 때 하마 집을 팔아무우던 거라. 팔아묵고 내헌티 그런 말을 한 거야. 밑의 남동상이 팔아먹은 거를 그 여동상도 알고 있었으면서 내헌테다 그런 소리를 한 거라. "이러다가 저러다가 좀 안 돼가지고 집을 팔아야 될 형편이 돼가 팔았다" 이래 말을 안 하고. 글고 누나랑 매형이 해준 걸 알면서, 팔아묵을 상황이라도 말이라도 했어야. 기가 막히지 뭐. 나중에 동네 사람들한테 들으니 집 다 팔았다 카데. 동네 사람들헌티 듣고 안 기라. 그라이 내가 신랑헌티 할 말이 없지. 지금도 제사 때는 동생들은 보제. 큰 남동상이 대구 시내 살거든.

　다른 집 같으마 동생들하고 좋잖아예. 내는 그기 젤로 부럽다 마. 오매 아부지 죽고 나마 남는 기 형제간인데 말이다. 그 집을 그래 말도 안 하고 팔아가, 내가 더는 재산이니 집이니 말을 안 보냈다. 내나 저 양반이나 상처받은 거가 돈 때문이 아이고 마음을 몰라주는 거였거든. 근데 거 따 대고 누구 돈으로 샀네 마네 하고 따지는 데 질려삤는 거라. 그래 마음을 모리더라 카이. 더 늙기 전에 오해를 풀으마 한이 없겠는데, 엄마가 어떻게 심어놨는지 마 들을라꼬를 안 한다 카이. 죽기 전에라도 그 오해를 풀어주고 가야 오매인데, 내헌테는 끝까지 계모라 카이. 우째 자기 딸을 다린 형제들헌티 그래 나쁘게 말을 했는가 말이다. 내도 자기 뱃속으로 낳은 자식인데…… 그래 했으이 쟈들이 내 말을 들을라꼬 안 하는 거라. 내가 만고에 지들헌테 뭐라 카기를 하나…….

내가 못 배웠는데도 못 배운 사람이 그리 싫데

근데 아부지가 우리 신랑헌티 잘못을 마이 했지. 신랑이 참 외로른 사람이라. 신랑 낳자마자 부산으로 피란 가가지고 넉 달 만에 오매가 돌아가셨으니께네. 신랑 생일이 1950년 7월 21일이거던. 근데 오매 제사가 11월 28일이라 카이. 백일 지나고 얼매 안 있다 돌아가신 거라. 맏이야, 신랑이. 그라이 그 오매 밑으로는 친동상이 하낫도 없는 기라. 오매, 아부지는 강원도 삼척이 고향이라. 신랑도 거서 태어났다가 바로 피란을 부산으로 간 거지. 엄마가 피란길에 병을 얻어가 빨리 돌아가셨지. 아 낳고 피란 댕겼으니 살 수가 있었겠어예? 조리도 몬하고. 옛날에는 왜 큰병이 돌잖아, 돌림병. 약해지면 그게 빨리 오잖아. 그라고 아부지가 그병이 먼저 왔대. 먼저 왔는데 엄마가 간호를 했대. 간호도 다 하고 아도 낳았으이께네 견딜 수가 없는 거지. 애기가 살아난 게 다행인 거라. 시집가서 강원도 동네에 가니까 친척들이 다들 그카데. 명이 진짜 길다고. 죽을 사람이 살아났다고. 살 사람은 살아난다고. 젖도 을매 몬 무은 거지. 돌림병 걸린 젖을 무마 안 될 거 아이가. 이웃의 오촌 숙모, 이런 사람들헌티서 젖동냥을 해서 살았대. 젖도 한 통씩 믹여주고, 옛날 쌀가루 죽 끼리가 믹이고…… 그런 식으로 산 거 보면 기적이지.

부친이 경찰 공무원이었는데 어머니와 사별 후 1년 만에 고향 들어가서 재혼을 했다더라고. 계모 밑에서 유년, 학창 시절을 지내느라 성장기에 힘들고 어려웠는 거라. 그래가 정신적, 육체적으로 그 고통을 극복하기 힘들었는 거라. 그러다보이 대학 마치고 군대 갔다 와서 고향이 싫어 스스로 타향살이를 선택해가 대구에서 건설 현장에 들어간 거지. 그러다가 우록리 저수지 공사를 맡아가 오게 된 거라. 아부지 재혼은 남편 외갓집 이모가 어린 조카 잘 돌보마 친자식매로 키워돌라꼬 친구를 소개해서 한 건데, 오히려 정반대 결과를 초래한 거라. 남편은 그것도 다 자기 운명 아니겠냐고 그러더라고예.

건설 회사에 취직이 돼가, 동해 쪽으로는 동네마다 일 안 한 데가 없더라. 영덕, 포항 위로 마이 다닌 거야. 포항제철 드가는 큰 수로 공사도 자기가 다 했다 카고. 원래는 측량기사라 전부 "김 기사, 김 기사" 이캤다 캐. 여 와서도 동네 사람들이 김 기사, 김 기사 이캤어. 여 공사하는 이대리라고 영감이 있었는데, 건설 회사 취업하기 전에 그 영감 밑에서 따라다니면서 조수 하고 이런 식으로 있었는갑데. 근데 이대리 영감님이 진짜 꼼상이˙라. 그래가 공사를 지대로 후려내지를 몬해. 근데 이 양반은 그걸 잘하니께 좀 도와돌라꼬 그런 거라. 엔날 선배님인데 뿌리칠 수가 없어가 도와주러 온 기라. 그래가 우리 동네 저 꼴짜구에 저수지 만드는 공사를 맡은 거라. 여서는 거를 '밤뒷골 저수지'라 캐. 그 공사를 오래했어. 팔 개월 넘게 했지. 그러느라고 우리 집에서 기숙사처럼 하숙하듯이 먹고 자고 했던 거라. 공사하는 사람이 굉장히 많았어. 그라이 내하고 오매하고 외숙모하고 계속 밥해주고 한 거라. 또 그때 새마을 사업이 한창이었어. 도로포장 이런 게 많았지. 옛날에 새마을 사업 하기 전에는 길이 없었어. 그냥 사람 다니고 소 구루마 다니는 길뿐이라. 그걸 넓히고 다지고 한 거라. 저수지 막을 때도 새마을 사업 하는 동네 사람들이 공사를 같이 했어. '장수봉 아재'라꼬 이 동네 사셨거든. 그 아재가 인자 거 저수

˙ 꼼상이. 대담하지 못하고 좀스러운 사람

지 공사랑 새마을 사업을 맡아가 일 보고 그랬지.

그래 우리 집에서 밥 대주고, 잠도 자고 그런 거지. 처음에는 까막새라 나는 암것도 몰랐는데, 그 양반은 내를 보고 있었는가봐. 내는 뭐 살림 사니라고 결혼이고 뭐고 상상도 몬했지. 엄마도 그런 관심이 있었을 리가 없고. 내를 살림 밑천으로만 치는 사람이니까. 글고 마 외지 사람이잖아예. 우리 동네에도 남자가 많이 있었거든. 총각도 서른 살 돼가 장가 못 간 사람 쌨었고. 여자는 스무 살 돼가 마이 갔지. 스물두 살 이때 한참 마이 가. 내가 결혼한 게 스물여덟인가 여섯인가 그러니 늦다 캤지.

거의 연애결혼이지 뭐. 우리 외할매가 저 사람 좋은 사람이니까 무조건 시집가야 된다, 맨날 그캤다니까. 외할매가 처음부터 손주사윗감으로 본 거고, 사는 동안도 서로 잘했어. 할매 모시고 내하고 곁이 살마 자기는 공사 맡아가 회사 다니고 그럴라 캤지. 나도 회사를 나갈 기라고 생각하고 시집을 갈라 캤다. 이래 산다고 생각한 게 아이고, 하하하. 내가 스물여덟이면 동상들도 다 커서 알아서 살 기고, 그라이 결혼해서 할매랑 살다 돌아가시마 그 사람 따라 도시로 나가 살 생각을 한 거라. 그라고 여시골 남자보다는 그 사람이 훨씬 나아보였지. 그래가 내도 나중에는 결혼할 생각을 한 거라. 내는 집하고 떨어지고도 싶고, 이 동네도 좀 나가 살고 싶고 그랬던 거라. 동네 사람들도 이 사람을 다 인정해줬지. 공사하느라 이 동네서 팔 개월이나 있었으이 사람 됨됨이를 다 알았던 거라.

나는 몬 배운 사람이 그래 싫데. 내가 몬 배왔는데도 '그런 사람하고 살면 우얄까' 그게 굉장히 싫더라고. 말하자면 이해가 안 되는 사람, 대화가 안 되는 사람이 아주 싫더라꼬. 그러이 동네에 남자가 버글버글해도 보이지가 않았어. 우록리서 좀 배웠다 카는 사람은 다 시내로 나가 살지 여 있지는 안 하잖아. 그래가 나도 남편헌티 끌렸겠지. 내 느낌에 저런 사람은 안 괜찮겠나 그 생각을 했던 거라. 그 사람은 내가 뭐가 좋았나 모리겠어, 하하하. 내 한 스물다섯, 여섯 이리 돼도 그때는 열다섯밖에 안 됐다 캤다, 하하하. (지금도 아주 예뻐요. 그리고 시골에서만 산 사람 같지 않고, 도시에 살면서 공부 많이 한 사람의 느낌이야. 처음 봤을 때부터 좀 다른 느낌이었어. 시골에서만 산 사람이 뭐 어떻다는 게 아니라 느낌이 달랐다는 얘기야. 나이도 나보다 어릴 거라고 생각했어. 내가 세 살이나 적은데도 나보다 훨씬 젊어 보이잖아. 성격이나 말투도 여기 사람들하고는 다르게 느껴졌고. 뭐가 좋고 나쁘다는 게 아니라 좀 다르다는 느낌이 들었어요.) 그때는 얼굴이고 몸이고 살도 이래 있었다. 살이 한번 빠지니까 다시는 안 돌아오데. 어릴 때는 이리 뽈록뽈록했어. 주위에 사람도 그래 많았다, 친구도 많고. 어릴 때 학교 다닐 때는 동네 애들이랑 놀러도 대녔지. 마이 가지는 몬해도 넘 열 번 갈 때 한 번썩은 따라가고 그랬지. 나물 캐러 할매들 따라 뒷산에도 가고. 지금도 사람들이랑 잘 지내. 내가 사람 찾아다니고 그런 폭은 아닌데, 그냥 사람들이 자꾸 찾아와. 그라이 아는 사람이 많지.

죽었다 깨나도 아부지 속을 모르겠다

여를 나갈 줄 알았는데, 우리 아부지가 잘못했어. 아부지가 옛날에 가난했거든. 워낙에 못산께. 물려받은 재산도 없이 빚만 뿔려 받아가. 옛날에는 이자가 육부, 칠부 이래예. 장리쌀* 이런 거는 한 말 빌리오면 두 말, 세 말 갚아야 되고. 그렇께 내가 몬 나가지. 결혼 전에도 나가는 여자는 나갔어. 근데 내는 그걸 보고 나갈 수가 없지. 더군다나 아부지 몸이 불구라 아무리 열심히 해봤자 힘이 부치는 거야. 아부지는 맏아들이라 할마이 모시고 삼촌도 겉이 살고. 자식 다섯이랑 마누라에 장모님도 가차이 살고.

그래가 옛날에는 할마이가 한 육십 되마 편찮아지잖아. 병원이 가차이나 있나? 병원에 갈 줄이나 아나? 앓다가 돌아가시고 그러는 거잖아. 중간에 엄마가 또 남동상 낳아놓고 갑자기 아팠다 칸께네. 복막염인가 그래가 몇 년을 아프다가, 10년이나 돼가 겨우 나샀는 거라. 근데 내가 어디를 갈 거고? 갈 수가 없는 거라. 그때도 아직 오매가 약 묵고 있을 때거든. 그라이 살림도 내가 다 살아야제. 빨래하고, 밥하고, 새끼도 밤마다 열 단썩 꼬고 마. 밑의 여동상 그거는 마 천지도 모리고 놀고묵다가 시집을 내보다 먼저 갔다 아이가. 결혼을 먼저 한 거는 아이고, 좀 똑똑해지라고 구미공단에 보냈났더니 어떤 놈이 몬 살구로 해가지걸랑 내보다 아를 먼저 낳어. 결혼식은 내보다 늦게 올렸고.

나중에 우리 아부지가 내헌테 얘기도 안 하고 사우를 세 번 불렀다 캐. 여그 일은 벌써 끝나고 다른 데 나가 있었는데 그때 영천 쪽에 있으

---

* 예전에 장리長利로 빌려주거나 꾸는 쌀을 이르던 말. 본디 빌려주는 쌀의 절반 이상을 한 해 이자로 받기로 하고 빌려주는 곡식이다. 흔히 봄에 꾸어 주고 가을에 받는다.

면서 주소는 여기 놔뒀지. 훈련 같은 거 나오마 여기서 전보를 쳐주고 그랬어. 근데 나 몰래 세 번을 만났대. "여그에 집 지가 할매하고 같이 살자" 이래 얘기를 했대. 그라이 이 사람은 '내 부모도 내팽개치는데, 처부모라도 부모라고 나를 이렇게 감싸고 위해 주는구나' 이래 생각을 한 거라. 안 그렇겠어? 자기 부모 때문에 한이 맺힌 사람 아이가?

대답을 바로 한 거는 아이고 좀 있다가 "그러면 아부지가 빚이 있어가 집을 팔아야겠으니, 그 집을 팔고 새로 융자 내가 집을 지으시라" 캤대. 그때 새마을 사업으로 집을 전부 다시 지을 때거든. 그 공사를 할 때 "내가 목수들 보내가 집을 지이드릴 테니까네, 내 이름으로 융자를 내가 집을 지으소" 캤다는 거야. 근데 아부지가 기어이 "니가 와서 지이라. 그라고 니도 여 와 집 짓고 살아라" 이런 식으로 얘기를 했대. 딸도 붙잡고 싶고, 사우도 아들처럼 붙잡고 싶어가 그랬는 거라. 그때는 큰아들도 아직 대학교 다니고 어렸잖아. 아부지는 이자를 그래 마이 주다보이 빚이 감당이 안 되고 청산이 안 되는 거라. 빚은 갈수록 늘어가고, 새끼들은 커 가니까 돈 들어갈 일은 많고.

강원도 집에 가 자그 아부지헌티 그런 얘기를 항께네 "좁쌀 서 되만 있어도 처가살이 하지 말라는데, 그래 하지 마라" 그러시더래. 아부지가 그러이 그게 또 억하심정이 됐던 기라. "아부지는 내헌티 뭘 했느냐? 내는 백 번 천 번 장인 영감이랑 사는 게 낫다" 그라고 왔다는 거라. 그렇게 해놓꼴랑 그때까지는 좋았는데 도중에 우리 이모가 또 사고를 친 거라.

우리 외할매가 혼자 사싰거든. 아들 셋 전부 육이오 나가 전사하고, 우리 오매가 막내딸이라. 그 이모는 언니고. 큰사우는 할매랑 성질이 안 맞고, 막내사우 우리 아부지는 이야기도 잘하지, 웃기기도 잘하지, 이라이까네 좋아했던 거라. 딸은 미워해도 사우는 아주 이뻐했어. 그라이 사우가 다른 여자를 봤어도 그 여자를 자그 딸보다 그리 이뻐하지. 우리 외할매는 넘헌티 조금이라도 도움 받고 사는 승격이 아이라. 남을 도와줬으면 도와줬지, 폐를 몬 끼쳐. 외손주사위가 집을 지으면서 "내가 할매 집을 지이줄 테니까네, 외손녀하고 그래 사시라. 나는 회사 나가고 하이 집 사람이랑 그래 사시라" 그리 말을 한 거야. 노인네 듣기 좋으라고 할매 집을 지준다 한 거지. 할매는 좋아하시면서 "오냐" 카셨어. 할매헌테다 대출을 누구 이름으로 받느니, 집 명의가 누구니 그런 거 설명할 이유가 없잖아. 가실 날까지 할매 모시고 살마 되는 기니까.

근데 할매가 기분이 좋아갖고 큰딸헌티 자랑삼아 손주사우가 집 지준다꼬 말을 했는가봐. 우리 이모가 가만 보니 자꾸 엄마가 자기 집을 짓는다 카거든. 이 나이에 자기 집을 와 짓노? 돈도 없으면서. 그카니 엄마 이름으로 빚내가 짓고 손주사우랑 겉이 살라는 건가 싶어가 뒤로 알아본 거라. "엄마가 저카는데 우예 된 거노?" 하고 내헌티 먼저 물어봤시면 "할매 성격이 워낙 깔끔해가 할매 집이라 안 카면 내랑 안 산다. 그래 그 사람이 일부러 할매 집 지드릴 테니 외손녀 데꼬 사시라, 그래 말한 거다. 대출은 남편 이름으로 내는 거다" 그래 설명을 했을 거잖아. 근데 내헌티는 묻지도 않고 혼차 알아보고는 할마이헌테 직접 말을 한 거라. "조사해보이 아니던데 뭐. 무신 돈으로 엄마 집을 짓는다 카노? 거 손주사위네 집이더라" 이캐버린 거라. 노인네가 늙으마 판단력이 없잖아. 아무리 깔끔한 성격이어도 정신이 흐려지잖아. 그러니 집 지준다는 거만 좋왔고, 당연히 당신 이름으로 집을 지으려니 했나봐. 그러이 고마 펄쩍 뛰면서 이튿날 와가, 성질이 나가 마 지팡이로 때리믄서 막 "이놈드을, 내 집이라 캐놓고 느그 집이네" 카믄서 손주사우헌티 역정을 내시는 거라. 그러이 우리는 기가 찰 노릇이지. 그래가 "나는 느그들 꼴 비기 싫어가 이사 간다" 카믄서 딴 동네로, 저 삼산리로 이사를 가뿟잖아. 원래는 막 내사우네랑 아주 가차이 사셨지. 거도 살기 싫다 카시면서 고집을 부리고 나가가 삼산리 친구 집 옆방으로 들어가신 거라. 외할매도 불같은 성격이지. 우리 이모가 그런 식으로 해가 되나? 하다못해 조카랑 조카사우가 지 엄마 돌라먹는 거 같으마, 대놓고 불러 야단을 처가매 앞뒤를 따져 묻든가 할 일이지, 머리 흐린 노인네헌티 그캐가 될 일이가? 우리 이모도 옹졸해. 그래 이모도 보기도 싫다.

그래가 할매는 이사를 가뻐렀어. 집은 다 지이가는데 누가 살아도 살아야 될 거 아이가? 우리만 살기에는 집이 너른 거야. 우리야 그동안은 근처에 방 두 개짜리 얻어가 살고 있었고, 봐서 도시로 나갈지 어쩔지 그러고 있었던 거라. 그라이 아부지가 "내가 빚이 있다. 내 사는 집을 팔아가 빚을 갚고 여 살면 안 되겠나?" 그러는 거라. 그라이 그래라 캤어. 그 사람은 공사 다니느라 바쁘고 집에 잘 없으니, 새집 등기 서류니 뭐니 자기 앞으로 하시라고 아부지헌티 부탁을 해놨던 거라. 그 집 땅 살 때도 자기가 나가 번 돈으로 땅을 샀고, 융자 내는 것도 우리 앞으로 내가 나중에 갚을 생각이었고. 집도 남편이 다 사람을 사 보내서 지은 거거든. 그라이 당연히 우리 이름으로 명의를 해야 하잖아. 그거는 전혀 의심을 안 했지. 그라고는 집 다 지어가 식구들이 이사를 들어갔지. 근데 나중에 보이께네 아부지가 등기를 다 자기 앞으로 한 거라.

참, 내는 지금도 아부지 마음을 이해를 몬하겠어. 그럴 양반이 아닌데 왜 그래 판단을 했는가 모리겠어. 사우가 저영 몬 미더워도 내 앞으로 하면 안심할 거잖아. 사우가 바깥으로만 다니니 혹시라도 잘 안 돼가 헤어질 거를 걱정했다면 내 이름으로 하면 될 거잖아. 돈은 우리가 다 냈는데 자기 앞으로 하믄 되겠어예? 그러이 그 사람이 나중에사 그걸 알고 얼마나 속이 상해…… 내가 또 그 말을 듣고 아부지헌티 물었는 거라. "아부지예, 정말로 그랬어예?" 그카고 물으이께네 안 그랬다 카는 거라. 그라이 내는 아부지 말 듣고 또 신랑헌티 아부지가 안 그랬다 카더라 하매 화를 냈고. 그라이 마 그 사람은 을매나 기가 차고 별의별 오만 생각이 드는 기라. 내꺼지도 의심하고. 그때는 아직 결혼식 하기 전이라. 근데 또 우리가 아부지헌티 땅값 하라고 보낸 돈으로 자기 빚을 갚고, 집 짓는 거로는 융자를 더 낸 거야, 신랑 앞으로. 한마디 의논도 안 하고 나중에도 말을 안 한 거라. 모르는 융자 갚으라고 고지서가 날라와가 그때 알게 된 거라. 그라이 을매나 기가 찼겠노? 완전 처가 사람들헌테 뒤통수를 맞은 거지. 그래 믿고 따랐던 장인 영감헌테 말이다. 안 그래도 자기 부모헌테 한이 많은 사람인데, 그래 좋아하던 장인 영감헌테 이래 당하나 싶어가 참…….

아부지가 참 분명한 양반인데 그래 하더라꼬예. 대놓고 "빚이 있어가 이래 갚았다. 융자를 냈다. 우리가 갚으마 안 되겠나? 인자 아들도 크고 직장도 다니고 할 거니 우리가 알아서 갚겠다. 자네헌티 갚으라 소리 안 할꾸마" 늦게라도 이런 말을 해줘야 안 되나? 무슨 마음인지 모르겠어. 또 하나 더 있다 마. 새집은 자기 이름으로 해놓고, 자기가 팔아무은 집은 팔기 전에 우리 앞으로 등기를 바꿔놨더라 마. 그러이 땅 등기는 사

간 사람 이름으로 됐는데, 집은 아직 우리 앞으로 돼 있는 기라. 뭐신지는 잘 몰라도 그래됐다 카더라. 그것도 그 집으로 세금이 나와가 알게 됐던가 그래. 참말로 내는 도대체가 이해가 안 된다 카이. 아마 아부지 이름으로 집이 두 채가 되마 안 좋으니 그랬는가본데, 아부지가 그래 자기 잇속만 챙기는 사람이 절대 아이거든. 근데 우찌 그 사람헌테 그래 했나, 내는 죽었다 깨나도 아부지 속을 모리겠다.

한밤중에 참지를 못해서 저수지 있는 데를 막 올라갔어

그라이 내는 중간에서 미치겠는 기라. 그때 내 죽을라 캤다. 아무래노 죽는 거 말고는 다닌 길이 없더라 카이. 저 못 막아놓은 데서 빠져 죽을라 캤다. 넘이 그래 사기를 치도 기가 찰 텐데 딸 사우헌테, 그것도 우리 아부지가 내헌테…… 부모가 그런 식으로 하이까 용서할 수가 없는 거라. 아닌 말로 사우는 못 믿겠다믄 내헌테는 바른말을 해주고 속엣말을 해줘야 할 거 아이냐꼬. 내는 첨에 아부지 말만 믿고 오히려 남편헌티 화를 내고 그랬다 카이. 우리 신랑은 그기 더 미치는 기라. 마누라가 자기편에 안 서고 아부지 거짓말하는 걸 맞다고 자꾸 하이까. 신랑 입장에서는 믿을 게 마누라 하나뿐인데, 나까지 아부지가 맞다꼬 하이 얼마나 복장이 터지겠노? 지 하나 보고 있는데 지까지 한 조니께. 그때 영 미칠라 캤어. 그런데 나중에 보니 남편 말이 다 맞는 기라. 그르이 남편 얼굴도 몬 보겠고, 아부지 그런 거를 누굴 붙잡고 애길 할 수도 없고, 아부지헌테다 대고 싸울 수도 없고. 우리 엄마는 계모 식이니께네 그렇다 치고,

우째 아부지가 그러냐 말이라. 소문이 나가 동네 사람이 다 알고 우리 엄마헌티 "이래 싸워가 사우 돈은 안 갚고 내쫓아뿌고 딸은 우얄래?" 이카니 "지야 뭐 어디 가가 뒤지기나 말기나. 저래가 죽을라든지 나는 모린다" 그카더란다, 우리 엄마가. 그래 계모제. 제일 고생한 큰딸헌티 '안됐다' 그런 기 전혀 없어. 내가 그렇게 끝까지 해줘도 전혀 없어예. 절의 스님이 계모라 묻는 거가 당연하다 카이.

남편은 내하고 사네 안 사네 그러지는 않았고, 오히려 틀린 거는 옳게 밝혀야 된다 이기라. 이렇게 사는 거는 아니다 이거지. 중간에서 나는 오매, 아부지를 이해할 수도 없고 해가 남편이 만들었던 그 저수지로 죽으러 올라갔다 카이. 하필 글로 간 기 아니고 거밖에는 갈 만한 데가 없었는 거라. 목매달고 이런 건 몬하겠고. 한밤중에, 그때는 마 길이 어두운 줄도 모리겠고 무서운 줄도 모리겠고 화안하더라꼬. 하여튼 참지를 몬해가 마악 올라갔어. 동상들은 어리서 그런 거 전혀 몰라예. 그라이 내가 지금도 속이 터져. 아무리 오해를 풀라 캐도 듣지를 않는 거라. 막 올라가 둑에 가가, 저수지 둑에 누버 있었어. 안개가 자욱하게 끼는데, 새벽 이슬이 한창 내려올 때라. '이래 가는구나' 하매, 내 살아온 거가 너무너무 불쌍코, 모든 거가 너무너무 기가 차고. 가면 다 끝이다 생각하이 마음이 편터라…… 서방이고 아부지고 다 그만인 거라.

근데 동네 아저씨 하나가 나무하러 새벽에 올라온 거라. 아, 그리 일찍 나무하러 와 올라오노 말이다. 그래 떠억 올라와서 내를 알아보고는 "야! 야!" 카믄서 막 고함을 지르는 기라. 낌새가 좀 이상했나보지. 그래 쫓아오디마는 "니 여 뭐하러 왔노?" 카믄서 가자고, 가자고 하매, 나무도 안 하고 내를 끌고 바로 내리왔어. 내려가자고, 우리 집에 가자고. 그 아재가 자기 집에 가자 카는 거라. 끌려 내려오긴 했어도 나는 마 집 근방에도 가기 싫은 기라. 그 아재네 집도 싫고, 엄마 아부지도 보기도 싫고 이래가 도저히 남사시러버서 살기도 싫고. 그래가 죽어뿔라 캤는데 몬 죽고 해가…… 저 우에 딴 동네 '황새들' 카는 데를 갔어. 황새 날개처럼 생겼다 캐서 '황새들'이라꼬 부르는 동네가 있어가 가 있었지. 아재는 걱정이 돼가 따라오고. 여름이라 비는 또 막 왔어. 그 비를 다 맞으매 아무 생각이 없었어. 비 맞고 그냥 오기도 싫고 보기도 싫고 마. 그때는 '죽는 거도 맘대로 몬하나……' 그거 말고는 아무 생각 없어. 그라다가 기어이 아재가 자기 집에 끌고 왔다니까. 내 혼차 놔두면 죽는다 싶었던 거라.

그러캐도 아부지가 내헌티 바른말 한 번을 안 하더라꼬. 그 배신감이 너무나 힘는 거라. 나중에 아부지가 "우리는 평화롭게 컸는데, 저리 큰 사람은 만날 자기만 생각하고 니 편안하게 안 해준다. 그러이 같이 살아선 안 된다. 살지 마라" 그카더라고. 아직 같이 살지도 안 했을 때. 그캐도 다 결혼을 하는 거로 안 거지. 근데 그런 일이 벌어졌다니까. 그래도 결혼식 올리돌라 카이 아부지는 절대로 몬 올리준다, 이래 된 거야. 그라이 이 양반이 더 돌은 기라. 내허고 한다고 마음 정리를 다 했고, 저 양반도 젊었을 때 여자가 줄줄이 그랬는데 다 버리고 정해놨더만 그런 식으로 하이까네 "난 죽어도 안 된다, 해야 된다" 이거야. 자그 집에도 그래 얘기를 다 해놨고. 더구나 집을 그래 나온 사람이 말이 뒤바뀌마 집에 할 말이 없잖아. 그걸 딱 생각하더라고. 자그 집에 대한 자존심도 있는 기라. 그래 죽어도 해야 된다 이거야. 아부지는 안 된다 카고.

나는 결혼 안 한다는 생각은 안 했지. 이래 해놓고 안 한다는 건 말이 안 되지. 다만 기가 차고 아부지헌테 실망을 하고 남편헌테는 미안하고. 넘들헌테도 망신시러워가 죽는 거 말고는 길이 없는 거라. 근데 죽지도 몬했잖아. 잘못을 남편이 한 게 아닌데 사람 하나를 그래 바보로 만들고, 이래 온 동네가 뒤집히도록 남편이 하겠다고 하는데 내가 안 할 수가 없지. 그래 결혼식을 했어. 그래가 몬 나가고 여에 갇히가 살은 거라. 둘 다 빈털터리가 된 거라. 암것도 없이 둘 다 빈손이라. 그래가 다시 담배 농사를 한 거라. 시집오기 전에 그 담배 농사를 그래 징글징글하게 지있는데, 그걸 또 하고 싶겠어? 그래도 별수 없이 한 거라. 뭐래도 해야 먹고살잖아.

우리 집도 계모제, 그 집도 계모제. 하나는 진짜 계모, 하나는 가짜 계모. 남편 부모는 식하는 날만 딱 왔어. 오촌 숙모랑 이래 왔더라꼬. 식은 시내 예식장에서 했어. 아부지는 내가 마 죽어도 하겠다는데 허락을 해야지 어쩌겠어. 그러고는 내도 마 다 털어뿌고 엄마 아부지헌티 잘했어예. 부몬데 어쩔 거야. 신랑도 잘하더라. 넘 보기도 그렇고, 자기 양식도 있는 사람이라. 무식한 사람이마 그 뒤로도 잘했니 몬했니, 니 거니 내 거니 했을 텐데 안 그러고 잘했어. 그기 고맙고 내 죄라. 자기 부모랑 그리 됐으니 장인 장모랑은 정말 잘 지내고 싶었는 거라. 그래가 여기서 뭐든지 해가 노력하매 살라꼬 애쓰고. 그래 동네 사람들이 다 인정한다. 저 사람은 산꼭대기 모래밭에 갖다놔도 죽지 않고 살 사람이라꼬. 내도 항상 그래 하고 살아가지고 남편도 나를 마이 봤겠지. 보고 마음 정리를 안 했겠나? 내 봐서 다 덮은 거라.

근데 우리 아부지는 그래 해놓고도 돌아가시면서 내헌테 미안하단 말한마디 안 하고 그냥 가시더라. 그래도 병들고 할 때 우리가 차 사가 모시고 동상 집으로 가가 마지막으로 보고 오자 카고 여기저기 델꼬 다니고 다 했다. 아들딸들 하낫도 제대로 하는 놈 없다. 우리가 병원비도 백만 원썩 묶어가 탁 갖다주고 그래 잘했는데, 우리 엄마가 그래 또 계모짓을 하데. 오매는 죽은 지 몇 년 안 됐어. 아부지 가고 10년은 더 살았지. 엄마가 동상들헌티 내를 아주 나쁘게만 얘길 해서 내가 천지에 몹쓸 인간이 된 거라. 그래도 엄마 돌아가실 때 신랑이 오히려 내헌티 "마음 다 풀고 엄마 용서해라" 카데. 부모니께 어쩌겠어? 내 마음 편할라꼬라도 용서해야지. 그카고 아부지헌테는 아직까지도 뭐 미운 기나 이런 거 전혀 없고, 항상 살았을 때 그 마음 그대로라. 신랑헌티 잘 몬한 거야 이해는 안 가지만 '아부지가 또 딸 생각해가 그런 건가부다' 그래 생각해버린다. 내 마음이 그래. 아부지하고 내하고는 마음이 마이 맞았어. 아부지 입장에서는 사우가 못 미더울 수도 있었겠다, 그래 생각하고 만다.

부모 형제 욕하는 게 아니라 더 잘하고 싶어서 이러는 기라

우리가 아 놓고 살면서 농사지을 때, 장인 장모 힘들다꼬 경운기 사가, 논 다 해가, 모심기 다 해가, 타작해가, 방앗간에서 나락 찧어가, 다 실어다주고 이래 해도 우리 엄마는 쌀 한 톨 안 주데. 우리는 그때 정부미 팔아가 먹었어. 맛없고 훨훨 날라가는 쌀 그거. 그래도 그거 하나 줄 줄을 모리고 "우리 먹을 쌀이니 돌라 소리 하지 마라" 이카더라, 하하하. 그래

돌라 안 카니 평생을 안 주는 거라. 쌀 한 톨 안 줘. 우리는 벼농사는 안 했거든. 그래 우리 만딸 낳았을 때, 몬 묵고 낳아가지고 귀 뒤에 머리카 락 같은 털이 북실북실 났더라꼬. 사람들이 보더니 몬 묵고 낳아서 그렇 다 카데, 쌀도 나쁜 쌀만 묵고 옳게 몬 무우가 아가 저 모양이라고. 그 털 은 며칠 있으니 빠지데. 딸은 우록1리에서 났지. 여 2리로 온 거는 아들 낳고 일곱 살인가 여섯 살 때 왔나. 결혼해서 1리에 10년은 더 산 거지. 남편도 눌러앉고는 나랑 담배 농사를 마이 했어. 거도 좁은 데라 농사가 별라 없어. 다른 농사는 지어봤자 식구들 먹는 거밖에 안 나와. 겨우 쪼 금 장에 내다 파는 거고. 넘의 땅 빌리가 담배 농사를 잘 지마, 그래도 그 건 목돈이 생기잖아. 다른 거는 농사지가 목돈 생길 일이 없어. 남편이랑 고추 농사도 짓고 오만 거 다 했지. 오이 농사도 짓고 배추랑 양배추 농 사도 짓고 수박 농사도 짓고. 생전 농사 안 지봐도 잘하데. 그래 도시로 만 떠돌던 사람인데, 딱 들어앉아가 뿌리박고 잘하더라 카이. 성격이 단 단한 기라. 처음에는 지게 지고 이래가 넘어지고 자빠지고 이러데, 하하 하. 그래 해가 살았지.

내 이 얘기는 하고 죽을란다. 결국에는 내 숭이고 집안 숭이라도, 이 얘기를 안 하마 내 얘기가 아이다 싶다. 그래가 했다. 죽은 엄마, 아부지 헌테는 더 물을라도 물을 수가 없고, 내가 동생들 욕하고 싶어가 여에다 이 얘기를 하겠노? 즈그들은 듣기 싫을 거라. 그래도 내 마음이 어떻다 는 거를 좀 알아돌라 이거라. 겉이 앉아가 말을 주고받을 수 있어야 이 말을 할 거 아이가? 그걸 몬하는 기라. 엄마 있일 때는 엄마가 가로막아 가 몬했고, 오매 가고는 동상들이 내 말을 들을라꼬를 안 해가 몬했어. 그라이 내 속이 썩어 문드러지는 기라. 내가 이제 와가 집이 누구 거고 돈이 누구 거고를 따지자는 기 아이라. 거는 마 다 끝난 기라. 다문 내랑 앉아가 얘기 좀 하자는 기라…… 이 얘기를 여다가 하는 거는, 이제라도 동생들하고 잘 지내고 싶어서라. 자그네도 할 말 있으마 하고, 서로 오해 하는 거 있으마 풀고 해가, 남들처럼 남매간에 잘 지냈으마 해서 그러는 거라. 내가 부모 형제들 욕하고 싶어가 이러는 기 아이다. 더 잘하고 싶 어서 이러는 기라…….

산골짜기의 부동산 붐

2리로 이사 와가 사는데, 그때 한참 부동산 붐이 일었어. 땅 사러 오고, 팔고 오고 하는 사람 굉장히 많았어. 여가 공기가 좋네 어쩌네 그래 서 그런 건지, 전국적으로 부동산이 들썩할 때 여도 그랬어. 지금 우리 집, 거도 보리밭이었다 카이. 1리 살면서 여 동네에 땅을 샀거든. 신랑이 여를 들어오고 싶어했어. 산을 타고 댕기믄서 동네도 이래 봤겠지. 그래 여가 괜찮겠다 싶어가 땅을 사고 싶어했어. 근데 첨에 나는 죽어도 안 간 다 캤지. 도시로 나가는 건 고사하고 더 꼴짝으로 들어가는 거잖아. 그래 반대를 했는데 하여튼 사게 됐어. 근데 집은 또 금방 팔렸어. 누가 산다 캐가 좀 남기고 팔았지. 팔았더니 청도서 누가 오라 캐쌓거든. 거에 만 평짜리 학교 부지가 있는데 그거 사가 오라 카는데, 그때 그거 살 돈이 어딨노? 여는 쬐매난 건께 샀지. 담배 농사 짓고 해가 쪼매 모타가 산 거 거든.

결혼하고도 담배 농사 하이라꼬 죽을 고생을 했다 카이. 내가 한 해 여름에 신우염이 걸리가 고생을 마이 했거든. 아 키우미, 담배 농사 지으미, 새벽 네 시에 나가면 밤 두 시 전에는 몬 자고 그랬다 카이. 거 하믄 서 막 뛰다니매 살림하고 아아들 키우고 그런 기라. 하이고 마, 어려서 할 때랑은 또 다르더라 카이. 살림까지 할라니 더 힘들고 한여름에 담배 냄새 맡으마 담뱃진에 쩌들어가 담배굴에서 살다시피 한 거라. 그라다가 신우염에 걸려뿐 거라. 담배 농사 거는 한창때라도 아주 힘들거든. 신우 염 그기 피곤한데 몬 쉬면 걸리는 병이라 카데. 콩팥에 염증이 생기는 거라 카더라고. 잠을 몬 자고 무리를 하이 걸려버린 거라. 그기 무우지 아픈 거더라꼬, 등 쪽으로 여 옆구리가 을매나 아픈지 허리가 끊어지는 거 같더라. 열도 마이 나고. 너무 아파가 가마 누버 있지도 몬하고, 차를 타고 병원에 가믄서도 가마있지를 몬하고, 마 몸부림을 치고 그마이 아프다 카이. 병원에 가마 무조건 십이 일에서 보름을 입원하라더라꼬. 한의 원 하는 고종 동상이 있어가, 거 동상헌티 가니 사흘 만에 퇴원해가 집에 누워 있었다. 집에 있으마 쉬지도 몬하고 일한다고 하는데, 그래도 집을 비우기가 그래가 온 거라. 그래 힘이 하나도 없이 처져가 먹도 몬하고 죽도록 아팠다 카이.

저 아래 아부지가 지은 엔날 집, 나 어릴 때 살던 그 집을 아부지가 남편 명의로 해놨다 캤잖아. 거 융자 낸 거 갚으려고 빚을 얻었어. 그래야 등기가 우리 앞으로 지대로 넘어오는 기라. 융자를 해놓는께 이자가 오 부, 육부라. 백오십만 원을 빌렸는데 3년 딱 된께네 육백만 원이 돼뿌린 기야. 이자 거 감당 몬하겠데. 농사지가 그만큼 목돈이 나올 데가 있나? 그래가 할 수 없이 집을 판 거라. 팔아가 쬐매라도 남을 때 빚 갚는다꼬.

그래 하는 게 맞지. 그래가 그 집 팔아 빚 갚고 남은 돈으로 여 2리에 땅을 산 거라. 원래는 이백 평이었어. 근데 백이십 평을 누가 돌라 캐서 잘라 팔고, 그 옆에 남았는 거 가지고 둘이 <u>브로끄</u>로 집을 지었어. 그때만 해도 여 땅값이 많이 올랐을 때는 아이지. 집을 참 마이 지있다, 둘이 다니면서. 저 아래도 지었고 처음에 여 와가 또 짓고. 다 해가 세 채 지있나, 네 채 지있나? 그때는 내도 힘이 좋아가 그래 한 거지. 옛날에 육 인치 <u>브로끄</u> 이만한 거, 그거로 짓는 거라. 지금은 한 개 들으라 캐도 무거버서 몬 든다. <u>브로끄</u>도 다 직접 찍은 거라. 동네에서 <u>브로끄</u> 공장을 채릿었어, 새마을 사업 할 때. 그래가 거서 <u>브로끄</u>를 찍어가 동네 사람 집을 전부 짓고 이랬거든. 그걸 내가 두 장썩 사다리 놓고 이 층까지 막 이래 들고 댕깄다 카이. 그르이 다른 사람들이 보마 기절을 하지. 힘이 그마이 있었어, 쬐맨해도. 그래 엄마 집도 짓고 노다지 지있다 마. 저 아래 거까지 하마 한 여섯 채 지있어.

결혼하고도 저 아래서 한 10년은 더 살고, 여로 이사를 온 거라. 큰아, 딸은 초등학교를 다닐 때고 작은아, 아덜은 아직 초등학교도 안 들어갔을 때라. 이사 오기 전에 집은 아래다 두고 여를 계속 다닌 거라. 말하자마 출퇴근을 한 거지. 가차이에 엄마가 있으니 아들을 좀 챙겨돌라 카고, 아침 되마 나오고 저녁 되마 들어가고 그래 한 거라. 하이고 마, 바로 옆에 있어도 아아들 한번 안 돌보고, 외할매가 옆에 있어도 밥 한번을 안 데려다 먹이고 그랬다 마. 이래 말하마 다들 거짓말이라 할 거다. 동네 사람들이 내헌테 다 그래 말해주는 거라. 감나무가 있어가지고 감이 자꾸 떨어지이, 거 아깝다꼬 따다 팔 욕심에 감만 따고 팔러 가고 그칸다고. "느그 친정오매 감은 따다 잘 팔더라. 손주들 한번 안 거두고" 그카더라고. 둘이 무서버가지고 우리가 해지고 늦게 내리가먼, 이불 폭 뒤집어쓰고 요래가 들어앉아 있고. 그런 거 한번 안 딜이다보는 그기 외할무이가?

큰딸아 고등학교 가고 작은아는 중학생이고 그럴 때, 방 얻어 시내로 보내야 대학교를 보낼 수 있으니 할매 한 명 들라놓고 밥해주라 카고 이사를 갈 때라. 그때 남편이 이장 하마 받은 쌀은 전부 아아들 집에 주고 그랬다. 이장을 우록1리에서도 했고 여 와서도 했거든. 아아들 시내 있을 때도 할매가 한번 딜따 본 적이 없다 카이. 시장에 감도 팔러 가고 장도 보러 가고 그카믄서도 가차이 있는 거를 안 딜다보는 거라. 동네 할매들은 복숭아도 갖다주고 해가, 아아들이 다 몬 무가 맨날 썩카 내버리는 기라. 동네 할마이들이 그캐도, 즈그 외할매는 옥수수고 감이고 내다 팔아도 그거를 외손주 하나 안 주는 기라. 그라이 계모 맞지. 계모라도 넘 눈치 보여서라도 몬 그라지. 동네 사람들이 다 안다 칸께네. 온 동네가 눈이 있어 다 아는데도 그래 하데. 싸워봤냐꼬? 엄마랑? 안 싸웠다 마. 싸워도 아무 소용 없고 말이 안 되이께네 아예 싸울 생각을 안 했다. 싸우는 거도 싫고.

참, 아이들을 시내로 이사 옮기주는 거 이야기하다 말았지. 아구야, 얘기가 마 왔다리갔다리한다, 하하하. 그때는 아부지도 살아 있을 때고, 아부지네랑 가까이에 우리 집이 있을 때라. 그때 우리 부부는 여 2리에 집을 지어가 살매 우아래 두 집을 들락거리마 사업할 때지. 이사를 하믄서 누나 침대를 하나 사다놓으이, 동생도 사돌라 캐가 침대를 두 개 샀어.

이사를 할라니 애들헌테는 책 이런 거를 챙기라 캐가, 상장이니 책이니 다 묶아가 방 한구석에다 쟁여놨다 카이. 다린 짐도 다 묶고 해가 챙기 놓고, 아이들은 인자 시내 얻어놓은 데로 가가 하룻밤을 거서 자고, 다음 날 우리가 내리가가 짐만 옮기만 되는데, 아침에 가가 짐을 옮길라보이 아구야, 이삿짐이 한 개도 없는 거라. 싹 다 훔쳐가버리고. 문갑도 새로 맞춘 거가 있었거든. 거도 훔쳐가고, 우리 딸이 그림을 잘 그리가 맨날 상으로 시계도 타고 했는데 상장이랑 이래 딱 묶아놨는 거, 거도 없어지 고 침대 새거 두 개도 다 훔쳐가고. 외할매, 외할배가 바로 옆에 있어도 자그 외손주들 이삿짐 챙겨놓은 거를 안 봐주고, 그래 살림을 다 훔쳐가 도 모리고. 살림이 아무것도 없어, 짐 옮길라꼬 보이. 그라고 방에 들어 가 보이 상장 같은 거는 다 불태워가 재만 있고, 거다가 똥도 싸놓고 그 랬더라꼬. 도둑들은 똥을 싸놔야 안 잡힌다, 그런 말이 있다 카데. 그래 하도록 할매가 거를 안 딜이다본 거라. 자그는 뭐 안 가봤으니 암것도 몰 린다, 그래 말하는 기라. 안 가본 게 잘한 거모냥 그래 말하는데…… 그 기 냉중에 보이, 동네에 반점이 하나 있었어예. 젊은 신랑, 각시가 반점 을 하고 있었어. 그기 도둑놈 소굴이었던 거라. 동네 바보 같은 아이들, 모자라는 아이들, 이런 것들헌티 짜장면 한 개썩 믹이가매 그런 짓을 시 켜왔던 거라. 거때는 몰랐어. 나중에 한참 지나서 그 집에 갈 일이 있었 는데 아이고야, 침대 두 개 다 거 있고 우리가 산 문갑도 있더라 카이. 기 가 막히지. 찾기는 뭘 찾어? 그 젊은 신랑, 각시는 각북으로, 청도 어디로 이사 갔다 카데. 그 신랑은 택시 운전을 한다 카던가 뭐래던가. 그새 그 반점 주인이 바꼈던 거라. 급히 도망을 가느라 그랬는지 우옜는지, 큰 살 림살이는 넘 주고 갔던가봐. 그 부부가 여 동네 아이들 전부 바보로, 질 나쁜 아이들로 만들어놓고. 그라이 이사 가고도 그 아이들이 내애 동네

308

댕기매 저지레*를 해싸가 동네 사람들이 애먹었다 캐. 시골 동네라 여는 뭐 도둑 그런 거가 없었거든. 그랬는데 멋모리는 아아들 데리고 그런 몬된 짓을 갈치고 같이 하고 해가 망치논 기라.

타지 사람인데 이장 일 10년 넘게 했지

아아들은 2리에서 학교 다니다 1리로 이사 온 거고, 중학교 들어가믄서 또 1리로 내보냈던 거라. 여서는 중학교 통학을 할 수가 없거든. 버스가 없는 거라. 그라고 고등학교 가믄서는 시내로 방을 얻어 보낸 거고. 그러면서 우리는 여 2리에서 식당도 하고 생수 개발해서 사업도 하고, 솔잎 막걸리 개발 하이라 그 고생을 하다 결국 지대로 몬한 거라. 그러는 동안 애들 아부지는 2리 이장도 맡고 그랬다 카이. 그때는 마 정신없이 살았지. 그러느라 돈도 좀 번 거고, 땅이고 산이고 다 그때 산 거라.

처음에 여 올라올 때부터 동네 사람들이 남편헌테 이장을 하라꼬 했어예. 촌 동네는 이장을 대보름날 뽑거든. 사람이 많이 모일 수 있고 노는 날이고 하이, 전부 그렇게 했다 캐. 보름날만 가차이 오마 동네 할배들이 와가 하라꼬 하라꼬, 맨날 그캤어. "그래도 여 동네 살던 사람 중에서 할 사람 있으마 시키소" 그래 말했어예. 근데 시길 사람이 없다는 거라. 그래도 찾아온 어른들 얘기만 듣고 할 수는 없잖아. 그기 참 조심시

• 일이나 물건을 들추어내거나 떠벌려 그르치는 짓

럽고 말이 마이 나는 자리거든. 근데 남편은 원래가 타지 사람이잖아예. 거 때문에 처음에 1리에서 이장 맡을 때도 말이 마이 있었거든. 동네 사람들은 오히려 말이 없는 거라. 사람을 오래 봐왔으이 아는 거지. 근데 오히려 이장 모임이나 면에 뭐 하는 사람들이 텃세가 많았어. 그라고 1리에서 10년 되게 살기는 했지만 여 2리는 새로 이사 온 거니 조심스러웠지. 1리에서 하는 거 보이 이장 잘하더라 하는 말을 동네 어른들이 들은 게 있으니 하라고 하신 거제만, 여가 동네 의견이 좀 복잡했거든. 그때 2리에서 절 수목장 문제로 이장 하던 사람이랑 동네 사람들이랑 싸움도 나고 그랬거든. 절에서 산에 있는 그 좋은 소나무들을 난데없이 잘라내고 거에 나무를 새로 심어가 수목장을 한 거라. 우리 이장 할 때도 거 수목장 넓히는 거에 이장이 도장을 찍어줬네 우쨌네, 마 뒷돈을 받았네 우쨌네 해가 시끄러벘지. 냉중에는 동네 사람들이 몰리가 절에 쫓아가고 그랬어예. 연판장도 돌리고. 좋은 산을 그래 맘대로 파내고 잘 있던 소나무를 싹 베뿔고, 거에 나무를 심어가 수목장이라매 '한 자리에 을마' 그래 장사를 하이 말이 안 날 수가 있나? 그라이 마 수목장 때문에 온 동네가 다 시끄러벘다. 좁은 골짝 마실에서 이장이 잘했네 몬했네, 수목장 거로 해가 돈을 받아무웠네 우쨌네 카마…… 욕 하는 사람도 욕 묵는 사람도 다 요기조기 사는데, 거 바로 뒤로 이장을 맡는 기, 더구나 여 동네와가 얼마 되지도 않은 사람이 맡는 기 뭐 수웠겠어예? 아무리 일머리가 좋다 캐도. 그래 사양을 하고 동네 살던 사람을 시키라꼬 자꾸 그랬어. "시키다 정 할 사람이 없으마 내가 마지막에 해드릴게요" 맨날 이캤어. 그라이 장수봉이 아재하고 다른 할배들하고 몇이 보름 때만 되만 우리 집에 와서 살아. 만날 와가지고 "이 사람아 해야 된다, 할 놈이 없다" 이카고. 요래 작은 동네 이장이라는 기 수목장 같은 그런 돈 관련된 거

만 없으마, 봉사 차원에서 동네 사람들이 돌아가면서 하는 그런 폭이었거든. 웬만한 일머리만 있으마 남자들이 돌아가면서 했는 거라. 아예 글을 모리거나 하만 어렵지만 그거만 아니마 뭐 큰 저기가 없는 거라. 근데 여는 그 수목장 사건이니 동네 재산, 오래된 큰 나무를 사람들 의견 묻지 않고 맘대로 처분을 했네 우쨌네 하는 다툼이 좀 있었어. 그런 문제들이 딱 해결이 안 되고 이어지니, 골치가 아픈 자리라. 원래 하던 이장이 잘했으마 그냥 이어서 이장을 하게 하고, 정 문제가 있거나 본인이 안 하겠다고 하마 다른 이장을 새로 세우고 그런 거거든. 하겠다는 사람이 한 명이마 대보름날 사람들 모이가 의논을 해서 하라고 결론을 내리고, 만약 두 사람 이상이 나서마 투표를 하는 거고. 그러이 여차하면 전에 하던 사람 자리를 뺏았다는 말도 나올 수 있는 거라. 아마 그전 이장이 안 하겠다고 했겠지만, 말이야 만들면 또 만들어지는 거니까. 좁은 동네라보이 이장에 이장 마누라에 그 부모들까지 따지마 서로 친척도 되고 동창도 되고 그래가 아주 골치가 아프거든. 좁은 동네니까 안 그렇겠나? 그라이 그거로 해가 동네에서 척지고 그런 게 있는 거라. 그래 자꾸 사양을 하다가 결국에는 하게 된 거라. 남편은 오히려 외지 사람이라가 동창이니 친척이니 얽힌 게 없으니 앞뒤 가리가 따져가매 잘했지. 내야 뭐 우록 김씨라 안 얽힐 수가 없지만 일은 일이고, 사람은 사람이고 해가매 잘했다꼬 봐. 동네 일도 전부 나서가 해주고 마을회관도 지이주고. 한글반 하고 경로당 하는 백록 마을회관, 거도 남편이 이장 하마 지은 거라. 그러니 마 이제는 더 안 해도 된다. 10년 넘게 했고, 그만둔 거는 한 4년 된다 카이. 이장 하면서 식당도 하고 생수 사업도 하고 그런 거라. 그라이 먹고사는 일도 많은데, 동네 일이라만 당장 뛰가고 그러니라 내도 고생이 많았제. 이장 마누라 하는 거도 쉬운 게 아니거든. 동네 큰일 치르마 이장 마누라

312

가 나서가 부녀회장이랑 같이 다 준비하고, 챙기고, 뒷일까지 하고 그래야 하는 거라. 다 했으니 인제 안 해도 된다 마.

잔치에 잡을라꼬 1년 전에 돼지 새끼 두 마리를 사서 먹인 아버지

옛날에는 왜 전부 환갑잔치를 잘 채리드렸잖아예. 친척이랑 동네 사람 부르고. 요즘은 환갑잔치를 안 하지만도, 그때만 해도 그랬다. 아부지 환갑잔치를 할라 카이 그때 남동상, 큰아도 마 학교 다니는 학생이니 돈이 나올 거가 있나? 구미로 시집간 바로 아래 여동상은 서방 놈이 옳게 못 벌고 맨날 몬된 짓이나 해가 집안을 말아묵고 그래가 내가 전부 돈을 낸 거라. 낸들 그때 여유가 있었나? 식당 막 시작했는데 뭐. 아들도 일곱 살인가 몇 살 안 묵었을 땐데. 그래도 아부지가 이 동네 유지고 똑똑하고 이러이께네, 그동안 넘의 잔치 갔던 데가 워낙 많으이 갚아야 되는 기라. "안 하믄 안 되겠어요? 내 돈도 없는데" 칸께, 해야 된다 카데. 잔치 때 잡을라꼬 새끼 돼지를 사가 키웠다 카데. 1년 전에 두 마리를 사가 믹인 거라, 환갑잔치에 쓸라꼬. 그라이 하지 말자고 말을 더 몬하겠데. 그때 너무 힘들었거든. 우리도 마 친정 집 빚 갚니라고 여유가 없을 때라. 집 팔아가 빚 갚고 좀 남은 돈이랑, 담배 농사 죽자 사자 해가 모든 돈으로 했다 카이. 안 하믄 몰라도 하믄 크게 해줘야 항께 돈도 솔찬히 들어갔지. 고모들, 삼촌들 전부 옷 해주고, 할무이 반지 해주고. 아부지 환갑 하는데 친척 어른들 옷을 그래 해주는 거라데. 혼인할 때 예물 하듯이 그래 한다 카이. 다린 데는 어쩐가 몰래도 여는 그래 한다 카데. 그라니 결혼

한 동상헌티 사십만 원을 내라 캤어. 걔는 내보다 더 먼처 살림을 시작
했거든. 결혼식은 내 뒤로 했어도. 그래 내라 카니께네 "그래, 낼게" 카더
라. 근데 마 내기는 뭘. 돈을 만들기는 만들었어. 근데 서방 놈보고, 그래
도 서방이라꼬 니가 줘라 카믄서 줬더만, 이놈이 받아가 얼싸 좋다 카고
지 옷을 떠억 해 입은 거라. 내는 돈 없어가 죽겠다고 돌라 캐쌓는데. 장
인어른 회갑에 쓸 돈으로 지 양복을 쫙 빼입고 왔는 기라. 그것도 '캠브
릿지'라꼬 메이커 비싼 거로 해 입고 온 거라. 그래 철이 안 들었다 카이.
바람만 들어가 허풍이나 부리고, 몬된 짓에 빠져가…… 마, 차라리 없는
기 나은 거라. 그래가 결국에는 사십만 원을 빚졌잖아. 거서 돈 나올 거
따져 맞춰가 준비를 다 했는데 그기 내 빚이 된 거라. 그때만 해도 부주
를 다 했거든. 결혼식 때 축의금 내듯이 환갑에도 그래 했거든. 동네 사
람끼리 잔치날 되마 서로 다 주고받고 이런 기 있었어. 자기네 잔치했을
때도 받았으니까, 다음 누구 차례 되마 또 모타 주는 기라. 그기 품앗이
지 뭐. 그래 거 부주 들어온 돈은 고스란히 남동상헌테 줘가, 그기 아부
지헌티 간 거라. 그 빚진 사십만 원을 부주 들어온 거서 갚아내라 카이,
준비할 때는 갚아주겠다 캤거든, 어무이가. 근데 갚기는 뭘 갚아? 이놈의
영감, 할마이가 안 갚는 기라. 내는 또 그 모자라는 사십만 원을 신랑 몰
래 빌맀거든. 다른 돈은 다 신랑이랑 의논해가 빌리고 만들고 맞춰놓은
기라. 그라니 그 돈 사십만 원은 신랑헌테 말도 몬하겠는 거라. 영감 할
마이가 갚아주야 말이지. 잔치 전에는 갚아주겠다꼬 해놓고 잔치 끝나
고 나니 입을 싹 씻쳐뿟는 기라. 자그네도 빚 갚아뿌고 없다 카고. 그래
내가 미치겠는 기라. 남편 몰래 빌린 거를 내 혼차 우예 갚노. 내는 서방
모리게 돈 만들 데가 없거든. 야, 환장하겠어예. 신랑헌티 말하기는 내도
싫고 마. 양심이 있으마 서방헌티 말을 몬하지. 그 돈을 다 우리가 댔는

데 말이라. 그래 결국 말을 안 하고 빵꾸난 거를 갚느라고 내가 참 죽어 났댔어예. 자꾸 졸라가 저우 아부지헌테 사십만 원을 받아가 빚을 갚았거든. 근데 나중에 남동상 장개가 무슨 얘기를 하다가 그 얘기가 나와서, 그 김에 내가 돈 따문에 고생한 얘기를 좀 했어예. 다 지난 얘기고 하이 푸넘 삼아서 한 거라. 근데 그 자리에서 남동상이 내헌테다 대고 "그때 부주 받은 거 누나가 전부 가깠잖아" 이카는 기라. 지 여편네도 있는 자리서 말이라. 아부지가 빚낸 사십만 원을, 동상 남편이 캠브릿지 양복 빼입어가 빚이 된 거를, 거를 마 애를 태우다 태우다 저우 갚아준 걸 갖고 계모 오마이가 부주를 다 내가 받아갔다고 동상헌티 그캤는 기라. 그라이 모리는 남동상은 그래 알 수밖에. 그런 식으로 해놨으이 지금 어무이, 아부지 가시고도 우리 남매간이 이 모양인 거라. 그르이 계모지. 남동생도 그렇다. 지가 어무이헌티 그래 말을 들어가 내헌테 억하심정이 있으마, 내헌테 와가 따지고 물을 일이지, 지 여편네 있는 자리에서 그래 내뱉을 일이가? 그라이 내가 거서 무슨 소리를 해도 그기 핑계가 돼삐리고 거짓말로 들리는 거라.

나는 부주는 아예 내 기 아니라고, '나는 큰딸이고 젤 웃사람으로 내 할 도리만 하믄 되제' 그래 생각하고 부주꺼지 관여할 거는 아니라꼬 생각했거든. 다만 자그 사우가 빵꾸낸 거는 자그네가 갚겠다 캤으니 우리가 낸 그 사십만 원은 돌라 그기였거든. 그래가 부주는 확인도 안 하고 아들헌티 맡깄단 말이다. 내가 돈 다 내고 일도 다 했지만도, 지가 큰아들이니 받아가 아부지를 주라 그랬는 거지. 그랬는데 그걸 나중에 그렇게 덮어씌우데. "누나가 다 가져갔다" 카매, 지 여편네 앞에서. 그라이 동상 남편이니 어무이니 다 불러모아가 따져보자 칼 수도 없고…… 미치뿐다. 나중에 그거를 또 신랑이 알아가 술 묵고 난리를 지기는 거라. 그 꼴을 당하고도 가마이 있었냐 그긴데, 자그도 뭐 속이 터지니까 그카는 거제. 그럼 우짤 긴데?

서로 맘 알아주고 살면 을매나 좋겠노

참 희한한 집이라. 팔자가 다 그런가봐. 가족이 웬수라 카이. 어무이가 내헌티 어뜩캤든, 동상들헌테 내 얘기를 우예 해났든, 엄마 아부지 가시고 나마 형지간에 서로 자주 보고 챙기주고 그라고 싶은데 그기 안 된다 카이. 내가 맨 위라가 어른 대접 받을라꼬 이러는 기 아이라, 뭐라도 따뜻하게 챙겨주고 서로 맘 알아주고 살마 을매나 좋겠노…….

막내 동생이랑은 좋다. 갸랑은 서로 잘하고, 내랑 일도 마이 했고. 지금도 여를 한번썩 온다. 지 오빠들이랑 작은언니헌테도 잘하고. 구미 사는 바로 밑에 여동생은 결국 이혼했다 카이. 그놈은 되도 안 한 짓을 자꾸 하이 이혼 안 할 수도 없었다. 마약에 물들어놓이 마, 을매나 빚을 져가 집구석을 말아무우니 살 수가 없는 기라. 늦게라도 그래 떼뿌니 잘한 거라. 갸가 아가 둘이거든. 그 집도 남매라. 마약 거는 한번 끌리들어가면 그 패거리가 안 놔준다 카이. 첨에는 주는 거매이로 주고, 두고두고 돈 빼먹고 그런다 카이. 감방도 한 번 드갔댔거든. 병원도 드갔다 왔고. 약 기운 빠지구로 놔뚜라 그랬거든. 남자 쪽으로 조카 하나가 검사라. 그 검사 말이 감방서 빼놔놓지 말고 놔뚜라 캤거든. 그래야 약 기운도 빠지고 정신도 채린다꼬. 근데 즈그 엄마가, 동상 남편 엄마가 돈 줘가매 기어이 또 빼돌라 캤는 기라. 우리는 좀 썩구로 놔두라 캤다. 감방서 뭔 지랄을 하는 약은 안 할 거 아이가. 근데 즈그 오마이는 답답해 안 되는 기라, 우리 오마이도 글코. 그리 빼가놓으니 나오자마자 거 조직들이 딱 뒤따라오데. 뒤따라와가 계속 감시를 하는 기라. 그때 아부지 약 받으러 병원에 갔는데 동생네 신랑 차를 타고 갔어. 우리는 뒤에 타고 저거 부부는 앞에 타고. 근데 보이 차가 뒤따라오는 거라. 내가 그 패거리 얼굴을 알거든. 그라다 우리가 병원을 드갔어. 그랬더이 이것들이 밑에 있는 다방에 딱 드가드라. 우리가 병원에서 나와가 차 타고 가이 또 쫓아와. 저게 어디로 가는고, 뭘 하는고, 감시를 하는 기라. 거 한번 빠져뿌믄 놔주지를 안 해가 안 된다 카이.

아들 중학교 다닐 때 이혼을 했나? 결혼하고 10년 넘게 살다가 이혼했지. 아이들은 동상이 키우고. '지발 동상이랑 아들은 놔두고 정신 차리가 딴 여자하고 살아라' 카고 비는데, 지금도 그래 찾아와 아들을 몬살구로 한다 카이. 아들이 차 사놓으마 내 좀 빌리도 캐가 가가 안 주제, 돈 해돌라꼬 몬살구로 해가 집 잽히가 돈 빼가 줬제. 아휴, 지겨워. 그래 몬살구로 한다니까. 아들이 냉정하게 딱 끊어내뿌야 하는데, 몬 그라지. 저거 엄마헌테만 뭐라 카고. 아부지라꼬 뭐 사돌라 카믄 사주고, 컴퓨터 사돌라 카믄 사주고. 아들이 벌이도 잘하고 그카니, 그걸 알고 와가 자꾸 뜯지. 그래가 즈그 엄마가 아들 집에 들어가 안 있나. 들어가 있으니 처음에는 안 온다 카드만 지금은 또 모르겠어. 미친놈들은 알 수가 없다. 언제 또 올지 모른다 카이. 돈 없으면 환장해가 또 온다. 옛날에 우리 아부지가 맨날 그카더라. 옛날에도 그런 거 하는 사람이 참 많았대, 할아부지들이. 엔날 집에 놋쇠 요강 있잖아. 아주 점잖은 선비들도 거에 빠져가 그 요강을 두루마구(두루마기) 속에 몰래 숨기가 팔아묵는다 카더라. 약 살 돈 만들라꼬. 그래 아부지가 두째 사우 그런 거를 알고는, 거 빠지마 선 비 집 놋쇠 요강도 안 남는다꼬 그래 걱정을 하시더라꼬. 살림 있는 거 다 내다 팔아가 약 사는 거라. 그래가 망한 사람도 많고.

서로 같은 상처라 속을 더 잘 아는 거라

내는 성격이 남편하고 아주 다르다 카이. 남편은 불겉고 내는 느긋하 고. 그라이 그기 안 맞는 기가, 맞는 기가? 하하하. 하여튼 뭐 그렇다 카이.

우리 둘은 다른 일로는 싸울 기 없어예. 남편이 화딱화딱해도, 내가 안 부딪치고 정 저기하마 피하는 사람이라. 손바닥도 마주쳐야 소리가 나는 긴데, 내가 피해뿌고 마 시간 지나마 남편도 화 풀리고 그르다 만다. 아 닌 말로 내 겉은 사람이 남편 화나게 할 일이 뭐 있나? 하하하. 전부 친 정 쪽 때문에 싸움이 되는 거라, 항상. 여에 친정 쪽 우록 김씨 땅도 있 고, 이사 갔어도 아직 얽힌 게 많지. 우록 김씨가 본산이 여기거든. 그러 이 마 산소도 많고, 종가 재산도 있고, 친척 땅도 많고 마 그래. 노인네들 은 돌아가싰어도 그 아래 항렬로는 전부 나랑 육촌 이래 되는데, 육촌들 이 자그네 땅을 우리가 뺏아묵은 것처럼 이래 걸고넘어지는 거라.

저어 밑에 계곡 근처 땅이 원래 아부지 외갓집 땅이었는데 우리가 거를 샀거든. 근데 거를 가지고 오새 시대에 말도 안 되는 트집을 잡고 그런다니까. 옛날에 촌에서는 남하고 땅을 사고팔아도 서류 겉은 거 그대로 놔두고 그랬잖아예. 그러이 한집안 간에는 더 그랬던 거지. 우리가 땅을 살 때 등기를 보니, 우리헌테 판 사람 이름으로 돼가 있지를 않고 그전 주인 이름으로 돼 있는 거라. 돈을 주고 사기는 샀는데 등기를 안 바꾼 거제. 전 주인이든 전전 주인이든 다 우록 김씨 집안이니 그런 거라. 그래가 우리가 살 때 문제가 아예 안 되게 깔끔하이 해버릴라마, 전전 주인에서 그다음 주인으로 등기를 바꽜다가 그걸 우리헌테로 또 넘가야 됐는 기라. 그럼 무신 말이 안 났겠지. 아이다, 그래 했어도 말 만드는 사람들은 만드는 기라. 하여튼 우리가 거 땅을 사면서, 땅을 판 사람 명의가 아닌 우리 명의로 등기를 바꾼 거라. 서로 한집안이고 외갓집이고 이런께네 고마 어렵게 하지 말고 바로 가자 이래가 넘가왔거든. 그거를 놓고 바로 전 주인네 자석들이 저거들 거라 우기는 거라. 그거를 또 고소를 했다 카이. 하이고, 참 온 동네가 다 아는 일을 가지고 남 부끄러버가.

그라이 내가 집안일로는 저 사람헌테 맨날 입을 다물 수밖에 없는 기라. 남편이 속이 상하마 혼차 술 묵고 미쳐가 그캐도 내가 할 말이 없는 거라. 내 집안사람들이니까. 다린 사람은 이해를 몬하지. 저 집 신랑이 뭐 땜에 저카는고, 왜 술 묵고 큰소리가 나는고, 그걸 모리지. 남 붙잡고 그런 이야기를 할 수도 없고. 늘 그런 거 때문에 싸움이 되는 거라. 싸웠다고 해봐야 남편이 속 터져가 난리 지기는 거고, 내는 뭐 어쩔 뭐가 없는 기라. 자기하고 내하고 둘이 뭐가 우째가 싸우는 건 전혀 없어. 항상 그거 때문에 내가 죄인이 되는 거라. 참다 못 참으면 남편은 술 마시고 폭발해가 그카고, 내는 대들도 몬하고 가마 있으니 다른 사람은 내가 죽을죄를 지은 거매이로 보이지. '죽을죄를 지놓이 저래 싸우는갑다. 그래가 저래 소리를 지기도 암말도 몬하고 있는갑다' 속 모르는 남들 보기에는 이래 보이는 거라. 남편은 참다 참다 화가 나니까 별수 없이 내헌테 또 그럴 거 아이가. 내한테 밖에는 뭐라 칼 데가 없는 거라. 아무튼 그러다가 결국에는 소송까지 했잖아. 소송해가 즈그가 이긴다고 큰소리 뼁뼁 치더이마, 냉중에는 다 옳게 판결이 난 거라. 그럴 수빢에 없는 게 우리는 근거를 가지고 분명하게 하지만 즈그는 말로만 우쨌다 저쨌다. 누가 그카더라 하는 거니 이길 리가 없지. 더구나 동네 사람들이 "내 증인 서주꾸마! 가자!" 카믄서 증인 서줬잖아. 넘의 친척 간 일로 동네 사람이 증인 서주겠다고 나서는 기 숩지가 않잖아예. 그래도 다 아는 일이고 하도 기가 막히니 나서주더라꼬. 그라이 이제는 끝이 난 건데, 육촌 오래비들은 잊아뿌질라 카먼 오새도 또 벌이는 거라. 또 벌이마 난리를 내야 돼. 그런다고 우리가 한집안 사람들을 폭행이니 뭐니 그런 거로 잡아넣고 그럴 수는 없는 거 아이가. 기양 속이 터지는 기지. 남이믄 마 법대로 해가 폴써 끝냈을 일인데, 그라지도 몬하는 기라. 누가 그러는데 남편 팔자가 그렇다 카더라고. 그 사람 사주가 그렇게 가족들 안에서 억울하게 몰리고, 해준 대로 보답을 몬 받는 게 있다는 거라. 팔자야 우짜든 간에 이기 얼마나 미쳐 죽는 일이냐고. 그러니 깝깝던 속이 터지가 술에 취해 고함을 질러도 내가 아무 말도 몬하지. 식당 하믄서 사람들 들락거리니까, 술 묵고 고함지르고 하는 걸 동네 사람들이 모릴 수가 없지. 그 사람도 마누라 잘못은 아닌 걸 알아. 알지만 내헌테백에 할 데가 없으니 그라는 거라. 거라도 안 하마 답답하고 가슴이 터져가 살 수가 없어. 그라이 내도, 그 사람이 미치뿌도 힘들고, 안 미칠라꼬 술 묵고 고함치고 해도 힘들고. 그기 우리 싸움인 기라.

결혼할 때 고민을 마이 했잖아, 죽을 작정까지 할 만큼. 근데 고비를 넘고 나니까 누가 뭐래도 이 결혼을 해야겠다는 생각이 들더라꼬. 그 전에 결혼하고 싶고 마 그런 거는 없었어. 그래도 혼차 살아야겠다는 생각은 안 해봤던 거 같애. 다만 '없는 살림에 뭐라도 일을 해서 동생들 가르치야 된다' '어떻게라도 아부지헌티 더 힘이 돼야 된다' 그 생각만 있었지. 그러다가 이 사람을 만나고는 뭐가 됐든 이 사람이랑 살아보겠다, 살아야 된다 그 생각을 했는 거라. 아부지가 안 된다꼬 마이 말렸거든. 자그가 잘못하고도 결혼하지 말라꼬 우기시데. 그때 참 미치겠더라 마. 만약에 내가 공부도 마이 했고, 촌을 떠나 혼자서 살아갈 자신이 있었으마 결혼 안 할 생각도 했겠지. 근데 주변에 그런 사람을 볼 일이 없으니 혼차 사는 거가 상상이 안 되지, 더군다나 여자가. 한글반 선생처럼 첨부터 결혼을 안 하고 혼차 사는 거를 보이 '배울 만큼 배워가 확실한 직장을 갖게 되마 내도 저렇게 살 수 있었는데' 하는 생각이 들더라꼬. 근데 내는 뭐 그런 생각을 할 여가가 없었다 카이.

신랑은 내 친정 때문에 싸움을 하든 고함을 지르든 해도 나한테 워낙 잘해. 성격이 기분파라가 한번썩 답답다 싶으마 "바람 씨러 나가자" 캐가 갔다 오고 그런다. 안 그러마 내도 갑갑해가 몬 살지. 여그서 태어나서 여그서만 살았는 건데, 내가 할마이들처럼 "사람 사는 기 이기 다인가부다" 하는 옛날 사람도 아이고 해가…… 갑갑한 거도 알고 내대로 판단도 있고 한 사람인데, 숨통 돌릴 기 없으마 내도 몬 살지. 아저씨가 그런 거는 잘 맞촤준다 카이. 젊을 때는 바빠서 그럴 시간도 없었지. 인자 시간도 되고 하이 장에 가거나 할 때는 일부러 시간 내가 같이 다른 데 딜렸다도 오고 그칸다. 그라고 처가 사람들 그러는 기 왜 저 사람을 그래 미치게 해뿌는가를 내가 알잖아. 자기 부모헌테 받은 상처가 그래 커가, 처가랑은 자알해보고 싶고 하는 데까지 잘해왔는 건데 그래 뒤통수를 맞으니 그기 을매나 미칠 일이겠나 말이다. 차라리 남헌테 당했다면 안 미치고, 법대로 하든가 승질대로 하든가 그래 했겠지. 그라고 그 사람도 내 상처를 알고. 내 상처도 마 가족헌티 받은 상처라. 그래, 서로 같은 상처라. 그라이 서로 속을 더 잘 아는 거라. 그기 운명인지 인연인지, 그래 생각되는 기 있어. 젊어서는 둘 다 승질 때문에 그기 안 보였는데, 나이 들면서는 다르게 느껴지는 거라. 내도 그렇고 애들 아부지도 내 속을 좀 알아주는 거 같고. 그래도 요즘도 마 친정 쪽에서 끝이 질라 카면 또 뭐가 생기고, 끝이 질라 카면 또 생기고 계속 그라더라니까. 아무캐도 친정 동네서 사는 거라 더 그렇겠지. 차라리 어디 멀리 살아가 어쩌다 오는 거마 안 그럴 건데. 마 내가 여 살자꼬 했나? 내는 여 살지 말자꼬 했다 카이. 여 살자 한 거는 신랑이니 뭐 거도 자기 팔자라, 하하하. 외지 다니마 평생 적응하이라 맘고생이 많은 거라. 그라이 남편은 처가 동네에라도 정착을 하고 싶었던 거라. 나가 살려고 했던 거를 생각하믄 내가 사람을 잘못 잡은 거라, 하하하. 그러니 내가 더 똑바로 살아야 된다 카이. 내가 바로 살면 누가 암만 캐도 꿀릴 기 없으니, 뭐라꼬 생트집을 잡아도 마 그래라아 하마 사는 거라. 그 사람들이 사람을 지대로 모르고 자꾸 깔아뭉갤라꼬 하는 기라. 뭉개지나 그기? 오만 수작을 다 부리도 뭉개지는 사람이 아이라 카이. 저 사람도 결혼할 때 그 억울하고 복장 터지는 일을 당하고도 오히려 그래서 더 여기 눌러살아야 된다꼬 작정을 한 사람이라. '이래 해놓고 나가마, 어디 가도 또 그런 일 당해가 떠돈다' 그래 생각코 눌러앉을 작심을 한 거라. 그래 분명하게 사니 뭐 질 게 있어야지. 바로 사는데 저거가 암만 파마 디빌 기 나오나?

남편은 요즘 산 가꾸는 거, 거에 재미 붙이가 만날 거 안 붙어 있나. 거다가 별의별 거 다 해놨잖아. 그네도 만들고 개울가에 부처님도 모시다놔가 거서 도도 닦고, 하하하. 온갖 약초니 산나물이니 다 가꾼다. 닭도 키우고 알 낳으마 병아리도 까고. 다 유기농으로 하는 기라. 내는 키우는 거는 안 한다. 키아놓으마 갖다 묵고, 식당 반찬 하고, 사겠다고 하는 사람들헌티 팔고. 컴퓨터에도 '백록 그 식당' 글을 써놓아가, 거 보고 오는 사람도 많더라꼬.

혼자 마셔보면서 꽃차를 자꾸자꾸 늘리는 거라

여그 살면요, 분명히 공기하고 물 덕을 봅니다. 그거는 돈으로 계산 절대 모합니다. 남편이 요즘 가꾸는 산 그기 그 사람헌테는 아주 딱 맞는 거라. 산은 희한하이 생겼어예. 그 사람 말이 좌청룡, 우백호, 전주작, 후현무 그기 딱 맞다 카데. 산속에 드가서 보마 모리는데, 멀리 건너편 산에서 보마 무슨 말인지 알겠더라꼬. 새 날아가는 형상도 있고, 거북이가 누벘는 모습도 보이는 거라. 게다가 송전탑을 이쪽만 꽂았지 그 산 쪽으로는 철탑도 안 꽂았어. 거기 가서 돌밍이 하나 만지고 옮기고, 나무 한 그루 심고. 봄 되면 파릇파릇 나오고 철철이 새로운 거 나오고 하는 거 보마 '자연이라 카는 게 이렇게 오묘하고 위대하구나' 저절로 느끼는 거라. 전체 산 중에서 삼천 평을 산 거라. 삼천 평이라도 산이다보니 크도 않아. 딱 우리가 가꾸기 좋은 넓이지. 우리 소유라가 돈이 얼마고 그기 아이라. 아무래도 넘의 거면 마음대로 몬 가꾸고 하잖아예. 참나무를 한 그루 심는다는 둥, 돌미이(돌멩이)를 가와 탑을 쌓는다는 둥 맘대로 할 수 있는 기 아니잖아. 근데 우리 땅이라 하고 싶은 걸 다 하이 남편이 그래 좋아하는 거라. 소소한 일상이지만 그 사람은 산 가꾸는 일을 좋아하고, 내는 거서 나는 거 거둬가 식구들 먹는 거랑 식당 음식 재료로 하는 거도 좋고. 이 근처 산으로 다니매 보고, 듣고, 알고 하는 재미로 사는 거라.

남편이 산을 혼차 가꾸기 시작한 기 10년이 채 안 됐고 8년은 넘었을 거라. 아침마다 나는 그 산을 한 바퀴썩 다녀. 시간 되마 다른 데도 다니고. 다니다보면 하나하나 보이기 시작해. 명지버섯이니 뭔 버섯이니 종류별로 보이고, 약초도 하나하나 보이고, 철마다 다린 게 보이고, 같은 거라도 철마다 쓰일 데가 또 다르고. 보이니 재미가 있고, 재미있으니께 네 더 다니게 되고. 일찍 일어나면 여섯 시 전에도 나가고 어떤 날은 일곱 시에도 가고 그카제. 낮에는 갈 시간이 없으이. 차는 시기를 놓치마 안 되고 딱딱 맞촤 해야 돼. 꽃나무는 꽃 따고, 잎나무는 잎 따고. 꽃차도 종류가 많지. 생강꽃, 인동꽃, 금은화…… 흰 꽃, 노란 꽃 같이 피는 꽃이 금은화라. 싸리꽃, 아카시아꽃. 아카시아꽃으로도 차를 해. 칡꽃, 개나리꽃, 벚꽃도 하고. 복숭아꽃 거 복사꽃도 하고. 누구헌테 배워서 하는 기 아이고 그냥 해보는 거라. 그래가 좋으마 자꾸 하고. 나는 그냥 내대로 시작한 건데 요새는 전부 그게 알려지가 시중에도 많이 팔고 그러더라고. 개나리꽃까지는 안 팔고 장미꽃, 들국화는 다 차로 만들어가 팔더라고. 꽃이라는 기 독이 있지 않고서는 전부 차 재료다, 이래 생각하는 거지. 그러면서 혼차 만들어 마셔보고 그래가마 자꾸자꾸 늘리는 거라. 어떤 거는 꽃보다 잎이 더 좋은 차도 있다 카이. 인동차도 그렇고 홑잎이라꼬 거는 봄에 나오는 새순을 뜯어가 나물하는 건데, 살짝 삶아가 하마 향도 빛깔도 좋고, 된장에 무치 무우마 맛이 아주 좋아예. 여 오래 산 할무이들헌테 물어봐서 배우기도 하고, 내가 하믄서 배우기도 하고. 뭐든지 하면 돼. 독 되는 거만 제대로 알마, 아닌 거는 이래저래 해보는 거라. 어떤 잎은 향이 너무 쎄서 뭐하지만, 봄에 일찍 나오는 새순으로 하기 때문에 향이나 맛이 그래 쎈 거는 없다.

요즘은 겨울에 눈이 많이 안 오잖아예. 세계적으로 자꾸 더버지고, 빙하도 녹고 이런께. 근데 전에는 겨울에 눈이 자주 왔다 카이. 눈 오고 하믄 할 일이 뭐 있노. 시내 같으마 쇼핑도 가고 극장도 가고 하지마넌, 여는 그런 게 안 된께 이런 넝쿨 따다가 이것저것 만드는 기라. 칡, 댕댕이 말고도 많이 있어. 딸 덩쿨도 있고. 딸도 줄기 이래 많이 나는 거, 가시 많은 거. 시간 많으니까 가시는 일일이 긁어내며 시간 보내는 거라. 그래 만들어놓으마 팔라 카는 사람헌테는 팔고, 달라 카는 사람헌테는 주고, 식당에 놔두기도 하고. 이래 놓으마 취미가 있는 사람은 하고 싶거든. 취미 없으마 암만 봐도 모르고, 취미 있는 사람은 돌라 캐. 돌라 카믄 주고. 그래저래 살다보마 여도 살기 좋지. 공기 좋제, 물 좋제, 마음대로 나닐 데 많제. 여행이니 문화생활이니 그런 꿈은 마 한 개도 못 꾸니 그기 아숩고, 어떤 때는 갇혀 산다는 느낌이 들기도 하는데 그런 기 뭐 별거 있을까 싶기도 해. 그러다가 시간 있으면 여 슨상님네 집 와가 이야기하마 차도 마시고.

내는 늙고 병들어도 여를 떠나고 싶은 마음이 없다. 인제 떠나봤자 뭐 하겠노? 아파도 병원 들락거릴 마음도 없고. 병원에 가마 병을 더 만든

다니까. 병이 더 생기더라 카이. 끝에 어뜨케 죽을란지는 인력으로 되는 게 아이라. 사람이 살면서 한 치 앞도 모리는데 함부로 할 말은 아니지. 죽을 지경 돼가 자식들이 요양원이나 병원에 내다 버리면 몰라. 근데 나갈 마음은 없어. 여에 기냥 살아야지 어딜 나간단 말이고? 여기 있어야 내 안식이 있지, 시내에 나가면 안식이 되겠어요? 야생마처럼 살던 사람이 아파트에 가서 어떻게 산단 말이고.

식당 하는 거는 내 팔자가 아이라 남편 팔자라. 전에 한참 식당이 잘 될 때는 여 동네 사람을 많이 썼어예. 근데 지금은 마 그래 몬하지. 수입이 그마이 안 되니께네. 전에 잘될 때는 그때대로 내가 딱 붙어 있어야제, 지금은 마 사람을 쓸 수 없으니 붙어 있어야제, 그라이 내 팔자도 아이고 남편 팔자인 식당 일에 내 좋은 시절이 다 갔는 거라, 하하하. 글코 남편이 같이 한다꼬는 하지만 아무래도 아저씨는 마 산에 갈라, 동네 일 다닐라 식당을 비우는 기 많지. 그라이 내가 더 붙어 있는 거라. 아무리 잘되는 식당도 주인 안 붙어 있으마 절대로 안 된다 카이. 사람 마이 써도 주인이 붙어 있어야 되고, 일도 마 주인이 더 많이 해야지. 주인이 일을 똑바로 해야 일하는 사람들도 일을 하는 거라. 주인이 없으마 아무리 벌어도 구멍 나기 시작하는 거라. 식당 크게 하다 망하는 사람들은 사람들이가 그냥 내삐리놔놓이 그러는 거라. 다린 이유도 많겠지만도, 거도 아주 큰 이유라.

내 평생 그래 속 시원하게 소리 질러본 게 없다 카이

갱년기 올 때 신경과 치료를 좀 받았어. 신경이 약해지믄서 자꾸 아플라 카니께. 아프기 전에 주사 맞고 이런 건 했지. 그건 내가 알아서 미리미리 하지. 갱년기 때 생리 떨어질라 칼 때 하혈을 너어무 많이 해가 그때 죽다 살았다. 하혈을 한 보름썩 이래 하고, 밤낮으로 움직이기만 하마 펑펑 나오고. 갱년기 때 그런 사람이 있다더라꼬. 면역인지 뭐가 약해져가…… 신랑이 한약 처방을 할 줄 알거든. 그래가 여자 조혈에 좋은, 갱년기에 먹는 약초로 한약을 지이줘가 한 재 먹으이까 낫더라고. 옛날 같으마 거래 죽은 여자 많았을 거라. 병원 가이께네 치료해보고 안 되면 수술해야 된다 카데. 뭐를 꼬매야 되고 이카는데, 여엉 싫더라꼬. 그래 신랑이 지이준 한약 무으니 괘않더라꼬. 근데 피를 그만큼 흘렸으니 일을 몬하는 거라. 1년 동안 청소를 몬했다 카이. 기운 없고, 어지럽고. 그기 빈혈이지. 그래가 그때 막내 여동생 갖다놓으이 말만 청소한다 카면서 꾀를 부리. 지가 쉬고 놀고 하만서 청소를 제대로 안 하는 기라. "했나?" 그러면 "했다" 그카고. 안 한 게 아니라 지는 지대로 한 건데, 내헌테는 성에 안 차는 거라. 그래도 나는 몬하겠더라꼬. 청소하는 그기 힘이 좀 들어야 제대로 말끔하거든. 내가 1년을 청소를 몬해가 그때는 집이고 식당이고 엉망이라. 꼬지랑꼬지랑해가, 전신만신에 먼지고 얼룩이고. 그걸 볼라이 천불이 나는데 우야노? 할 수가 없으이. 내 승질에 1년을 청소를 몬하이께네 그기 정말 죽겠는 거라. 그때 마을회관 짓고 애들 아부지가 이장할 때거든. 그래가 준공식 하는 날도 내가 오래 서 있을 힘이 없었다 카이. 동네 아지매들이 한복 입고 나와가 다 같이 일하고 그랬거든. 나는 커피랑 물통 갖다놓고 군수님하고 군 사람들, 면 사람들, 손님들 오마 커피 한 잔썩 내주는 거 그거뼤 못했다 안 카나. 아무래도 이장 안사람이 나서가 일을 마이 해야 하는 긴데 도저히 몬하겠는 거라. 그때 여 부녀회 사람들이 고생 마이 했지. 그래도 식당을 닫을 수는 없잖아. 그러이 식당 일 하고, 집안일 하느라 더 힘들었지. 지금은 괜않은데, 그라고는 영 힘이 많이 쭐은 거라.

갱년기 때는 마음도 좀 이상하더만. 열도 팍 났다가 추웠다가 그카는데, 신경에 약간 거슬리면 내가 막 고함을 지르는 기라. 아저씨가 고함지르는 기 아니고, 내가 질렀다 카이. 하이고, 참 내가 지르면서도 '내가 와 이러나' 싶고. 몬 그러는 사람이거든, 내가. 근데 그때는 안 그라만 몬 견디겠는 거라. 그라믄 아저씨가 마 미쳤다 카지. 밑천 다 나온다꼬. 근데 뭐 미쳤고 나발이고 그때는 내도 모리게 막 고함이 지대로 나오데. 수틀리면 고함 쌔리 지르고. 내 평생 그래 속 씨워언하게 소리 질러본 게 없다 카이. 좋더라 마, 하하하. 그전에는 내가 하도 죄인이라가 같이 소리를 지를 수가 있나? 아저씨가 고함질러도 말을 몬해가 가만있고 내빼고 그랬는데, 그때는 마 실컷 소리 좀 질러봤다. 아저씨가 마 멍해가 놀래가지고, 하하하. 우리 아저씨는 화나가 고함지를 때도 내 안 비이면 막 찾아댕기는 거라. 믿는 사람이 옆에 있어야 안심이 되고, 소리 지르는 맛이 있는갑더라꼬. 그래 내가 내빼뿔고 숨어 있으면, 술 취해가 더 난리를 치매 찾아 돌아댕기는 기라. 그라이 온 동네에 챙피한 기라, 시끄러버서. 온 동네 다니믄서 소리지르매 이름 부르는 거라. 별나기도 하지. 그래 도망도 몬 간다, 온 동네 시끄러버가. 웃기도 않다 카이, 하하하. 그래도 서로 상처를 아니까 한바탕썩 지랄을 해도 속에 맺힌 거 푸니라꼬 저런가 보다 하면서 인간적으로 이해가 되는 거라. 안 그러마 미쳤다 카지.

내는 마 무신 복인지 시집살이는 평생 안 했는 거라. 시아부지, 시어머니도 결혼 때나 보고 몬 봤다 카이. 시아부지 돌아가실 때는 갔었제. 국립묘지에다 모싰거든. 본인도 경찰이었고, 막내 시동생이 군에 가 전사해갖고 국립묘지에 있다. 대신 내는 친정살이를 마이 했다 카이. 결혼하고까지 했지. 결혼하고도 동생들 아직 공부할 때니 친정으로 들어간 돈도 돈이지마 마음고생한 거는 넘들 시집살이 저리 가라라 마. 친정에서 당하는 거는 더 상처가 된다 카이. 아부지 가신 지는 오래됐고, 친정 엄마 가신 지는 을마 안 됐다.

저 사람은 자그 엄마에 대한 기억이 하낫도 없제. 아부지나 할매, 할아바이헌테 들은 거가 전부인 거라. 옛날에, 더구나 강원도 시골서 뭐 사진을 찍고 했겠어예? 찍은 게 있었더라도 난리통에 다 잃어버렸을 기고, 사진 하나 기억 한 조각이 없으니께네 을매나 서럽노. 계모가 잘했어도 그 상처는 큰 건데 계모가 심하게 했거든. 그러이 마 평생 자기 마음 중심이 휑하게 비었는 기라. 거는 뭐로도 안 채와지는 거라. 내가 아무리 속을 알고 잘할라꼬 노력을 한다 캐도, 백일도 전에 엄마 잃은 거는 참…… 죽은 사람 잘못도 아이지만, 그 서러움은 평생 있는 거라. 그라이 마 우리 친정 일로 술 묵고 미치가 그러는 거 보마 자기 설움까지 다 디비 나와서 그러는 거라.

아들이 식당 일 할 팔자가 될랑가

아들이 대학 마치고 여 일을 도와주고 있거든. 기왕 들어온 김에 지가 여 식당을 물려받겠다고만 하마 당연히 좋지. 그럴라마 지 마음도 글치만, 그러려고 하는 여자를 만나야 할 긴데…… 모리겠다. 촌에 들어와가 식당 하고 사는 거를 좋아하는 여자를 만날지. 지 마음도 물어본 적 없다. 식당뿐 아이라 지 아버지가 가꾸는 저 산도 하겠다고 하마 좋지. 싫은데 억지로 붙들 생각은 없다. 지가 딱 붙잡고 우리랑 좀 다리게 새로 운영을 하마, 여도 다시 잘될 수 있어예. 근데 그런 눈이 있는가는 모리겠다. 안 하겠다고 하마 식당은 멫 년 더 하다가 닫아야지 뭐. 내는 사실 식당이 안 맞거든. 산에 다니마 꽃이랑 나무랑 나물 보고 캐고 하는 그기는 좋아도 식당은 남편 팔자로 하는 기지 내 팔자는 아이라. 그래도 내는 처음부터 살림꾼으로 타고나 그능가 몰라도, 암만 하고 싶은 일 아니라도 해야겠다 싶으마 일이 훤히 보이고 다 알겠더라고. 근데 아들은 모리지. 일단 마음이 있으마 일이 보이는 긴데, 안즉 안 그런 거 같더라고. 안즉 작정이 안 된 거라. 보고 해라 캐도 이걸 해야 되는지 안 해야 되는지 모리더라고. 아저씨도 옛날 한창 바쁠 때는 일을 안 할 수가 없었지. 내애 매달리 있었지. 지금은 인자 아들이 하니 우리 둘헌테 떠맽기고, 내애 산에 가 있는 거라. 지금은 아들도 내 없으면 몬하고, 내도 지 없으믄 몬하고 그렇다 카이. 그라이 아들 장가가고 안 물려받겠다 카마 이거는 끝이라. 내도 인자 지운 없어가 혼차는 몬한다 카이. 며느리가 좋다꼬 하마 둘이 알아서 하게 넘겨주고, 내는 도와달라는 거나 하마 되제. 갈챠줄 거나 좀 갈챠주고, 지네가 좋다꼬 하마 나는 찻잎이나 차꽃이나 좀 맨들어주고. 그 재미로 살마 되는 거라. 요즘겉이 직장 잡기도 그렇고 직장생활 어려븐 거로 치마, 신부 입장에서도 신랑이 식당 있고 산 있고, 시어머니 시아부지가 좋은 재료 다 대주고 하마 욕심닐 만하다 싶지마는, 오새 젊은 사람이 그걸 아는 사람이 있을라나 모리겠다. 지네가 알아서 해야지 할라는갑다 이런 생각이 드는데 그걸 모르이 뭐. 여자가 보는 눈이 있어가 딱 욕심을 내고 붙잡으마 아들은 하겠다고 할 거라. 근데 오새 여자들이 식당 하면 고생한다꼬 할라 카나. 전부 힘 안 드는 것만 할라 카니.

딸은 결혼해가 시내서 살림하마 지내예. 둘 다 직장 다니고 있어예. 지금 두째를 임신해가 곧 낳을 거라. 손녀 데리고 여 자주 온다. 두째 낳으마 좀 키아줘야지. 딸은 어릴 때버텀 그림에 소질이 있어가 대학도 그림 전공을 했고, 직장도 그거로 드갔다. 우리 식당에 딸이 그린 그림들도 전시를 해났다 카이. 아들만 결혼시키마 내는 사람 노릇 할 거는 다 하는 기다, 하하하.

노인들 생각으로는 얼굴도 안 비추면 괘씸치

지금 여 사는 할매 자석들, 지금이야 마 여 들어올 생각하는 사람 별라 없겠지만 나이 들믄 들어오는 사람이 좀 있을 거라. 거는 나이 들어봐야 아는 기라. 떠났던 사람 중에 하나씩 들어올 거라. 벌써 집 터 닦고 있는 사람도 있고, 주말마다 와가 어무이 농사 도와주마 배우는 사람도 있다. 아예 여기랑 상관없던 사람이 들어와 사는 것도 많지만 여서 태어나서 자라다가 공부하고, 취직하고, 결혼해가 떠났던 사람이 나이 들어가 다시 들어오는 사람들도 많아. 시내에 살던 집이나 아파트는 팔기도 하고 전세도 주고 해가 들어오는 거지. 와서 마 아주 농사꾼이 되겠다는 사람은 없지만 텃밭에서 자그 먹을 채소 키우마 그래 살고 싶어하는 사람들이라. 고향이기도 하고 공기도 좋고 하이까 노후 대책을 다 해가 들어오는 거겠지. 그런 사람들은 그래도 여에 오래 살던 사람들하고 잘 어울리는 폭이지. 누구 할매네 몇째다 그기 있으니 조심도 하고, 옛날 기억도 있고, 서로 할 얘기도 있고, 통하는 것도 있고.

근데 그런 거 없이 아예 새로 들어오는 사람들이 문제라. 산 좋고 물좋고 공기 좋으니 노후에 여서 살라꼬 늙기 전에 들어오는 사람이 많아예. 그 사람들이 동네 사람들하고 어울리고, 인사하고, 동네 일 의논하는 그런 거를 아예 안 할라꼬 하는 기라. 살던 습관이나 생활이 여 사람들하고 다르이까 노력을 해야 부대낄 기 있는 긴데, 아예 그런 노력을 마 안하는 기라. 아예 안 볼 것처럼 그러는 기라. 아무캐도 여에 오래 사는 사람들이 나이도 많고 하이, 노인들 생각으로는 그런 사람들이 괘씸치. 인사는 고사하고 얼굴도 안 비일라 카는 기. 땅 다지고 공사해가 누군가 이사 들어온 거는 아는데 차만 들락거리지 사람 낯짝은 볼 수가 없으이, 그기 노인들은 무시하는 거로 생각하거든. 도시서는 아파트 살마 그래 사는 게 당연한지 몰라도, 시골 동네는 안 그렇거든. 아직은 마을 사람 간에 도리나 예의나 뭐 그런 게 있는 거라. 나중에 들어온 사람은 살던 사람들헌테 우선은 좀 맞춰주는 게 도리지. 그걸 모리지는 않을 테고, 알면서도 안 하는 기라. 친구인지 친척인지 주말이마 차로 몇 대썩 사람들이 들락거리는 것 같은데, 자그네끼리만 어울려가 놀다 일요일 되마 가버리고. 살 기 있어도 여 동네나 근처서 사는 기 아이라, 차 끌고 나가 시내 쇼핑센터 마 그런 데서만 사오는 기라. 노인네들만 살아도 다들 농사 짓고 하이, 사든 얻든 여서 마이 해결되거든. 상치(상추)니 꼬치도 글코, 쌀을 살래도 저 아래 안즉 벼농사 짓는 사람도 있고. 허다못해 된장, 꼬치장, 메주 이런 거도 여 노인들헌티 부탁하마 질이고 맛이고 돈이고 지네 손해 보지는 않을 기라. 그러면서 인사도 하고 들락거리고 그러는 거제. 근데 그런 거를 아예 안 하는 기라. 그카다가 마 이웃 간에 별수 없이 볼일이 생길 거잖아. 안 생길 수가 없지. 주차 문제라든가, 새집 지으마 거 들어가는 길을 만들고 하는 거나…… 허다못해 담 너머로 이웃 감나무나 꽃나무가 넘어가고 넘어오고 하는 문제가 있을 때도 뭘 물을 생각도 않고 지네 마음대로, 지네 좋은 대로만 따악 해뿟는 거라. 나뭇가지도 싹뚝 잘라내고, 길에 뭐 숨궈 있는 것도 싹 뽑아내삐리고. 이웃에 피해를 주고 그러다보마 그기 싸움도 되고 하는 기지. 또 새로 이사 온 사람끼리는 모이는 기 있더라고. 오래 살던 사람들헌테는 코빼기도 안 보이면서 새로 온 사람끼리는 들락거리고 모이고 그런다 카이. 그거는 아무리 좋게 볼래도 촌사람들 무시하는 기지. 즈그끼리 모이가 저녁 묵는다고 초대하고 어쩌고. 동네 식당들 놔두고 차 타고 멀리 식당서 모이가 먹고 들어오고. 그렇게라도 해가 다행이다 캤어, 각각 따로 노는 것보다는. 가끔 보마 그 모임을 한다꼬 우리 식당에서 모이기도 해. 직접 음식을 해서 초대하기는 아무래도 번거롭고, 글타고 이 동네 사람 모임을 멀리 나가는 게 뭐하다 싶은지. 그래가 동네에 대해서 묻기도 해. 묻는 거가 뭐 동네 사람이나 동네 이야기나 그런 기 아이고, 좋은 데가 어디냐 등산로가 어디냐 마 그런 거를 묻는 기라. 좋아, 다 좋은데 따로 놀지는 말라는 기지. 그 사람들이 계속 살마 결국 여 주인이 되는 거잖아. 어릴 때 여 살다 나중에 다시 들어온 사람들도 글코. 그러이 여서 딱 내 목적, 산 좋고 물 좋고 건강 좋고, 딱 그거만 챙겨서는 안 되는 거거든. 그기 되지도 않고. 그래 지 좋은 것만 할래다보마 결국은 동네 망가뜨리고 자연 망가뜨리고 그래 되는 거라. 그라이 좋은 산하고 물하고 잘 지키낼래도 서로 모여가 의논을 하고 협심을 해야 하는 기지. 물 좋고 공기 좋고 소문 듣고 들어왔어도, 여도 뭐 미세먼지니 그런 거가 와가, 어떤 때는 마 '나쁨' 그래 나오기도 하거든. 물 좋아서 들어왔다지만 여도 가물면 산에서 내려오는 물이나 지하수가 딱 말라가 별수 없이 멀리 수도관에서 보낸 물을 안 무을 수 없는 거라. 그라마 이 동네 살믄서도 거 사람들은 마 쇼핑센터에서 생수를 짝으로 사다 먹더라고. 잘한다, 모한다 하기 전에 그런 세상인 거라. 내 목적만 생각하고 살마 서로 다 망가지고 손해 보는 거라. 자그네는 들어와가 살믄서도 도시 사람 자꾸 들어오는 거는 싫어하기도 하더라꼬. 여가 자꾸 개발되마 시끄러버지고 망가지고 그런다는 거제. 밥 무으면서 그런 소리하는 걸 들으마 좀 그렇기는 하지만도, 그기 또 맞는 말이다. 그라이 그런 거라도 의논할라믄 머리를 맞대야 하는 기고, 그랄라믄 미리미리 얼굴을 보이고 인사도 하고 서로 오고 가고 해야 하는 거잖아. 그걸 모릴 리가 없는 배운 사람들이 우예 그러느냐 그거라, 내 생각으로는.

사람도 망가지고 자연도 망가지는 길이라

어릴 적 친구 중에는 도시로, 서울로 간 사람이 많지. 사내아아들도 그렇고 가시나 친구들도 그렇고. 어려서 나간 사람도 있고, 결혼하거나 직장 얻어가 나간 사람도 있고. 여가 하도 깝깝한 데다 나도 나갈 생각을 하다 다시 묶어버려갖고, 그런 친구들이 부럽기도 하고 생각하마 억울하기도 하고 그랬지. 나갈 기회가 있었는데 내가 주저앉은 거거든. 허다못해 도시 나가서 공장이라도 다닐 기회가 있었다 카이. 그래도 아부지랑 동생들 땜에 포기한 거라. 그런 친구들은 또 도시 남자 만나가 거서 살고 그래 되잖아예. 그냥 철없을 때 생각으로 막연히 부러벗던 거라. 나만 촌 구석에서 처지는 거 같고. 지금 생각하마, 도시생활이 뭐 안 좋다 이거는 아이고, 그거대로 사는 방식이 있고 장점도 있고 하는 거제. 어디든 사람이 적응하면서 사는 기니까. 근데 내는 나이가 들어갈수록 여에 남아 있기 잘했다 싶은 기라. 아마 저 아래 큰 동네 살았으마 그걸 몬 깨달았을 것도 같애. 거는 또 여하고는 마이 다르커든. 여가 더 촌이지, 산골이고. 근데 여 산골에 들어온 거가, 그때는 참 이기 뭔가 싶더마는, 이제는 자연 좋은 거를 알게 되고 보게 되고 그런다 그 말이라.

만약에 젊어서 시내 나갔대도 좋을 기 뭐 있었겠노 싶다 카이. 나간 친구들 보마, 여자고 남자고 다 비슷비슷하게 살더라꼬. 꼬박꼬박 출근해가 돈 벌고, 그러다 좀 욕심내가 일 벌였다가 잘되마 돈이나 좀 버는 기고, 잘몬되마 딱 꺼꾸러지고. 아무래도 도시생활이 평탄하지가 몬하지. 넘들이랑 경쟁도 심하고, 경쟁 안 하마 몬 살남고. 내도 마 여서 평탄했다고만 할 수는 없고 몸 고생이 훨씬 많았지만도, 그래도 여는 돈이니 경쟁에서 이기는 거니 그런 거보다 더 좋은 게 있다는 걸 이자는 아는 기라. 지금 시내 사는 사람들은 이래 살고 싶어도 몬 살지. 어떤 사람은 여에 들어와 살면서도 그걸 몬 깨달아. 공기 좋고 물 좋고 건강 좋아서 뭐할 긴데? 마 시내 다니다 교통사고 나서 죽고, 해외여행 가다 비행기 사고 나서 죽고, 언제 시작한지 모리는 암 걸리가 죽고, 거 뭐 현대 과학이 안즉 원인도 몬 밝힌다는 치매 걸리가 요양원 드가 죽고…… 그러는 게 인생이라. 그러이 여 왔으마 좋은 공기 마시고 좋은 물 묵는 것만 생각지 말고, 자연헌티 배울 생각을 해야 하는 기라. 불편하고 힘든 거도 받아들일 생각을 하고, 자연이랑 사람이랑 어울려 살 생각을 해야 되는 기지. 근데 마 자연헌테서 저 좋은 거 챙길 생각만 하는 기라. 그기 사람도 망가지고 자연도 망가지는 길이라.

요즘은 교통도 자꾸 좋아지제, 길도 자꾸 넓어지제, 그러이 촌에 놀러 오는 거는 쉬워졌지. 근데 이렇게 아주 촌에서 사는 걸 하고 싶다고 말은 하는데 그러지를 몬하는 거 같더라고. 살아온 방법이 굳어져가 몬 바꾸는 거지. 쉬운 거가 아니겠지. 모리겠어, 뭐가 잘 사는 건지. 뭘 하면서 살고 싶은가도 사람마다 다르니까. 뭐가 좋고, 뭐가 안 좋고 그기는 아닌 거 같아. 다만 내는 이래 사는 게 좋다는 거라. 이제 와가 바꿀 수도 없는 기고. 바꿀 마음도 안 생기고.

이 동네 사람들도 처음에는 사이가 참 좋았어. 옛날에는 몬살아도 서로 허물없고 니 거 내 거 없이 좋았지. 근데 가만 보마 돈 벌 일이 늘어나면서부터 각박해진 거라. 돈이라는 기 살라믄 필요한 긴데 거에 너무 욕심을 내고 억지를 부려가, 넘보다 더 벌라 카고 넘 버는 거 배 채와서 미워하고…… 그기 다 돈 때문에 생기는 마음이더라고. 내부터도 그랬던 것 같아. 식당 하고 생수 개발하고 그래가 돈 벌어서 땅 사고 산 사고, 마 그러면서 여 동네 사람들하고 문제가 생긴 거라. 넘들이 생트집 잡는 것도 문제였지만, 내도 그 돈 버는 맛에 한동안은 사람이 안 보이고 돈만 보였는 거라. 그라이 사람들 마음을 몬 알아주고, 이해해볼라꼬를 안 한 거지. 그 생트집이 옳다고는 몬하지만 그 심정을 이해했어야 하는 긴데, 그걸 몬하고 촌사람들이라 우쨌다고 그래 생각을 했던 거라. 이제사 뒤늦게 그런 거가 알아지는 거라.

그러고 그런 생트집도 보이, 촌사람이라가 몬 배운 사람이라가 그런 기 아닌 거 같더라고. 마이 배우고, 오만 데 다니고 한 사람이 더하더라 카이. 여 새로 들어오는 사람들 가마 보마, 잘하는 사람은 잘하지만 생트집 잡는 사람들도 있더라 그 말이다. 이런 데 갇혀 살믄서 생각을 넓히지 않아 발전이 없는 사람이 문제지, 촌에 살고 몬 배워도 속이 넓고 지혜로운 사람도 많더라 그 말이라. 내 살아오면서도 그런 사람이 몇 명 있었거든. 아부지도 그랬고, 할매나 아재 중에도 그런 양반이 있었어예. 꼭 할매나 아재 겉은 친척이 아이라, 넘이라도 그래 느껴지는 사람이 있는 거라. 내도 그런 어른들 보마 배우는 기고.

자연이 마음에 점점 더 들어오는 기라

젊어서는 보람이고 의미고 그런 거를 느끼고 살 여가가 없었지. 사는 거를 돌아볼 시간도 없었고. 눈만 뜨마 바빠 죽는데 그럴 시간이 어딨노? 첨에는 여 안 산다 캐가 도시서 온 사람헌티 시집을 갔다 카이끼네. 그랬는데 신랑이 여 살기 좋다꼬 여 살자 카이께네 어쩔 수 없이 주저앉은 거라. 첨에 2동에 와가 진짜 몬 살겠더라 카이. 1동하고 2동은 천지 차이라. 여는 너무 꼴짜구지. 그라니 '우예 사노……' 하마, 해 지기를 천년같이 봤다 카이께네. '빨리 저 내리가야 되는데……' 그카믄서. 그런데 정신없이 바쁘고 그러다보이께네, 점점 갑갑한 기 없어지고 살아지데. 그러믄서 그냥 여 좋구나 이래 생각하고 사는 택이지 뭐. 우록1리만 해도 여기보다는 넓잖아예. 이 동네보다는 반 도시 한가지지. 평지고, 버스도 들어오고. 앞에만 나가도 사람이 많고 그랬거든예. 시내로 나가는 길이니까, 어디 나갈 일 있으마 바로 버스 타고 가고 이랬는데, 여 와보이 마음대로 빨리 나갈 수가 있나, 사람이 있나. 꽉 막혔잖아. 여가 끝이잖아, 더 위로는 동네가 없고. 또 산 바로 밑에 동네가 들어앉은 거라서 좁아. 처음에는 여가 무신 절간 같더라꼬. 그러이 여에 우예 사노? '내 아무래도 몬 살겠다' 싶더라꼬. 처음에는 이사를 안 오고 1리를 왔다 갔다 할 때거든. 근데 빨리 해 지기만을 기둘리는 거라. 다섯 시만 치다보는 기라. '해가 언제 넘어가노? 빨리 집에 가야 되는데, 빨리 내리가야 되는데……' 그 생각밖에 안 했지. 그라다가 5년, 10년 돼가 무지 바쁘게 사니, 그기 없어지더라 카이. 바쁘니까 뭐를 느낄 새도 없었는 거라. 식당하고 생수 개발하고 하마, 거다가 남편이 이장까지 맡고 하이 너무 바빠가지고 깝깝하다는 생각이고 뭐고 정신이 없어가 마…… 살다보마 한바탕 그래 바쁜 때가 있는 거더라꼬. 젊으이까네 그래 바빠도 몸이 당하는 기고, 그러면서 경제적인 기반도 만드는 기고. 남편도 남편이지만 내도 동네일을 마이 하고 따로 장사해가 돈도 벌고 그랬지. 그래 살다가 인자 좀 덜 바빠지이 자연이 보이는 거라. 시간 여유가 생기면서 인제 매일 산책을 가잖아. 그러면서 자연이 자꾸 느껴지는 거라. 바쁘기만 하마 안 보이는 기 많은 거라. 시간 여유가 생기니 마음 여유도 생겨가, 눈에 보이는 기 달라지는 거라. 자연이 보이고, 보는 기 전부 신기한 거라. 1리 거기는 차가 맘대로 다니니까 자연은 좀 빠지는 기지. 그래 자연을 마이 느끼고 그라다보이 힘든 생각도 없어지고.

동상들이랑은 생전에 풀고 살았으면

돈 버는 거는 이제 끝났어. 유류 파동 나가 기름값 올라가니까, 이 꼴짝까지 차 끌고 와가 밥 묵고 가는 사람이 쭐어드는 거라. 당연히 쭐제. 마 그래도 주말마다 계절마다 단골들은 일부러 챙기가매 여까지 오는데, 많을 때랑은 아무래도 천지 차이지. 기름 한 방울 안 나는 나라이께네, 싸우디 뭐 그런 데서 기름값이 오르마 여 산골 식당이 장사가 안 되는 거라. 그기 가만 보마 글터라꼬. 그래 인자 식당은 뭐 손님 오는 대로 하고, 자연에 빠져가 세월 가는 줄도 모리고 이래 사는 거라. 지금도 아래 큰 동네 거 사람을 많이 알잖아, 내 친정이니까. 지나다가도 보고 일이 있어서도 가서 보고 하마, 니 그래 인자 여 잊아뿌고 거서 잘 살라꼬 그라제. 자연에 빠져뿌면 아무캐도 자연적으로 잊어지지. 살면서 시끄러벗던 것도 잊고. 치유 뭐 그게 되는 거라. 사람들헌테 상처받고 미움 갖고 그랬던 것이 많이 누그러지는 거 같어예. 부모한테 상처받은 거, 특히 아부지헌테 상처받은 거를 혼자 많이 풀었다 카이. 사람이마 누구나 실수도 하고 그런 거니까. 그걸 아부지 생전에는 몬 풀었어도, 혼차라도 풀어내보고 그런다 카이. 자연이랑 있으마, 그런 세상 악다구니가 참 허망하게 느껴지거든예. 그런데다 내도 나이가 들고 하이 생각도 좀 여유로와지고. 잠깐 오는 손님들도 그런다더라꼬. 시내서는 각박하게 좀 그러다가도, 여 오면 전부 편안하이 넉넉하이 그래 된다꼬들 해. 자연이 사람을 그래 해주는 거잖아. 다 풀지야 몬하겠지. 사람은 모두 부족한 거잖아. 그라이 내도 이 인터뷰를 하면서 제일 먼저 터진 게 엄마 이야기고, 아부지나 형제들에 대한 원망도 마이 터진 거지. 내 혼차 다 풀었으마, 얘기를 하더라도 다르게 했겠지. 하면서도 내 마음이 안 아프고. 근데 그러지를 몬하더라꼬. 아직도 아프고 그러더라꼬. 그래도 이래 푸는 거는 내 혼차 속풀이하자고만 그러는 거는 아이라. 동생들이랑은 살아생전에 풀고 살았으면 해가, 여다가래도 말하는 거라. 만나서는 도저히 얘기가 안 되더라꼬. 차분히 할라 캐도 벌써 딱 어떻다고 마음을 굳어놓고 있으이. 죽은 부모는 내 속으로 혼차 풀어야 되는 기고, 살았는 동생들이랑은 겉이 풀고 잘 지내야 안 되겠나……

엎어지미 자빠지미 세월 보내마 정신없이 살다보이, 세월이 언제 가버린 건지 기가 맥힐 노릇이지. 그래 이자는 기막힐 노릇이라고 생각 안 하고, 이기 내 길이다 그래 편하게 생각하고 살아야지. 할 얘기가 진짜 많은데 지금은 머리가 늙어가 마 십분지 일도 몬했다 카이. 내 머릿속에 꽉 들어가 있었는데 인제 보낼라꼬. 잊아뿔라꼬. 잊아뿔어야 산다 카이……

죽은 사람은 죽어도
산 사람은 모를 숨겨야 하는 거라

곽판이(창녕댁),
1928년생

마을회관에서 동태찌개를 끓여먹던 날 처음 뵌 자리에서 인터뷰를 약속받았고, 그다음 우록리 방문에서 세 시간 정도 인터뷰를 한 차례 했다. 고령에 귀도 어두우시고 기억력도 많이 떨어지셔서, 지난 일들에 대한 세세한 구술은 상대적으로 적다. 생애 기억은 적지만 농사에 대한 어르신의 말씀은 귀 기울여 들을 바가 많다. 죽음을 편하고 가깝게 여기는 분이어서인지, 자신의 죽음뿐 아니라 타인의 죽음에 관한 구술이 상당히 많은 것이 특징이다.

'니 죽을까 싶어가 팔았다' 그 말이다

이바구 마이 할 거가 어딨노? 귀도 어둡고 눈도 어둡고 뭐뭐 다 잊아뿌러가…… 내는 1928년에 태어났고 고향은 창녕이라. 경상남도 창녕군 선산면.* 원래는 현풍**인데 이사 나와가 그리 갔거든. 포산 곽가라. 형제는 사남매라, 아들 둘, 딸 둘. 내가 셋째제, 제일 우에가 오빠고 다음이 언니, 그다음이 내고, 다음이 남동생이고. 다 먼처 가고 남동생허고 내허고 둘 남았다, 이자.

우에 언니가 있다 캐도, 내도 일 마이 했다. 촌에는 온갖 거 다 하지, 옛날에 가마이도 짜고. 아지매는 가마이 그린 거 모리제? (벼농사 짓고 남은 짚으로 쌀가마니도 짜고 짚신도 만들고 그랬잖아요.) 잘 아네, 하하. 걸로 새끼도 꼬고 했제. 그라고 비도 짜고, 미엉도 잣고.*** 우리 클 때는 다마네기(양파)를 많이 숨구고 그랬다 카이.**** 한 마지기 하마 백 평이거든. 논은 이백 평이고 밭은 백 평이라. 한 마지기에다 다마네기 숨가노마 잘되거든. 거가 돈이 됐지. 오새는 하우스 해가 더 마이 숨구더라. 또 나락도 숨구고, 보리도 하고, 명도 하고, 누에도 키우고. 누에 거는 한 달 농사 아이가. 한 달 믹이마 팔거든. 한 달 쪼매 넘지. 일 년썩 안 가거든. 글니 마 믹이노마 패않아.

친정어무이는 보자, 팔십 얼맨가 가싰는데 모리겠다. 아부지는 좀 일찍 돌아가셨고. 오빠도 언니도 다 가뿟는데 뭐. 이자 내가 가뿌야 되는

* 다른 주인공들이 대체로 경북 대구 달성군 인근이 친정인데 곽판이 어르신은 고향이 먼 편이다.
** 경상남도 창녕군 현풍리
*** 삼베도 짜고 (목화솜으로) 무명실도 자아내고
**** 지금도 창녕은 양파 농사를 많이 짓고, 양파즙 등도 많이 생산한다.

데…… 동생? 남동생이 살아 있기는 한데, 내가 이래가 들어앉아 있으이 까네 잘 몬 보지. 지도 나이가 많으이께네 차를 잘 몬 타고. 올개도 한분 올라 카는 거를 오지 마라 캤다. 아들도 돈 벌러 댕기이께네 오기 힘들거 든. 내가 "우리 아들 시간 있거든 가마" 그랬다. 작년 설에 갔다 왔나…… 그래 가놔놓이께네, 나는 오만 원 주고 동상은 십만 원 주는 기라.*

우리 오마이는 내헌티 잘해줬지. 일로 잘하이까네. 아버지도 그렇고. 내가 여잔데 이름이 판이다 카이. 이름이 좀 거한데, 그래야 오래 살거 든. 그기 내가 아주 어려서 마이 아파가 '가시나 이거 죽는 줄 알고 팔았 다' 그 말이다. 그래서 판이 아이가? "야야, 니 죽을까 싶어가 팔았다" 오 매가 그카더라꼬. 돌에다가 팔고, 산에다 팔고, 스님헌테다 팔고. 그래가 내가 키가 작다. 오래 살라꼬 몸이 마이 아팠던 모양이라. 지금도 아프지 뭐, 만날 약 묵고. 올개는 아아들이 산삼을 한 뿌리에 십이만 원 하는 거 를, 다섯 뿌리 육십만 원 주고 사왔다 아이가. 내사 안 묵을라 캐도 기어 이 무우라, 무우라 카고. 그카디 내가 다 무웠다 아이가. (그래서 아흔이 셔도 이렇게 건강하신가보네요.)

병 이름이고 병원 이름이고 우야믄 어떻노

약도 만날 묵잖아예. 키가 작으니까 허리는 안 꼬부라졌다 카이. 허리

---

*   나는 동생한테 오만 원 주고, 동생은 나한테 십만 원을 줬다는 말씀이다.

아파서 사진 찍고 약 묵고, 위장 나빠서 약 묵고. 혈압 약하고 당뇨(당뇨) 약은 안 묵는다. 당뇨는 없다 카더라. (혈압 좋고 당뇨 없는 게 정말 다행이에요. 어르신들 보면 그 두 가지가 안 좋은 분이 대부분이거든요.) 그런 건 안 묵는데, 위자이 나빠가지고…… 하도 위가 아파가 칠십 가까이 돼가, 빙원에 영감쟁이하고 큰 사우하고 가이께네 수술하라 카는 기라. 우리 집안에는 몸에 칼 대본 사람이 없다 카이. 그래가 내는 수술 안 한다 카이, 삐져가 말도 안 하는 기라. 영감하고 사우가 지랄한다 카고 밉다고 말도 안 하는 기라. 그러고로 살다. 위가 아파가 산에서 느릅나무를 해왔어. 느릅나무 거는 아지매는 모릴 거라. 그제? 산에 가마 봄날에 소나무처럼 껍질이 빗기진다. 그걸 빗기가 집에 가와 고아. 그걸 소쿠리로 받치가 찹쌀 넣고 푸욱 고는 기라. 오새는 그런 솥도 없다, 가마솥 크다란 거. 그래가 묵고 했지. 그놈을 몇 년 무었어. 그러코롬 살다 괘않아가, 남지장사*를 및 년 갔어. 공양주** 하러. 그라이 스님이 느릅나무 뿌리를 캐가 주더라꼬. 그걸 캐다 줘가 또 묵고 했다 카이. 약도 마이 무었어. 영감재이도 죽고 나이, 소화 안 되면 인자는 약을 사가 와서 묵어, 신약을. 병 이름은 뭐, 위장 아프고 하는 기지. 그래 산다 카이. 오새 아아들이 약 사다주마 묵고 카지 뭐. 내가 묵기 싫으마 안 묵고.

영감님은 내 칠십둘에 가셨어예. 내랑 열세 살 차이니께 팔십다섯에 갔지. 오래 살았지. 그니까 보자, 내가 한 20년 가차이 혼차 사는 기라. 편치 뭐. 심심하고 그카긴 해도, 할매들은 혼차 되마 편타, 하하하. 그래

---

* 南地藏寺. 우록2리에 있는 가창면 최정상의 사찰
** 절에서 음식 만드는 소임을 하는 사람

갖고 마, 우리 웃대 어른도 오래 사싰어. 시아부지는 칠십다섯에 돌아가 싰고. 그때로는 아주 오래 산 폭이라. 그캐가 아아들헌티 "야야, 나는 오래 살겄다. 할배도 그래 살다 가시고, 느그 아부지도 팔십 넘어 살다 가고. 난 느그 아부지보다 오 년만 더 살겄다" 캤디마, 그기 말이 씨가 돼가 이리 오래 안 사나, 하하하. 그래도 죽을라 카마 뭐 우예 아노? 오새 또 좀 아파가 빙원에 안 가봤나. 맥지로* 지운 없고 아파가, 검사하고 치료 받고 하이 쪼매 낫더라. 입원을 해라 캐가 내는 싫다꼬 나올라 카이, 그래도 기어이 나오지 마라 카데. 사진을 찍고 캐쌓디마 뭐라 카더라, 냉중에 마 나샀다고 원장이 집에 가라 카더라. 어디가 아프다는지는 들었는데 모리겄다. 빙원에서 이틀 밤 자봤는데, 야…… 몬 있겄데. 빙원 이름이 보자, 어디더라? 대구에 있는데 잊아뿟다. 빙 이름이고 빙원 이름이고 거 뭐 우야믄 어떻노, 아흔 다 돼가 말이다.

영감은 아파가 큰 빙원에 마이 가쌓는데. 영대병원**에 갔다가 경대병원에 갔다가 캐쌓고 그래가 입원도 마이 하고 캤다. 내는 그때 빙원 처음 입원해본 거거든. 내는 아파도 빙원에 잘 안 가거든, 약도 잘 안 묵고. 근데 그때 빙원에 입원했는 거라. 아이고야, 몬 있겄더라 마. 그라고 이 나이에 무슨 빙을 나스겄다고 거에 들어가 살겠노? 마마 그러이 아이들이 오매 희한타 카더라고. 그라고는 마 아프지 마라고 뭘 자꾸 사다주고 캐 쌓는 기라.

-    아무 이유 없이. 아무 턱도 없이. 막무가내로
-    대구에 있는 영남대학교 병원

자석들은 다섯 아이가. 젤 우에 아들이고 그 아래로 딸, 딸, 딸, 그카고 막내아들. 내가 막내캉 살거든예. 직장이 대구라가 여서 왔다갔다 카매 산다. 아흔을 살다보니, 사는 그기 빌기 없더라 카이. 그러그러 한 세상이라. 마이 가졌다고 마이 배왔다고 사는 기 편한 기 아이라. 그저 없는 사람한테 나쁘게 안 하고 정직허게 사는 그기 제일 잘 사는 기고 맴이 편한 거라. 그래 사는 거지 뭐. 일요일 되마 아들 오고 미누리 오고 손자 오고 그란다. "오매, 일하지 마소. 하지 마소" 만날 그칸다. 안 아푸고 사는 기 돈 버는 기라 카미, 일하지 마소 카거든. 그래서 "내 알아서 하꾸마" 그캤지. 인자 몬하겠어. 오늘 내내 누웠다가 일났다가 그캤다 마. 어제 더분데(더운데) 뭘 숭궜더이 그카는 기라. 이자는 하루 일하마 하루 쉬야 된다 카이. 거창 사는 막내딸도 "오매 하지 마소, 하지 마소……" 카는 기라. 눈앞에 보이니까네 하는 거제, 거를 우째 안 하고 사노. 내도 놀마 되는데 나보다 나이 적은 사람들, 젊은 사람도 노는데 나도 놀마 되지 싫어예. 근데 내 하는 그기 놀자고 하는 기라, 일하자고 하는 기 아니라. 숭궈논 거 크는 거 보마 맘이 좋잖아예, 재미도 있고. 그러니 내헌테는 그게 놀이라. 그래가 작년에도 고치 숭구고 수수 숭구고, 마 쪼매썩 숭궜다. 그기 크는 거가 참 이뿌다 카이. 전에는 장에 내다 팔고 했는데, 지금은 몬 간다. 아아들이 몬 가구로 칸다. 가다가 궁글르마(구르면) 큰일난다꼬. 큰일날 기 뭐 있노? 죽으마 좋은데, 안 죽고 다치기만 하마 그기 큰일이기는 큰일이라.

작년에는 꼬치도 숭궜는데 올개는 안 할 기라. 꼬치 건조기도 한 팔십만 원만 주마 사는데 인자 말라꼬. 꼬치하고 수수는 그래도 무을 거만 숭궈야지 뭐. 수수를 남가났다가 정월에 떡국에 넣어 무으마 맛있거든. 사우가 와서 "어무이요, 다른 건 다 놔두고 수수 넣어가 떡국만 끓이주이소" 카더라꼬. 사우가 맛있다 카니 해줘야지. 마이는 안 해요. 있는 밭이니 놀리마 뭐하겠노. 심심하지 않구로 하는 기지 뭐. 아이들이 몬하구로 캐쌓는데, 그거도 안 하마 할 거이 없어가, 지엄어서 (지겨워서) 안 돼. 나중에 더 아프마 몬하겠지마는, 지끔은 시엄시엄은 해야지. 내는 경로당에서 노인들끼리 차 타고 놀러 가는 거도 몬 가. 가다가 몸이 아파가 중간에 내리삤어. 노인들 어디 놀러 가라꼬 1년에 니 번씩 주는데 난 몬 가거든. 그래서 돈 돌리돌라 칼라꼬. 다른 사람들도 내헌티 "지발 돌리돌라 카이소" 카더라꼬. 몬 간 사람이 여럿이거든. 그카니 즈그들은 말하기 뭐하다꼬, 제일 나이 많은 내더러 말하라 카는 기라. 밑져봐야 본전 아이가. 말은 한 분 해봐야제, 하하하. 근데 그카다가 안 가겠단 사람 마이 생기마, 거도 골치 아플 기라. 그라이 안 주면 말아야제.

내는 혼인을 스무 살에 했다. 창녕서 일로 온 거지. 영감은 김가여, 우록 김씨. 영감이 을매나 잘해줬다 카이. 나이 차이가 마이 나가 아주 잘해줬다, 하하하. 좋았지. 영감이 어릴 때 어무이가 일찍 돌아가싰어. 그카다가 옛날에 거 누고? 순사가 와가 일본 가라 캐가 따라가삤대. 징용, 거를 갔다 왔는 기라. 결혼 전에 즈그 아부지 놔두고 간 거지. 그래 일본 갔다 와가 결혼하고 농사짓고 살았지. 영감이 외아들이라. 아들이 하나뿐이니, 아부지가 일본 가는 거를 안 보낼라꼬 했대. 근데 뭐 안 갈 수가 있나? 그래 갔다 카데. 여동상들은 있어. 근데 어른들 시상 (세상) 비리뿌고* 나이 마음이 뒤숭숭해가, 돈 벌어가 동상들 밑에 다 때리옇뿌고. 동상도

---

* 세상을 버리고. 세상을 뒤로하고 돌아가셨다는 뜻

마음이 왔다갔다해놓으이…….*

"아가, 이리 다오. 그거 나가 묵을란다"

내 여 시집오니 아주 가난했어. 말도 몬하지, 가난한 거는. 그때는 묵고살기가 원캉 힘들었어예. 그래 와가 논농사 짓고, 밭농사 짓고 그랬지. 논농사 겉은 것도, 일본 갔다 와놓으니 땅도 없고, 넘의 땅 빌리가 농사 지을라 카니 을매나 힘드노? 넘의 땅도 빌리고, 넘의 일도 해주고 그래 했지. 그라이라고 내도 일 지독시리 했어. 담배도 마이 했지러. 담배 그기 아조 힘들어. 밤으로 잘 여가 없어. 아이들 재아놓고, 담배 엮어가 재놓고, 광에다 매달고 마. 담배골 안에다가 매달아야 되거든. 냄새가 지독해예. 말만 해도 냄새가 나는 거 같다 마. 아이고 골 아프다, 마 몸서리난다. 내는 담배는 피아도 거 담배골 냄새는 그래 싫더라 카이. 길쌈도 하고, 누비(누에)도 믹이고 다 했지 뭐. 그때는 일도 을매나 잘했다꼬, 쪼매앤해가. 나락도 내가 자알 빈다. 내가 앞에서 비마 영감은 뒤에서 따라오고 그랬어. 그래놓이 시아바시가 미누리 좋다꼬 만날 카시지. 내가 시아부지한테 이쁨을 마이 받았다. 우리 미누리 최고다 캤지. 아들보다 더 낫다 카시고. 일 잘하고 인심 좋고. 시어마시는 일찍 시상 베리뿌고, 할배가 그냥 혼자 사셨지. 엔날게는 잘살았다 카던데 뒤에 가가 어려

---

* 이 이야기는 여기까지만 하시고 더 이야기를 잇지 않으셨다. 인터뷰를 한 차례만 해서 뒷이야기를 들을 수 없었다.

버진 모양이라. 그래가 내가 김가 집안에 와가 고상 마이 해가, 살림 마이 키았다 카이. 그래놓이 시아바시가 미누리 최고다 캤지. 밥을 무우도 만날 겸상했어. (시아버님하고요?) 그래. 만날 같이 무었어. 그때 반찬이 뭐가 있노? 생선 한 마리 사가 꾸우가 대가리를 내가 갖고 있으마 "아가, 인 도오. 그거 나가 묵을란다" 카미 "아가, 내 거 좋아한다" 캤어. (아, 정말 이쁨을 많이 받으셨네요. 옛날 어른이 그러기가 쉽지 않은데요.) 참 좋았지라, 대가리는 할배 잡숫고, 마 내는 받은 중간 토막을 잘라가 또 밀어드리고. 그래 시아바시 구여움을 마이 받았어.

해방된 거는 어떻게 알았나 기억이 안 나

일본 거를 내는 살았지. 우리 영감이 총각 때 일본을 갔다 왔대. 그때는 시아부지가 절 옆에 살았는데, 우리 영감이 여 마실에 놀러 갔댔거든. 그랬다가 친구하고 시비가 붙었대. 그래 이기지도 몬했어. 시비를 했는데 뚜디리 맞았거든. 맞았어도 뭐 순사 오고 하마 시끄러븐 거라. 그때는 일본 순사잖아예. 그카니 친척 머시기도 글코 순사도 와가, 시끄러버지기 전에 일본을 가자 캤대. 거를 가마 순사들도 좋아하고, 시끄럽게 안 하고 그랬대. 시아바시는 몬 가구로 하고. 아들 하내이 뿌이라 가지 마라 캤지. 그래도 그 친구랑 가뿌맀대. 일본놈들 다 도망하고 나서야 집에 온 거라.

그때는 처자들도, 우리도 군대 뽑아 간다꼬 훈련을 마이 받았다. 그 따

문에 이래저래 내를 치아뿟잖아. 시집가마 군대 안 간다꼬. 1년인가 2년
인가 훈련 받으러 댕깄지. 엔날게 몸뻬이 해가 입고 와이셔츠 입고 훈련
받으러 마이 갔다. 학교로도 가고, 창녕 어딘가로도 가고 그랬다 카이.
훈련은 뭐, 군대 가마 받는 거 안 있나? 간호 그런 거도 받았지만, 총 쏘
고 칼로 찌르고 그런 거도 다 받았다. 나무로 총이랑 칼이랑 깎아가 했
지.* 그라다가 가스나들 잡아가 공출 보낸다꼬, 아물따나 시집을 보내뿟
어. 그래가 내도 시집을 보내뿐 거라.** 나이도 나이지만 그기 냉중에 보
이, 정신대 끌려가고 그런 거더라 카이. 우리는 뭐 그런 건 줄은 모리고,
어디 일하러 가는 그런 거로 알았지. 아부지가 거도 안 된다꼬 해가 빨리
치아뿐 거라.

  친정은 여보다는 잘살았지. 그래도 마 하도 마이 뺏어가이 힘들었다
카이. 소 구르마 끌고 와가 동네 돌면서, 집집이 뒤지고 쑤시고 해가마
뺏어갔다 카이. 곡식이고 쇠고 마 닥치는 대로 다 가갔지. 하이고 마, 여
는 농사가 별로 없어가 그래 뺏어간 기 없었다 카데. 뺏어갈 기 뭐 있겠
노? 이 산골에. 창녕은 논도 많고 밭도 많고 그랬지. 그라이 마이 뺏어
가고, 순사들이 칼 차고 다이마 집을 뒤지고 그랬는 거라. 그런 시절도
다 보냈다 카이. 오새 세월 을매나 좋노? 내가 만날 "야, 이눔아들아. 오
새 세월 을매나 좋으노?" 이칸다. 즈그는 모리거든. 돈을 가 있다고 누

---

* 일제 말 무학인 농촌 여성들에게까지 군사 훈련을 시킨 것에 관한 구술이며, 필자는
  처음 듣는 이야기다. 관련 구술이 더 많이 모아질 필요가 있다.
** 이 혼인이 우록 김씨와의 혼인은 아닌 듯하다. 여러 할머니의 이야기로 보면 당시 정
  신대를 피하기 위해 급한 '짝 맺기'가 많았고, 후에 그 일은 없었던 일로 치곤 했다. 이
  에 대해 주인공에게 더 깊은 질문은 하지 않았다.

가 뺏어가나, 쌀을 쟁여놓고 산다고 누가 실어가나? (해방 때는 기억나세요?) 해방된 거는, 글쎄 어떻게 알았나 몰라. 해방된 거 뭐 절로 알아졌겠지. 라디오 그런 거는 몬 들었다. 낭중에야 동네 사람들이 일본 천황이 라디오로 방송을 했다 카는 말은 들었지. 기억은 안 나는데 저절로 알게 된 거 같아. 우야든동 알게 되데. 태극기? 학교 운동장이랑 뭐 면 어디로 나오라고들 했어. 그거는 마 해방되고 며칠 지났을 때지 싶어. 아마 그럴 거라. 거 가서 해방된 거를 알았나…… 내도 그때 핵교 운동장에 갔지. 가니까 태극기 나눠주고, 운동장에 동네 동네씩 해가 모여 앉으라 캐서 사람이 을매나 왔나 세아리고, 누구네가 안 왔다 마 그래쌓고…… 그래가 뭐 하라는 대로 소리치고. 뭐라고 앞에서 소리를 치마, 그걸 따라하고 그러는 거라 카이. 대한독립만세? 글씨, 뭐 그런 거 아이겠나? 해방됐으니 뭐 그거겠지. 뭐라 소리쳤는가는 기억이 잘 읎다 마, 다들 운동장에 동네 동네 모여가 시키는 대로 한 거는 기억이 다 나제.

여자는 알아도 한이고 몰라도 한이다 카더라

내는 동상 키운다꼬 학교를 댕기지는 몬했지. 일하기 바쁜데 공부할 여개가 어딨노, 가시나. 그래도 오매가 하도 글을 좋아해가 책이 많았다 카이. 오매가 시집올 때 책을 한 구루마 가왔는데, 큰오매가 하도 빌리가가 내는 그 책을 몬 봤다 카이. 밤으로는 몬 보구로 했어. 등 켜고 볼라마 지름(기름)을 써야 안 하나? 그라이 뭐 지름 아끼느라고 밤에는 몬 보게 한 거지. 그래가 내는 그 책을 몬 봤다. 큰오매가 자슥이 없어 혼자 안 살라 캐가 우리 집에 와 겉이 살았는 기라. 큰아바이는 일찍 돌아가시가, 큰오매가 일찌감치 과부가 됐다 카이. 그래가 우리 오매가 동서 시집살이를 마이 했어. 고상 마이 했지. 어려서는 우리 오매 힘들게 하는 큰어무이라 좀 미웠는데, 나이가 차니 안 밉더라 마. 을매나 적적하고 억울했겠노? 딸 서이 치우고 큰아부지가 시상 베리뿌고, 맏미누리로 살라이. 그래가 울 오매도 동서 시집살이를 그래 가마이 참더라 마. 그래 참는 게 싫었는데, 그기 아니더라 카이. 글고 어무이가 내헌티 "야 이년아, 글겉이 무정한 기 없다. 일로 배아라" 그카믄서 글 갈챠주는 거를 안 했다. 오마이는 오마이대로 마이 아는 기 한스러운 그기 있는갑더라 마. 여자는 알아도 한이고 몰라도 한이고 글타 카더라, 오매가. 그래 밤으로 한 번썩 어무이 친구들이 와가 어무이헌티 "니 책 한번 일러바라⁽읽어봐라⁾" 카고 그랬거든. 큰오매가 되게 별나가 오매 친구들 오는 거를 싫어했다. 그래가 큰오매 아랫방으로 자러 가마, 큰오매 안 듣게 가마이 일러주고 그랬어. 큰오매가 디기 별났다. 오새는 시오마이도 그카마 몬 살 기라. 우리 오매가 인물도 잘나고 그랬거든. 나야 쪼맨해가 몬났지만. (아이고 무슨 말씀을요. 어르신은 지금도 이쁘신데.) 그래예? 하하. 그래가 우리 오매가 큰오매한테 동서 시집을 살았어. 우리 할매가 일찍 시상 비리가, 큰오매가 시집에서 안 살고 우리 집에 와가, 시어무이 시집살이를 시긴 거라.

우리 오빠는 아흔한 살에 시상 베맀다. 아프지도 않고, 손주하고 아들캉 겸상을 해가 밥을 묵고 그랬거든. 한날, 내가 머리가 와 이래 아프노 카드이, 병원에 갔는데 가자마자 시상 베리뿟다 카는 기라. 전화가 와가 생질부하고 질녀가 울고불고하는 기라. "야야, 느그 그카지 마라. 할배가 오래 누버 있으마 우얄 뻔했노? 느그는 축복받은 기라" 그캤다. 아흔하나를 살았는데, 간 사람이나 산 사람이나 복이지 뭐. 언니는 팔십다섯에 시상 베리고. 그니께 이자 동상하고 내하고 남았다. 오빠 가고 언니 가고 했으니, 이제 내가 머이(먼저) 가고 다음에 동상이 가야 되는데. 앞만 보고 사는데 우예 될랑가 모리지. 순서대로 안 되는 기 죽는 기라가…….

여자는 담벼락에 자루 걸어놓은 것처럼 말끔해야

우리 산 거 카마, 참…… 아지매는 이래 사이 좋제? (여자들 사는 거로 치면 어르신들 살아오신 세상보다 많이 좋아졌지요.) 좋지예. 학교도 다이고, 글 쓴다고 이래 멀리도 다이고, 남자들이랑 싸움도 하고, 하하하. 우리 클 때는 오빠가 "여자는 놀러 댕기마 안 된다" 카미, "비람빡(담벼락) 에 짜구(자루) 걸어놓은 거매이로 밀끔해야 된다" 캤거든. 빅(벽) 말이다. 빅에 걸어놓은 자루마냥. (그래도 몰래몰래 놀러 가고 그러셨을 거 같은데요, 하하하.) 그랬지. 오빠 장개가고는 친구들캉 핀하게 놀러 댕깄지. 친구하고 일가가 많앴거든. 윷도 놀고, 화토도 치고, 춤도 추고, 노래도 부리고 그랬지. 어른들 몰래, 오빠는 모리게 가마이 놀고 그랬지. 개천에 가가 미역도 감고 그랬다. 동네 앞에 냇가 물이 좋거든. 오빠 몰래 살째기(살짝) 가예. 아부지는 뭐라 안 캤어. 그라모 야단도 안 치고 점잖게 "니가 알아서 해라" 카셨지. 오빠가 무서벘지, 오매도 엄하고 무섭고. 양반 집인데 내가 이래 몬됐다 아이가, 하하. 아부지가 글도 좋고 점잖고, 어무이는 딸들은 아무케나 크마 안 된다꼬, 배울 거는 다 배워야 된다 캐서 엄하게 키웠지. 솜씨도 있고 하니 다 배았지. 그렇게 글이 좋음서도, 남들헌테는 마이 읽어주고 갈챠주고 하면서도, 딸들한테 글 가르치는 거는 별라 안 했다. 글겉이 무정한 기 없다믄서, 일이나 배우라 캄서.

도시 사람이고 나라 살림이고 다 망가지는 거라, 그기

그래가 배울 건 전부 다 배았지. 공부는 몬해도 일하는 건 다 배았어예. 그래 여 와서 틀 해서 옷도 만들고 다 했어예. 그때만 해도 틀 있는 집이 많지 않았거든. 글치, 재봉틀. 내가 친정서 거를 다 배아왔기 때문에 여 와서도 틀을 좀 사돌라 캤어. 그라믄 아무래도 손으로 하는 거보다 마이 만들지. 시아바시하고 영감 철철이 한복뿐 아이라 두루마기 같은 거도 내가 다 만들었다 카이. 그땐 밍이랑 삼이랑 다 숭궈가 길쌈해가 다 했거든. 명주도 다 누비 믹이가 키아가 틀에 앉아 다 했다. 여자 버선, 남자 버선 다 할 줄 알지. 솜 넣는 버선도. 오매 하는 거 보이 하겠데 뭐. 다 오매헌티 배웠지. 일부러 배운 거도 없이, 하는 거 보고 따라 한 거지. 꼼꼼하지는 않아. 덜렁덜렁하지. 우리 언니가 쪼매 디통해가(부족해서) 바느질도 안 하고, 길쌈도 몬하고 그랬다. 언니는 취미가 없으니 그렇겠지만 난 한 번만 보마 다 했어. 그래도 "어무이, 비 매는 그거 나도 한번 해보자" 그라마 "야 이년아, 다 베릴라꼬?" 그캤어. 그거는 안 갈챠주더라고. 그래 여 와서도 딴 거는 내 혼차 다 하는데, 비 매는 건 와서 혼차 하믄서 배웠다 카이. 오매 하는 거를 많이 봐가, 해보니 다 하겠더라 카이. 비 매는 거는 아지매도 모를 기다. 마당에 불 피아놓고 하거든. (베틀에서 짜는 거요?) 그기는 비 짜는 거고, 비 매는 거.* 둘둘 돌리는 거 말이다. 도 톰하니 손에 감고 짜는 거 있다. 오새는 모린다. 그런 거 전부 내가 다 했다. 이 마실에서 내만큼 하는 사람이 없다. 그때도 나이 많은 사람들 있어도 할 줄 모리는 사람이 더 많더라. 그래 내는 여 와서도 전부 내 손으로 했지.

그래 하다가 여름에 삼베 농사 안 짓나? 모심기 하고 나서 하는데, 그 럭저럭 시어른도 시상 베릴 때 돼가고 해가, 아이고 내가 어르신 밑에 쓰구로** 해야 되겠다 싶어 짜는데 그때는 우예 됐든동 비***가 자꾸 떨어지는 기라. 하나 짜마 떨어지고, 하나 짜마 실이 떨어지고 카는 기라. 실을 잘 몬 익혀뿟던 모양이라. 내가 죽을 뻔했어. 아이구 내가 길쌈 안 해야지 하믄서 결국은 할배 어르신 시상 베릴 때 쓰기는 썼제. 그라고 다시는 베 짜는 길쌈을 안 했어. 식겁했는 기라. 내는 또 누비도 마이 믹인 기라. 그래, 누에. 뽕나무도 마이 키았거든. 그래가 그놈 팔아서 서문시장에 가가 광목 한 통 사다놓으니, 영감쟁이랑 시아부지랑 부자가 눈 알로(아래로) 비는 기라 마. 그기 비단 아이가, 명주. 그기 아주 비싸거든. 그걸 팔아가 광목 바꿔온 걸 가지고 할배 옷도 해드리고 영감 옷도 해주고, 오만 거 다 하고 그랬는 기라. 베 짜는 그기는 다시는 안 했는 기라. 그래가 이래 밥 묵고 안 사나.

---

* 　실을 자아내는 것
** 　(어르신 돌아가시면) 쓰기 위해
*** 　짜는 옷감

영감은 일을 할라꼬는 했는데, 일을 잘 몬해. 하기는 하는데 마이 안한다 카이. 재미를 몬 붙이가 그런 거라. 그라이 능률이 잘 안 올라가지. 잔소리를 뭐할라꼬 해예? 자그 딴에는 한다꼬 하는데도 안 되는 걸, 잔소리해가 뭐하노? 우얄 도리가 없지. 그라다가 싸움이나 되마 뭐하노? 괜히 속만 베리지. 나락 이런 거 비마 "당신이 앞에서 비라. 내는 뒤에서 따라간다" 그카고, 시할배도 뒤에서 따라오고 그랬다 카이. 모를 숭궈도 내는 앞에서 하고 영감은 뒤에서 오고, 할배도 뒤에서 오고, 하하하. 그라고 술, 담배, 고기는 안 뜨라야(떨어져야) 되고. 그런데 옛날에 그래 무마, 빚 안지고 고기를 우예 사노? 그래도 내가 술은 안 뜨랐지. 부자간에 술을 좋아하이. 그라이 쌀은 시어른 영감님 술 해드리고 쌀밥 해드리고, 아들하고 내는 보리밥 묵고 그랬지. 딸아들이 지금도 그 불만을 해쌓는다, 하하하. 우리 영감이 내를 그래 좋다 카믄서도, 할마이 없이는 살아도 술 없이는 하루도 몬 산다 카데. 그라이 술이랑 싸움해가 뭐하노? 그래가 술을 안 뜨랐다 카이. 그기 사는 재민데 거를 와 말리노? 서로 그래 봐주고 사는 기라. 술 묵고 몬된 짓이나 하믄 좀 그런데, 우리 영감은 그런 거는 없었다. 내헌티 잘했다.

내가 좀 부지리이(부지런히) 해가 소를 한 마리 믹있거든. 그라이 소가 살이 쪄가 고래등처럼 커진 기라. 마실에 넘이 몬 믹인다 카는 소를 내가 믹였지. 그래가 소달구지에 술 실어 가가, 구판장에 갖다놓고 팔고 그랬어. 내가 구판장을 한 거라. 몬된 인간보다 소가 훨씬 낫제. 대구 장에 있는 도매하는 가게 가가 물건을 띠와야 하는 기라. 지끔이라믄 아아들이 차로 실어다주겠지만 그때는 아아들도 어리고 버스 그런 거도 없어가, 소달구지에 실어오든가 아니면 내가 일일이 이고 나르고 했는 거라.

젊어서는 바빴지. 잠시도 놀 여개가 없었어. 그래 사니, 쪼매썩 나사지데. 넘의 밭 빌리가 배추도 숭귀가, 좋은 건 서문시장에 내다 팔고. 사람들이 내보고 희한하다 카는 기라. 그렇게 딘데(힘든데) 그래 일을 마이 하는 기 희한하다고.

희한할 것도 없다. 일하고 싶어가 하는 사람이 어딨노? 다 자석들 안 굶기고 쪼금이라도 더 갈치고 할라꼬 일한 기라. 자석들은 내 마냥 고상하지 말고 살라꼬, 땅 파묵고 살지 말고, 쪼매라도 편케 살라꼬 억시게 일을 한 긴데, 그래 일만 해도 돈이 안 돼가 잘 멕이지도 몬했고, 마이 가르치지도 몬했다 카이. 농사일이 좋아가 했겠나? 할 줄 아는 게 땅 파가 곡식 숭구는 거밖에 없어가 한 거라. 아무리 농사가 좋다 그캐도 그 기는 거짓말이라. 농사가 좋기야 좋지. 땅이 고맙지. 고상시럽게 일하마, 해마다 달마다 곡식이랑 열매랑 맺어주고, 땅이사 고맙지. 근데 그기 돈이 너무 안 되는 기라. 넘의 땅 갈아 묵을 때는 돈이 더 안 모타지는 거라. 땅 빌리준 사람헌테다 돈이든 쌀이든 줘야 되거든. 그라이 마 이 산 꼴짜구에서 농사지봐야, 땅 주인한테 줄 거 주바마(줘버리면), 자슥들 믹이 기도 심(힘)이 든 거라. 그걸 억수로 해가 저우 내 땅 쪼끔썩 만들어놓이, 쪼매썩 나사지기는 했제. 억울한 기도 덜하고. 내 땅 없이 죽도록 일해서 넘한테 갖다 바칠라마 억울치. 억울코말고. 근데 내 땅 만들어가 농사지아도 그기 별 돈이 안 되는 기라. 그라이 다린 거는 할 줄 아는 기 없어가 농사를 지은 기라. 농사가 그래 좋기만 했으마, 와 다들 자슥들 갈치가 여서 내보낼라꼬 했겠나? 가르칠 돈으로 믹이기나 잘 믹이고 여서 농사나 짓고 살게 하지. 안 그렇나? 자슥들 갈칠라꼬 고상하는 거는, 자슥들은 자기들맨키로 땅 파고 살지 말라는 기라. 지금 도시 사람 중에 고향이 촌인 사람이 을매나 많노. 그 사람들이 다 시골서 태어나가 먹고살자고 도시로 간 거 아이가. 촌에서는 살기가 힘들어가, 우예든동 대구로 부산으로 서울로 간 거 아이가. 그래봤자 밑천 없고 배운 거 없는 사람들은 도시 가서도 고상 억수로 하매 살더마는, 우예든동 여보다는 나을 거 같아가 나간 거라. 넘의 집 식모를 살든, 공사판에 가가 일하든, 농사짓는 거보다는 낫다고 생각해가 나간 거라. 나은지 어쩐지는 모리겠는데, 농사일이 그래 험한 거라 그 말이다. 일이 험한 거로 따지마, 너무 돈이 안 된다 그 말이다. 돈이 되든야 험한 일도 보람이 있는 거고, 돈이 돼가 모타지면 그래 미련하게 일만 하고 살지는 않제. 사실 말로, 농사지으마 글도 생각도 배울 수 있고, 여유도 가질 수 있으마 농사일이 젤 좋은 기지. 누굴 속여가 돈을 버는 것도 아이고, 사람게 안 좋은 뭐를 맨들어가 팔아 묵꼬사는 것도 아이고, 농사일이 제일로 정직하고 좋은 거지. 근데 갈수록 거꾸로 가니, 농사짓겠다는 사람이 없어지는 거라. 그래 하마 촌사람만 몬사나? 도시 사람이고 나라 살림이고 다 망가지는 거라, 그기.

난리가 나도 밭 갈고 김 매고

시골이야 좋제. 여 마실도 을매나 좋노. 공기 좋고 물 좋고, 사람 살기는 세상에 없이 좋은 기라. 근데 공기만 묵고 물만 묵고 살아지는 게 아니거든. 여서 농사를 지어가, 사람 사는 거마양 살 만해야 하는 거거든. 떵떵거리는 부자가 되겠다는 것도 아이고, 펑펑 놀고먹겠다는 것도 아이라. 일한 만큼은 넘들매이로 대가가 나와야 하는 기라. 그래야 농사짓

360

고 살자 하는 기지. 그기 안 되이끼니 문제라. 그기 안 돼가 자기는 죽도록 농사짓고 시골에 살믄서도 자슥들은 우쨌든 내보낼라 카는 기라. 지금 마 시골이 텅텅 비었다 뭐라 난리를 지기고, 젊은 사람들이 농사지마 뭐 해준다 캐쌓아도 시골로 안 들어가는 기라. 농사가 나쁘다는 기 아이라, 세상이 나쁘다는 기라. 농사지어가 나오는 거를, 농사짓는 사람을 우습게 아는 세상이 나쁘다는 거라. 그라이 젤로 무식하고 암것도 없는 사람이나 농사를 짓고 사는 기라. 여 할마이들은 농사 말고 다린 걸 몰라가 농사만 짓고 산 기라. 시골서 태어나가 농사만 보고 컸고, 여스개(여자아이)라고 핵교도 안 보냈으니 다린 걸 보고 배울 뭐가 없었고…… 그카다가 여 산꼴짜구로 시집와가 허리가 꼬부라지도록 농사만 짓고 산 기라.

억울치. 억울코말고. 다 늙어가 허리가 굻아뿌렀어도, 봄 되마 또 일을 하거든. 밭을 갈고 씨를 뿌리고 모종을 숨구거든. 눈에 흙 들어가야 끝내지 안 그라마 몬 끝낸다 카이. 그기 미련해서도 그렇지만 평생 몸에 밴 거 따문에 그런 기라. 땅 한 뙈기 노는 거를 아까버서 놔두지를 몬하는 거라. 눈만 뜨마 땅에다가 뭐라도 해야, 자슥들 안 굶기고 핵교 쪼매가르치고 겨우 살아온 사람들이라. 그라이 자그도 몬 놀고, 땅 노는 꼴도 몬 보는 기라. 넘 말할 거 없이 내가 그렇거든. 여 할마이들 싹 다 그래. 자슥들이 아무리 하지 마라, 하지 마라 캐쌓아도, 봄 되마 땅을 놀려두지를 몬하는 기라. 내년에는 안 해야지 하믄서도, 봄 되마 또 밭부터 가지런히 갈고 앉았는 기라. 병원비도 안 나온다꼬 그만하라고들 하지만, 평생을 그래 살았으니 별수 없는 기라. 잘하는 건 아니지. 내도 알고 할매들도 다 안다. 미련퉁이라는 거 알고, 멍충이라서 그란다는 거 다 안다. 다 알지만도, 그래 안 하마 이 멍충이 할마이들은 사는 거 겉지가 않은 기라.

그래뺵에 몬 살아본 기라. 그래가 그기 몸에 밴 기라. 난리가 나도 밭을 갈고, 피란을 가도 논 따문에 멀리 몬 가고 가차이 숨었다 와가, 김 매놓고 또 숨으러 가고, 영감이 죽고 자석이 죽어나가도 논에 모 숭구러는 가고…… 그래 살아온 거라. 죽은 사람은 죽어도 산 사람은 모를 숭궈야 하는 거라. 그라이 아무리 기가 차고 억울해도 땅은 갈아야 하는 거라. 그렇게만 알고 산 거라. 그래 살아놓이 한이 많지마는, 그래 살믄서 또 한을 잊은 거라.

젊어서버텀 쉬엄쉬엄 해도 살 마했으마 이래 안 됐제. 일하다 힘들믄 쉬고, 놀 줄도 알고, 놀다 말고 글도 배아보고, 글 배았으마 또 다린 거도 배워보고 그랬겠제. 아지매는 글 마이 알아가 좋겠소. 내가 글을 배웠으마, 참말로 하고 잪은 게 많소. 배우라는 사람도 없고 갈챠주는 사람도 읎었으이, 배울 여가도 읎었으이, 내가 우예 배울 생각을 했겠소. 뭐를 봐야 배울 욕심이 생기는 거제, 보이는 게 농사일이고 집안일인데, 우째 배울 욕심이 생기고, 욕심이 생겼대도 배울 여가 있었겠소. 그래 몬 배와가 평생을 까막눈으로 사니, 철들고 나이 들어 늙도록 다른 세상을 겪어보지 몬한 거라. 그라이 눈이고 귀고 머리고 달리기만 했는 거지, 눈도 몬 뜨고 귀도 안 트이고 생각도 몬하고 산 기라. 그게 억울타는 기라. 그기 한이라는 기라.

농약 치고 농사짓는다꼬 뭐이라고들 해쌓는데, 그라마 농약 안 치고 지은 거를 돈 더 주고 사가야 할 거 아이가? 농약 안 치고 농사질라믄, 힘이 을매나 더 들고 소출도 적은데, 돈 더 내는 거는 싫고, 농약 안 친 거는 먹고 싶고…… 그기 말이 되나? 와 우리만 고상해야 되노?

362

넋두리는 어느새 화풀이로 넘어가버렸다. 그 화풀이에 나는 죄송한 마음이 들면서도 속이 시원했는데, 어르신은 문득 미안하셨나보다. 말꼬리를 다른 데로 돌리셨다.

그래 일을 마이 하고 살았는데, 인자 눈도 껍껍하고 그러네. 잘 안 비는 기라. 요거 하나는 백내장 수술했다. 이자 남은 하나를 해야 하나? 이 나이에 해도 되나? 그러고 있다 카이. 지금 생각하마 하나 할 때 다 할 긴데 싶더라꼬. 한 10년 됐는데…… 그카고 한분썩 눈을 찔러쌓어서 눈썹을 떠야 되는 기라. 그래 원장이 쌍까풀 수술을 하마 눈도 안 찌르고 좋다 카는 기라. "난 안 할란다. 다리 이들이 보마 늙은 기 멋지긴다(멋부린다) 칸다. 뭐 할라꼬 하노" 캤어. 그카니 의사가 "아입니더. 잘 보일라꼬 하는 긴데예. 글고 눈썹 자꾸 찌르마 눈에 안 좋십니더" 카는 기라. 의사는 하라꼬 카는데 내가 기양 안 있나. 언제 죽을란지도 모리는데, 수술은 무슨 수술인가 싶다. 그런데 이카다 눈이 더 어두버마 우야노 카는 생각도 들고 그래. 늙어가 안 보이고 걷지도 몬하마 인생 끝난 기라. 내는 밭에 댕기는 기 운동 아이가. (어르신은 무릎도 좋고 허리도 꼿꼿하시고 몸도 가벼워서 다행이에요. 그러니 운동 삼아 잘 다니시려면 보이는 게 중요하지요. 그리고 아무리 잘 보여도 살찌면 아무 소용이 없는데, 어르신은 살도 없으니 정말 건강하신 거지요.) 살찌마 그래도 몬하지. 아아들 줄넘기하는 걸 작년에는 스무나무 개 뛰었는데 올개는 할 생각도 몬한다. 메칠 전부터 눈썹이 자꾸 눈을 찌르고 해쌓어서, 내일은 가볼까 카는 중이라. 빙원 가서 눈썹 빼잖아. 아무데나는 몬해. 한번은 늘 가던 빙원 가이께네 원장이 수술을 들어가고 없어. 그래 나오다가 파동 여 빙원을 가이까네 하나 마나라. 내 다니는 빙원은 중동이다. 파동 지나 중동. 거 가서 했어. 막내아들이 일하러 가믄서 나를 빙원에 넣어놓고 직장에 가. 가서 직원들 일 시기놓고는 다시 빙원에 와. 그래가 나를 택시 태아가 집으로 보내지.

안 될 때 너무 기운 빠지지 말고 잘된다고 너무 좋아해도 안 되고

아들 막내이는 호텔에 일해. 팀장인가 책임잔가 그걸 한다 카더라꼬. 딸 하나는 거창 살고, 하나는 여서 가까븐 대림장 근처에 살마 식당 하고, 하나는 파동 있고. 그런데 거창 사는 막내이딸이 제일 전화를 마이 한다 카이. 오늘도 전화했다. 신랑 때문에 고상도 마이 했어. 신랑이 아파가 대구 입원해가 있을 때는 내가 갸 아아들 봐주고 캤거든. 그런데 우예 캐쌓티마는 나샀어. 그래 술도 안 묵고 담배도 안 피우고. 지금은 마 누래한테 그렇게 잘하는 기라. 젊어놓으이 낫아가 일하러 댕긴다 카이. 전기 기술자거든. 솜씨가 있다. 딸을 치았는데 사우가 경찰이라. 그런데 그 위손주(외손주) 머스마도 경찰이 됐어. 오새는 막내딸네가 제일 편하다. 내가 "젊을 때 고상은 사서도 한다 카디이마, 니가 제일 편하제" 캤다. 아무 걱정이 없잖아. 육십 얼마까지 묵고사는 거는 경찰이 걱정 없는 거라. 사우도 그기 됐고, 머스마 그것도 됐고. 아가씨를 만났는데 겉이 경찰하는 그거거든. 외손주가 가마 보자…… 스물 및 살인가 그럴 기라. 그런데 아가씨가 머스마 그것보다 재주가 더 있는 기라. 스물 및 살 무렵인가 경찰이 됐어. 결혼은 아직 안 했어. 친구로 그렇게 지내지. 그런데 그렇게 재주가 있어. 위손주가 스물니 살인가 그런데 뭐 할라꼬 벌써 결혼해? 오새 아아들은 스무나므 살에 결혼 안 한다. 서른 살 되거든 결혼 할라 칸다. 직장이 좋아서 서로 올라 가지, 서두를 필요 없다 마. 사람이 살다보마 좋은 수도 있고 나쁜 수도 있고, 그래 되는 기라. 앞만 보마 열심히 살마 되는 기라. 잘 안 될 때 너무 기운 빠지지 말고 열심히 하고 있으마, 한 고비 넘기마 좋은 일이 오는 거라. 잘된다고 또 너무 좋아해도 안 되고, 안 되는 사람 생각도 해야 하는 기라.

영감쟁이 말 안 들으면 담배 한 대 피우고

내는 담배를 안 풋고는 안 된다. 술도 묵다 끊어뿌고 커피도 안 마시고, 그렇지마는 담배 없이는 안 돼. 아들이 "어무이, 담배 끊으이소. 오래 살구로" 캐도 나는 살 만치 살았다. 기관지? 거는 마 괜않아 카매 담배가 약이라 칸다. (아이구 좋네요. 저도 담배 피우거든요.) 그래? 그럼 우리 한 대 피우고 하자 마, 하하하. [각자 담배를 꺼내 피우며 계속 대화한다.] 오새는 담배도 오천 원짜리 이거, 좋은 거 핀다. 내는 결혼하고서부터 피웠다. 일찍부터 피웠다 카이. (스무 살에 결혼하셨으니 저도 그즈음부터예요.) 이래저래 속상코, 영감쟁이 말도 잘 안 듣제, 그란다꼬 지끼기도 싫고. 그라니 내대로 담배 한 대 풋서 속도 가라앉히고, 먼 산 보고 한 대 풋고, 일하다가도 한 대 풋고. 그카마 숨이 탁 쉬어지고 편하고 마 좋거든.

이태 피아도 가래 끓고 그런 것도 없어. 한 갑 갖고 사흘은 피운다. 젊어서는 더 피았지. 내 좋으믄 풋지, 뭐 할라꼬 안 푸노? 내가 인자 을매나 오래 살 기라꼬 안 푸겠노. 내 입으로 담배 사달라꼬는 안 칸다. 즈그들이 사다주지. 아무래도 겉이 사는 막내가 제일 마이 사다주지. 담뱃값 오린다 칼 때, 나도 사다 나리고 지도 사다 나리고 해가, 아직도 및 보루 남아 있다, 하하하. (아이고, 담뱃값 오른 지가 언젠데 많이도 사다 나르셨네요. 너무 오래 두면 담배 맛이 떨어진다던데요.) 담배 오린 게 작년 아이가? 재작년인가? 이제 마 쪼매밖에 읎다, 하하하. 전에는 라일락 피았는데 아들이 라일락 묵지 말라 캐가 이거 핀다.

키워가 나눠 묵는 그기 기도라

가마 보자…… 제일 좋을 때는, 저짝에 절 하나 안 있나? 남지장사, 그절에 댕길 때가 제일 좋았다. 거서 내가 절 살림을 해줬거든. 거 댕길 때는 고생은 좀 지나가 살기가 괜찮아진 택이거든. 그래놓이 영감재이 놔두고 댕깄어. 절 밭에다가 꼬치 숭구고, 마늘 숭구고, 배추도 숭구고 그캤어. 그래가 절에 반찬도 해주고, 신도들 오마 그거 따가가고 그캤어. 그라마 신도들이 담뱃값도 주고 했네. 천 원도 주고 이천 원도 주고. 그때는 월급이나 뭐 을매 됐나? 스님들도 초파일이나 동지 때나 정월 때가 좀 나은 편이거든. 그때 되마 스님이 내한테 한 이십만 원썩 돈을 줘요. 그기 월급보다 더 많은 기라. 절 뒤에 물 있는 데다가 미나리도 까뜩 숭구고 했제. 사월 초파일 때 되마 공부하는 사람들, 놀러 오는 사람들, 일하는 사람들, 거 마이 오거든. 그 사람들한테 밥을 해주거든. 영감 시키가 그 미나리를 비 올리가, 나는 한쪽에서 찌짐 굽고 막 그래. 그라마 묵고 남는 걸 신도들이 가갈라 캐. 그라마 내가 가가라고 캐. 그라마 좋다꼬 하마 또 담뱃값 주지러, 그래쌓이 호주무이(호주머니)에 담뱃값이 안 끊기 잖아. 그기 좋았지, 하하하. (그러니까 절에 가서 기도하신 게 좋았던 게 아니고 담뱃값 버는 게 좋으셨던 거네요, 하하하.) 맞다, 기도는 뭐, 사는 기 기도 아이가. 그래 키아가 나눠 묵는 그기 기도라. 지녁에 집에 오마 난 피곤하이 영감재이 내줘뿐다, 돈조마이를. 그라마 영감쟁이가 간추리 가 한 달에 한 번썩 저금하러 가거든. 그때가 좋았지. 걱정도 없고, 절에 가 봉사하니 맴도 편하고, 절 살림 살아주고 사람들 거둬 믹이느라 바쁘 고. 그라이 고무신이 한 달에 한 컬레썩 떨콰졌어. 일을 마이 하니 그래 떨콰지지. 그라마 영감쟁이가 장에 가 말간 고무신을 사다주고 그래 했어. 절에서 신는 남자 고무신 거 안 있나? 그때가 좋았지. 영감재이가 내헌티 잘했지 뭐. 내가 그마이 하이 잘하지.

갑자기 돈 달라 캐 부지깽이로 딸을 때렸어

내는 영감헌테도 싫은 소리를 안 하지마는, 아이들헌테도 모다가 한꺼 번에 카지 자주 안 캐. 자꾸 뭐라 카마 잔소리 겉고 그래쟈여. 즈그 아 부지는 성질이 그래가 뻐뜩하마(빽하면) 뭐라 카고, 그라이 아아들이 겁을 안 내잖아예. 내는 모다가 카거든. 선은 이렇고 후는 이렇다 카마, 큰소리 도 안 낸다 마. 그라마 전부 잘몬했다 카고 고치고, 때릴 일도 없고 그래 살았지 뭐. 난 자석들 애차게(세게) 때리본 것도 없는데, 큰딸아 그거는 한 번 때리봤다. 학교 갈 찍에 밥 묵고 나서 학교 막 갈라 카믄서 "오매, 돈 도" 카데. "이노무 가스나야, 각중에(갑자기) 도이 오데 있노?" 캤더니, 가 가야 된다꼬 막 우기고 그래. 돈을 가가야 하믄 미리 야그를 해야지, 각 중에 그 카이 을매나 신경질이 나는지 부지깨이로 한 차례 때맀어. 지금 도 그 소리를 캐쌓는다. 뽀오얀 옷을 입히논 거에 부지깨이로 때리놓이 께네, 까아만 줄이 생겨뿟는 기라. 그래놓이 학교 가가 아이들이 "야, 너 오매한테 맞았제? 맞았제?" 캤다는 기라. 지금도 한번썩 웃는다. "할마 씨, 그때 내 때맀제" 카거든, 하하하. 때린 거가 읎으니 그기 기억나지. 애 차게 때리본 것도 없고, 지금도 그걸 생각하마 우습다 카이. 당장 줄 돈 이 읎어가 속이 상하는데 자꾸 달라 카이께네, 얼마나 속이 터지마 부지 깨이 갖고 때맀겠노? 큰딸 고거를 초등학교빾에 몬 갈챘거든. 아들 하나 막내이는 고등학교꺼정 보내고, 큰아는 국민학교 시기고. 엔날게는 중학 교도 어렵었거든. 이 꼴짜구에서는 뭐 해서 갈치기가 참 애럽었다 카이. 즈그 또래 친구들도 국민핵교 하다가 치아뿌고 그랬다. 그래도 마 다 밥 묵고 살고, 열심히 산다. 그기 고맙지. (아이고, 많이 배워서 도둑질하는 놈이 훨씬 많아요. 적게 배운 사람들이 더 열심히 착하게 살아요.) 그래, 지대로 착하게마 살고 앞만 보고, 넘 해꼬지 안 하고 살마 되지. 경우 바 리게 살고 어려븐 사람 보마 도와주고. 내가 그래 살마 자석들도 그래 사 는 기라. 크게 된다고 욕심 부리다가 잘못되는 사람이 을매나 많노.

젊은 사람이 정치하면 안 좋겠나 싶어

[헌법재판소의 박근혜 탄핵 결정 직전에 인터뷰가 진행되었고, 자연스럽게 관련 이야기가 나왔다.] 오새 정치해쌓는 거 보마 국민들이 뭐 마음 편켔노? 여 대구는 다 박근혜 찍었지. 대구 사람들 안 찍었으마 박근혜 안 됐다. 국회의원도 여서 됐던 거라. 오새 해쌓는 거 보마 한심하다. 즈그 아부지 그래돼뿟제, 즈그 오매 그래돼뿟제, 지 그래돼뿟제…… 뭐 지대로 끝을 내는 기 뭐가 있노? 지라도 끝을 잘 냈으마, 지 아부지랑 오마이 그런 거가 좀 좋아지는 건데 말이다. 내일 그거 받제?* 아지매도 태극기 흔들었나? (저는 태극기 집회를 반대하는 사람이기는 한데, 그래도 그분들이 무슨 말씀을 하나 궁금해서 몇 번 가봤어요.) 여는 꼴짝이라 아무도 안 갔다. 부산, 대구 뭐 저리로는 태극기 흔들러 마이 모인다더라. 서울도 올라가고. 그때 내는 뉴스 봤잖아, 놀러 안 가고. ** 하마, 너무 실망시럽지. 와 사람들이 미리 돈 냈다가 늙으마 받는 거 있잖아. (국민연금이요.) 그래, 그거. 그것도 삼성에 다 갖다 때리옇뿌고 말이야. 최순실이헌티 그리 묶여가 마 꿈쩍을 몬하고. 거 최순실이가 무서븐 사람이라. 이자 잘 뽑아야 된다 카이. 지금 내가 봐서는 노무현이가, 아니 그 누고, 그래 문재인이, 문재인이가 우승 안 되겠나 싶어.*** (아, 다음 대통령이요? 문재인에 대해서는 어떻게 생각하세요?) 그것도 한번 하마 좋겠지. 그 누꼬? 안 뭐시. (안희정이요?) 응, 그 사람도 안 똑똑나, 그

* 헌법재판소의 박근혜 대통령 탄핵 결정을 이야기하신다.
** 동네 주관으로 노인들 경로 여행이 있었는데 몸이 안 좋아 못 가시고 집에서 텔레비전 본 것을 말씀하신다.
*** 더불어민주당 내 대선 후보 경선에 관한 말씀 중이다.

치? 난 젊은 사람이 안 좋겠나 싶어. 늙은 사람보다 젊은 사람이 하마 좋지. 안 글나? 안희정이는 그거 끝났나 몰라. 맞다, 도지사. 나이 무으마 자꾸 잊아뿟는다. 도지사 거 지금도 하고 있나? (예, 아직도 충청남도 도지사 하고 있어요. 아마 더불어민주당에서 정식으로 대통령 후보로 뽑히면 도지사는 내놔야 될 거예요.) 그렇지? 내가 텔레비전에서 다 보고 있다 마.

내가 집 지으마 아아들하고 마이 다퉜다 카이. 아아들은 돈을 자꾸 더 들이가 크게 잘 지을라 카고, 나는 작게 질라 카고. 빅돌 하나가 그기 음료수 하나 값이라 카던가 그런 기라. 아이, 나 늙으마 이제 사람도 없고 해가 작게 질라 캤는데, 아들이 지가 집에 들어올라꼬 크게 진 기라. 그래가 돈이 좀 들어갔어. 빚을 좀 졌는데 지가 다 갚았지. 내 용돈 있는 거도 보태서 갚고 그랬어. 내는 빚지는 게 젤 싫거든. 근데다 내가 전에 일하고 어찌구 해가 모타놓은 게 일억 정도 있거든. 그 돈까지 들어가이께네 짜증나잖아. 말도 다 몬하고, 하하하. 집이야 널러서 좋지. 근데 자꾸 비싼 걸 하고 그라이 그렇지. 유리 이것도 을매라 카더노, 비싼 기라. 그라니 나는 짜증시런 기라. 애 터져쌓서 자꾸 지낄라 캐도* 지끼기도 싫고 마. 인자 즈그들이 알아서 하겠지 뭐. 인자 굿이나 보고 떡마 무우마 되는 기라.

오래된 절이면 그냥 온 나라 사람 거라

여 절*에는 산에다가 수목장을 해놨거든. 산 다 망치놨다 카이. 그 좋은 산을 말이다. 소나무 그 좋은 걸 베뿔고 거다 수목장 한다꼬 억지로 새 나무를 숨구고, 그래가 돈 받고 팔고…… 그기 돈장사 하는 거 아이가? 전에는 산에 나무를 맘대로 몬하구로 했거든. 그 수목장 맨든다꼬 그걸 또 동네 누가 도장을 찍어줬네 마네, 돈을 받았네 마네 해가 아조 시끄러벘다. 그기 산도 나무도 망치고, 동네 사람들도 망친 거라. 조용한 동네에 분란을 만든 거 아이가? 스님은 기도하고 목탁만 뚜드리마 무울 기 나온다. 여서 영 없으마 큰집에서도 주고, 신자들이 모타서도 주고 그카거든. 내가 절 살림을 오래해가 다 알재이요. 근데 저래 산도 팔아묵고, 나무도 잘라뿌고. 그라다가 난중에는 마실도 안 팔아묵겠나 캤다. 여 마실이 을 매나 좋다꼬, 여가 산도 좋고 물도 좋고 공기도 좋고 아주 최고라. 근데 동네에 들어앉은 절이 산을 망치뿌고, 동네를 망치뿌고…… 그 절이 지금 지 절이라? 그기 엔날 신라시대 그때 지은, 1500년 가차이 되는 절이라. 그래 오래된 절이마, 스님 거도 아니고 불교 거도 아니라. 기양 온 나라 사람 거라. 그래 좋고 오래된 절에서 거 뭐하는 짓이고? 그래가 내가 절을 이자 안 간다. 젊어서는 절에 가가 일도 하고 기도도 했는데, 이제 가기가 싫다. 뭐 꼭 절에 가서 기도해야 하나? 집에서도 하고 아무데서나 해도 기도는 되는 기라. 기도가 벨거가? 자그 마음 잘 닦고, 옳게 사는 그기 기도라.

---

* 우록리에 있는 절 남지장사에서 인근 소나무숲에 수목장을 만들었고, 이로 인해 주민들이나 관과의 다툼이 이어지고 있었다.

그래가 그거 더 몬하도록 데모하러 얼매나 댕깄노, 마실 사람들캉 겉이 절에 쫓아간 기라. 군에서도 사람들이 나와가 뭐 설명을 한다꼬 시끄럽고 그랬다. 그라이 그 중이 중 공부를 제대로 했겠나? 돈이나 마이 처무울라 카는 기 무신 중이가? 세상이 그래 돼삐있다. 그래가 내 이제 절에를 안 간다 카이. 절에 안 가도 기도도 잘하고 공부도 잘한다. 사는 게 기도라.

병원 갖다 넣으면 죽을 사람도 만날 살아나는 기라

저 집 지은 지 한 20년 됐지. 영감 있을 때 지은 기라. 영감이 집 지가 3년 살았나 4년 살았나, 잘 모리겠다. 영감은 아파가 죽었어. 술을 하도 묵고 하이, 나중에는 목에 피도 올라오고 그랬거든. 자슥들이 빙원에 넣을라 카는 거를 안 데리고 갔지 뭐. 자슥들이 빙원에 가자 카는 거를 "야야, 빙원 가지 말고 여 있어보자" 그랬어. 내가 생각을 했다 마. 빙원에 가봐야 안 되거든. 빙원에 갖다놓으마, 죽을 사람도 안 죽고 만날 살아나는 기라. 죽을 때가 되마 가야지 안 죽고 누버만 있으마 뭐하나? 그기 죽을 사람도 살 사람도 할 일이 아니라.

죽을 때가 되이 사람이 정신이 좀 이상해지는갑더라. 영감도 그랬는 기라. 아주 드러누벗다가 또 마 움직거리고 할 땐데, 누가 부른다 카미, 친구가 자꾸 부른다 카미, 갈라 카는 기라. 마실에 친구처럼 지내는 사람이 있어. 내도 잘 알아서 자형 카고 그캐쌓거든. 한번은 영감이 오데 갔다 오길래 "오데를 뭐 할라꼬 갔등교?" 카이, 그 친구가 부른다 카는 기라. 그 집에 니(네) 번인가 갔나 그럴 기라. 캐쌓티마 이상한 기라. 그 친구가 "영감재이 언제 죽을랑교? 이상타 카이" 그카더라. 그카드이 오줌을 쌌더라고. 마이 아플 때도 안 그랬거든. 혼차서도 밑은 잘 가렸거든. 그래 이상타 싶더라꼬. 그래가 그 이튿날인가 나는 초지녁에 일찍 자뿟댔어. "담배 한 대 주끼요?" 카이 고개를 잘래잘래 흔들더라꼬. 안 할라 카는 기라. 포도를 좋아해가 거를 안 떨구고 사다놨댔어. 그때는 시월이라가 포도가 귀했다 카이. 그래가 포도를 및 알 묵고 담배도 안 풋고 술고 안 묵디마 그 새복(새벽)에 가뿟는 기라. (아유, 복이시네요. 아주 편안하게 가셔서.) 그케 말이다. 나도 그렇게 가마 안 좋겠나 카는 기라. (그러게요. 제가 들어도 부럽네요, 세상 떠나는 복이.) 그케 말이다. 죽는 복을 잘 타야 되거든. 젊을 때는 빙원에 댕기고 캐쌓티마는 나중에는 안 되겠는 기라. 걸음을 걷는데 짠치 걸음을 걷는 기라. 죽을 때가 돼가이 걷는 게 다르더라꼬. 하는 거 보니 오래 몬 살겠다 싶으더라꼬. 그래가 내가 빙원에 안 모시고 갈라 캤지. 자석들은 마마 빙원 모시고 가자 카는데, 내가 아니라고 우긴다. (어르신이 잘하신 거예요. 살던 집에서 그렇게 가시니 좋지요. 병원에 가면 곧 숨넘어갈 사람한테 인공호흡기 달고, 혼자 중환자실에 들어가서 죽지도 못하고 살다가, 결국 부인이랑 자식도 없이 혼자 숨넘어가버리고.) 그렇지 말이다. 내캉 생각이 똑같네, 하하. 나는 빙원에서 그래 하는 기 잘몬하는 거라 칸다. 죽을 사람은 죽구로 놔둬야 되거든. 숨넘어가는 사람도 고생이고, 성한 식구들도 고생이고. 와 그카는지 몰라. (맞아요. 그런데 영감님 가실 때 어르신이 "여기까지다. 그만하자" 하고 딱 작정을 해주셨으니까 자식들도 그렇게 할 수 있

374

었죠. 만약에 어르신이 빨리 병원에 모시고 가자 그랬으면 자식들도 도리가 없죠.) 그렇지, 안 갈 도리가 없다. 한번은 그전에 빙원에서 이사(의사)가 "아지매, 뭐라 카지 마이소" 카는 기라. 병실에 간호원 하고 있는데 그카이, 내가 속으로 '지랄한다. 와 저카노?' 캤어. 즈그가 보니 죽지 싶은 기라. 그래가 그랬던 모양이라. 영감재이는 큰 빙원에 두 번인가 갔더라. 죽을 때가 되마 빙원에 갈 필요가 없는데…….

죽어가 태우니 뜨겁다 카나, 던지니 아프다 카나

나는 우얄란가 모리지. 내는 집이서 죽고 싶어도, 자식들이 빙원에 넣어뿔랑가 모리지. 내가 그카지 말라꼬, 죽겠구나 싶으마 기양 집에 두라고 얘기는 자꾸 하는데, 내가 정신이 넘어가뿌마 이래라 마라 말도 몬할 거 아이가. 그캐서 아아들헌티 자꾸 그 말을 하거든. 빙원에 데꼬 가지 말라꼬. 죽을 때 돼가 빙원에 넣어뿌는, 지 어마이 죽는 기를 며느리도 모르고 아들도 모른다 카이. 그리고 나 죽으마 화장해뿌라 칸다. 화장이 제일 핀타. 앞으로는 벌초할 사람도 없고, 힘들다. 그라고 벌초할 줄도 모린다. "화장해가 뿌리뿌라. 산에 떤지뿌라. 영감 곁에 갈 필오 없다" 내만날 그칸다. 죽어뿟는데 영감 마누라가 어딨노? 살아서 영감 마누라지, 하하하. 인연은 살아서로 끝나는 거라. 그라이 살아서 서로 잘해야 되는 기라. 영감은 묘를 했지. 저쪽에 자그 아부지 곁에다가. 우룩 김씨 묘가 여 동네라. 나는 화장해라 캐. 그카이 딸이 "두 번 죽으마 좋나?" 카는 기라. "야 이년아, 죽고 나마 그기 무신 소용 있노?" 그캤어. 이제 갈수록 못

자리도 없다 카더라. 그래가 화장이 제일 좋다꼬 카거든. 혼이 죽으마 삼혼칠백*이라. (그 말씀이 무슨 뜻이에요?) 사람이 죽으마 나무둥치라 그 말이다. 아무 소용이 없고 나무둥치랑 한가지라 그기야. 내 숨 떨어져봐라. 죽어가 태우니 뜨겁다 카나, 떤지이 아푸다 카나. 죽으마 아무것도 모런다, 그 말이다. 오새는 불교 아니라도 화장 마이 하지. 납골당 마이 있지. 절에 가마 전부 납골당 아이가.

내는 오매 아부지 기실 때는 친정 제사도 가고 그랬는데, 인자 아무도 안 계시이까네 친정도 안 간다. 저어 창녕서 살던 언니가 대구로 이사를 와나놓이까네 더 갈 일이 없다 카이. 거 촌 가는 길을, 내가 옳게 모리거든. 전에 갈 때도 이질네 집에 가가, 나를 데릴러 오라꼬 연락을 하고 그캤어. 그래가 겉이 가고 그랬는데, 그 길을 모리겠더라 마. 그라니 이자 친정도 안 가고, 제사 날짜는 알지마는 가도 안 한다. 그런 지 오래됐다. 제사는 남동상이 안 지내나.

나는 지사도 하지 마라 칸다. 내 죽고 나가 그거 하믄 뭐하노 칸다. 지사 음석을 내가 묵고 가나 지고 가나? "내가 다 묵고 가마 너그 하나도 제사 안 한데이" 그칸다, 내가. 죽은 귀신이 와가 음석을 다 묵어뿌마, 산 사람들이 지사 안 지낼 거라 그 말이다. 그게 다 산 사람들 묵자고 지내는 기지, 안 그렇나? 하하하. (보니까 그 김에 자식들이 모이는 거더라고요. 가신 양반 제사 핑계로 산 사람들이 얼굴 보고 하는 거죠. 음식 만드느라고 여자들이 고생을 해서 그렇지, 바쁜 세상에 그렇게라도 얼굴 보

---

* 三魂七魄. 사람의 모든 혼백을 통틀어 이르는 말

는 거는 좋기도 하지요.) 인자 그거도 필요 없다. 지네가 만나고 싶으마 날 잡아서 만나믄 되지. 죽은 날짜로 해가 억지로 모일 필요가 없다 그 말이다. 그래서 내 제사는 지내지 마라 칸다. 내 생전에 마이 무마 되지 뭐. "제사 때 음식 할 생각 말고, 나 살았을 때 맛있는 거 사도" 그칸다, 하하하. 제사는 없어지는 게 맞다. 이자는 다 쓸데없다 카이. 나 죽으면 이자 제사도 농사도 끝이라 카이.

예수쟁이들 봐라. 찬송하고 기도하고, 즈그 무울 거 묵고 간다 아이가. 귀신한테 주는 기 아이고. 오새는 지사도 지녁 묵고 나서 연속극 보다가 일찌거니 지내고 간다 아이가. 옛날에는 열두 시 넘어가 지냈는데. 열두 시가 넘어야 죽은 귀신이 온다는 거였거든. 오새 마 일찌거니 지내고 가는 거는, 죽은 귀신이 오고 묵고 그거를 다 안 믿는다는 거 아이가. 그걸 오즘 누가 믿나? 그니까 그냥 다 행식(형식)이라 마. 그런 거 아니라도 난 꿈에 영감재이 자주 본다. 보마 반가버가 인사도 하고 그칸다.

여 마실서 죽고 싶다

저번에 동네 할마이 하나가 요양원 드가가 바로 죽었다.* 그 소리 듣고는 마이 섭섭터라. 정신이 없어놓이 우리 밭에 도마도도 따가고, 강내

---

* 거의 모든 주인공이 이 사건을 이야기했다. 그만큼 마을 노인들 마음에 깊이 상처가 되는 사건인 듯하다.

이도 익도 안 한 걸 따가가고, 팥도 따가가고 그캤어. "뭐 할라꼬 따가가
노?" 카니 "내년에 숨굴라꼬" 그카는 기라. 그카이 내가 뭐라 카겠노? 그
냥 웃고 말았지. 강냉이 이런 거 가가든가 말든가 그냥 내삐두고 그랬거
든. 그래도 죽고 나이 섭섭터라. 나이가 팔십다섯인가 너인가 그랬어. 내
보다 한참 아래지, 개띠였다. 정신은 좀 왔다갔다 캐도, 밥도 맛있게 묵
고 그카드만 왜 글케 돼뿟는가 몰라. 아무도 없는 요양원에 여놨는 모양
이라. 여서는 잘 있었어. 묵을 거 해가 가믄, 뭐든 맛있다 카고 잘 묵었거
든. 근데 치매 걸렸다 카매 자석들이 빙원에 델꼬 갔다가 요양원에다 여
놨는 거야. 요양원도 볼 사람이 많겠노? 노인네들이 그래 마이 들었다
카던데, 간병하는 사람들이 일일이 볼 여개가 없지. 그러이 뭐 죽을 때만
기둘리마 여놓고 있는 거라. 그캐도 그래 일찍 갈 사람이 아니었거든. 근
데 가고 얼마 안 돼가 죽었다 카는 기라. 거서 죽고 나서 자석들도 나중
에 연락 받고 갔다는 거라. 그라니 뭐 요양원서 죽을 때도 누가 곁에 있
었는가 혼차 죽었는가 알 수가 없제. 말이야 듣기 좋게 할 테고…… 그걸
누가 알겠노? 정신 오락가락카믄 어떻고, 치매 좀 걸리마 어떻노? 마실
에 그대로 혼차 살았어도 그렇게는 안 갔다. 사람들이 오매가매 들락거
리마 챙겨주고, 무울 것도 하마 일부러 딜다보려고 갖다주고 그캤거든.
그랬는데 요양원 드가고는 동네서 누가 가볼 수가 있나? 요양원이 어딨
는가도 모리는데. 그 할매 자석들이야 뭐 지네 생각도 있고 사정도 있고
그캤겠지만, 나는 그렇게 안 죽고 싶다. 집에서 죽고 싶다. 내내 살던 여
마실서 죽고 싶다 카이.

인터뷰 마치고 나오는 마당에서

애기나 아니나 되도 안 헌 거 뭐. [마당에 앉아서 필자를 쳐다보는 하얀색 개를 향해] 백구야, 여 슨상님 저 웃길까지 델따드리고 온나. [백구는 일어나서 필자를 쳐다만 보고, 따라오지는 않았다.] 델따드리라 카이께네…… (아이구, 놔두세요. 백구가 지금, 저 아줌니가 대체 누고? 처음 보는 데다 말씨도 다르고 해가, 저기 뭐꼬? 할 텐데요, 하하하. 어서 들어가세요.)

허리 주저앉으면 맘도 주저앉는 기라

임혜순(수점댁),
1942년생

맴도 내 맴이 아이고

몸도 마이 아프고 맴도 내 맴이 아이고 글타 카이. 허리도 다 곯아뿌고 내가 을매나 마이 아픈동…… 골짝서 살마 일만 억씨게 해가 몸이 말이 아입니더. 이 꼴짜구서만 50년을 넘게 살아가, 아이라, 이자 60년이 다 돼가네예. 우리 큰딸이 오십여섯 살이고, 내는 칠십다섯, 아니 이자 여섯 다 됐다. 할마이지 뭐. 도시서는 팔십 되기 전에는 할마이 소리 싫다 카고 섭섭해한다 카드마, 여 촌은 고상을 마이 해가 칠십만 넘어도 허리 꼬구라진 할망구라. 내가 42년생이라예. 머리예? 이기 다 물들인 거라. 물 안 들이마 쌔하얗다 마. 여 할마이들 머리 하얀 할마이 말고는 다 물들인 기라.

자석은 오남매를 뒀어예. 딸 서이, 아들 둘. 우리 아아들뿐이지 사촌도 없다 카이. 우리 작은집이 아가 없어가지고, 가차운 조카가 없어예. 집안은 많애예. 우리 현풍 곽씨만 해도 버그르르 끓는다 마. 영감이 현풍 곽씨다. 집안은 많은데 시동생네가 아를 몬 낳는 거라. 내가 오남을 키웠는데, 칠십 먹은 사람으로 치면 좀 많이 둔 편이라. 넘들은 서이 너이 마 글커든. 그 위로 팔십 먹은 사람들이 다섯, 여섯 글코. 근데 내는 딸만 우로 서이를 낳다 카이. 아들 논다고 딸을 그래 많이 낳아버렸어예. 그라고는 그 밑으로 아들 둘을 낳은 거라. 아들 둘을 쪼로록 낳아가 하마 다행이라.

지금은 일도 안 해예. 아퍼가지고 몬합니다. 오래 앉았기도 힘들어예, 허리 수술했기 때문에. 허리 수술했는데, 병원에 돈을 말도 몬하게 갖다 줬어예. 우리 아아들 애 마이 믹였다 카이. 돈이 천만 원이 넘게 들었다 카이. 허리 아니라 몸이 마 너무 마이 아파가지고, 맴도 정신도 옳게 안 된다 카이. 우울증도 오고 마. 우울증이 와가 신경과 약을 6개월이나 묵고 있어예. 그라이 좀 나사지기는 한 거 같은데, 자꾸 묵어가 안 될 긴데…… 우울증 약은 마이 묵으마 중독이 된다 안 캅니까? 글고 머리가 점점 멍해지고 글터라 카이. 그래 약을 안 무울라 카믄 잠이 안 옵니다. 아무리 잘라 캐도 열두 시 넘도록 몬 자예. 가마 누웠어도 정신이 휘언합니더. 그래가 약을 안 무울 수가 없어예. 거 신경과 약에 잠자게 하는 약이 있거든예. 내 카토릭병원(가톨릭병원)을 다니는데, 한 달 약 타오는 데도 돈 마이 들어예. 한 달 치가 오만 원 돈 되더라 카이. 보험은 될 거라예. 보험이 돼도 그래 돈이 마이 들어가는데, 보험 안 되마 이십만 원 가차이 된다 카더라꼬예.

의사가 하는 말을 내가 못 알아먹고,
내가 하는 말을 의사가 못 알아먹고

이사(의사) 상담도 처음에는 몇 번 했는데 인자는 마 안 합니더. 쪼매 하고 안 해예. 상담해도 마 답이 없고, 좋아지지도 않고, 와 그러는지를 모리는 것 같더라 카이. 모리겠어예, 마 이야기 안 해주니 압니꺼 오데? 자꾸 책에다 이래 그림을 그리라 카고, 와 그러는가는 마 얘기를 안 해 주더라 카이. 그림도 마 그리던 사람헌테나 그리라꼬 해야제. 내는 연필 쥘 줄도 모리고 평생 종우 우에 뭘 쓰고 그려본 적이 없다 카이. 그러이 마 그거 해가 뭘 알겠어예? (그러게요. 그건 맞는 말씀이네요. 그림 그리기를 해본 사람한테 쓰는 방법을 어르신한테 그대로 썼으니 원인이고 뭐고 제대로 알아낼 수가 없었겠네요.) 그라이까 말이다. 글고 마 뭐를 묻고 카는데 이사가 하는 말을 내가 몬 알아묵고, 내가 하는 말을 이사가 몬 알아묵고 그카더라 카이. 그라이 마 상담이 씨잘 데가 없는 기라, 돈만 잡아묵꼬. 거 한 번썩 하마 더 짜증이 나더라 카이. 그래가 마 상담은 됐고 약이나 지이달라 하라꼬 아들헌티 말했다 카이. 상담 그기 돈을 또 따로 내는 긴데 좀 비싸더라 카이. 말을 몬 알아듣는데 무신 상담이 되겠노?

(어르신은 그래도 아실 거 아녜요, 왜 우울증이 생겼는지. 아무래도 본인이 제일 잘 알 테니까요.) 하이고 마, 내 말이 그 말이라 카이. 마 상담을 하고 말 거가 없다. 높은 건물에서 깨끗하이 하얀 옷 입고 입으로 이래저래 하매 살아온 의사가, 내 겉은 사람 살은 거를 알 수가 없었지예. 그라이 무신 상담이 되겠어예? 그카고 내가 우예 우울증이 안 오겠

노? 살아온 게 다 한심하고 속이 불떡증(별떡증)*이 나는데. 엔날부터 하마 60년이 되도록 이 꼴짝에서 골이 빠지게 일만 하고 살아가 몸은 다 이래 망가졌는데, 다 늙도록 좋구나 카는 기가 하낫도 없는데…… 우예 우울병이 안 걸리겠어예? 허리 주저앉은 거매이로 맴도 마 주저앉은 기라. 약이고 뭐고 마, 잠이나 좀 잘라 캐가 묵는 기지. 이기 나슬 병이 아이다 카이.

친정 사는 거는 여보다는 훨씬 좋았다 마

친정은 여서 멀지 않아예. 쩌어 아래 마을이라. 여서 10리백에 안 떨어졌어예. 거도 뭐 꼴짝은 꼴짝이라. 그라이 마 사투리가 쎄여. 골짝 사투리가 시내보다 원캉 쎄다 카이. 그캐도 친정 사는 거는 여보다는 동띠기(훨씬) 좋았다 마. 그카다가 딱 1960년 그해에 여 곽씨네로 시집을 온 거라예, 중매로 해가지고. 엔날엔 다 중매로 그래 했지예. 그기 스물 되기 바로 전이라예. 열아홉에 결혼을 핸 거라예.

일제 거는 내가 어려서 몰랐지예. 냉중에사 듣기는 들었어도 내는 아무것도 몰라예. 육이오 사변 났을 때는 내가 쪼매 컸을 때니께 생각나는 기 있지예. 여는 사변 때도 피란을 안 갔다고들 하는데, 우리 친정은 꼴짜구라도 다 피란을 갔어예. 여는 뭐 가도 가차이 갔다꼬 하더마, 우리는 멀리 갔던 것 같아예. 어디 더 산골로 갔다 카이. 믹이던 소도 다 몰고 가

* 화가 벌떡벌떡 일어나는 증세

고, 피란 간다꼬 여름인데 6월에 찹쌀을 쪄가 말래가지고 가고 그랬다마. 안 말리마 바로 쉬어서 몬 묵거든예. 그라이 마 말리고, 가루도 빻고 해가 챙겨옇고, 떡도 쪄가 가고, 피란 가매 묵는다꼬 찰밥을 대소쿠리 하나를 해가 가고. (친정이 정말 잘사셨네요. 피란 가서 먹을 거를 그렇게 잘 준비하셨던 거 보니까.) 야, 우리 클 때는 잘살았어예. 여 와가꼬 고상을 마이 해 글치. 친척도 많아가, 내는 일도 안 해보고 컸어예, 여자가 많아가.

(어르신보다 네 살 정도 적은 서울 사는 여자분도 살아온 이야기를 저한테 해주셔서 책으로 냈거든요. 경기도 안성이 고향이었는데, 그 집도 잘사는 집이고 식구도 많았어요. 그러니 피란 준비한다고 떡도 하고 조청도 고고 고기도 삶고 하는 걸 보고, 잔치가 난 줄 알고 한복을 새로 만들어달라고 우겨서 결국 솜 넣어서 만든 새 한복을 입고 신이 나서 피란을 나섰다고 하더라고요, 하하하.) 내보다 니 살이나 어렸으마 다섯 살이나 됐을 긴데 뭘 알았겠어예. 내는 아홉 살, 열 살이라도 잘 몰랐는데. 내는 나이가 열 살 바로 밑이었으니께 난리가 난 거는 알았어예. 그캐도 마 식구도 많고 하이 내가 할 거도 없고, 시골 촌구석이라 뻥뻥 난리 난 소리만 들리고. 총 쏘는 거를 보기를 했나, 군인을 보기를 했나…… 그라이 마 피란 그기 기억이 별라 없어예. 그라다가 무울 거 떨어져가 그냥 집으로 왔지 싶어예. 집도 마 그대로 다 있고 그랬어예. 동네서도 피란 안 간 집이 많더라꼬예.

피란 가서는 마 고상한 기억이 없어예. 외려 집에 와가, 우리 어릴 적에는 양식이 마이 있으니께네 뭐를 막 가져가고 내놓으라 카고, 그기 더 무섭고 고상시러벘지예. 나락째로도 묻고, 살로 다 쩌가지고 묻고, 땅을 파가 독을 멫 개나 묻어가 숨겨놓는 기라. 그카고 식구대로 미칠 묵을 거를 퍼다놓으마 아무 때나 와가 거를 가져가고 그랬어예. 밤으로도 와가 밥해돌라 카고. 그기 무서벘는 기라. 빨래도 씻어 널어놓으마 은제 와가 걷어가고. 산 사람들이 입을 것도 무울 것도 없으이 자꼬 가가고, 보따리에다 싸가고 그랬는 기라. 집에 놔두마 다 뒤져서 뺏아가이까네, 집이서 좀 멀리 가가 땅 파고 묻어놔야 몬 가져가지예, 어디 묻었는지럴 모리니께. 집이나 뒤지지 마 어디 멀리 묻으마 거는 모리는 기라.

내는 친정서는 칠남매에 셋째라. 클 때는 마 암것도 모리고 일도 안 하고 그래 컸지예. 묵고사는 것도 괜찮았고, 식구도 많애가지고 내를 뭐 시기지를 않은 기라. 엄마, 고모, 숙모 둘에 언니도 있고, 할매까지. 이래 여자가 마으니 내는 안 해도 뭐라 안 했다 카이. 그 엔날게 질쌈 다 해도 내는 암것도 안 했어예. 누에도 친정서는 마이 믹였거든예. 우리 클 때 고마, 삼도 숭궈가지고 쩌가지고 그카고, 목화도 마이 숭궈가지고 집에서 질쌈 다 하고. 내 클 때는 여자들이 그런 거를 집에서 다 해가 옷도 해 입고 돈도 맨들고 그랬어예. 내는 어깨너머로 봐가 아주 몬하지는 안 해도, 해본 거는 별라 없는 기라.

영감이 넷 중에 장남이라. 위로 누님이 하나 기시고, 그다음이 영감이고 그 밑으로 남동상 하나, 막내이 여동상 하나 그래예. 시어른 다 모시고, 밑에 동상 다 키와가 결혼시기고 그랬지예. 시집오이께 막내이 시누가 일곱 살인가 그랬어예. 그라이 딸매이로 어린 막내이 동상매이로 그래 키왔어예. 그래 키워 보냈으이 시동상도 시누도 내헌티 만날 고맙다 카고 마 잘했어예. 근데 그 시누가 하마 일찍 갔어예. 하늘나라로 벌써 갔다 카이. 아들 둘, 딸 하나 그래 삼남매 낳아가 다 키았는데, 고마 몸이 아파가 그래 가뿌렀는 기라. 고상만 하고 간 기라. 아이들하고 시누 남편하고 마 을매나 울고, 내도 마이 울고 그랬다 카이. 시누 보내는 맴이 어떤가는 모리겠는데, 내는 어린 동상 보낸 그 맴이더라 카이. 지끔도 글코.

새벽부터 일어나가 손 도리깨로 보리타작을 하는 기라

글다가 시집이라꼬 와놓이 일도 일도 마…… 엔날에 이 꼴짝에 살매 일이 원캉 많아가 골이 빠져가 그래 힘들었지. 무거운 거를 을매나 마이 여다 나르고. 농사일이 해도 해도 끝이 안 나는 기라. 담배 농사가 일이 억씨고 많거든예. 담배 끝나마 거다가 배추 농사도 마이 해가, 차로 및 차썩 실어내고. 여름 배치도 하고 겨울 전에는 김장 배치도 하고. 보리농사도 마이 했어예. 여는 보리농사 하는 집이 많지 않더마. 우리는 보리 백 말썩은 여사였어예. 새복버텀(새벽부터) 일어나가 손 도리깨로 보리 타작을 하는 기라. 그라마 팔이 막 떨어져나가는 기라. 어깨가 빠질라 카고. 보리농사가 많으이 엿질굼(엿기름)도 마이 만들었어예.

싹 틔우고 물 주고 보자기로 덮고

엿질굼은 더울 때는 안 한다. 그기 잘 몬하마 떠가 썩어뿌거든. 겨울 되기 전에, 약간 춥다 칼 때 해야 좋은 기라. 껄보리를 검불 딱지나, 생기 다 만 거, 몬생긴 거를 일일이 손으로 골라내뿌고 깨까이 씻어가, 물을 부어가 하루를 뿔쿠는(불리는) 기라. 다 뿔쿠마 건져가 물기를 빼가, 떡시 루 겉은 큰 함지박에 담아가 보자구(보자기)를 덮어놓는 기라, 햇빛이 안 들어가게코롬. 싹이 날라마 물기가 좀 있어야 항께네, 보자구가 물을 축 이게 가끔 물을 뿌려주는 기라. 그래 한 사나흘 두마 시염(수염) 겉은 게 난다. 그라마 또 깨까이 씻거가 그릇에 담아 또 물 축인 보자구로 덮어 놓는다 카이. 그래 시니(세네) 번은 씻어줘야 엿질굼도 깨까아하고 감주 도 맛이 깔끔하이 달달하고 한 기라. 그래 하마 이자 싹이 트거든. 싹이 트느라고 더워진다. 그릇 속이 따땃해진다 카이. 그라마 이자 물을 좀 마 이 준다. 싹이 물을 무우야 자라이께네. 그때도 한 븐썩 씻거주는데 그때 는 싹이 안 떨어지게 살살 씻거야 되는 거라. 그래 두면서도 싹 크는 거 를 잘 봐야 한다 카이. 너무 커버리도 안 되고 너무 짝아도 안 된다. 보리 몸띠이보다 쪼매 짧은 듯하마 그기 딱 좋은 기라. 그래 되마 바람 살랑살 랑 부는 그늘에다 자리를 깔고 쏟아가 살살 펴줘야 한다 카이. 서로 들러 붙어뿌마 안 좋거든예. 그래 그늘에 놓고 말리는 기라. 그늘에 말릴 때도 싹이 쪼매큼썩 큰다 카이. 그래가 자알 말렸다가 그릇에 담아가 바람 잘 통하는 선선한 데다 둬야 한다 카이. 축축한 데나 더운 데 두마, 그기 또 싹이 자라가 엿질굼을 망쳐버리는 거라. 그래 감주도 만들고 엿도 만들 고 안 카나.

여가 하도 꼴짜구라가 내 시집오기 전에는 나락 농사가 별라 없었다 카데예. 오고 나서도 처음에는 별라 없었어예. 언덕빼기에 논을 만들라 니 심(힘)이 들고 잘 자라지도 않으이 그런 거제. 글다가 더 있다가 나락 농사가 많아졌어에. 우리 집은 나락 농사를 넘들보다 좀 마이 했어예. 지금은 뭐 농사지을 사람이 없으니 팔아뿌기도 하고 묵콰놓기도 하고 그래예. 저짝에 우리 논 팔백 평은 팔고, 저짝 논 오백팔십 평은 묵콰놓고 있어예. 묵콰놓고 암것도 안 하지예, 지을 사람이 없으이께네…… 누구 빌려줄 사람도 없어예. 젊은 사람이 없어가 빌려가 짓겠다는 사람도 없고, 남은 사람은 다 늙어뿟으니 힘도 없고. 그라이 누가 자꾸 팔라 카는데 우리 아아들이 놔뚜라 카데. 놔두마 지네 거 될 거니께네 지네가 하자는 대로 하는 기라. 우리 큰아들이 지가 할라 카는지 "야야, 누가 자꾸 팔으라 칸다" 하니 "엄마, 놔두소" 이카데. 그래 마 묵콰고 있어예.

일이 징글징글해도 담배는 돈이 딱 들어와예

담배를 밭 아홉 마지기에 헸는데 을매나 큰지. 밭이 아홉 마지기 카믄 구백 평이거든예. 그라마 그 골이 을매나 기노. 그걸 손으로 다 풀을 매고 메칠 있으마, 또 풀이 이마이 크고. 하이고, 풀이 웬수라예. 담배밭은 또 별나게 풀이 잘 크거든예. 잎을 다 키아도, 거를 볕에다 말리고, 굴에다 찌고 말리고 그카믄 냄새가 또 으뜨케나 독하고. 그기 또 잎이 크잖아 예. 그라이 무거버가 앵기기도(옮기기도) 고약코, 매달기도 고약코. 일 많다 많다 해도, 담배 농사맨치로 그래 일이 많고 힘든 거는 없어예. 그기를 일일이 다 색깔 갈라가, 키 갈라 묶어야 하는 기라. 담배 조리로 뭉치를 이마이침 하게, 이마이침 크그로 한 웅큼썩 묶어가 멫 차썩 싣고 가고. 담배 차가 와가 점수 매겨가 그걸 다 실어가는 기라. 나라에서 한꺼번에 다 사가이 그래 힘들어도 많이 했거든예. 가 가마 을매 안 있으마 딱 돈이 나오는 거니께네. 여 깡촌서는 농사지어가 그래 돈으로 딱 받기가 힘들거든예. 일이 징글징글해도 담배는 돈이 딱 들어와예. 누에랑 담배는 사가는 거가 정해져 있으이께네 힘들어도 마이 한 거라예. 오새는 마 수입을 마이 해가 그런가, 인자 담배 농사짓는 사람은 없을 거라예. 여는 안 지은 지 오래됐어예.

슈퍼서 파는 닭은 사람 묵을 게 아니라예

짐승도 마이 멕있어예. 소도 멕이고, 염소도 키아고. 여가 전에는 마 사슴이 많아가 '우록'이라꼬 했다 카는데, 내는 사슴 거는 모리겠고 염소를 많이 키았어예. 산이 많으이 풀이랑 나무가 많아가, 염소 무울 게 많잖아예. 그라이 산에 줄 길게 해가 매놓으마, 알아서 풀 묵고 똥 싸고 그래 믹이는 거지예. 또 겨울게는 집에 놔뚜고 콩 농사지은 그 콩 껍데기 나오마 그거 멕이고, 풀 쩌다 믹이고 그래 키우는 거라. 소 키우는 거랑 같지예. 닭도 마이 키웠어예. 요즘 보마 닭장에 빽빽하이 해가 움직이도 몬하게 그래 키우더마, 여는 그래 안 키웠어예. 풀어놓고도 키우고 닭장도 마 널찌익하이 해가, 놀고 지지고 하마 그래 키왔다 카이. 그캐야 닭도 빙이 안 나고, 사람게도 좋고, 고기도 맛있고 하거든예. 슈퍼에서 파는 닭은 솜겉이 폭폭하고, 안 좋게 키우가 마 안 묵으마 안 묵었지 거는 사람 묵을 게 아니라예.

염소는 한 서른 마리 그래 키았어예. 백염소가 아이고 까만 거라예. 흑염소예. 흰 거는 젖 짜고 털 깎고 그칼라꼬 키우고, 흑염소는 약이 되는 거잖아예. 그래 여는 마 흑염소 마이 키았어예. 우덜이 염소 멕일 때는 마 키우는 사람이 많아가 그랬는지 값이 별라 안 좋았는데, 오새는 염소가 마이 비싸더라꼬예. 지금도 염소 믹이는 사람은 좀 있어예. 노인네들만 남았시니 마이는 안 믹여도, 그래도 마 저어짝 산 아랫동네서는 지끔도 멕이더라꼬예. 흰 놈도 멕이고 검은 놈도 멕이고.

콩 농사도 마이 했는데 이자는 농사 안 지으니께 콩 농사도 안하잖아예. 을매 전까지만 해도 쪼매썩 해가 콩으로도 팔고, 메주 끼리가 띠워가 팔고 그랬어예. 그때도 마 끼려돌라꼬 주문이 와야 끼리제 읎으마 안 끼렸어예. 우리 무욱 거랑 아아들 줄 거를 겉이 끼맀는데, 이자는 마 혼차 아무것도 몬하이께네 콩 농사도 안 해예.

도시에서 늙는 거랑 촌에서 늙는 거는 아주 다를 거라예

영감은 먼처 갔어예. 편키는 해도 외롭제이. 아파도 나 혼차 있으이 앓는 소리도 안 내고 그랍디다. 끙끙 앓는 소리도 들을 사람 있을 때나 나오는 거라 캅디다. 혼차믄 마 그 소리도 안 내고 아프이, 그기 더 속병이 된다 캅디다. 내 아파가 우리 아들딸들 애 마이 묵었어예, 돈도 마이 까묵고. 일을 그래 마이 해가 늙으이 안 아플 수가 없는 기라. 내일도 또 병원 가야 돼예. 뭐 한 달에 한 번썩 오라 카는 그기라.

신경정신과 거도 글코, 허리 다리 아픈 거도 글코, 마 늙어가 아픈 데가 마으이 그기 애러븐(외로운) 기라. 젊어서 할마이들이 아구구 하매 만날 저리다 쑤시다 그카든 말이 무신 소린가 했더만, 이자 내가 그 소리럴 칸다. 지금 우리 딸아랑 미누리들이, 내 하는 소리가 무신 소린가 할 김니더. 지들도 내 나이 돼바마 알랑가. 도시서 늙는 거랑 촌에서 늙는 거랑은 아주 다를 거라예.

이래 사놔놓이 재미있을 일이 뭐 있나? 재미있는 일이 아뭇것도 없다카이. 사는 게 너무 시장시럽고(시들하고) 허프고 그렇다 카이. 만사가 구찮고 허전하고. 노래 교실예? 저 마을회관에 노래방 거도 있잖아예. 있어도 생전 안 하는데 뭐. 경로당 가마 우리 또래가 여럿이고, 나이 많은 할마이는 팔십 넘기도 하고 그렇지예. 아흔 다 되는 할마이가 젤로 우고. 노래는 안 합니더. 그냥 고스돕 치고 놀아예. 두 시만 되마 다들 모이니께네. 지끔 내 귀가 근질근질하네요. 보자, 하마 세 시 넘었네예. 얼른 가야는데, 하하하. 엔날에는 민화투를 쳤는데 고스돕 친 지 하마 오래됐어예.

[한글 선생님 집 거실 벽에 걸려 있는 목화솜과 나뭇가지를 보며] 저거가 여 선새임이 목화 농사 지었는 거래예? (이 선생님이 전에 목화나무도 심었고, 솜틀집에 걸려 있는 걸 얻어오기도 했대요.) 글치예. 우리

친정서는 목화 농사를 마이 지있는데 여는 그게 잘 안 된다 캅다. 뭐가 안 맞는지 목화는 안 된대예. 여도 엔날게는 누에도 마이 믹이고 삼도 마이 했거든예. 근데 목화 하는 집은 없더라 카이. 우리도 누에 쪼매 믹이다가 배치 농사로 바꽈가 누에 거는 오래 안 했어예. 누에 믹이는 게 아주 손이 마이 가는 거거든예. 냄새만 좀 피아도 싹 죽고, 좀 더러버도 뽕을 안 묵고. 아주 신경 씨이는 거가 누에 믹이는 거라예. 논에 약치고 와서 씻고 옷 싹 갈아입고, 그러고 가가 뽕을 줘도 거를 우째 알고 죽어뿐다 카이. 그기 그래 예민한 거라예. 그캐도 꼬치 만들어놓으마 오새는 면사무손가 어디가 거를 다 사가거든예. 그라이 한철 해가 돈 만들기는 좋지예. 그 재미로 하는 긴데, 하도 예민해가 번잡시럽다 카이. 우리 클 때는 친정 동네서 전부 거를 믹였어예. 누에 실을 뽑아가 명주 짜가 으른이고 아아들이고 모다 옷 해 입고 그랬어예. 그기 아주 고급 옷이라예. 없는 집은 입어보들 몬하는 옷이라예.

우리 클 때 친정은 좀 살 마했거든예. 열로 시집와가 고상을 마이 한 거라예. 그때는 장도 대구 시내 장을 봤어예. 거는 장이 늘 있는 기라. 여오니 오일장 청도장을 마이 가던데, 장에 한 븐 나가기도 힘들고 마…… 청도장을 갈라 캐도 산 넘어 재 넘어, 그거를 다 걸어다니는 기라. 일할 줄도 모리고 시집이라는 걸 와가, 일이 마 한도 끝도 없어가 참…… 배치 농사를 지어가 차떼기로 실어내고 나믄, 남은 거를 큰 포대기에다 몇 포대썩 옇어가, 그놈을 아래 버스 오는 데까지 이고 갔다 카이. 거 포대들을 올려 실어가, 대구 시내 가가 팔고 그랬어예. 그라이 마 늙어가 허리가 곯지 않을 수가 없는 기라.

영감은 칠십다섯에 가셨어예. 당노 있고 심근경색 걸려가 그기 만성이 돼가 가셨제이. 당노가 오마 그기 다린 빙을 줄줄이 달고 오더라 카이. 거다가 담배도 을매나 피우고. 빙원에 입원도 마이 했어예. 내하고는 네 살 차이지예, 네 살 반 차이라. 그래 지금 살았으마 칠십아홉 아이가. 엔날게는 칠십다섯에 가마 오래 살았다 카지만도 요즘은 빠른 폭이지예. 여 할마이들은 오래 사는데 영감들이 70대에 가는 사람이 많더라 카이. 우리 아저씨캉 친한 아저씨 하나도 70대에 가시고, 저짝에 식당 하던 아저씨도 칠십 돼가 가시고 마. 할마이들은 더 살거든예.

여 놔두지 뭐한다꼬 요양원에다 갖다엫나

요즘은 치매 고치는 약이 있다매예? (고친다기보다 걸리는 걸 예방하거나 늦추는 연구를 많이 하는 것 같아요. 그러니 평소에 치매 검사 받으라고 하면 놀이 삼아 받으시고 의사가 하라는 대로 하시면, 치매가 훨씬 늦게 오고 심해지는 것도 더디게 된다고 해요.) 그렇지예? 치매 걸리면 아즉은 몬 나슨다 카더라. 안 걸리야 할 긴데 말이다.

여도 치매 걸린 할마이가 있었거든예. 쩌어 밑의 집에 사싰는데, 약 잡수마 좀 낫고 안 묵으마 정신이 마 왔다갔다 카고 글더라 카이. 자석은 다 나가 살고 혼차 있으이 약 묵는 거를 자꾸 빼차묵는 기라. 그라이 갱로당 놀러 나왔다 집에 갈 때 되마 "우리 집 갈라 카마 어디로 가노?" 그 카매 혼차 자꾸 오데로 내빼는 기라. 자그 집을 몬 찾아가더라 카이. 집이 멀도 안 해예. 갱로당서 쪼매 올라오다 밑으로 내려가마 거가 집이 거든예. 근데 그걸 몬 찾드라 마. 하이고야, 그래 멍충이가 되더라 카이. (어떤 사람은 길 헤매는 치매가 걸리고, 어떤 사람은 막 화를 내는 치매가 걸리고, 기억력이 빨리 나빠지는 사람도 있고, 다 다르더라고요.) 다린 이는 몬 알아듣는 헛소리도 하고, 자그 집도 몬 찾아가믄서 혼자 자꾸 어디로 간다 카이께네, 동네서 다들 신갱을 마이 써줬지예. 한 번 딜다볼 거 두 번, 시 번 딜다보고. 갱로당 안 오마, 놀다가도 부녀회장이랑 가가 보고 오고. 부녀서 반찬도 챙겨주고 그랬어예. 글고 돌보미 거도 한나절썩 와가 찬도 해주고, 청소랑 모욕이랑 그런 거도 해주고…… 그래도 마 그래저래 하마 지냈어예. 묵는 거는 넘이 해놓으마 잘 챙겨 묵고, 맛있다 맛있다 그캐쌓고. 그카다가 아들이 병원에 모시고 갔다 온다꼬 하고는, 다씨는 안 오고 그대로 거에 갖다옇잖어예, 거 요양원에. 치매가 있고 우째도 한동네서 겉이 놀고 갈라 묵고 그캤거든예. 집에 있으마 심심하니 "갱로당 갈 때 내 좀 데꼬 가소" 그카고, 고도리 끝나마 집에 델따주고. 혼차 사는 할마이들은 그 집서 밥도 겉이 묵고, 집에 데꼬 가가 묵고 집에다 델따주고 마 그카매 했는 기라. 그카든 할마인데, 동네 사람들은 병원 가는 거도 다들 몬 봤다 카이. 옆집 할마이가 아츰나절에 보이, 아덜이 왔는가 집 앞에 차가 서 있더래예. 그래가 "아들 오싰나?" 카마 마당을 드가이께네 아들이 빼꼼히 열고 내다보마 "야, 오늘 어무이 모시고 병원 다녀올라꼬예" 그카길래 "얼른 갔다가 갱로당으로 모시고 오소" 캤더니 "예" 그카더란다. 그라이 그 할마이도 그날 얼굴은 몬 본 기라. 할마이는 안 내다보길래 옷 입는구나 해가 "잘 다니오이소" 카고는 나왔다 카더라꼬.

근디 그카고는 그기 끝이라 마. 더 아프고 한 거도 없었어예. 한 달에 한 분썩 병원 가는 거, 그기 정기 뭐를 받으러 간걸 거라. 맞다, 정기검진. 그니 다들 그날 오넌 줄 알았지. 메에칠이 가도 안 오길래 뭔 일인가 카믄서도, 아들네 집에 모시고 갔나 그래 생각했어예. 한겨울이어가 날씨 풀리마 오실라나보다, 다들 그랬어예. 안 그렇겠어예? 치매 걸린 어무이를 겨울에 혼차 두기 뭐했나보다 했는 기라. 그카드이 보름인가 지나가 또 아들 차가 섰길래 "오싰나?" 카매 드가이께네, 미누리가 내다보마 "울 오마이 요양원에 계십니더" 그카더란다. 그카고 모리는 아지매가 하나 왔다갔다 캐가, 보니까 살림살이를 커다란 비니루에다 쑤셔 넣고 치우고 마 그카더란다. 미누리헌티 물어보니 "오마이는 잘 기십니다" 그카더란다. 잘 기시긴 뭘 잘 기셔예? 요양원 거가 잘 기실 기 뭐 있노? 지네나 편치, 거따 갖다 여놔놓이 신경 씰 것도 없고 마 안 좋겠나?

그카고는 미칠 있으이 트럭 하나캉 거 뭐꼬? 커다란 갈퀴 달린, 포클렝인가 거가 와가지고 짐은 싹 다 트럭에다 실어내고, 포클레인 그기는 집을 싹 뿌사뿔고, 집터도 다 뒤집어 엎어뿔고 그카더라. 하이고야, 노망난 할망구 살림이야 싹 다 버려뿟겠제. 집 뿌수고 집터 뒤집는 날에 아들, 미누리는 낯짝도 안 뵈더라꼬예. 동네 할마이들이 다 봤다 카이. 할마이들이 "여 놔두지 뭐 한다꼬 양로원에다 갖다 옇나? 지 에미 죽기도 전에 집부텀 뿌사뿔고 터를 싹 엎어뿌니, 할마이 금방 가겄구마" 해 쌓어예.

그 할마이가 열여덟에 여로 시집와가 내내 거서 살았거든예. 중간에 집만 두어 번 새로 고치가 짓고 터는 그대로라예. 지 어무이는 실어가 요양원에 옇어뿌고, 죽기도 전에 그래 집을 뿌시고 집터를 파뒤집어뿌니, 그래 뭐 노인네가 안 죽을 수가 있겠어예? 그라고 을마 있다가 죽었다꼬, 동네 이장헌테로 전화가 왔더라 카이. 이장이랑 회장이랑은 거를 간다 카더만, 우딜은 안 갔어예. 가서 봐야 속이나 골치, 봐서 뭐합니꺼? 여 그대로 뒀으마 뭐를 묵든, 겉이 놀든 그래 숩게는 안 갔을 거라예. 그카이 여 할마이들은 요양원 드가마 죽는다꼬, "자슥들이 거 넣어뿌기 전에 여서 죽어야 할 긴데" 그카믄서, 치매 걸려뿌마 암것도 모르이께네 자석들이 요양원에 넣어뿐다 카매 치매를 젤 무서버 안 캅니꺼.

지네더러 여 와서 모시고 살라 카는 거도 아니고, 모셔가가 지네랑 살자 카는 거도 아니고, 그냥 여서 살다 여서 죽는 거를 몬 기둘려서, 지네 맘때로 요양원에다 가둬놔뿌고, 집을 싹 뿌쇠뿔고 땅을 파 뒤집어 꽉꽉 누르고 뚜딜고 해놓으니…… 집이고 땅이고 그기 그 할마이 살아온 긴데, 저들 키우느라 알맹이는 다 즈그들한테 뽑아주고 이자 남은 껍따구가 그 집하고 그 할마인데, 집을 그래 뿌쇠뿌니 할마이 껍따구가 남아납니꺼? 내는 거 집 뿌시는 거 보믄서, 할마이가 그래 뿌쇠지는 거 같더라마. 내 맴이 그래가 그런가, 할마이가 그래 뿌쇠지는 거고, 내도 얼마 안 있으마 저래 뿌쇠지겠구나 싶더라 카이. 거를 그래 뿌쇠뿌고 땅을 평평하이 다져놔놓이, 거 땅을 서울 누가 샀다 캅디다. 할마이 죽어서 태와뿌고 바로 새 임자가 샀다 캅디다. 거래 거다가 전원주택 거를 지어가 들어올 거라 캅디다. 누구는 아들네가 들어온다 카기도 하고. 모리겠어예.

동네 오래 살던 사람들헌티 그카믄 안 되는 거 아입니꺼

여 동네에 그래 새집 짓고 들어온 사람 많아예. 서울서도 오고 대구서도 오고 마이 들어온다 카이. 아주 늙은이는 안 오고 육십 뭐 이짝저짝 하는 사람들이 온다 카데예. 아주 들어와 사는 사람도 있고, 안즉은 주말에만 오는 사람도 있고. 우덜은 마 그 사람들 얼굴 보기도 어려버예. 동네 노인네들한테 인사라도 좀 하게 오라 카마, 돈이나 보내고 떡이나 해가 보내고 그런다 카이. 돈도 좋고 떡도 좋지마는, 얼굴을 비야 하는 거 아입니꺼? 그래야 길에서 봐도 여 동네 사는 사람이다 그걸 알지예. 그래 얼굴을 몬 보니, 길에서 봐도 놀러 온 사람인지 살러 온 사람인지 그걸 모리는 기라. 촌사람들 몬 배워서 무식하고 우짜고 해도, 우리는 거래 안 살거든예. 뭐가 안 맞아가 싸우고 화나마 욕도 하고 그캐도, 보자고 부르마 가가 웃기도 하고 고마 풀고 그란다 카이. 그기 한동네서 사는 거 아입니꺼? 즈그는 을매나 돈이 많고 마이 배왔는가 몰래도, 그카믄 안 되는 거라예. 거는 여 사는 사람들을 무시하는 거라예. 여 둘러보마 그래 새로 집 지어가 들어온 사람 많아예. 노인네들 하나하나 죽으마, 여는 마 그런 사람들 동네가 될 거라예. 공기 좋고 물 좋으니, 빙 걸려가 요양한다꼬 오는 사람도 있고, 아닌 사람도 있어예. 뭐 그 사람들이 여 와가 농사를 짓겠어예, 뭐 하겠어예? 돈은 들락거리면서 시내서 벌든가, 마 마이 벌어가 쟁여놨든가 그럴 기고, 여는 그냥 쉬고 놀고 그칼라꼬 들어온 기라. 그기야 뭐 지네가 알아서 하는 긴데, 동네 오래 살던 사람들헌티 그카믄 안 되는 거 아입니꺼? (정말 화나시겠네요. 돈 많고 많이 배웠다는 사람들이 더 문제가 많은 거 같아요.)

내도 지발 여서 죽었으마 싶다 카이. 죽을 때 다 된 늙은이를 뭐한다 꼬 빙원에 입원시기가, 집이서 몬 죽고 빙원캉 요양원 거런 데서 죽게 하는가 말이라예. 엔날에는 집 바깥에서 죽으마 그걸 아주 안 좋다 캤어예. 그라이 빙원에 오래 있던 환자도 죽을 때 되마 일부러 집에 모시고 와가 집에서 숨 끊어지게 했어예. 안 그라마 그걸 아주 불효라 캤어예. 그라이 마 장사 치르는 거는 지네 편한 대로 병원서 치르든가 장례 뭐에서 치르든가 거는 죽은 사람은 모리는 기니 맘대로 하고, 죽는 거는 자기 살던 데서 죽게 돼야 안 합니꺼. 뭐한다꼬 병원으로 모시네 요양원으로 모시네, 그 엠병을 한답니꺼? 모시기는 뭘 모시예? 지네 좋자고 하는 기지 그기.

(이 동네 어르신들한테는 집으로 오는 요양보호사, 정부에서 몸 안 좋은 노인들 돌봐드리게 매일 보내주는 요양보호사가 오는 어르신은 없나요?) 뭐 한 달에 한 번썩 오는 돌보미는 거는 있어도 매일 오는 그런 거는 없어예. 거 한글 배우는 어르신, 여든넷 잡수신 그 할마이헌티 도우미가 오는 거 같더라꼬예. 아까 그 치매 걸리가 요양원 가가 돌아가신 그 할마이헌테는 아지매 하나가 매일 왔었지 싶어예. 근데 여는 산꼴짜구라서 도우미 그런 사람들도 안 올라 칸다. 버스가 여까지 오는 기 없으이, 올라마 자그 차가 있어야 되는데 차 있는 아지매가 뭐한다꼬 그 일을 할라 카겠어예. 돈도 얼마 안 된다 카더만. 글코 마 도시 아지매가 여그 촌 할마이랑 할아바이랑 돌보미 한다꼬 오겠어예? 그 치매 할마이도, 우짜다가 저 아랫동네 아지매 하나가 요양 거 쫑*을 딴 사람이 있어가 왔던

• 요양보호사 자격증

거라예. 근데 그 아지매도 이자 거를 안 한다꼬 하더라고예. 마이 힘들다 캅디다. 엔날 식모맨치로 집안일 다 하는 거를, 오새 젊은 아지매들이 할라 캅니꺼? 우리 때나 넘의 집 가가 밥도 해주고 청소도 해주고 그런 거제. 오새는 마 안 합니더.

침을 을매나 맞고 뜸을 을매나 떠도 그냥 아프더니

무릎 아퍼가 병원 갔더만 수술하라 카는데 안 했어예. 인공관절수술을 하라 캅디다. 거를 하라 카는 거 허리만 수술하고 거는 안 했어예. 다 늙어가 수술을 그래 마이 하마 몸이 견뎌내지를 몬한다 싶더라꼬예. 그래 이래 꾸부려가 오래 몬 앉아 있어예. 이래 폈다 꾸부렸다 해도 마이 아프고. 허리는 넘어진 거는 없는데, 척축이 한 마디가 내려앉았다 캅디다. 그래가 허리 수술하면서 쇠를 걸어놨어예, 칠십 때. 그라이 마 한 5년 된 거라. 그래놔놓이 서가 있어도 아프고, 마이 걸어도 아프고, 마이 앉았어도 아프고. 그래 뭐를 몬해예, 허리가 아파가…… 팔도 아팠어예. 이짝 팔이 아파가 팔을 이래 가이고 뒤로 이래이래 돌려가 이래 옷을 못 뗐는데(옷을 못 입었는데), 허리 수술하고 나이 좀 괘않아예. 척축에 허리랑 팔이랑 뭐가 붙어가 있는가, 허리 수술 하이까네 팔이 좀 낫더라 카이. 지금은 이래 앉아 옷도 이래 빼고 글커든예. 그때는 이기 너무 아파가 몬 했는데, 허리 수술 하이 표 나게 안 아파예. 침을 을매나 맞고 뜸을 을매나 떠도 그냥 아프더이, 수술하고 나이 안 아프데예. 희한치, 그기 참. 딴 할마이들은 허리가 잘몬돼가 다리가 저리고 마비가 온다꼬 하는데 나는 그른 건 없어예. 무릎 아픈 거는 허리하고는 뭐가 없다 캅디다. 여 다리 관절 거가 다 닳아가 인공관절을 하라 카던데, 거 해서 더 안 좋다 카는 할마이도 많고, 수술을 또 하는 기 무서버가 거는 안 한다 캤어예.

명절 되마 아들네들은 다 이리로 모여요

딸덜은 대구 살고 큰아들은 부산에 있고, 또 막내아들은 저 경산 지나 른서 있는 진량에 살아예. 진량 거를 여서 갈라믄 법전에서 버스를 타고 가야 돼예. 차 타고 가도 멉디더. 시내서도 가기 멀어예. 서울서 여 오는 데는 을매나 걸리지예? (서울역에서 기차 타면 동대구역까지 한 시간 오 십 분 정도 걸려요.) 그라믄 가깝네예. 차 타고 진량 가는 기 시간이 마이 걸리더라꼬예. 똑바로 가는 기 아이고 돌고 돌아 갑디다. 그카고 마, 갈 아타고 갈아타고 하는 그기 어렵고 힘들다 카이. 서울서 오는 거는 똑바 로 오이까 빠른가, 큰딸을 울진에 결혼을 시깄는데 거는 엔날에 버스 타 고 가마 다섯 시간 그래 걸리더라 카이. 아이고야, 지겹데예. 그때는 젊 을 땐데도 어지가이(어지간히) 허리도 아프고 다리도 아프고 마마. (같은 경상북도인데도 그러네요.) 고속버스 그거는 인자 자주 쉬는데, 울진 가 는 거는 중도막에 쉬지도 않고 그랬어예. 화장실 가라고 딱 한 번 스고 내애 가는데 오래 걸립디다. 그래도 오새는 마 빨리 간다 캅디다. 아아들 차 타고 가믄 한 시간 반 이래밖에 안 걸린다 카데예. 울진 거가 아주 경 북 끝이라예. 바다 있는 거기라 카이.

딸네고 아들네고 뭐 미칠 놀러 가는 거제, 내는 여기밖에 몰라가 그런가 여가 젤 좋아예. 대구만 가도 심심코. 거보다 숨이 콱 막혀가 몬 있겠더라 카이. 아무캐도 공기는 여가 젤 좋지 싶어예. 자석들이랑 미누리는 일하지 말라꼬 승질을 내고 그러는데, 내는 안 한다꼬 하믄서도 또 하고…… 집 앞에 밭 두고 안 할 수가 없는 기라. 그라이 뭐 빙원 가봐야 허리가 나을 기 없지예. 집에도 마 누구 어지르는 아가 없는데도, 청소 안 하고 놔두마 믄지가 쌓여가 뽀얀하다 카이. 그러이 마 청소도 안 할 수가 없는 거라. 아아들 오마 좁다꼬 집을 너르게 지어가, 청소도 쉬운 게 아니라예. 다 닫아놓고 큰방만 쓰는데도 안 쓰는 방에 걸레질을 해야 하는 기라. 그기 참 희한타 카이. 딱 닫아두는데도 그래 한 번쓱 딲아보거든예. 그라마 걸레가 까마이 딲입니더. 아이구야, 눈이 어두버가 안 보이나. 어뜬 때는 믄지도 없지 싶은데, 그래도 딲으믄 믄지가 딲여예.

명절 되마 아들네들은 다 이리로 모인다 카이. 아이들 와가 지사도 지내고 묵고 할라마 준비할 게 많아예. 아이들 와가 시작할라마 너무 늦으이께네 내가 미리 준비를 다 해야 되지예. 장도 봐놔야 되고, 음석도 웬마이는 만들어놔야지예. 지사를 1년에 여덟 번을 지냈어예. 인자는 아주 웃대 어른들 제사는 묶어가 지내고, 시아바이 시어무이 제사에 영감 제사는 따로 지낸다 카이. 그카이 마이 줄은 거지예. 맏미누리로 시집오마 제일로 힘든 거가 없는 살림에 지사 지내는 거라 카이. 그래가 딸은 맏이 헌티 안 보낼라 캤는데 우예 하다 두째 딸이 종갓집으로 간 기라. 그래 가놓으니께네, 시삼촌도 시아바이고 시고모도 시어무이고, 층층이 시아바이고 시어무이라. 형제도 육형제에 맏이라. 제사 다 하믄 열두 번이더라 카이. 하이고, 거도 인자는 마이 줄였다 카는데, 그캐도 마 일곱 번이

라. 글도 많지 에이요? 아이고, 양반 카는 집 여자들이 고상이 말이 아니라. 여자는 아조 종년인 기라. 거다가 집이나 잘살마 모리는데 내는 원캉 없는 집에 와가 고상이 더 많았어예.

아이들 잘 사는 기 내 사는 재미는 아니지예

아아들은 다 잘합니다, 우리 메누리도 잘하고예. (아유, 정말 다행이네요. 복이 많으셔요, 어르신은.) 내는 우리 아이들로 속상한 거는 없어예. 사는 것도 다 저그 집 있고 그래예. 나이 들어도 집 없는 사람이 많잖애예. 요즘 집 사는 게 을매나 힘들어예. 근데 우리 아들딸들은 다 집 있어가지고 괜찮애예. 마 큰 부자는 아니어도 사는 거 걱정은 안 해예. (그러게요. 그런데 왜 우울증이 있는 걸까요? 복도 많으시고 자식도 다 잘하고 그런데.) 글게 말이라예. 왜 그런가를 모리겠어예. 마 내가 자꾸 아파가 그른 건지…… 자꾸 아프이께네 이리 살아가 뭐하나 싶고, 살아왔는 기 허프고 허전코 그렇다 카이. 몸이나 안 아프마 어디 훨훨 내 맘대로 나다녔으면 싶고. 넘이 들으마 다 그러고 사는 걸 그런 거 갖고 그러나 카지만도, 내는 마 사는 재미가 없어예. 아이들 잘 사는 건 좋지만도 거는 마 지들 일이고, 내랑은 지네랑은 다른 거지예. 다행은 다행이지만도, 그기 내 사는 재미는 아니지예. (맞는 말씀이네요. 자식들이 중요하지만, 그게 어르신의 전부는 아니지요. 어르신 나름대로 기쁨이나 보람을 찾으시길 바래요. 어르신은 다른 노인들과는 생각이 많이 달라서 좋네요.) 이제 와가 다리면 뭐하고, 달라질 게 뭐 있겠어예? 살아온 기 하도 허프고 해가, 절에 가끔 가봐도 더 허전코 글터라꼬예. 곁이 어불려 고도리 치고 놀아도 마 한동네 어불려 산다꼬 하는 기지, 그기 사는 재미는 아닌 거라예. 대구 카토릭병원에 가가 약을 무으니 좀 낫기는 한데, 오래 묵는 거도 안 좋을 기고…… 안 묵으마 바로 표나고 잠을 몬 자는 기 젤 애롭다 카이. 잠들기도 애롭고(어렵고) 길게 자덜 몬하고. 그라이 마 종일 멍하고 글타 카이. 신경정신과 약도 마 오래 묵는 거는 좀 그렇다 캅디다. 잠을 자게는 해주는데, 약 묵고 자는 그기 좋지는 않겠지예. 카토릭병원 약 묵기 전에도, 수면제를 많이 묵었어예. 거를 안 무우만 잠을 몬 잤거든예. 수면제도 좋은 거는 아닌 거라예. 그래가 끊다 묵다 만날 이랬는데, 잠을 몬 자다가 한 번썩 잘라꼬 묵고 좀 자고 나매, 이튿날 아침에 일 나매는 어르뚱 하이 정신을 몬 차리겠는 기라. 그래가 또 끊고, 정 몬 자면 또 한 번썩 묵고 그랬다 카이. 카토릭병원 약 무우면서는 그래도 잠을 자예. 수면제 거보다는 낫더라 카이. 약을 하루에 한 번썩 아츰에백에 안 묵어예. 오늘 아츰에도 새로 묵었어예. 아침밥 꼭 묵고 약 묵으라 캐가 뭐래도 묵고 약을 묵어예. 안 묵고 잠을 몬 자는 거보담은 그래도 하나썩 먹고 잘 자는 기 좀 나슨 거 같더라꼬예. (그럼요. 잠 자는 게 중요하지요. 괜히 몸에 안 좋다고 약 끊었다가 오히려 더 힘들다고 하더라고요.) 이제 와가 마 몸에 안 좋으마 을매나 안 좋겠어예. 죽을 날 받아논 거나 마찬가진데, 안 좋으마 일쯕 죽기나 할 거이께네 외려 더 좋은 기라예. 묵고 눈 뜨고 있을 때 좀 나슨 게 낫지예. (그럼요. 지금 몸에 편한 대로 하시고, 드시고 싶은 것도 일부러 챙겨 드시고 그러세요. 저도 친정엄마한테 몸에 좋고 나쁘고 따지지 말고 드시고 싶은 거 드시라고 하거든요.) 맞아예. 몸에 좋으마 다 늙어가 을매나 좋겠어예. 묵고 싶은 거 있으마 무우만 그만이라예. 잠을 몬 자면 사람이 어지럽고 정신을 못 차립니데이. 낮에도 내애 멍해가 졸린 건지 마 시들시들하고. 약을 무우마 낮에 맥없이 졸린 거도 없고 밤에 잠도 잘 자고, 그라이 좀 살겠는 거라. 그라이 낮에도 경로당에 와가 사람들이랑 놀고 그라지, 잠을 몬 자마 세상 노는 거도 구찮고, 마 만사가 다 구찮은 기라.

  촌에 사는 사람들 참 불쌍타 카이. 고생 억수로 많다. 여자들 고생이 더 많아예. 일 마이 한 남자도 많지마는, 아무캐도 여자들 고생이 더 쎈 거라예. 밭일하고 나서도 집에 와가 내동(내내) 일하고, 자슥들 챙기고, 시부모 챙기고…… 넘의 집, 넘의 동네 시집와가 낯설고 말 설은데 와가 그래 일을 마이 하이 몸이 다 망가지는 거라. 내는 이제 알 안 해예. 다른 할마이들은 안 한다고 했다가도 봄 되마 또 밭 갈고 모종 숨구고 캐쌓는데, 나는 이제 안 한다 카이. 허리랑 무릎이 아파가도 몬하지마, 이제 하기가 싫다 카이. 지긋지긋하다 카이. 아아들도 마 승질을 내고 일 좀 하지 말라꼬 만날 잔소리라. 마당 텃밭에 꼬치 좀 숨구고 채소 좀 갈고, 그거 말고는 안 하거든예. 거도 아아들이 뭐라 카마 난린데, 거는 운동 삼아가 쪼매 하는 기라. 꼬치도 마이 안 숨구고, 두 골밲에 안 숨궜어예. 두 골 심어봐야 한 육십 포기 심나? 풋꼬치로 무울라꼬 키우는 거라예. 꼬치를 안 이콰예(익혀요). 이콰지도 안 하고, 풋꼬치 때 따가 딸 갖다주고 아덜 갖다주고 그칸다 카이. 아아들 오마 따가라 카고, 따는 길에 시누부네 것도 따가 갖다주라 카고. 벌레가 생기기나 말기나 약도 안 치고. 그라이 마 생긴 것도 글코 마이 달리지는 않지만도, 완전 무공해니께 맛이 좋아예. 비료도 안 주고 퇴비만 좀 해줘예. 풀이 나도 풀약도 안 치고 드나들매 좀 뽑아주고. 아아들 있는 데서는 거도 몬해예. 다리 아프다꼬 하매 자꾸 꾸구려 풀매고 그란다고 뭐라 카지. 그래도 아예 안 뽑아주마 땅

심*을 다 풀이 빼가가 꼬치가 잘 안 된다 카이.

이자 일날게예. 허리랑 다리가 아파가 일나야겠어예. 갱로당요? 글씨요. 마이 늦었지만도 좀 들렀다 갈라꼬예. 아직 파할 때는 안 됐거든예. 일나서 좀 걷다가, 거 가서 좀 앉았다가 또 일났다가, 아파가 자꼬 그래야 한다 카이. 잘 놀았십니더, 쉬셔예.

---

* 땅 힘, 땅의 영양분

이름은 붙이지 않기로 한
그녀들의 말

·

여자 일생이라는 게
사람 사는 게 아니지

김성진의 우록리 이야기

이름은 붙이지 않기로 한 그녀들의 말

네 명의 언니

80대의 한 여성이 있다. 또래 할머니들과 크게 다르지 않은 삶을 살았고, 게다가 예순 중반 이후 지금까지 두 손주의 육아를 맡고 있다. 1차 인터뷰를 신나게 한 그녀가 2차 방문에서는 단호하게 안 하겠다고 했다. 아들이 하지 못하게 한다는 게 이유였다. 2차 방문 때 그녀 옆에 그 아들이 있었다. 대구에 사는데 자식들도 챙길 겸 어머니를 방문하곤 한다고 했다. 적어도 1차 인터뷰에서 그녀는 그 아들의 이혼이나 조손 가정에 대한 스스로의 자괴는 없었다. 노년에 예상치 못하게 떠맡은 짐에 대해 말했지만, 책임을 다하는 것에 자부심을 보였고, 보람도 느낀다고 했다. 생애의 모든 대목에서도 그랬듯, 아들과 손주들이 닥친 현실 속에서 그녀가 생각하는 어미와 할미의 몫에 최선을 다했다. 아들의 주장으로 그 인터뷰가 중단된 게 많이 아쉽다. 두 손주가 읽으면 자신들의 상처에 힘이 될 텐데. 그 힘이 자라면, 할머니와 아버지와 엄마의 아픔도 안아줄 수 있을 텐데.

70대 중반의 한 여성이 있다. 영감은 먼저 갔고, 자식들은 나가 살고 있어 많은 할머니처럼 혼자 산다. 2, 3년 전 그녀가 '연애'를 했단다. 상대는 동네 주민이 아닌, 이혼한 60대 남성이었단다. 온 동네의 말, 말, 말에 밀려 멀리 면사무소 있는 동네에 방을 얻어 연애를 계속했단다. 그러다가 자식들까지 알게 되어 시끄러워지면서 연애는 끝났다. 나와 만났을 때 언니는 동네 사람들과 그럭저럭 어울리고 있었지만 깊은 우울과 무기력에 빠져 있었고, 그 연애에 대해서는 일언반구도 없었다. 동네 할매들과 무슨 일로 말다툼이라도 생길라치면, 느닷없이 상대 입에서 '××년'과 함께 그 이야기가 튀어나오곤 했단다. 주인공들과의 라포르*가 충분히 형성되지 않은 채 진행된 이번 '우록리 작업'의 한계 때문에, 나는 그녀의 우울과 무기력 속으로 더 들어갈 수 없었다. 언니, 언니의 지난 연애를 지지하고 축하해요. 내게 보였던 우울과 무기력의 깊이만큼, 언니는 열정과 용기가 남다른 분이에요. 누구의 무엇이기 이전에, 누구들의 무엇에도 불구하고, 언니는 언니 자신을 살았던 거지요. 다음에 만나면, 언니 연애의 행복과 아픔을 자세히 듣고 싶어요. 주변의 말, 말, 말들에게. 그 언니는 자기 자신을 살고 싶었던 겁니다. 주변의 비난이나 상처받을 염려에도 불구하고 무언가를 구태여 하고 싶을 때, 아마 우리는 자기 자신을 만날 수 있다고 생각합니다. 언니와 여러분의 삶에서, 용기를

---

* 두 사람 사이의 공감적인 인간관계. 또는 그 친밀도. 특히 치료자와 환자 사이의 관계를 말한다.

낼 기회를 놓치지 마시길. 경로당에 둘러앉아 화투 치며, 언니들의 '연애' 이야기로 까르르르 왕수다를 나눌 수 있기를.

60대의 한 여성이 있다. 경제적으로 상층이고, 여고를 졸업한 여성이다. 결혼 후 얼마 안 되어 우록리에 들어와 35년간 살고 있지만, 이 깡촌에 사는 것이 내내 불만이고 우울증도 있다. 35년 전 시댁 식구들이 우록리에서 고시원 사업을 도우면서 시작된 불만이 아직 그녀의 속을 시끄럽게 하고 있다. 그 불만은 옆에 있는 남편에게 이어진다. 바람을 쐬러 자주 외출하지만, 다시 불만으로 돌아온다. 최근 우록리 바깥에 있는 공장에 다니기 시작했는데, 하는 일은 단순 작업이란다. 불만의 말이 줄었고, 공장 일과 사람들을 좋아하며, 일상의 기분도 좋아졌단다. 불만의 실체는 무엇일까? 스스로 선택해본 적 없는 삶일까? 마음이 닿을 곳을 찾을 수 없었던 일상일까? 느리고 지루하게 떠도는 시간을 빠르게 보내버리는 공장의 단순 작업이 그녀를 즐겁게 하는 걸까? 그 단순한 집중에서 느끼는 즐거움을 통해 그녀가 자신을 만나는 경로를 찾기. 시댁도, 남편도, 우록리의 안과 바깥도, 단순 작업도 아닌 자신을 만나기.

필자가 이름도 얼굴도 나이도 알지 못하는 '저 전원주택에 사는 여자' 하나가 있다. 한 부부가 평생 노력해서 재산을 많이 모았단다. 그런 후 아내가 무슨 암인가에 걸렸고, 요양을 위해 부부가 우록리에 전원주택을 짓고 이사 오면서 중국 교포인 젊은 여자 간병인도 함께 들어와 살았단다. 아내는 결국 죽었고, 1년도 안 되어 남편은 그 교포 여성과 재혼했다. 그 내막에 대해서든 재혼에 대해서든 동네에서 말, 말, 말이 많지만, 구체적인 관계나 상황을 정확히 아는 사람은 없단다. 이 짧은 '카더라'들을 들고 나는 부디 그 여성에게 이 결혼이 자신의 삶을 만드는 좋은 기회가 되기를 바라는 마음이다. 언제든 한번 그 여자를 만나 이야기를 나누고 싶다.

이름을 붙이지 않은 구술들

● 어느 할매의 행복한 기억

거 뭐 우리 옴마 아부지는 우리한테 생전에 참 잘 안 뭐라 카고, 그래가 내는 어려서 친정서 속상하고 뭐 그런 거이 없어예. 우리 옴마도 글코, 우리 아부이는 천날만날 이래 고기 겉은 거, 이래 칼치 겉은 거, 그런 거 사가 오면, 대가리 있고 꼬랑대기 이래 안 있나? 있시마 불에 꿉으마 거 노라앙하이 맛있거든. 나는 딴 건 안 묵어도 칼치 그거는 잘 무었다. 그래가주고 그거 칼치 꿉으마, 아부지라고 복판 드리고, 우리는 꼬랑대기 대가리를 우리 엄마가 주거덩. 주만 아부지가 요래 딜다보고, 자기 거를 가가 우리 주고 꼬랑대기하고 대가리하고는 아버지가 가간다. '성만 타가 가는 그거, 불쌍한 거, 와 꼬랑대기를 주노?' 그카시매, 딸들헌테 더 좋은 거를 주는 기라. 딸은 성만 타가주고 인자 가는데, 넘 주는데, 시집 보내뿌야 되는데, 거 불쌍한 거를 와 꼬랑대기 대가리를 주노? 그카시는 거라. 아부지한테서 성만 타가 넘의 집 간다 이기라. 안씨러븐 기라 그기. 넘의 집에 가는 거 그거를 와 그래 꼬랑대길 주고 대가릴 주고 그카냐고……. [눈물을 글썽이신다.]

그래 만날 그카드라. 그카미 마 고기만 꿉으마 이래 와 달다보고, 아들카매 더 잘해주고 잖고, 안씨러버하고. 응, 우리 옴마 아부지는 마마 뭐 참 남한테도 인사 듣고 우리 할매도 글코. (친정 어르신들이 진짜 깨친 분들이네요.) 맞다. "성만 타가 가는 거 불쌍타. 거거 여 고기 복판 동가리 줘라" 이카데, 하하하. 하유, 아부지 생각하이 눈물이 난다 카이…… 그럼 울 엄마는 마, "그카만 아아가 뭐가 되꼬? 아무끼나 잘 묵는데, 뭐 아무끼나 무우만 되지" 그칸다. 그캄시롱 오매가 마 지끼만, 마 아부지가 또 그란다. "머라 카노? 주라 카마 주는 기지. 당신은 뭐" 그래싸마, 오매는 어떻고 저떻고 그카마 영감 할마이가 서로 뭐라 카다 "아이고 됐다 마, 내가……" 그카고 엄마가 져뿌렀다.

할아부지는 할아부지대로 서당 채리시고, 오매는 오매대로 처내들 모아서 또 가르쳐주고, 그랬다 카이. 그래가 우리 오매는 좋은 일도 마이 했어예. 그래 참 내 우리 친정서는 거거하게 살았는데, 여 뭐 꼴짜구로 와 시집 사니 이상하데예. 이상하고, 뭐 하는 행동도 그카고. 전시이(전부) 모두 상놈 겉고 그카데, 흐흐흐.

우리 오매 승질이 활달하다 카이. 대장부 승질이라 카이. 어떤 때는 마 지문 이래 써가 여어 저 다린 집들에다 주고 마마. 사람 죽고 나마 와 지문 이래 쓰는 거 안 있나? 우리 옴마는 글이 좋아가지고 전에는 와 시집 가마 사돈집에 글씨 써 보내고, 사람 죽으만 지문도 씨고 안 하나? 거거를 우리 옴마가 다 했어예. 근데 내는 학교를 몬 댕겼다. 몬 댕긴 게 와 몬 댕겼노 하믄, 일도 많았지만 누가 글 배우라꼬 말을 안 췄는 거라. 우리 오매도 학교는 안 댕깄는데, 친저 외할부지가 학자라놓이 뒷글로 다 배운 거라. 밖에 모래 수북이 갖다놓고, 거다 글씨 씨고 모래 읊애뿌고 또 씨고. 그러이 우리 옴마가 참 머리가 좋지. 그니까 우리한테도 뒷글로 글을 췄는데 우리는 거거를 배우지를 몬했다. 우리 옴마가 동네 아지매들헌테 학자라. 그래놓이 또 우리 옴마가, 처내들 머리 중중 땋고 이전에는 안 그래썹니꺼? 중중 머리 땋은 처내들 모아놓고 글로 마이 갈쳐췄다 카이. 딸들을 안 가르치니까, 엄마가 처내들 모아갖고 갈쳤어예. 동네 아지매들도 오는 아지매는 오고. 그라이 그런 사람들을 배아줘도 우리는 거거 배울라고 애를 안 썼다 카이. 와 그랬냐꼬? 글씨…… 거거 내 지금 생각하이 이상타. 그때 거거라도 좀 배았으믄. 그때 엄마가 이거 좀 배아라 소리도 안 하데요. 이거 좀 배아라 이카고, 안 한다꼬 머라 카고. 그래 좀 했으믄 안 배았겠나? 근데 그 소리도 안 하고, 참. 옴마는 글을 잘하믄서두, 내헌테는 글 좋아가 팔자 좋은 기 아이라꼬, 그래 말합디다.

막 목소리도 좋고 해가, 가차운 친척 할매 할배 돌아가시마, 곡하는 것도 울 오매가 최고라. 소리도 좋고 알기도 잘 알고, 그래가 친척들한테 갈챠주고. 곡은 또 그기 어려버가 배워야지 하는 거거든. 동네 누구네 핀지(편지) 오마 다들 울 오매한테 갖고 온다. 그때는 거 글 알고 하는 사람이 아무도 없거든. 여자는 더 없고. 그래 거 '코우코쿠 신민노 세이시'• 카는 그것도, 일본 시대 그거를 잘 일러야•• 배급 준다 캤는데, 울 옴마랑 아부지빼에 하는 사람이 없는 기라. 그거 모리만 배급 안 준다꼬 일본 사람들이 그캤다 카데. 그래놓이까네 인자 다 시기봐도 아무도 모르이, 우

• '황국신민의 서사'의 구절을 말한다.
•• 외워야

416

리 옴마더러 동네 여자들헌테 갈챠주고 외우게 하라 카매, 선생으로 내 났는 기라. 그래가 매일 인자 가가지고 갈치고, 집에도 오라 캐가 여자들 모다놓고 갈치데. 외우도록 그래 하는 거제. 그래가주고 내가 안 캤나. "엄마는 뭐 여게 선생질하고 저게 선생질하고 바쁘다. 살림 살아야제" 내가 이캐놓이, 하하하. 아부지도 여자가 나가 그러는 거럴 몬하게를 안 했어예. 아부지가 몬하게 하믄 또 딱 갇히는 거잖에. 동네에 그런 거 안 갈치주면 안 될따 싶어가주고 저카는 기라. 그래 우리 아부지는 그런 건 없데. 그런 거는 없고.

우리 할매도 우리 옴마한테, 뭐 저게 미느리한테 독하게 안 글코, "갈데 있으마 가게" 그카고, 똑 미느리 보고 말도 안 놓더라. 해라 마라 그게 아이고 "하게"를 하시는 거제. "가게" 그카고. "그라마, 자네 하고 젚으마 하게" 이카고. 똑 말을 그래 하데. "그런가 저런가" 이카지, "그렇다 저렇다" 안 카고. 내는 미느리한테 다 그런강 했지만, 다린 이들은 안 글카데.

친정오마이가 마 골병 들리 죽을라 캤다, 나 시집가가 고생한다꼬. '저거를 내가, 저 철없는 약한 걸로 뭐할라꼬 이 골짝에 치아가지고 저 고상을 시기노' 카미, 허허허. 우리 오마이도 내 겉은 고생은 안 했어예. (그러게요. 학자 집안에 시집가서 동네 여자들 모아놓고 글 가르치신 거 보면 그만큼 시간 여유가 있었다는 거지요.) 예, 거 우리 엄마는 참 머리가 틔었어예. 친정 쪽에 우리 외할아버지가 학자들 공부시기는 그 선생이라 카이.

내 시집와가 삼 년이 넘도록 아가 안 생겼어예. 시어른들이 자꼬 막

뮈라 카데. 근데도 내는 마 맏며느리고 뮈이고 일에 깔리가주고, 하이고 마마마 아고 뮈시고 아무것도 안 생각키예. 그때는 마마마 그런 것도 안 생각키고 마. 나중에 아 있시마 아 있으이까네 일 몬하이 그것도 또 답 답고, 어으. 첫아 날 때 고생 많았어예. 그래가주고 요 밑에 요 1리(우록 1리)에 요 여으사가 하나 있었거든. 으사도 하고 산파도 하고 뮈 이랬는 모야이라. 그래가 우리 시어무이가 카데예. "저 밑에 가가 의사를 델꼬 오니라. 암만캐도 이래가 안 되겠다" 그래 시동상을 보내더라꼬예.

● 어느 할매의 혼례 이야기

그러고는 거 뮈라 카노 거 첫날 거 방. (아, 신방요?) 거래, 거 뮈 신방 채려놓은 거를 들어가이께네, 내도 쥐띠제 신랑도 쥐띠 아입니꺼. 쥐들 이 물어다 나른다 카미서 집을 마 바아다가(방에다가) 다 쳐넣데. (집이요? 방에다 집을 넣다니 그게 무슨 말씀이신지요?) 짚 안 있습니까? 짚까래. (아하, 짚가래. 쌀가마 만드는 그 짚가래요?) 예. 그 짚을 그래 신방에다 쳐넘디다, 둘 다 쥐라고 마 짚도 잘 물어오고 거다 뮈를 마 물어다 날라 가 잘 숨과노라 캄서. 그래야 마 둘이 뭘 잘 물어다 부자 된다 카믄서, 짚 단 하나럴 다 뜯어가 쥐 던지더라 카이. 그 사람들을 상방지기라 카든가 뮈 그래. 그래가이고는 신랑 신부가 한방 들르까네 우리 오빠가 들어와 가지고 막 짚단 뜯어가 들른 사람들한티 뮈라 카고, 짚을 다 내던지고, 오빠가 뮈라 카데. 첫날밤에 우엔냐꼬? [거절을 의미하는 가락을 담아] 으으으.

각시를 왜 묵콼다 보내는 거는 마, 그래 하라이까 하는 거지 와 그카는가는 모린다. 우리 때는 그냥 뭐 1년 묵콰가 시집을 왔다. 원래는 내가 더 짝았었다 마. 지금은 살쪘는 택이라예. 아 놓고 나이 이래 쪼매 살이 붙더라고. 우리는 여 시집올 때 여 손마디도 안 생겼어예. 손도 쪼맨하고. 여 와서 손도 커진 게 이렇다 마. 시동상이 반지 맞추러 와가지고, 손가락을 요래 실로 해가지고 재가 반지를 맞추는 긴데 그 잰 실을 자그 앵지손꾸락에 껴봤더니 딱 맞더란다. 그래가 냉중에 반지 찾아가 저저 고개 넘어가 오면서 지 손꾸락에 반지를 찡가봤는 기라. 찡가보이 지 손꾸락 앵지손꾸락에도 안 들어가더란다. 그래가 이거 잘못했다 싶어가 반지를 억지로 발싰어(벌렸어). 발시가지고 반지를 가왔는데, 내 손꾸락에 반지가 뭐 풍덩풍덩 이래 빠지는 거라, 하하하. 시동생이 발시놓니까. 그래 손이 쪼맨했다 카이. 손마디도 없고 참 이뻤어예. (어르신 손은 지금도 예쁘세요.) 안 이뻐예. 지금은 엉망이다 마. (엉망은요, 일 많이 하시고 나이 드셔서 오히려 더 예쁜 손이 된 거지요.)

● 어느 할매의 자기 할매에 대한 기억

우리 집에 그때 틀이 있었다. 바으질 하는 틀. (아하 재봉틀요?) 틀이라 안 카나? 와 그 미싱. 거걸 틀이라 카거든. 그 틀이 있어놓이꺼네 내가 바으질 잘했다 카이. 친정서 배았고말고. (부라더 미싱이었나요, 혹시?) 모리겠다, 무슨 미싱인지는. 손틀 아이고 발틀이었다. (역시 부잣집은 달랐네요, 하하.) 거래. 그때만 해도 틀 있는 집이 별라 없었다 마. 그래가 내 바으질은 참 잘했습니다. 그거 있으이까네, 우리 어무이는 마 우리 미느리 잘한다 카고 자랑하미, 넘의 바으질 겉은 것도 다 가와가주고 하라 칸다 이 말이라. (돈 받고요?) 해줄라 카믄 공짜이 해주지 돈을 벌기는 무신. 나는 시집오면서러 바으질 다 배아서 왔어요. 밥 겉은 거는 뭐 그런 거는 안 배았지. 언니도 있고 고모들도 마았으니 내는 밥 겉은 거는 안 해봤다. 바으질도 엄마가 시긴 게 아니라 우리 할무이가 있었다 카이. 우리 엄마는 뭐 이래 갈채보고 몬하믄, 마마마 막 뭐라 카고 이카는데, 우리 할매는 안 그랬거든. "요거는 요래 하고 조거는 조래 해래이" 카고. 뭐 암만 잘못 내놔도 "다음에 잘하만 된다" 이카고. 할매가 만날 그래 하이, 할매는 참 뭐뭐 갈치는 것도 요래 찬찬이 갈치는데, 우리 엄마는 뭐뭐 몬하면 '치아뿌라' 카면서러 막 뭐라 카거든. 자기는 꼼꼼한데 넘 바으질 같은 거 갈채줄 때는, 속에 불이 나는 모양이라. 그래가 참 바으질은 전부 할매한테 배았어요.

나는 클 때 캤다. "난 엄마는 죽고 살아도, 할매는 죽고 몬 산다" 캤거든. 만날 그캤다. 할매는 내 시집오고 나서 돌아가셨지예. 그러이께네 첫 아도 몬 보고 돌아가셨지 싶으다. 할매 돌아가셨을 때, 우리 시어마씨가 몬 가구로 하데예. 내 을매나 가고 싶었는데…… [눈물을 닦으신다.] 몬 가구로 하고 뭐뭐뭐 절대 몬 가구로 하지. 그래 안 갔다 카이. 멀기나 해예? 바로 여 재 넘으면 청돈데…… 그래 안 갔지 마. 안 가고, 뭐 뒤에 인자 친정 갈 때 돼서 가이, 전에는 빈소 안 있습니꺼. 삼년상 내고 안 하나? 할매 빈소에 가가 실컨 울었지. 시집올 때 할매가 새 틀을 사줬는 기라. 하이고, 우리 할매가 바으질도 다 갈챠주고 시집보내마 틀도 새로 사주고 캤는데, 마 할매 돌아가실 때 내럴 몬 가게 해가, 내가 가보지도 모하고 마…… [다시 눈물을 훔치신다.] 내 시집가 고생한다꼬, 할매가 그래 걱정을 했다 카드라꼬예, 내 냉중에 가가 들으니께네…… 내 암껏도 할 줄 모리니께 시집살이 할까봐서리, 거 바으질은 꼼꼼히 갈챠주신 거라 그게…….

● 한 할매의 자식 이야기

큰딸이사 일을 하기는 했지마는, 뭐뭐 그러그러 크이께네 공부한다꼬 뭐 대구 가 있제. 우리 아이들 국민핵교도 대구 가가 다 했어요. 우리 딸이 오십여섯이거든. 오십일곱이다, 올개는. 그런데 거 뭐뭐 전에 뭐뭐 지 동상들 그때 애 무웠다. 동상 둘 초등학교도 대구서 시깄거든. 그래놓이께네 큰딸아가 동상들 밥 해믹이고 지 학교 댕기고 쪼맨헌 게 애 많이 무웠지, 하하하. 그래도 딸도 공부 다 했심다, 아들들은 더 마이 하고. 그래놓이 우리 막내이 아들은 대학교 교수를 하는데, 그 아들이 '우리는 옴마한테 밥 얻어문 거 카마 누부야한테 밥 얻어문 기 더 많다' 그카데. 공부한다꼬 지 누부가 밥해주면 만날 묵꼬, 우리는 마 양식이고 찬이고 뭣이고 돈이고 줘 갖다췄뿌고. 딸아 쪼매난 기 마마마 나이도 몇 살 차이아이거든. 지 아래 카마 시 살 차이다 말이야. 큰아들하고 시 살 차인데, 거 뭐 국민핵교 댕겨봐야 갸가 몇 살 무웠노? 요만한 게 밥 해묵고, 한번썩 가만, 마 내가 한번썩 가만, 마 정지고 뭐시고 더럽게 해놓으면 내가 짜증나가 뭐라 칸다. 마마 그릇이고 뭣이고 다 던져뿌거든. 냄비고 뭐시고 내 승질이 더러버 그랬어예, 하하. 그래놓이께네 내 온다 카먼 마 대통령 오는 카마 더 겁낸다. 아들은 아들대로 막 책상 정리 다 하고. 막 책꽂이 이리저리 어질러놓으면 책이 마 다다 날아가거든. 아아들이 시내, 거 보자 수성구 거도 살았고, 저쪽 어데고, 거 뭐꼬 염매시자아 반월 거도 살았고 그랬다. 큰딸은 거도 뭐꼬 대학교까정 다 했지. (잘하셨네요. 전에는 딸들 공부 많이 안 가르쳤잖아요.) 그래도 마 지가 할라 카이 우얍니꺼? 아아들이 그래도 뭐 시험치이 떡떡 붙으이까네 우야노? 떨어지마 모리지만 떡떡 거래 붙으이꺼네 시기줘야지. 큰아들은 대학 하라 카이께네, 갸는 일할 때도 농띠이를 좀 지깄다. 아아들 그거 와 고등학교 댕길 때도 농띠를 지기가, 대학교 하라 카이꺼네 대학교 안 하데. 지가 안 간다 카데. 그래 내가 캤지. "그래 안 가는 건 좋다. 만약에 니가 저게 나아(나이) 많아가주고 공부 시깄니 안 시깄니 원망하만, 내 기양 아 있데이. 그래 알아라" 그랬더마는 원망 안 할란다 카데. 글터만 지끔도 안 하데. 거래 그렇고,

  작은아들 저거는 마 공부를 그렇게 열심히 하데예. 학교 갔다 와도 마마마 "니 뭐 요래 쫌 거들어도고" 카먼, 내 숙제해놓고 거든다 카고, 또 말하믄 또 공부 여까지만 해놓고 거든다 카고, 내애 책만 붙들고 앉았는기라. 같이 농사를 져도 다른 집 아아들 엄마는 마마 공부하라 소리가 일인데, 우리는 일하란 소리가 일이다. 그러이 마 천양 없이 바빠도 숙제해놓고 지 공부 다 해놓고 일로 거들지, 숙제랑 공부 안 해놓고는 일을 안 거들어예. 그러이 뭐뭐 그거 경북대 뭐 시험치디만 떠억 붙데. 과는 그기 뭐라 카노? 거 보고 뭐시라 카더라…… 지 연구하고 하는 거를 뭐라 카노? (그럼 생명공학 그런 건가요?) 그래 맞다, 그 과라 카데. 그래갖고 지끔은 저게 대학교 교수 한다. 그라고 마 일본 있다가 팔 년 만에 왔다. 일본서 인자 그거 자격, 그래 맞다, 거 박사과정. 그거 따가 그래 춘천으로 와가 춘천에서 일 년인가 이 년 하다가, 또 미국 가가주고 한 일 년인가

이 년 있다가 또 왔어예. 그래 와가 저래 대학교에서 교수 하는 기라. 갸는 장학생으로 공부했다 카이. 거래 거 일본 대학원 댕기이까 학비도 거서 장학금 다 나오고. 일본 갈 때는 장개 안 가고 갔댔고, 마 미국 그때는 하고 갔다. 그래가주고 일본 거 있을 때 우리 영감 할마이 가가주고 한 열흘 있다가 왔어예. (아들 키운 덕을 톡톡히 보셨네요, 하하.) 거래. 거가 있시이 자가용도 있고 뭐 없는 거 없데예. 그때가 군대를 뭐 그거 뭐꼬? 및 개월만 하면 졸업 맞는 거 안 있십니꺼? 영천 어디 가가 그거 시험쳐가 돼가주고, 그래 뭐 및 개월 안 하고 나왔어예. (병역 특례로 군대를 가셨나보네요. 대학 전공에 따라 그런 기회가 있는데 그걸로 갔나보네요. 훈련소만 다녀오고 군 복무는 집에서 출퇴근하는 거지요?) 맞는갑다. 거도 뭐 시험쳐가 드간다 카데예. 갸는 마 시험이란 시험은 떡떡 붙는다 카이. 그래 머리가 좋아예. 그래가 거 제대하고 그거를 참 일본 가도 그렇고 여어 대학교 할 때도 그렇고, 지가 전부 장학생으로 공부했지 집에 돈은 안 들어갔심다. 큰딸은 대학이 아이고 그거 뭐꼬, 이 년 하는 거 뭐꼬? (전문대요?) 거래, 거 전문대 나왔다 카이. 과는 모리겠다. 잊아뿟다. 갸도 재주가 좋아예. 우리 아아들이 다 머리가 좋다 카이까네. 딸은 그래가 지끔 딸 둘 놓아 키웠다 카이. 갸 큰딸은 결혼해가 뭐뭐 설 쇠면 서른 살이다. 결혼 안 했을 때 직장을 좀 다녔는데, 보자 뭐 했다 카더노? 뭐 했다 카드만 내 잊아뿟다. 인자 요새 정신 없데이. 뭐 한다 캤던 것도 금방 모리겠고. (당연하지요, 저도 맨날 까먹는데요, 하하하)

● 한 할매가 아직 내게는 안 해준 이야기

70년도 더 된 이야기라 이 마을에서도 이젠 흉이 아니다. 난리가 벌어진 그날, 마을에서조차 흉이 돼서는 안 될 일이었다. 그저 너무나 억울하고 기가 차고 하늘이 무너지는 난리판이었을 뿐이다. 무참하게 당하기만 했을 뿐이다. 그런데 할매가 그 이야기는 하지 않는다. 어느 때 누군가에게 할매 입으로 말을 해서, 알 만한 마을 사람은 다 아는 이야기다. 나도 그 이야기를 마을 사람에게 전해 들었다. 전해준 사람도, 흉이 아니라 아픈 사연으로만 전해주었다. 그런데 할매가 내게 그 이야기를 뺀 것은, 나 역시 알면서 묻지 않은 것은, 아직은 둘 사이에 시간이 더 오고 가야 해서다.

70여 년 전 어느 날 어느 시골 마을에서, 젊은 서방이 빨갱이로 몰려 처참하게 죽었단다. 말만 전해 들었지, 시신도 못 찾았단다. 그날도 새댁은 젖먹이 아들을 업고, 그냥 밭을 갈았단다. 그러니 이 마을로 들어온 것은 두 번째 혼인이었다. 자식은 시댁에 주고 왔단다. 새 영감이 늙어 죽은 후 그 첫 자식은 어미 동네 어미 집 근처로 이사를 왔단다. 첫 자식도, 뒷 자식들도, 동네 알 만한 사람들도 다 아는 이야기다. 어르신, 죄송해요. 이렇게 아는 체를 해버려서. 다음에 언제 그 이야기 좀 꼭 들려주세요.

여자 일생이라는 게 사람 사는 게 아니지

김성진(1950년생, 강원도 삼척 출생)의 우록리 이야기

우록리를 두 번째 방문한 때인 2017년 3월에 김성진님을 인터뷰했다. 외지 출신의 남성이지만, 이곳에 정착한 지 30년 가까이 된다는 점, 우록1리와 우록2리에서 이장을 16년간 했다는 점, 마을의 지리·역사·문화적 배경에 대해 설명해줄 수 있다는 점 때문에 인터뷰를 청했다. 인터뷰는 유지원님(한글반 선생님)의 집에서 진행했고, 그의 부인인 김효실님과 유지원님이 함께 이야기를 들었다. 구술 내용 중 개인적인 부분은 부인 김효실님의 이야기에도 나오는 것이어서 대부분 뺐고, 개인적인 일이더라도 지역과 연관된 것은 남겼다.

육이오와 좌우 갈등 시기의 우록리

나는요 1950년생인데, 이 동네 온 지는 30년 정도밖에 안 됐어서 이 동네 묵은 내막은 모른다 카이.

　빨치산 얘기는, 육이오 때 여기가 삼성산, 최정산, 우미산, 황학산에 둘러싸여가지고, 이 표고*가 평균으로 치면 700미터가 좀 못 되고, 아마 680미터가 좀 넘을 거라. 그러니 주변이 산으로 꽉 차서 둘러싸여 있고, 마을로 들어오는 통로라 할 만한 거는 개미허리같이 잘록하잖아요. 들어오는 입구가 아주 협곡이지. 글로 들어오는 길밖에 없어요. 다른 데는 길이 없거든. 그러니 옛날에 우마차 댕길 때는 외지에서 저 아래 우록1리 통해 여기에 들어올 일이 거의 없었는 거라. 바깥 사람이 구태여 여기 들어올 일이 뭐가 있었겠어요? 이 동네 총각이랑 중매가 돼가 새색시들 시집오는 거 말고는, 이 깡촌에 외지 사람이 들어올 턱이 없지. 이 산골 사람들이나 나무해서 장에 내다 팔고, 뭐 필요한 거 바꿔오느라 고개고개를 넘어 들락거리는 거지.

　빨치산 카는 거는, 육이오 때 이짝 저짝 남로당 출신들이 전라도 지리산이 주 준거지였는데, 토벌 작전을 자꾸 해뿌니까 뿔뿔이 흩어져가 백두대간을 타고 북으로 올라갔던 거라. 저 위 산이 다 그 줄기거든. 그 과정에서 배는 고프고 하이 내려와가지고 민가 탈취도 하고…… 동네 사람들은 나무하고 나물 뜯고 하느라 산에 가고, 마 그랬을 거 아이가. 그러다가 총질도 하게 되고. 그래서 집사람 부친도 손에 총을 맞아가지고 평생 고생을 하시지. 장인 영감이 빨치산 활동을 한 게 아니라, 산에 나무하러 갔다가 빨치산이랑 마주친 거라. 자기네 말을 들으면 되는데 놀

---

* 　바다의 면이나 어떤 지점을 정하여 수직으로 잰 일정한 지대의 높이

래서 막 도망치고 하니, 그 사람들은 또 자기네 위치 드러날까봐 잡으려고 쫓아가다가 마 총을 쏜 거라. 다행히 딴 데 안 맞고 팔이랑 손에 맞아가, 그래 상황은 응급해도 그마한 게 기적이라. 여기서 토벌대와 빨치산 간에 집단적인 전투나 뭐 그런 건 별로 없었을 거예요. 동네 어르신들한테 물어봤는데, 그런 이야기하는 분은 없더라꼬예. 그리고 전쟁 전이나 후나 이 동네서는 뭐 사회주의 활동 하고 그런 사람도 없었을 거예요. 다른 데서 좌익 활동을 하다가 피신해서 이 산에 들어와 살았다는 사람 이야기는 들었어요. 산에서 만났는지 원래 좌익이었는지 부부가 피신해 왔다가, 아예 산 바로 밑에서 내내 살다 여기서 죽었다고 하더라고요. 모르지, 그전에 징역살이를 했는지 어쩐지. 이 산골에 와서 사니, 더 잡아가고 그러지는 않았지만 늘 신원조회를 했다더라고요. 그러면 장인 영감님이 늘 보증을 서주셨다고 하더라고요. 부부가 학벌도 인격도 아주 좋은 분들이었다고 해요. 부친도 일본 군대에 가가 오래 생활을 했고 또 배운 분이라, 세상 돌아가는 거는 빤하게 아셨는 거지요.

　바로 여 마을은 아이지만 근처에서는 마 떼로 사람을 끌고 와 죽이고 암매장하고 그런 일이 좀 있었는갑더라고. 근데 뭐 다 쉬쉬하고, 말도 마 서로 다르고. 딴 데 사람들을 끌고 와가 그래 해뿐 거라, 여 인근 사람들이 아이라보이, 바로 피해를 본 집도 없으니, 마 그래 쉬쉬하고 지나가뿐 거라. 그런 얘기는 하도 몬하고 산 시대 아입니까? 자기 식구가 당하고도 말 몬하고 산 시댄데, 딴 데서 끌려온 사람들이 당한 거라 아예 덮어버려진 거라예. 본 사람도 많도 않은 거 같고. 여 마을 사람끼리 좌네 우네 해가 서로 죽이고 미워하고 그런 거는 없는 거 같더라고요. 그럴 만큼 깊이 관여된 그럴 거가 없는 마을이라예. 못된 지주가 있어서 동네 사람

원망을 산 거도 없지, 이 산골짝 마을에.

육이오 전쟁이 여기를 지나가지는 않았지. 왜냐면 '팔조령' 카는 재가 이 삼산으로 해서 옛날에 대구인데, 옛날엔 부산에서 김해로, 밀양으로 해서 팔조령으로 해가지고, 대구 북으로 해서, 왜관으로 해서, 문경새재로 해서, 서울로 가는 직통 코스라. 그러니까 이제 삼산 같은 데가 역촌이라. 쉽게 말하면 거기서 사람도 쉬고, 말도 여물 주고, 그래가 역촌이라. 옛날에 역촌은 평가가 안 좋았어요. 하여튼 그 삼산에서 이쪽으로는 동네가 있는지 없는지도 모르는 완전 협곡이라. 그리고 표고가 700대니까 다른 데서는 우마차도 들어오기 힘들던 거라. 옛날에 산도 우거지고 하니까 바깥에서는 뵈도 안 한 거지. 그래서 여는 전투에서는 안전지대가 됐지. 얼마 전까지만 해도 버스가 삼산까지만 들어왔어요. 우록1리에 버스 생긴 거도 얼마 안 됐고, 여 2리는 아직도 버스가 없는 거라. 마을에서 봉고 버스 하나 굴리기 시작한 거도 2, 3년밖에 안 됐어요. 이제 여는 거 탈 사람도 없어예. 할매들이나 서너 명 장에 뭐 내다 팔려고 버스를 타는 거라. 새로 들어온 사람이나 우리 겉은 사람은 다들 마 자기 차 타고 자기 필요한 시간에 필요한 장소에 갔다 오는 거지, 봉고 버스는 탈 일이 없어예.

육이오 전투가 대구하고 부산하고만 남았댔잖아요, 낙동강 전투가. 그래서 여기는 전쟁은 안 겪었는데, 그 후에 산사람들이 백두대간 시작되는 지리산에서부터 산 타고 오면서 빨치산 소탕이니 뭐니 해가 살상을 많이 했지. 이짝 군경도 마이 죽고. 민간 마을은 뭐 묵을 거나 입을 거 얻을라고 들어온 거지. 대강 하라는 대로 하마 사람들 죽이고 그런 거는 없었다

마. 거 도와줬다고 나중에 경찰이 와가 몬살게 굴어가 거가 힘들었지.

물 한 사발 먹고 꺼어억 카고

내가 여 우록리를 들어온 거는 1981년돈가 그래여. 저수지 하나 막는
데 측량기사로 왔다가, 여기가 하도 산세가 좋아가지고 회사를 그만두고
마 여기 정착해서 살게 됐어예. 원래 여기 2리로 들어온 거가 아니고, 밑
에 큰 동네 우록1리에서 결혼하고 정착해서 살다가, 나중에 여기 2리로
들어온 거라. 여기가 더 좋아가지고 올라왔지. 여기 온 지도 이십 몇 년
됐다. 89년에 왔으니까 벌써 30년 다 돼가네예.

옛날에는 나무 때고 나중에는 연탄도 때고 하면서 보마, 아침에 밥하
고 소죽 끓이고 하잖아요. 집집마다 농사지으려면 소가 두세 마리씩은
있었으니까. 저 밑에 우록1리는 해발 한 300미터 되는데, 구릉지다보니
까 아침에 나오면 안개하고 연기가 섞여서 정체되어 있는 기라. 그래서
집 있는 데부터 40, 50미터까지는 열 시까지도 그게 안 없어져. 그래서
'아, 여기는 몸에 안 좋겠구나' 그 생각을 한 거라.

여를 처음 왔을 때는 참 기가 막혔어예. 유 선생(한글반 선생님) 집도
새로 짓기 전에는 바위가 커다란 게 있었어요, 부엌 옆에 바위가. 당시
내 올라올 때만 해도 집이 커봐야 여섯 일곱 평 그렇고, 팔뚝 같은 요런
나무에다가 기둥 세워서 그렇게 지었더라고. 그때 올라오니까 사람들이

여름이랑 봄가을에는 일하지만, 늦가을부터 초봄까지는 할 일이 없잖아요. 그러이 맨날 소주로다가 하루는 이 집에 가고, 하루는 저 집에 가고 그렇게 살더라꼬. 여기가 좋아서 정착할 생각에 둘러보러 왔는데, 그러 믄서 술도 같이 하게 되잖아요. 그때 소주 유리병 그게, 나무 상자에 네 개씩 두 줄로 여덟 개 들어갔어. 그때 당시만 해도 차가 올라올 수가 없어서, 멜빵을 해가 등에 딱 지고 걸어 올라오는 거라. 그때만 해도 농업이 기계가 전혀 안 되고, 비료도 없고, 그러이 배추가 지금처럼 속이 꽉 차고 통이 크고 그렇게 안 되는 기라. 그냥 이게 딱 벌어진 거처럼 새파란 거, 그렇게만 되는 거야. 맞아예, 고랭지 배추. 그래 한 걸 가지고 김치를 해 먹는데, 그때만 해도 고춧가루가 귀한가보더만. 고춧가루는 약간 들어가고 새파란 그런 거를, 도저히 무울 수 없을 정도로 짜바요(짜요).

근데 여 사람들이 술을 한 잔 두 잔 먹는 게 아니고 밤새도록 먹어요, 밤새도록. 그땐 화토도 칠 줄을 모르고, 문화생활 이런 거도 전혀 없고 술이 문화생활이다 캤다, 남자고 여자고. 남자 두 잔 먹을 때 여자 한 잔 먹고. 그런 상황에서 나도 같이 술 먹으니 취하지. 그라고 나는 밑에 내려갔다가 아침에 또 와. 우리는 객지생활을 많이 했기 때문에 술도 판단을 해가 묵고, 또 인간관계 생각해야 하니까 조심히 묵지. 근데 아침에 또 올라와보면 여 사람들이 술이 아직 안 깨 있지. 그때 재래식 문 해봐야 뭐 허술하잖아. 글로 엉금엉금 기어나와요. 기어나와가지고는 옆에 간이수도를 해놨더라고. 산에서 내려오는 물을 수도꼭지로 연결한 물이라. 그거 틀어서 옛날 흰 사발 있다 안 있습니까? 그 사발에 물을 이빠이•

• 가득이라는 뜻의 경상도 사투리로 일본어 'いっぱい'에서 온 단어

때려가지고 꿀꺽꿀꺽 마시는 기라. 그래 내가 유심히 봤다 카이. 그러디마 끄어억 하고 트림 한번 하고는 얼굴에 화색이 돌아요. 자고 인났으니까 술이 한 60프로는 잔류가 안 됐겠어예? 몸이 아직 해독을 몬했으니까. 물 한 사발 묵고 끄어억 카고 나서는 또 "한잔 묵으까?" 이카는데, 거기서 내가 생각했는 게 '이거는 물이 해결하는 거다. 물이 좋다' 이거라. 틀림없는 기라.

그때는 내가 객지생활을 했기 때문에 그런 게 눈에 들어오더라고. 여기 정착해야 되겠다, 그 작심이 드는 거라. 이 동네 사람 중에 위암으로 죽은 사람 아무도 없어요. 사실 염분을 그래 마이 섭취하면 위암이 바로 옵니다. 현대사회에서는요, 바로 와요. 음식을 짜게 먹어도 위암이 바로 오는데, 나는 그 김치를 도저히…… 아유, 입에 넣다가 몰래 뱉었어. 그러고는 맹소주를 먹었지. 김치를 못 먹겠다 카이. 그 당시에 그만큼 짭더라 카이. 그래서 이건 물이다, 그래서 여 2리 올라와서는 집 짓고 생수를 개발했다 카이. 그게 대박이 난 기라.

생수는 지하수로도 했고, 산에서 내려오는 물도 했고 그랬어예. 마침 지하수를 파니까 철분이 제로라. 그래서 그 물을 차 라지에타에 넣어봤어. 원래는 증류수를 넣어야 되는데 차에 넣어도 될 정도로 물이 되더라이 말이라. 그래가 그때 산에서 내려오는 물을 식당에서 쓰려고 수도 시설을 다 하고 나니까, 구미에서 페놀사건*이 딱 터져뿌러. 그때는 여서

---

* 구미공단 페놀사건. 1991년 당시 두산전자가 가전제품 생산에 사용하는 페놀 원액 30톤을 낙동강 수원지로 몰래 방류한 것이 발각된 사건

벌써 식당을 열었을 때거든예. 그래서 우리 집에 온 손님들헌테 물을 몇 번 줬디만은, 그 소문이 급속도로 나쁜는 기라. 한 달 만에 여기 차가 들어오도 못해. 그 물 때문에 대박이 났지. 여 사람들이 밤새 술 먹고 아침에 그 물 먹고 술 깨는 걸 보고, '이 물이다' 하는 걸 알았으니까 그래 했는 기라. 그랬으니까 여 올라왔지, 아니면 여기 생활이 됩니꺼? 내가 여기 정착한 과정은 그거라.

그때는 포장도 중간중간에 잘 안 됐어. 내가 아랫마을에서 이장을 하다가 올라왔거든예. 여 와서도 나중에 이장 하면서 신경을 좀 써서 도로 포장도 했어요. 포장을 안 하면, 비 오면 차가 몬 올라오잖아요. 경사가 있고 파여쁘면 차가 아예 몬 올라와. 마침 생수 개발하던 때에 도로가 완공됐어. 그래가 내가 여기 들어올 때 산 땅이 평당 만 원 내지 만오천 원 이랬는데, 생수를 개발하고 나니까 대번에 삼십만 원이 되는 거야. 그게 불과 1년 사이지. 도로포장 하고, 생수 개발하고 하니까 대구 사람들이 왔다 갔다 하면서 "땅 없나, 물 좋다, 공기 좋다, 산수 좋다" 이러니까 이제. 그래서 이 동네 사람들이 내 덕을 상당히 봤지. 그때 여기 사람들은 아주 미지의 사람들이어가지고, 전혀 앞을 내다보지 못하고 고 삶 고대로밖에 안 되는 기라. 그래가 여기가 천지개벽을 해쁫지. 지금은 그런 오래된 집 한 채도 없잖아, 옛날 집. 그래서 여기가 현대식이 자꾸 들어오고 살 만해지고 한 거라. 옛날에 이 동네는 빈촌 중의 빈촌이었고 말도 못했어요.

여자 일생이라는 게 사람 사는 게 아니지

내가 이장 하면서 보니까 그때 당시만 해도, 내 고향인 강원도 같으면 농사를 짓는데 벼농사 위주로 안 합니다. 일단 물이 차브니까 벼농사가 잘 안 돼요. 그래서 강원도는 옥수수랑 콩을 주로 심는 거라. 콩이 아주 단백질이잖아. 요새는 고기보다 낫잖아, 옥수수도 좋은 거고. 근데 여 사람들은 이상하게 그 다랑논°을 하는 기라. 여기 사람들 방식이 그저 포기 요만큼씩 해가, 결국 나락을 심어야 되는 기라. 그때 당시에 콩이나 보리를 심었으면 먹고 살기가 훨씬 풍족했을 거다. 그래 그 옛날 사람들이 산비탈 언덕에다가 돌멩이 가지고 탑 쌓듯이 쌓아가지고 논을 만들었으니까. 거 무슨 장비가 있습니까, 뭐가 있습니까? 사람 손으로 등짐 지고, 기껏해야 소 끌고 하매, 그래가 일군 땅이라. 그러이 얼마나 힘들었겠어요? 나이 오십만 되면 고마 영감이 돼가지고 몸이, 그렇게 노화가 되잖아요. 그런데 또 골짜기다보니까 물이 차븐 기라. 물이 차브면은 벼가 결실이 안 되잖아요. 그럼 어떤 해는 하나도 수확이 안 되는 기라. 그러이 이른 봄부터 산에 가서 나물, 들에서는 제일 먼저 나오는 쑥, 그래서 쑥이 한 개도 없는 기라. 먹을 게 하도 없으니까 쑥이 자라기도 전에 다 뜯어가뿌는 거라. 쌀을 넣으나 마나 하게 해가, 가마솥에다가 물 부어가지고 쑥을 같이 넣고 끓이는 기라. 좀더 있으면 산에 죽순 같은 거 나오고, 고다음에 취나물 나오고, 다음에 고사리 나오고. 그러면 차례로 뜯어다가, 찔레순하고 뭐 먹을 수 있는 거는 전부 다 끌어다 죽 쑤는 기라. 그러니 그게 사람 사는 거가 아니.

• 　산골짜기의 비탈진 곳에 층층으로 되어 있는 좁고 긴 논

1950년대는 우리 생활이라 하는 게 전부 자급을 해야 돼요. 공장에서 만들어서 시장에 내다 팔고 그런 게 없으니까. 그러니 여기는 봄 되면 길 쌈 밭을 갈아요. 그것도 그냥 되는 게 아니고, 가마솥에 몇 번을 삶아 내야 된다. 그거 껍데기 벗길라 카믄 참…… 그때는 전부 삼베옷을 해 입었어. 무명옷은 이런 데서는 꿈도 못 꾸고, 삼베 해서 일일이 집에서 해 입는 기라. 그걸 할라면 아낙네들이 전부 씨를 만들고, 물레 돌리고, 표백해야 되제, 짜야 되제. 여 할매들 다 그러고 살은 기라. 중늙은이 되도록까지.

또 쌀이 있다 해도 요새처럼 어디서 사 먹는 게 아니고, 방앗간에서 찧는 거도 아니고, 디딜방아 아니면 연자방아로 그걸 돌려가지고 그 놈을 해야 되제. 아낙네들이 잠잘 시간도 없는 기라. 그냥 들입다 일해야 되제. 그래 농사 좀 지어가 쌀이 좀 있다 캐도, 시아버지 시어머니 있으면 쌀 들어가게 떠드리고, 나머지는 다 보리밥이라도 멕여야지. 또 신랑, 시숙, 또 뭐 시동생에 시누에 거 쪼매 해주고, 아들 또 쪼매 해주고. 자기는 부엌에서 가마솥에다가 물 넣어가지고 누룽지 만들어서, 바가지로 긁어서, 옛날 그 박바가지에다 훌훌 마시고 마는데…… 여자 일생이라는 게 사람 사는 게 아니지. 목숨만 겨우 붙어 있는 거지 그게 현실적으로 사는 겁니꺼? 요새 사람이 생각하면 "미쳤나? 그래 살구로" 하는데 현실이 그런 걸 우얍니꺼? 또 봄가을 오마 누에 키워가 일일이 명주실 거 감아가 돌려가지고. 여자들 사는 거, 지금 사람은 아마 그렇게 살아라 카면 아마 백 명 중에 아흔아홉은 작살납니다. 살 방법이 없어예.

소 짚신 신기면 닳아빠고 여물도 안 먹고

남자들은 그래 겨울에 나무하고, 여름에 소 부려 농사짓고, 끼니는 어쨌든 남자니까 그래 먹고, 술이나 먹고 그러면서 여자들이 어떻게 사는지는 뭐 모르는 거라. 또 그때는 봉건주의 사회다보니 우에 눈치, 동생 눈치, 여동생 눈치 보다보마 마누라 챙겨 볼 여건도 안 되고. 그때 시대에 맞추느라고 그러고 산 거라.

나중에사 비료라든가 농약도 많아졌고, 또 품종개량도 많이 발전했고. 결과적으론 여기도 적응이 많이 된 거라. 이 고산지에 나락이 풍족한 품종이 따로 있고, 농업진흥원에서 개발을 하니까 지금은 다 소화를 하지. 옛날에는 품종이 단일 품종이고, 개량도 안 되고, 물도 참지 하니까 나락이 정상적으로 못 크거든. 그래서 쌀이 안 열린 거라. 거다가 뭐 홍수 나고 가뭄 오고 하마 아예 추수할 기 없는 거라.

내가 여기 처음 왔을 때는 사슴 농장이 서너 개 있었어요. '우록리'니 '백록마을'이니까 정확하게는 모르겠는데, 김충선 장군*이 들어오기 전에는 마실이 형성된 상태가 아니고, 씨족 몇이 기거하는 정도였대예. 김충선 장군이 선조 때 임진왜란, 정유왜란, 병자호란 삼난 공신 아입니꺼? 그 공으로 선조로부터 충북 음성의 고을을 하사받았는데, 그걸 뿌리

---

* 김충선金忠善. 임진왜란 때 한국에 귀화歸化한 일본인. 임진왜란 때 가토 기요마사의 좌선봉장으로 조선을 침략했으나, 곧바로 경상도병마절도사 박진에게 귀순했다. 이후 우록동(대구광역시 달성군 가창면)에 정착해 살면서 가훈·향약 등을 마련하여 향리교화에 힘썼다. (출처: 두산백과)

치고 전국을 돌다가 이 우록에 정착을 한 거라. 만일 충북에서 뿌리를 내렸으면 그 씨족은 일제 치하에서 살아남을 방법이 없었을 거라. 그래가 그 사람이 모화당이라는 제실하고 녹동서원을 세웠어도, 자기가 써놓은 글 하나가 없습니다. 흔적을 하나도 안 남겼어요. 그게 후손을 보호하기 위한 거라. 훌륭하지요. 심지어 자기가 전쟁하면서 타던 말까지 죽여 묻어서 안장해놨다니까. 아무리 문헌을 찾으려 해도 없어요. 모화당이나 녹동서원에는 역사를 만들라 카니 대강 비슷한 걸 갖다가 비치를 해놓은 거지, 그 사람은 그림자도 없어요. 그래서 그 사람이 여기를 택한 거나 자신의 흔적을 모두 없앤 것은, 후손을 위해서 택한 기라.

　여기 지명도 보면 첨에 들어오는 데는 개밋골이라고 해서 협곡이고, 고 위로 올라오면 제실 있는 데가 자양동인데, 그 자리에서 붉은 기둥이 하늘로 치오르는 걸 김충선이 봤고, 나중에 그 자리를 자기 묫자리로 정하고 이름을 자양동이라 한 거라. '자양의 기운'이다 그래서, 자주빛 자紫에 볕 양陽 자를 써서 자양동紫陽洞이 돼뿟는 기라. 녹동서원* 바로 뒤에 자기 묘소가 있어. 하여튼 우록리에 대한 각별한 역사는 김충선 장군에서부터 시작되는 거라. 김해 김씨 성씨도 그 장군에서부터 시작된 거라. 그전에는 그저 몇 집 살았으니까 뭐 역사라 할 게 없고, 그래서 기록 문헌이 전혀 없어. '우록' 하는 거는 벗 우友 자에 사슴 녹鹿이야. 옛날에는 아주 골짜기다보니까 사슴이 많았대. 여기 산이 비슬산서부터 최정산을 산줄기로 타고 와서, 옛날 사람들이 볼 때는 참 험한 산줄기거든. 그래서

• 　대구광역시 달성군 가창면 우록리에 있는 서원. 조선으로 귀화한 일본 장수 김충선金忠善(1571~1642)의 위패를 봉안하고 있다. 달성한일우호관이라고도 부른다.

사슴이 많이 살았고, 사실 여기를 또 백록마을이라 부르는 거는 이 근방에 흰 사슴이 살았다고 해서 그런 거지. 신선이 호랑이를 타고 와서 논자리라 해서 선유재라고도 하고 범박골이라고도 하는 동네가 있어. 거기도 아주 꼴짜기지.

저 밑에는 김충선이 내려오고 나서 그다음에 인천 이씨들이 정착을 했어. 그래서 여기가 우록 김씨하고 인천 이씨의 양대 집성촌이었지. 그리고 우탁 선생*의 7대손들이 여 들어와 정착을 해서 월촌 우씨도 많이 살았고, 밀양 박씨도 좀 살았고.

여기에 사람이 한창 많을 때는 가구가 70호, 80호까지 있었어. 근데 뭐 먹고 살겠어? 아까도 얘기했지만, 농사가 안 돼서 먹을 건 없고 그러이 그때만 해도 전부 구들을 놓은 기라. 온돌을 놓고 나무 땠는 기라. 그래서 여기 오면 돌산이 많잖아. 돌산에 가서 구들 만들 돌을 주워다가 판 거라. 구들이 얇고 평평해야 되잖아. 그래서 남자들이 이 두꺼운 돌을 얇고 편편하게 깨서 구들을 만들어. 가로세로 여섯 자리 한 평이 되게 고렇게 깨서, 그거랑 산에서 나무한 거랑을 팔아서 보리쌀, 좁쌀 쪼매 사와가지고 먹고 이랬지. 여기서 생산되는 거 가지고는 먹고살 수가 없었어. 옛날에는 길도 없고, 하천을 따라서 그냥 사람 댕기는 구불구불한 오솔길만 있었던 기라, 울퉁불퉁하게. 구들돌을 지게에 질 수는 없으이 소 구루마에 싣고 가니까, 소가 갔다 오면 너무 힘들어서 이틀간 여물을 안 묵는 기라. 말은 발에 말뚝을 치지만 소는 그러지 못하잖아. 그러니 이래 벌어

---

* 우탁禹倬(1263~1342). 고려 충선왕 때의 성리학자

진 발에다가 짚풀을 가지고 신발을 만드는 기라, 소 짚신을. 그래서 신겨 보이, 조금만 가면 닳아뿌고 신이 없어져뿌러. 소 구루마가 그기 완충 장치가 됩니꺼? 바로 다닥다닥하는 거 아니가? 그래 하니까 짚신을 아주 많이 가지고 가야 되는 기라. 해지면 또 신기고, 해지면 또 신기고. 그렇게 안 하면 소가 발바닥이 닳아뿌면 댕기지도 못하는 기라. 그래 어렵게 어렵게 살았다 카네. 농사를 지봤자 팔아무울 게 없어. 식구들 무울 것도 안 되는 데 뭐. 그러니 주전자에다가 쌀을 요만큼썩 넣어가, 그건 풀도 아니지, 요새 말하면 풀도 그런 풀이 없지. 그놈을 끓여가 후루룩 마시고, 돌 깨서 내다 팔아가 보리쌀이나 좁쌀 좀 바꽈 묵고. 방법이 없잖아. 나무도 기계가 있습니까? 다 손으로 하는데 얼마나 힘듭니까? 또 나무가 좀 말라야 가볍잖아. 그래야 소 구루마도 가볍고, 소도 좀 덜 고생하고. 돌은 여 돌산 거를 다 하고, 없으마 거문도까지 가고. 칠곡, 가산도 가고 그랬다 카더라고. 그래 구들돌을 여기서 하다보니 기술이 나오니까, 그때만 해도 전국에 구들을 깔아 집을 짓고 하니까, 오새로 말하면 건축하는 데다 팔아묵고 그랬는 기라. 이 사람들이 전국을 네트워크로 만들었는 기라, 하하하. 그러다보이 거문도니 칠곡이니 가산까지 가서 돌을 깨가 장사를 나간 거라. 가산도 아주 돌산이거든.

옛날에 여기 산 사람들은요, 빈촌 정도가 아니라 상상을 초월한 고난의 행군이었지 뭐. 그렇게 살았지. 여자는 여자대로, 남자는 남자대로 어렵게 살았지. 그게 상상을 초월하지. 1960년도까지도 그래 했지 싶다. 그래서 여기 밥 먹고 산 지가, 박정희 정권 들어서고 새마을운동하면서 지렛대 이고 이래가지고 차차 밥 먹고 산 거라. 70년대부터나 밥 먹었지, 그전에는 산다 카는 거가 안 돼, 죽이나 겨우 먹고. 우리 집사람 어렸을 때만 해도 어려웠지. 그래도 그 집 장인 양반이 가내수공업을 하니까 좀 나았던 거야. 다른 집들은 더 못 먹고 살았어. 삼시 세 끼 먹는 집이 없고, 여자는 한 끼나 먹고. 남자는 죽으로 뭐 두 끼나 먹고. 밥이라는 걸 먹는 집은 그래도 잘산 집이라. 그런 집도 시아버지 시어머니 주고, 신랑 주고, 시동상 주고 하면 다 떨어지고 없지, 뭐 있노 그래? 반찬이라는 거는 짭디짠 짠지 같은 거나 있지.

80년대에 저수지 공사하고 도로 공사하면서, 81년도에 내가 기초 측량 하러 왔다 카이. 송전탑 철탑도 그때부터 생겼다 카이. 사람 살라고 도로 공사를 한 건지, 송전탑 만들려고 도로 공사를 한 건지…… 뭐 그렇다 카이. 송전탑 공사랑 도로 공사, 그거를 거의 같이 했거든. 전기는 그 전에 들어왔어. 물레방아 발전을 해가 썼지. 지금은 이래 수자원이 고갈돼가지고 계곡에 물이 없잖아요. 내가 들어올 때만 해도 겨울에 물이 지금의 세 배 네 배 됐습니다, 갈수기에도. 근데 지금은 지하수 파서 그런가 물이 자꾸 없어져.

김재덕이란 선생이 있었어. 그 사람이 이 동네 선구자야. 옛날에도 물은 많았으니까 물을 동네 쪽으로 돌려서 큰 물레방아를 만들어 돌리고, 쪼매난 발전기를 갖다놓은 거야. 그래 물레방아를 돌려서 집집마다 전기를 조금씩 쓰게 해준 거야. 물레방아가 돌아갈 때 회전을 계속 똑같이 안 하거든. 압을 받을 때는 빨리 돌고, 물살이 덜할 때는 또 천천히 돌고. 그래가 불도 물레방아 도는 속도에 따라 깜빡깜빡하는 기라. 그래도 그게 호롱불보다는 나았지. 그래서 전국적으로 촌동네 평균으로 봐서 전깃불은 다른 촌보다 이 산골 동네가 일찍 들어왔을 기라. 공식적인 전기가 아니고, 자체 발전한 거로는. 그기 육십이삼 년 됐을 기라. 박정희 오일륙이 그때쯤 될 거라. 저쪽 개천에 다리 안 있습니꺼? 그 밑에 그 물레방아가 있었거든. 그 물이 원래는 신천 원류데, 남지장사에서 한 가닥, 선유재에서 한 가닥, 밤티골에서 한 가닥, 그래 세 가닥이 합류가 돼서 신천이 되는 기라. 그 합류된 물을 동네 있는 데로 돌려가지고 한 군데로 내려가게 하면서, 거기서 물레방아 발전을 한 기라. 그러이 김재덕 선생이 참 큰일을 한 거라예.

(김효실: 침침한 호롱불 밑에서 바느질하다가, 깜빡깜빡은 해도 전깃불 밑에서 하니 훨씬 좋았지. 을매나 신기하고 좋노? 그기 없을 때는 방 이래 큰방 작은방 있으마 그 사이 벽 우에 구멍을 크게 만들어가, 거다가 양초불 놓고 호롱불 키우고 두 방에서 같이 썼다 카이. 그래가 바느질하고 수놓고 했다. 김재덕이 그 양반이 이 동네 왕초 선생님이었다. 동네 신이고 제왕이고 법이라. 그래가 젊은 사람들은 무서버가 말도 몬 붙이고 그랬어예. 무화당 김충선이 후손, 김해 김씨. 그분이 "올해는 보름날 줄땡기기 해라" 하마 "예" 하고 청년들이 모여가 새끼 꼬고 다 해야 되고, "돼지 한 마리 잡아라" 하마 "예" 하고 잡아야 되고, "하지 마라" 하마 "예" 하고 몬하는 기라. 그때 당시로는 우록에서 절대 군주라. 직함은 없었고, 초등학교에서 교편 잡았어예. 정월대보름에 줄땡기기 하마, 줄이 남쪽으로 가마 남쪽이 풍년지고, 북쪽으로 가마 북쪽이 풍년진다고 마 그런다 카고 땡깄다.)

그 물레방아도 글코 연자방아도 큰 거 있디만, 다 팔아묵고 없다 마마. 그기 다 동네 재산이고 유물인데 그래 팔아무우마 안 되지. 연자방

442

아 큰 거는 동네 사람 다 같이 쓰던 거라 동네 재산이거든예. 옛날에 베틀 그런 거는 집집마다 있었어요. 없는 집 없었어요. 그래가 집집마다 여자들은 밤새 베틀에 앉아 베 짜고 그러이 못 먹제, 잠 못 자제…… 그러이 택°이 옵니까? 안 오지. 그래 자연히 자석들이 4년, 5년 걸려뿌는 기라. 거기다 젖도 잘 안 나니까, 아는 빈 젖 붙잡고 뒹굴다 지쳐 자제. 그런 데다 옛날에 병은 또 얼마나 많았고 병원은 없었고 하이, 유아 사망률이 거의 한 50, 60프로 안 됐습니꺼? 그래 죽으마 지게로 메고 산에 갖다 내삐리고. 그게 삶의 일부니까 방법이 없잖아. 그걸 사람의 힘으로 할수도 없는 기고.

옛날에 우리 강원도서도 아주 촌에 드가면 벽 밖에 꼭대기에 구멍 뚫고, 거기 관솔°°에 불을 붙여놓으마, 그게 아주 잘 타. 놀러 다닐 때도 그렇고, 요즘 후래쉬매이로 밤길 다닐 때 마이 썼지. 일본 놈들이 대동아전쟁 때 송진 그거 가지고 목 비행기 만들어가 지랄하고 안 그랬습니까?

우리가 아예 우록2리로 이사를 온 거는, 88올림픽을 저 아래서 하고 바로 왔으니까, 89년이나 90년에 온 거라. 왔다 갔다 하기는 그전부터고. 내가 아랫동네에 들어온 거는 81년쯤이고. 저수지 가면 몇 년에 만들었나 찍혀 있다. 여기 올라오라 카이 젊은 놈이 생업을 해야 되는데, 이게 도저히 불가능한 기라. 뭐 환경도 최고고, 물 좋은 거 보니까 먹고사

•　태기, 임신
••　송진이 많이 엉겨 붙은 소나무 가지나 옹이 부분을 일컫는 말. 촛불이나 등불 대용으로 사용된다.

는 것도 세월이 걸리지만 되겠다 싶은데, 당장 애들 공부시키고 생활할 거가 불가능한 기라. 하여튼 그래도 들어와가 식당 하면서 1년이 쪼매 넘어가니 살길이 생긴 거지. 그기 백록생수라. 그때 완전 히트쳤어요. 수 질 검사받고 허가받느라 시간이 좀 걸린 거라. 그거 하면서 젊은 아이들 도 많이 와가 아르바이트를 했고, 여 동네 아지매도 거의 다 일 마이 해 주셨지. 생수 사러 오는 시내 사람들한테 동네 아지매들이 나물이나 채 소도 마이 팔고, 나물이 마 없어서 몬 팔았다 카이. 사람이 워낙 많이 오 니께네 오전에 다 팔아뿌는 기라. 92년부터 96년 정도까지가 아주 전성 기였지. 그러면서 여그 땅값도 마이 올랐고. 그래 번 돈으로 여 사람들이 자석들 공부시키고 결혼시키고 하는 데 큰 도움 되셨을 거라. 자석들이 시내에 아파트도 사고, 당연히 우리도 마이 벌었고. 돈 될 거가 없는 산 꼴짜구에 돈 될 일이 생기니 갈등도 있고 시비도 있었지마, 그거야 다 지 난 일이고 살자고 해서 생긴 갈등이니 지금 그 얘기를 다시 할 필요는 없 고, 하하하. 생수 하면서 솔잎 동동주도 개발했지. 그거 개발하느라 실패 도 참 마이 했고, 잠 몬 자고 고생도 마이 했다 아이가. 솔잎 향 그게 막 걸리 같이 해뿌면, 사이다처럼 가스가 포글포글 올라와. 올라오니까 꼭 다른 사람들이 보면 사이다 넣었다 그래. 그거 개발한다고 술 마이 내삐 렀구마. 마 암만해도 안 되는 기라. 솔잎동동주를 아예 사업화할라고 했 는데, 시끄러워서 그만뒀습니다. 돈도 좋지만서도 마, 그것 때문에 돈독 올랐네, 어쩠네 하면서 동네 어른들하고 시끄럽기도 싫고 해가 그만뒀습 니다.

그렇게 번 돈으로 나도 여기 땅 사고 집 짓고 한 거지. 그 뒤로 산도 좀 사서 유기농으로 닭도 키우고 약초랑 채소도 마이 키우고, 그걸로 여 식당 유기농 식재료로 쓰고. 그라이 사람이 평생 살아보니까 돈도 못 벌면서, 인생 공부도 못하고, 마음 수양도 못하고, 뒤돌아보니 칠십이라, 하하하. 인터넷에 '백록 그집' 쳐가 블로그 들어가면 내가 지은 시도 있고, 여기 소식도 마이 있습니다. 함 들어가보소, 하하하.

오십다섯에서 칠십다섯까지 딱 좋습니더

여기 있는 빈집이나 논밭은 거의 다 부동산으로 매도가 돼서 나갔어요. 노인 세대가 돌아가시면 마저 팔릴 가능성도 많고요. 이게 여기뿐 아니라 우리나라 농촌 사회 전체의 문제라. 첫째는 이 동네에 하마 20년 동안 애 울음소리를 못 들었어예. 결과적으로는 도시 사람들이 들어와서 생활 자체는 도시에 두고, 여기를 전원지 삼아 휴양하는 거 말고는 다른 방법이 없어예. 여기서 일해서 벌어먹고 살면서 거주하는 거는 기대를 할 수가 없어요. 또 하나, 지금까지도 자연환경이 유지가 됐으니까 누가 들어오든 누가 살든, 동네 자연환경이라도 유지가 되마 좋겠다는 거예요. 여 노인들 자식 세대 일부는 들어와서 살 사람도 있겠지요. 최하라도 마 오십 중후반, 육십 된 사람들이라야 들어올 수 있지. 자식이랑 떨어져서 들어올 수 있는 사람들이 나이 들어 늦게나 자연 보고 오는 거지요. 다른 귀농이나 귀촌 지역같이 안 되는 게, 젊은 사람들이 들어와 해 먹고 살 거가 없는 거예요. 해 먹고살 거만 있으면 젊은 사람들이 관심을 가질 수 있겠지만, 교육이 또 문제라. 이 좁은 지역 안에 학교를 지을 수도 없는 거고. 근본적으로 농업도 안 되고, 축산업도 안 되고, 특수작물 뭐 그런 것도 없어요. 그렇다고 공장이 들어설 곳도 없다, 모든 여건이.

여기는 가창 2번, 버스 한 노선밖에 안 들어오거든. 그 버스도 여기 2리는 오도 않고 그거 탈라믄 1리까지 나가야 돼요. 삼산만 해도 다섯, 여섯 개 노선이 들어오니까 대구 시내 어디에도 나가고 들어올 수 있는데, 우록 여기는 아직도 교통이 큰 문제입니다. 그러이 삼산까지는 젊은 사람들이 들어올 수 있지만, 여기는 그저 퇴직한 사람들이 조용히 여가 생활 보내며 자가용으로 드나들다가, 나이 많아지면 또 병원 때문에 이사 가야 하는 곳이라. 여기는 최대한으로 해도 오십다섯에서 칠십다섯의 돈 있는 사람들이나 살 만한 곳이라예. 물 좋고, 공기 좋고, 산도 들도 좋으니 칠십다섯까지는 시내에서 사는 사람보다 행복지수가 세 배는 업될 거라. 그다음부터는 여기가 오히려 행복지수가 떨어진다 카이. 내가 보기에 칠십다섯이 한계점이라. 그리고 나이 들어서 운전 못하면 여기서 어떻게 사나 이 말이라. 아파서든 누굴 만나러든 나갈 방법이 까마득해.

다 늙은 다음에는 대해서는 별다른 대책이 있을 수가 없어요. 삶이라는 게 시대 따라 변천하는 거고 복잡하고 다분한데, 부모가 자식한테 섭섭하고, 자식도 부모한테 섭섭하고 그게 공존하는 시댄데…… 방법이 없잖아요, 그러려니 하고 살아야지, 그걸 뭐. 여기서 살 수 없을 만큼 늙고 힘들면 요양원 가야 되는 거야. 요새 집에서 부모 임종 볼라는 사람이 어디 있습니까? 아야 하면 가자 해뿌는데. 지금으로선 이 농촌에 인간적으로 명맥을 유지해온 미덕이라든가 이런 건 다 접어둬야지, 그걸 생각해서 '전통을 복원시켜가지고 살린다, 그런 동네를 만들어가야겠다' 하는 건 불가능하다 이거예요. 지금도 여기는 다른 농촌에 비해서 상대적

<u>으</u>로 빈촌이에요. 땅값이 올랐다지만 대구에서는 젤 헐어요.

쉽게 말하면, 여기 사람들의 뿌리는 다 끊어지고 없어질 거라고 보면 됩니다. 거의 새로운 사람들이 동네를 형성하고 있기 때문에, 뿌리는 다 끊어졌어요. 벌써 돈 있는 외지 사람이 많이 들어와서 집 짓고 있잖아요. 근데 그 사람들은 여기 사람들하고 융화가 잘 안 됩니다. 같이 들어온 사람끼리나 융화가 되고, 자기들이 놀려고 불러들인 사람들하고나 잘 놀지. 사람이라는 게 근본은 잘 배우든 못 배우든, 내가 돈이 있든 없든 서로 대화를 하고 융화를 해야 하는 거잖아. 근데 벽을, 선을 그어놓고 대화 자체를 안 하니 융화가 됩니까? 안 되잖아요. 그 사람들이랑 가끔 얘기를 터보면 들어오는 사람들도 별거 아니에요. 근데 본인들은 그렇지 않은 줄 아는 기라. 뭐 앞으로 차차 자리를 만들어가며 소통을 해나가야 할 긴데.

여기 처음에 와가지고 내가 타향 사람이라서, 지역 텃세가 사실 굉장했거든요. 옛날이어서 더 그랬을 거고 경상도 산골이어서도 더 심했고. 속된 말로 상그럽고* 여 말로 사람들이 좀 아따바따 하다 할까? 격이 많다는 거지. 그러니 내가 먼저 친해지려고 찾아가고, 기회만 되면 같이 놀고 얘기하고…… 그러니 술자리에 같이 안 있을 수가 없었는 기라. 술도 많이 사주고. 그래가 힘든 것도 많았지. 밤도 낮도 없이 술 마시자고 집에 오는 것도 그렇고, 또 하나는 내가 무조건 술 사주는 사람 이렇게 되는 것도 문제더라고. 그리고 술자리에 이어서 기분 나쁜 일이나 다툼도

•   불편하다 또는 차갑다는 의미의 경상도 사투리

생기고. 그래서 내가 술을 딱 끊어뿟잖아. 오히려 사람들이랑 갈등만 더만들겠더라고. 근데 나는 그렇게 생각해. 사회생활 하면서 배우는 거는 자기 탓도 있고, 환경 탓도 있고, 부모 탓도 있지만 인격이라는 거를 배우고 못 배우고랑 연관시키면 안 되지. 사회생활, 사회규범은 배우고 안 배우고를 떠나서 지켜야 하는 거지.

아쉬운 게 지금 1동이나 2동에 친구 할 만한 사람이 없다는 거예요, 나이 차이도 나고 생각하는 거도 많이 다르고 해서. 가창면에 가마 우리 동갑계도 있고, 퇴임한 이장 모임도 많이 있어요. 가창면이 스물네 개 동네니까 많지. 거기 가마 지역에 대한 고민이나 생각도 많이 나누지. 근데 그거 나누자고 면까지 나갈 일은 아니라는 거지요. 그런 사람을 여기 동네에서 만들어야 하는 거지요. 그런데 그럴 사람이 없어요. 나는 이장을 1동에서 4년 하고 여 2동 올라와서 12년 했으니, 두 군데 이장을 16년 한 거예요. 내가 첨에 우록 1동 이장 돼가 면에 드가니까, 당시 내가 서른넷이었으니까 84년도였는데, 그때는 텃세가 얼마나 심합니까? 객지 사람이 이장 한다는 거는 상상도 몬했지. 그때만 해도 우록 1동이 가창에서 세 번째로 컸어예. 삼산보다 더 컸구마. 요즘도 아니고 그때 "점마는 객지에서 온 놈인데 어째 이장을 하노?" 그런 말이 내 뒤통수에 많이 있었지. 그때 드가이께네 객지 사람이 이장 된 거는 가창면에서 내가 처음이라. 근데다가 우록 1동이 가창면에서 세 번째로 큰 동네니까 더 그랬지. 하긴 뭐 그럴 만도 하잖아. 호랭이 담배 피우던 시절이라. 면 사람들이 내 신원조회를 해보이, 우리 아부지가 경찰인데 안 좋게 나올 기 어딨노? 파면시켜라 우째라 뭐 그런 소리까지 나왔었거든. 그러더이 마 나중에 스물네 개 마을 이장들 있는 데서 내헌티 사과를 합디다. 내가 그랬어예. "당신들이 나를 임명한 게 아니다. 우록 주민들이 자치 선거를 해가 나를 뽑은 기다" 그러고는 마 넘어갔다 카이. 그때는 이장 월급을 주민들이 집집마다 걷어가 모아서 쌀이 한 말씩 나왔어. 1년에 명절에 두 번. 동네에서 선거를 하는데 전임자가 큰 저거 없으면 그냥 하고, 그만하겠다고 하거나 문제가 많으마 선거를 하는 거라. 그때부터 이장은 지방자치를 했다 이 말이라. 당시는 나라에서 아직 지방자치를 안 할 때지.* 4년을 내리 하고 나이까네, 아따 우록 이장 김성진만큼 똑똑한 사람 없다 카믄서 평생 해라, 마 그런 말들을 하더라, 하하하.

산이 내 소유니까 거기에 체험활동 프로그램을 만들던가, 절을 활용해서 절과 이어지는 휴식 프로그램, 요즘 많이 하는 템플스테이 그런 거를 만들까 하는 생각도 했는데 그만뒀어요. 절이 수목장에 과도하게 욕심을 부리는 바람에, 거랑 뭐 같이 하는 거는 아예 생각을 접어버린 거라. 여기가 산들이 아주 좋고, 풍경 좋은 고개들이나 갈대밭, 사람 발길이 많이 타지 않은 그런 곳이 많거든요. 등산이나 휴양 삼아서 오는 사람도 많고. 근데 그게 전부 사유지고, 구석구석 사유지 소유권이 얽히고설켜서 임산 자원도 활용할 수가 없고 아주 복잡해요. 실지로 개발을 하려면 산림을 훼손해야 하기 때문에 법 절차도 복잡하고. 아무리 자연을 유지하면서 개발할 걸 찾는다 해도, 결과적으로는 소유권이나 산림법 등이 문제가 되는 거라. 게다가 산도 너무 악산이고. 누군가 땅 소유주를 모아서 법인체를 만든다면 가능할지 모르겠는데, 여기 그럴 능력이나 기획이 있는 사람도 없어예. 법인체를 만들어야 국가 지원도 받고 행정적 절차

*   전국동시지방자치선거가 재개된 것은 1991년이다.

도 받을 수 있는 거거든. 산림법이 얼마나 상위법인데예. 개인은 불가능해. 산림법 모르는 사람은 엄두도 못 냅니다.

한 오십 프로 갚아야지

부부가 살을 맞대고 살면서 악연이 아니면 남자는 여자 알고, 여자는 남자 안다 거 아니겠습니꺼. 표현 방법이 서로 다를 뿐이지. 악연이라가 원수처럼 생각되면 그 부부는 연을 끊어야 되지, 이 좋은 세상에. 식당이 어떻게든 정리가 되마, 차나 하나 사서 부부 동반으로 전국에나 돌아댕기고, 그러다가 이 산천에서 남은 인생 쪼끔이라도 더 가까이 사는 거라. 지금까지도 뭐 가까우니까 살아왔겠지. 내도 사람인데 집사람 고생했는 거를 모르겠나? 다 알지. 그라고 내 성질이 더러버가지고 식당 하면서 고함도 많이 지르고, 속 많이 썩였지. 그 보답을 오십 프로 하면 나는 많이 하는 거라. 백 프로 다는 할 수 없고. 사람이 현실로 사는 거지, 꿈을 다 이루며 사는 기 아니거든.

수목장 장사가 상식에도 못 미쳤지

산림법이 그래 철저하고 복잡한 건데, 저 위의 남지장사에서는 그 법을 아예 싹 무시하구서는 그래 산림 훼손을 하면서 수목장을 만들어가,

사람 죽음 가지고 장사를 하더라니까요. 그것도 불법 장사를. 신앙이라는 것도 마음에 굴곡 안 갖고 중생을 바르게 계도하는 거지, 저거 배 채우고 사리사욕 채울라 카는데 무슨 신앙이고. 불교 신자들에게 저엉 필요하면 절 안에다가 납골당을 지어서 하지, 산에 그 좋은 소나무 자연림을 싹 밀어내고 거다 쪼맨한 나무들 새로 심어가 그 자리 장사를 하는게 상식적으로 있을 수 없는 거라. 그걸 하믄서 이장이 알았네 몰랐네, 뒷구멍으로 돈을 받았네 안 받았네 하마 온 동네가 중구난방으로 싸움이 나고, 동네 사람들이 절에 쫓아가 싸우고 그랬습니다. 그래가 벌여놓은 거는 억지로라도 어떻게 더 못하도록 군과 합의를 했는데, 허가 외 구역에 허가 구역보다 더 큰 수목장이 조성되었는 거라. 처음 수목장이 내가 이장 임기 전에 시작됐어가, 내도 이장 하면서 아주 골치 아팠댔어예. 내가 알고도 쉬쉬했네, 뒤로 도장을 찍어줬네, 돈을 받았네 그런 억울한 소리를 마이 들었어예. 나중에는 군이고 면이고 나와서 밀린 서류 다 대조하마 아닌 게 밝혀졌지만도 그걸 동네 사람들이 일일이 챙겨 아는 것도 아이니, 아직도 속으로는 그래 생각하는 사람이 있을 거라예. 공식적으로 아니라고 밝혀진 것만으로도 내는 뭐 됐다 합니다. 일일이 사람들 붙들고 앞뒤 가릴랬다가는 또 분란만 나고, 그라마 내도 또 승질 뒤집어질 테고.

방귀신 돼 있다 죽는 거지

지금 여기 계속 사는 거는, 삶이 이까지 흘러와뺏으니까 사는 기라. 지금은 여가 각별한 전망이 없어예. 그래도 내는 마 끝까지 여서 살 기라. 아들 들어오라 캐서 같이 식당을 하고 있지마 그거는 또 저엉 전망이 안 보이면 나가면 되니까. 들어오라 칼 때는 식당이 바빴지, 아직 잘될 때라. 지금은 들어오라고 캤는 게 후회스럽지. 왜냐면 상황이 이렇게 될 줄 몰랐거든. 급속도로 정체가 되고 점점 악화가 돼버리니까. 유가 파동 때문에 그때부터 문제가 시작된 거라. 기름값이 오르니 시내 사람들이 이 까지 못 오는 거야. 여기 뭐 버스도 없고 다들 자가용으로 와야 하잖아. 그러고 경제가 침체되니 시간도 더 각박해지는 거라. 사회가 바빠지고 세상이 복잡해지다보니까. 여기까지 오는 자동차 기름도 무시 못하는 데 다, 시간적인 여유도 적어지고. 식당 한 지가 20년 될 거라. 아이엠에프 지나고도 3년까지는 괜찮았어예. 장사가 안 된 지는 한 10년 됐다. 솔잎 동동주가 잘 안 되면서 식당 손님도 마이 줄었지. 대구 시내에서도 그거 먹으러 오고, 사러 오고 그랬거든. 경기가 안 좋아지니 다른 데도 식당이 다 안 됐지만도, 여는 또 산꼴짝이고 하니 더 그런 거지. 그래도 여름이 면 손님이 터져나가요. 단골 분들도 많고, 등산 오는 사람, 휴가 오는 사 람이 많아예, 계곡이 넓고 좋으니까.

산에 약초, 나물, 과일, 뭐 이런 거 심어놓으니 가짓수가 여든아홉 가 지가 돼버렸어. 힘 되는 데까지 산 가꾸며 살다가, 나는 여기서 죽을 겁 니다. 늙어서 운전 못하면 산에 드가서 밤 귀신 돼 있다가 죽는 거지 뭐. 나는 요양원에도 안 갈 기고. 산에 집 하나 지가지고 황토방 하나 만들 어가 아내랑 같이 살다가, 누가 먼저 갈라는지야 모르지만, 이 사람 먼저 가면 내 혼자 도 닦으며 죽음을 맞이할 셈이라예.

　　1928년생부터 1955년생까지, 2019년 현재 65세부터 92세까지 우록2
리 여성 여섯 명과 남성 한 명이 들려준, 길고 짧은 생애 이야기와 지역
에 관한 말들을, 구술을 최대한 살리는 방식으로 기록했다. 개별 주인공
들의 생애 경험과 기억과 해석, 보람과 상처, 말과 의미들을 만나는 것이
우선이다. 나아가 농촌 봉건사회에서 시작해 산업사회, 정보사회를 지나
4차 산업혁명 운운하는 한국 사회의 '압축적 근대화'를 한 생애 동안 거
치면서, 대구의 산골 농촌마을 여성들이 각자의 처지에서 어떻게 일과
삶의 관계를 만들며, 자기 자신이자 가족과 마을과 사회의 일원으로 살
아왔는지를 가늠하고, 이들 속에서 지금 우리의 삶과 사회를 모색해보고
자 한다.

1. 다양한 비교 집단들

우록리 여성들을 인터뷰하기 시작한 2017년 1월경부터 나는 축산 분야 동물생명과학자이자 2020년 정년퇴임을 앞둔 교수의 회고록 작업을 시작하게 되었다. 농農을 공통으로 하되, 전혀 다른 사회적 위치에서 삶과 노동에 대해 생각하며 살아온 사람들이다. 농에 관한 학문과 과학기술이, 평야 지대도 대농도 아닌 깡촌 소농 할머니들의 노동이나 생애와 어떻게 만나는지를 가늠하려고 노력했다. 과학의 쓸모와 윤리에 관해 화자와 청자 간 거리를 수긍하고 시작한 작업이었지만, 막바지에서 회고록 작업은 엎었다. 내가 복엔 '과학은 윤리' 문제였고, 내 입장은 더욱 명확해졌다.

같은 농촌이라도 우록리는, 재개발에 밀려나고 있는 수도권이나 도시 인근 농촌 지역과 많은 차이가 있다. 후자는 농촌이 없어지고 아파트와 산업 단지 등이 들어서면서 젊은 세대와 아이들이 들어오고 있다면, 우록리의 남은 농민 노인들은 가능하면 살던 곳에서 죽음을 맞을 생각을 하고 있다. 게다가 마을은 중노년의 새로운 이주자들에 의해 휴양과 요양의 동네로 바뀌고 있다. 주목할 점은 우록2리의 경우 농사가 없어지면서 주변 자연이 오히려 회복되었다는 것이다. 인간의 먹거리를 위한 농사 역시 자연의 입장에서는 인간 중심적이고 반생태적이기도 하다. 숲을 없애 논과 밭과 마을을 만들었고, 농약과 농기술 역시 자연을 훼손해온 것이다.

지난 10여 년간 서울의 중하위 계층 노인들의 삶에 주목했던 나로서는, 서울의 가난한 노인과 소농 노인의 차이를 읽는 일이 흥미로웠다. 서울의 7090세대 노인 대부분은 농촌에서 출생해서 생애 어느 시기에 '농촌보다 나은 삶'을 기대하며 상경했다. 빈농에서 도시 빈민으로 바뀐 서울의 가난한 노인들은, 사는 내내 농촌과는 아주 다른 환경에서 생계노동을 하며 격변과 문화적 소외를 겪으며 살아왔다. 소위 '압축적 근대화'라 할 급변이나 '현대 물질문명'과의 거리 및 접촉 경험의 차이로 인해, 가난한 도시 노인과 농촌 노인이 느끼는 소외감은 상당히 차이가 있다. 산촌 노인들은 텔레비전 속이나 어쩌다 하는 여행을 통해 '현대 물질문명'을 접하기 때문에, 그 문명 속에서 사는 도시 노인들보다는 현기증과 소외감을 적게 느낀다. 나는 두 부류의 노인들이 생애 내력과 가족 관계, 공동체 내 간섭과 갈등 혹은 각자도생, 경제 사회적 위치의 변화, 노동에 대한 생각, 정치 사회적 인식과 성별 인식의 형성과 변화, 땅이 남은 노인과 땅 한 뙈기 가져본 적 없는 노인, 자연과 늙고 죽음에 대한 태도, 노년 노동에 대한 느낌, 노년의 자존감과 우울 등에 어떤 차이를 보이는지 읽고자 했다.

계모에 관한 상처와 낙인, 대가족이 유지되던 농촌 가정 내의 고부 갈등, 그로 인해 엿보이는 반복적이고 자기방어적인 구술, 남편(남성)의 혼전 혼외 성관계와 자신(여성)의 성애에 대한 규율 혹은 위반, 여성 독거노인의 성애에 대한 낙인, 산골 마을의 혼인 경로, 각종 의례(혼례, 장례, 제례)의 변화, 아주 흔했던 유아 사망, 의료를 대신한 민간 처방, 무속에 대한 태도 등이 청자의 귀를 붙들었다.

다양한 비교 집단과의 공통점과 차이점 등에 대해서는 나에게 상세히 논할 능력도 없고, 지면의 성격으로도 적절하지 않다. 기록된 구술이 다양한 분석과 토론의 재료로 활용되기를 바란다.

'이름을 붙이지 않기로 한 언니들 말들' 이 꼭지는 자타의 낙인으로 주인공으로는 나설 수 없지만 풀어놓고 싶고 담아내고 싶은 말과 이야기들이다. 왜 어떤 이야기들은 숨겨지거나 풍문으로 떠돌아야 하는지, 혹은 남부끄러운 이야기도 아닌데 어떤 할머니는 자기 이야기에 이름 달기를 포기해야 하는지 가늠하며 읽어주길 바란다.

2. 할머니들의 노동과 통증

구술의 첫 대목은 대부분 통증 이야기부터 시작된다. 대화 중에도 구술의 맥락과 상관없이 아무 때나 반복적으로 자주 나와서 글 정리과정에서 많이 줄였다. "이 지겨운 이야기를 누가 읽겠냐?"는 할머니의 걱정을 나도 한 셈이다. 그러나 청자가 좀 지겹더라도 들었으면 좋겠다. 통증은 할머니들 현재의 가장 중요한 상태이자 문제다. 단지 기억이 아닌 대화하는 중에도 계속되는 통증이어서 많이 나올 수밖에 없다. 통증 이외의 질병과 치료에 관한 이야기도 많다.

통증 이야기는 평생 해왔던 노동 이야기와 교차하며 뒤섞인다. 구술 전체에서 노동과 통증에 대한 이야기가 가장 많다. 어머니가 일찍 돌아가신 집이 많고, 그러다보니 딸, 특히 큰딸은 10대 이전부터 집안일과 밭일을 도맡아야 했다. 가난한 산골 마을로 시집온 후에는 친정에서보다 더 많은 집안일과 농사일을 했다. 물 긷는 일의 어려움에 대한 호소가 많아서 "부엌에서 수도꼭지만 틀면 뜨거운 물이고 찬물이고 콸콸 쏟아지는 요새 세상"에 대한 언급도 많다. 교통수단이 없는 것으로 인한 고생에 관한 구술도 많다. 거의 모든 주인공이 지금이 제일 좋다고 말하는데, 당연하다. 늙고 병든 몸으로라도, 육체노동이 적은 지금이 가장 좋겠구나 싶다. 가족 돌봄까지 끝났다. 서울이든 산골이든 몸만 스스로 움직거릴 수 있으면 여성 노인들은 독거를 가장 편하고 자유롭게 여긴다. 남성 노인들과는 판이한 지점이다. 중년이 넘어서야 전기, 수도, 세탁기, 냉장고가 들어왔고, 아궁이와 가마솥에 장작을 때던 취사와 난방을 이제는 연탄과 석유와 프로판가스와 전기를 이용해 해결하고 있다. 집안일이 많이 줄었고 아랫마을까지 버스도 들어온다. 65세가 넘으면서 나오는 기초노령연금과 노인 일자리 수입 등의 용돈은 그들에게는 지금이 가장 좋은 시절인 핵심 이유 중 하나다. 일찍 태어난 게 억울할 정도다. 하지만 다른 건 다 힘들어도 이곳의 공기와 물은 최고였는데, 이젠 우록2리에서조차 정수기와 공기청정기를 장만해야 하는 현실이 되었다.

집안일은 많이 줄었지만, 농사 욕심 때문에 몸은 계속 무리하고 있다. 남편들보다 더 열심히, 더 앞장서서 (농사 계획이나 일의 주도성 등) 계절과 상관없이 쉬지 않고, 한눈팔지 않고, 작물을 내다 파는 일까지 해왔다. 게다가 수확물이 워낙 적은 산골이다보니 돈이 될 만한 일을 기회가 닿는 대로 찾아 했다. 식당 운영이나 식당 삯일, 남의 농사나 고시원 일, 따로 사는 손주들 돌보기, 나물이나 은행 등 채취해서 팔기…… 물론 돈으로 계산되지 않는 가사 노동과 돌봄 노동은 일생 내내 이어졌다.

세계화와 신자유주의 사회에서 모든 노동자의 노예적 위치 문제를 별도로 친다면, 이들에게 노동은 몹시 고됐지만, 스스로의 정체성이자 자식을 먹이고 가르치는 보람이었으며, 자부심이자 자산(땅)이었고, 주체성이자 사회적 역할이었다. 그럼에도 여성 농군들의 노동과 자부심은 가족과 사회 안에서 제대로 인정되지 못했다.

노동은 아흔두 살 된 할머니까지 모든 주인공에게 지금도 이어진다. "이제는 못한다"는 말 뒤로 올해 지을 농사 이야기가 나온다. 병원비가 더 들어간다는 자식들의 타박과 스스로의 '미련' 타령에도 불구하고 눈에 보이는 밭을 놔둘 수 없다.

3. 사라져가는 농촌 여성 노동에 대한 상세한 구술

누에치기와 명주 짜기, 삼베 농사와 베 짜기, 목화에서 무명 천 만들기, 겨울 솜옷 빨아 손질하기, 담배 농사, 보리농사와 엿기름 만들기, 콩농사와 콩 털어 고르기, 메주 만들기, 물레방아와 디딜방아와 도구방아와 맷돌로 곡식을 타고 찧고 가루 내기, 떡 만들기, 물 긷기, 메밀묵 만들기, 놋그릇 닦기, 제사 음식 준비하기, 호롱불 아래서 바느질하기 등 이미 없어졌거나 사라져가는 농촌 여성들의 노동과정을 가능한 한 상세하게 묻고 기록했다. 노동에 관한 기억은 생생하고, 지긋지긋하다면서도 신바람이 실렸다. 기구 이름을 못 알아들을까봐 "아느냐?"고 자꾸 묻고, 사투리를 못 알아듣는 청자 때문에 조급증도 났다. 사라지고 있는 농촌 여성 노동에 관한 구술은 여성사이자 노동사이며, 농업의 역사이자 지역사이고, 생활사일뿐더러 복식사이고 음식의 역사다. 누린 사람들의 취향과 문화가 아닌 몸으로 만든 사람들의 역사여서 더욱 꼼꼼히 묻고 기록하려 했다. 거듭거듭 되물어도 못 알아들은 말은 관련 자료들을 참조해 보완했다.

4. 핵가족 속 농촌 할머니들

노동과 시간의 경과로 살림이 커지고 자식들이 자라면서 집안에서 주인공들의 영향력은 달라져갔다. 여전히 가부장적 정상가족 내 아내와 며느리로 호명되지만, 차차 말대꾸도 하고 한판 싸움도 벌이며, 심지어 시어머니가 딴 집으로 나가 살 만큼 며느리 고집도 좀 부릴 수 있는 위치로 바뀌어갔다. 하지만 그들이 시어머니가 되는 동안 사회는 더 빠르게 변했다. '시어머니'를 포함한 늙은 부모는, 이제 권력을 가질 수 없음을 본인들이 먼저 안다. 부담을 주거나 스스로 천덕꾸러기가 되지 않기 위해 자신의 마음과 말과 처신을 관리한다. 사회 전체가 대가족 중심에서 핵가족 중심으로 바뀌는 동안, 자식들의 '탈농' 목표를 이룬 농촌 노인들은 도시보다 더 빠르게 노인 부부와 독거노인으로 남았다. 부모 모시고 자식 키우며 고생하는 동안 세상은 빠르게 변해, 자식과 노년을 함께 하는 생활을 기대할 수 없는 세상이 되어버렸다. 농촌의 고령화는 도시보다 빠르며, 더 심각한 문제를 품고 있다. 농촌 노인의 우울증 비율은 도시보다 높고, 자살률과 자살 성공률도 높다.

남겨진 시댁의 조상 제사나 먼저 간 영감의 제사, 추석과 설 명절은, 할머니 세대와 손주 세대가 만나는 마지막 의례다. 설 명절을 맞아 자손 맞을 준비를 하는 한 할머니의 말이다. "나 죽으면 이제 제사도 농사도 끝이라 카이" 자조나 섭섭함만이 아닌 수긍이기도 하다.

5. 가부장에 균열을 내는 여자들

경상도 산촌 마을 노인들 생애의 전반적인 가부장성은 일일이 말할 필요가 없겠다. "경상도가 유난히 여성 억압이 많다"는 게 맞는 말인지, 혹시 맞다면 왜, 언제부터였는지는 모르겠다. 다만 나의 생각은 모든 생명은 억눌릴수록 더 튄다는 거다. 물론 견디면서 지켜낼 자원으로 인한 이익(돌봄, 재산, 신분 등)이 각별하다면 전략적 견딤을 작심할 수도 있다.

가족에 대한 돌봄은 물론 죽은 조상까지 돌보아야 했던 일은, 당시의 농촌 여성으로는 특히 피할 수 없는 일이었다. 아들은 보내는 학교를 딸이어서 안 보낸 것에 대해 문제의식을 느낀 사람도 없다. '내가 나서서' 학교에 안 갔다는 딸들의 구술은 대한민국 방방곡곡 어디서나 나온다.

조순이 할머니가 구술하는 시어머니와의 갈등 및 시간 경과에 따른 재해석은 많은 것을 이야기해준다. 미움은 잘만 풀면 자기 삶을 만드는 힘이 된다. 고부 갈등을 부계 가족 내 여성 간의 불화와 마찰로만 보는 것은 협소하다. 각자를 지키는 힘도 되었고, 복종이 아닌 연민과 성찰의 마음도 키워주었다. 먼저 간 시어머니도 집 나갔다 자식들 때문에 돌아왔었고, 조순이 할머니도 도망갔다 "젖이 퉁퉁 뿔어가 기어 들어왔"단다. 공통 경험과 아픔을 통해 여성끼리의 이해와 화해도 가능했다. 자기 손에 물과 밥을 며칠 얻어먹고 죽은 시어머니를 두고 "못된 미누리년 낯 세워주고 가신 거"라는 성찰과 역지사지가 담긴 해석까지 하게 된다.

가부장적 질서 속 갈등과 견딤을 넘어 위반과 전복과 예외를 만나는 일은 즐거웠다. 농촌 여성 노인을 많이 만나지는 못했지만, 그동안 만났던 도시 노인들에 비해 우록2리의 할머니들은 일도 말도 삶도 한결 적극적이고 당찼다. 경상도 산골 사투리의 억센 억양까지 한몫했을 거다.

유옥란 할머니가 성 평등이나 혼인 외 성관계에 대해 가진 생각은 놀라울 정도로 공정하고 자유롭다. 생모의 이른 죽음, 두세 명도 더 되는 계모, 성불구인 남편과의 결혼 생활 및 남편의 자살, 그 과정에서 확인한 자신의 성애적 욕망, 자기 기준을 가지고 적극적으로 선택한 두 번째 남편, 자신이 계모로 들어와서 겪은 전처 자식과의 갈등, 이에 대한 주변인들의 비난 등 많은 어려움과 우여곡절을 겪으며, 몸으로 삶으로 얻어낸 통찰이자 낙인 벗어나기라고 여겨진다. 무학의 깡촌 할머니가 사회적, 문화적 자원 없이 산전수전을 통해서 도달한 이 경지는, 현실에서 유별나고 모난 할망구로만 여겨지기 십상이다. 이는 정상의 여성성 기준으로 자신을 비난하는 마을 사람들에 대해 좀더 자유롭고, 그래서 자기 생각을 거칠게 말하는 평소의 모습과도 이어진다. 실제로 내가 한글반의 어르신 세 분과 어울리는 자리마다 유옥란 어르신은 가장 연세가 적음에도 불구하고 두 어르신과는 달리 자신의 의견을 분명하게 표현하시곤 했다. 이로 인해 분위기가 험악해지는 것을 막느라 나는 눈치껏 너털웃음과 협상안을 끼워넣으며 불편한 상황을 겨우 넘기곤 했지만, 내심 유옥란 할머니의 남다른 당당함과 공정함이 통쾌하고 놀라웠다.

"딸은 성만 타간다"며 안쓰러워하면서 생선 중간 토막을 주곤 했다는 친정아버지, "아가, 인 도오. 내 거 좋아한다"며 늘 겸상하던 밥상에서 며느리의 생선 대가리와 당신 몫의 가운데 토막을 바꿔치기했다는 시아버지, 며느리에게 일일이 존댓말을 했다는 시어머니 등은 듣는 사람까지 위로가 되는 대목이다.

6. 우록리의 다양한 낙인에 대하여

그 김에 주인공들의 구술에서 보이는 다양한 낙인에 대해서도 이야기해보자. 인물들의 구술이나 마을 사람들과의 관계에서 보이는 낙인 의제는, 크게 분류하면 '정상의 여성성 위반'과 '정상 가족의 위반'이 많이 보인다. 구체적으로는 고부 갈등, 계모, 재혼 혹은 후처, 친정 가족의 비정상성, 성격이 강한 여자, 사별한 여성 노인의 '연애', 술 잘 먹었던 여자, 식당 하면서 술 팔았던 일, 남편을 바람나게 한 여자, 자식의 이혼, 조손 가정, 생모와의 불화, 남편과의 불화, 전처 자식과의 불화, 남매들 간의 불화, 친인척 간의 불화 등이다. 그 외의 낙인 의제로는 외지에서 들어온 사람(혼인을 통한 여성의 들어옴 제외), 친인척 중 '빨갱이' 연루, 성공하지 못한 자식, 나이는 찼는데 결혼하지 못한 자식 등이다. 의제 자체는 우리 사회 전반과 크게 다르지 않지만, 각별히 '경상도' '작은 산골 마을' '여성이고' '노인'이라는 이유 때문에 낙인이 깊고, 반복적으로 구설수에 오르며, 말싸움이나 갈등으로 번지곤 해왔다.

다양한 낙인 의제와 연관된 경험 구술에서 인물들이 보이는 반복적이고 방어기제적인 구술들 역시 나의 관심을 끌었다. 방어기제적 구술이란 낙인을 변명 혹은 보상하기 위한 구술을 말한다. 할머니들은 다양한 친인척 갈등에서 자신의 피해와 고통에 대해 반복해 말하고, 낙인과는 반대의 긍정적인 인간관계나 경험에 대해 여러 사례를 끌어오며, 낙인과 반대의 면에 관해 다양하고 반복적으로 구술한다. 이는 모든 사람에게서 보이는 당연한 심리 작용이자 말하기 방식이기도 하다.

물론 낙인은 개인적이고 사회문화적으로도 다르게 작동한다. 예를 들어 유옥란 할머니는 각별한 사회문화적 자원이 없으면서도 그 처지의 사람이라면 낙인으로 느낄 만한 부분에 대해 다르게 느끼고 말한다. 물론 그녀에게도 방어기제적 구술이 없지 않지만, 이는 자기를 증언하는 구술이라 하겠다. 그녀는 자신에 대한 주변 사람들의 '성격이 모나다' '튄다' 등의 비난을 이미 잘 알고 있으면서도, 자신은 '생각을 분명히 말하는 성격'이라고 설명한다. 또한 서울 같은 도시에서라면 혹은 젊은 사람이라면 낙인이 될 의제들이, 이곳 사람들에게는 전혀 낙인이 되지 않는 의제도 많았다. 늙음과 이로 인한 외관의 변화, 질병과 통증, 무학, 문맹, 사투리, 가난, 평생 해온 힘들고 값싼 노동, 노인 노동 등이다. 예를 들어 '징글징글하게' 힘든 농촌 여성 노인의 평생 노동에 대한 반복적 구술에도 불구하고 이를 낙인이나 자기 비하로 담지는 않는다. 그래서 자식과 주변의 반대 혹은 스스로도 '미련한 짓'이라는 생각에도 불구하고, 꼬부라지고 골병 든 지금의 몸으로 밭일을 계속 한다. 물론 자식들의 잔소리가 귀찮아 거짓말을 하기는 하지만.

7. 산골 마을의 공동체성?

'작은 산골 마을' 하면 떠오르는 긍정적 이미지는 마을의 정경과 이웃 간의 정이다. 나는 이 연상 반응에 속지 않을 작정이었다. 실제로 마을에는 다양한 갈등이 있었다. 겨우 1년간 인터뷰 세 번의 방문과 개별 만남을 한 나는 그 갈등을 듣거나 눈치 채고, 안타까움과 불편함과 더불어 지금은 어찌할 수 없음만을 확인했다. 물론 눈치껏 모르는 척 혹은 조금은 아는 척을 하며 거리를 둔 채 갈등의 내용과 양상을 살폈다. '작은 산골 마을'이라는 공간적 특성은 공동체성이라고 퉁쳐버릴 수 없는 많은 이

질성과 이해관계가 밀착하고, 그것은 앞의 주제인 '다양한 낙인'과 결합하면서 더 세세한 미움이나 갈등으로 증폭될 수 있으며, 이는 우록리든 다른 산골 마을이든 혹은 다른 어떤 공동체에서든 볼 수 있는 당연한 현상이다. '남지장사의 수목장' 건과 이에 대한 마을 내 조정과정은 개인의 일이 아닌 마을 공동체의 일이며, 많은 인물이 열을 내며 구술했다. 군과 면까지 동원된 잠정적인 공적 정리, '절의 돈 쫓아가기'에 대한 비판 인식에도 불구하고, 이 사건에 관한 주민들의 인식과 주장과 불신은 여전히 제각각이어서 분란의 불씨로 남아 있다.

그 미움과 갈등과 이질성을 어떻게 볼 것인가가 문제다. 고부간 갈등이든, 주민 간 갈등이든, 노동자 간의 갈등이든, 많은 경우 약자들 간의 미움과 갈등은 강자들의 억압과 차별 아래 생긴 약자 개개인의 생존 전략이다. 절이나 관, 혹은 이장에 대한 불만과 불신은 공에 대한 문제의식이자 공공성에 대한 요청이다. 성별 간 갈등 역시 가부장 내의 개인(여성과 남성)의 피해 내용이나 경제·문화적 처지와 별도로 존재하지 않는다. 이 관점을 명확히 하여 미움과 갈등과 이질성 등으로부터 적정한 거리를 두는 것이 관찰자나 조정자의 태도라 생각한다.

마을의 여성 노인끼리의 갈등에 대해 "못 배운 사람들이어서" "촌사람들이라" "여자들이라"라는 일부 주민의 설명에 동의하지 않으며, 여차하면 마을 내 관계를 망가뜨릴 수 있어 글 정리 중에 축소·삭제했다.

8. 도시, 성공, 돈 그리고 소외

"산골 마을 처자는 산골 마을 총각과 혼인을 해야 잘 산다"는 말을 당연한 것으로 여기고, 한 번도 깡촌을 벗어날 생각을 해본 적이 없는 8090 세대 여성 노인들과 달리, 60대 여성들에게서는 도시를 향한 욕망과, 도시로 떠난 어릴 적 친구들에 대한 상대적 박탈감이 엿보인다. 한편으로는, 도시도 별거 아니더라는 혹은 더 불안하고 각박하더라는 깨달음이 있기도 하다.

자식들의 탈농과 성공을 위해 평생을 고생한 할머니들이지만, 성공할수록 찾아오지 않는 자손으로 인한 소외감, 사회문화적으로 상위계층이 된 자손으로 인한 보람과 소외감의 중첩 등이 보인다. 특히 '최근에 도시에 사는 자식에 의해 요양원에 들어갔다 금방 죽은 할머니'에 관해서는 거의 모든 인물이 원망 섞인 구술을 한다. 머지않아 자신들에게도 닥칠 일이라는 면에서, 마을 할머니 모두에게 충격과 두려움의 사건이다. 늙기도 전에 다시 고향으로 돌아온 자식에 대한 실패감, 도시에서 대학을 마치도록 지원했지만 청년 실업의 현실 속에서 다시 미혼의 아들을 불러들여 함께 식당을 하는 부모의 고민도 보인다.

도시에서 성공한 자식들에게 소외감을 느끼는 것은 자신의 평생 노동과 생애 및 땅으로부터의 소외와도 연결된다. 할머니들의 논과 밭과 집이 결국은 몇 푼의 돈으로 달랑 교환되고 마는 현실 앞에서 할머니들은 자식에 대해서도, 사회에 대해서도 소외감을 느낄 수밖에 없다. 지금도 여전히 꼬부라진 허리와 망가진 무릎으로 밭을 가는 할머니들의 삶과 기억과 의미와 노동의 터전이 자식들의 사회에서는 별 가치가 없다는 것을 스스로 안다. 여차하면 할머니들 역시 생애 막바지에 자본주의에 꼴까닥 속아 그 현금성을 보람으로 말하며 당장의 상실감을 외면하지만, 그렇게 되면 오히려 평생의 기억과 가치들에서 스스로를 소외시켜 버리는 거다.

할머니들의 생애는 땅과 농사, 자식들의 성공과 현금성 그 이상이다. 할머니들과 농촌이 키워낸 자손, 박사, 공무원, 경찰, 청와대 직원, 음악가, 자영업자, 화가, 은행원, 기술자, 교수, 회사원, 주부 등이 도시에서 부닥친 막다른 골목에서 빠져나가는 길에 대한 실마리는, 할머니들이 살아온 땅과 노동과 관계 속에서 찾을 수 있다.

9. 사회적 사건과 의제에 대한 할머니들의 기억과 구술

가) 일제, 해방공간, 6·25 등에 관한 우록리 여성들의 기억과 구술

구술사를 제안받은 우록리가 대구시에 속한 산촌 마을이라는 걸 듣자마자 '박근혜의 국회의원 선거구'와 '대구 10월 항쟁' 두 가지가 떠올랐다. 그럼에도 여성 노인들의 생애사 작업에서 이에 관한 구술이 얼마나 나올지는 의문이었다. 물론 많이 나오지는 않았지만, 의미 있는 실마리와 경향을 얻을 수 있었다.

일제 치하에서 정신대를 피하기 위해 한 급한 혼인뿐 아니라, 학교에 다니지 않던 10대 후반의 여성에게도 간호 훈련을 넘은 군사 훈련을 받았다는 구술이 곽판이 어르신에게서 비교적 상세하게 나왔다. 다른 여성 노인들은 당시 나이가 어려서 직접 겪거나 본 기억이 없으며, 나중에 들어 알게 된 경우가 대부분이다. 또한 주변 남자들의 징용을 통해 일제를 기억하기도 했다. 대부분은 친정 동네도 워낙 가난한 산골 마을이어서, 일제의 수탈이 뻗칠 효용조차 없었겠다 싶은 구술이 많다.

서울이고 지방이고 중하위 계층 노인들에게 8월 15일 당일에 해방을

인지했다는 말은 들어본 적이 없다. 일본의 패망은 학교에 다니고 라디오나 있어야 제때에 얻을 수 있는 정보였다. 해방 당시 18세였던 곽판이 할머니의 경우, 8월 15일이 지난 얼마 후 관에서 학교 운동장에 여러 동네 사람들을 모아 치렀던 군중 행사를 통해 해방을 인지했다고 한다.

1946년 10월 1일에 시작된 '대구 10월 항쟁' 사건은 해방 공간의 역사에 매우 중요한 사건임에도 주로 도시 지역을 중심으로 발발, 확장되었으므로 이 사건에 대한 구술은 없다. 다만 그다음 이어진 보도연맹 사건과 민간인 집단 학살 및 암매장 사건들 중 우록리에서 멀지 않은 대구 달성군이나 수성구 등에서 대규모로 자행되어 이미 공론화된 사건으로는, 대구 가창골 민간인 학살 사건, 대구 달성광산 민간인 학살 사건, 경산 코발트 광산 민간인 학살 사건, 대구 파동 민간인 학살 사건, 곰티재 학살 및 암매장 사건(청도) 등이 있다. 이에 대한 할머니들의 정리되지 않은 기억과 구술이 나온다.

이 집단 학살 사건들의 경우 우록리를 포함한 인근 주민들 내부의 갈등은 아니었다. 대구 10월 항쟁으로 대구 형무소와 부산 형무소에 수감되었던 사람들이나 보도연맹에 가입했던 사람들을 이 마을로 끌고 와서 6·25 전후로 도합 약 8000명의 민간인을 집단 학살하고 암매장했던 것이다. 특히 대구 근교 최대의 학살 터로 알려진 가창골 사건의 경우, 1959년 가창댐을 만들어 물로 채워버렸다. 따라서 소문은 주민들 사이에서 두고두고 계속 있었지만 내놓고 이야기하지 않았고, 특히 가해자가 누구인지에 대해서는 말하거나 물을 생각조차 하지 않았다. 구체적인 장소까지 지목한, 삼산에 있는 운암사 근처의 집단 학살과 암매장 사건에 대한 김효실의 구술 역시 가해자가 누구였는가에 대한 내 질문에 "모른다" "들은 적이 없다"고 답한다. 삼산의 운암사 인근 사건은 아직 공론화

되지 않은 사건이라는 점에서 이 지역에는 밝혀지지 않은 사건이 더 있을 가능성도 있다.

중하위 계층, 특히 여성 노인들에게는 일제와 좌우 갈등과 6·25 전쟁의 기억이 뒤섞여 있곤 하다. 어린 시절 농촌 마을에서는 주로 주변 어른들의 말로 사건을 겪었지만 사건에 대해 제대로 정리할 기회(교육)가 없었다는 점, 어른들조차 쉬쉬하며 사건을 정확히 말하지 않았다는 점, 본인들 역시 생애 동안 어린 시절의 기억을 명확히 재확인할 생각을 하지 못했다는 점 등으로 인해 시기, 사건, 가해자와 피해자에 대한 기억이 뒤섞인 것은 당연하다.

6·25 전쟁에 대한 기억은 친정이 어느 지역이었는지에 따라 약간의 차이가 있지만, 대체로 우록리 인근 산골 마을들이 친정이었다는 점에서 큰 차이는 없다. 전투로 기억되지 않은 6·25(실제로 이 일대는 전투가 전혀 없었다), 총소리와 소문으로 인해 가까운 산으로 피란 갔던 기억, 총소리와 소문의 와중에도 농사를 지킨 기억 등을 구술한다. 전쟁 중에 소위 '빨갱이 남편'이 죽임을 당하고 우록리로 재가한 할머니에 대한 사람들의 구술은 빨갱이에 대한 낙인 없이 "그때는 그런 시절이었다"며 포용하는 부분이다.

나) 1960년 '2·28 대구 고등학생 의거'는 자유당 장기 집권에 반대하는 해방 이후 최초의 학생 의거 사건으로, 3·15 부정 선거 반대 운동을 거쳐 4·19 혁명으로 이어진다. 대구를 가리켜 '보수의 심장'이니 '보수의 자존심'이니 하는 지역주의를 발동시키는 호명은 1970년대 정치권에 의해서 만들어지기 시작한 용어다.

다) 그 외에도 주인공들의 구술에는 새마을 '사업'과 통일벼가 농촌 마을에 미친 영향, 정부의 산아 제한 정책이 산골 마을에 어떻게 닿았는 지에 대한 구술이 있다. 특히 인터뷰 기간에 진행되던 박근혜 전 대통령 탄핵에 대한 할머니들의 느낌과 생각 및 지역 분위기의 변화, 선거나 정 치가 이 산골 마을 주민들과 어떻게 만나고 있는지에 관한 구술이 있다.

숱한 대통령이 성쇠를 거듭하고 숱한 진보 인사가 갈아엎겠다고 외치 는 동안 할머니들은 밭 갈고 '개, 돼지' 키워 자식들 세상을 건사했다. 박 근혜가 탄핵되고 문재인이 대통령에 당선된 후 어느 날, 한 할머니의 일 갈은 지금도 여전히 유효하다. "문재인이가 되마 뭐시 달라집니꺼?"

10. 사투리, 구술, 글로 옮기기

거의 서울내기인 나는 주인공들의 사투리가 이번 작업의 첫 번째 장 벽이었다. 방문 초기에는 말 자체를 이해하기 힘들었다. 그렇다고 매번 되물을 수도 없는 것이, 청자에 의해 흐름이 자꾸 중단되면 구술의 맛과 내용의 풍성함은 사라져버리기 때문이다. 이는 구술생애사의 가장 중요 한 점을 놓치는 것이다. 웬만하면 흐름을 끊지 않고, 화자의 말깔과 표정 에 맞춰 눈치껏 웃고 공감하며 추임새를 넣고 옆구리를 찔러댔지만 머 릿속은 갈수록 심란해졌다. 유일하게 믿을 것은 '녹음'뿐이었다.

녹취 작업을 시작하자마자 다시 절망했다. 얼굴을 마주하고도 못 알 아먹은 말을 녹음 자료로 듣는다고 달라질 리 없었다. 오히려 더 힘들었 다. 반복해서 들어봤자 별로 나아지는 게 없었다. 이 단계에서 녹취를 풀 어준 많은 사람을 만날 수 있었던 것은 이번 작업의 크나큰 행운이었다.

'녹취는 어쨌든 청자가!'라는 내 원칙을 깰 수밖에 없었던, 한계가 있는 작업이었다.

무학인 깡촌 할머니들의 사투리와 입말에는 도시의 가난한 노인들의 말보다 더 잦은 높낮이와 가락과 악센트와 감정과 성격과 정체성이 들어 있다. 한글로는 표기가 불가능한 발음도 많다. 게다가 녹취록을 그대로 공유하는 것은 이 작업이나 책의 성격상 맞지 않다. 대부분의 독자가 말을 이해하기 힘들다. 사투리를 포함해 꼬이고 얽히고 끝을 맺지 않는 입말이나 '문법' 따위 없음, 전후좌우와 동서남북을 자유롭게 떠다니는 구술의 흐름을 따라잡지도 이해하지도 못한다. 하여 적당한 가공과 편집은 불가피하다. 그러느라 구술의 진짜 맛이자 보물인 말깔은 많이 줄었다. 인터뷰 초기에는 말끝에 존대어가 많다면, 시간이 지나면서 평어가 많아진다. 그 김에 나도 슬쩍 평어로 맞장을 떠보기도 했고, 어쭙잖은 경상도 사투리로 맞장구를 치기도 했다.

없는 사람들 말을 글로 옮기다보면, 힘도 맛도 가락도 깎인다. 게다가 못 배운 사람들 말을 배운 사람들이 알아먹지 못한다. 말과 글 사이에서 가독성 때문에 많은 고민을 했다. 혹 가독이 어렵다면 그 김에 못 배운 분들의 말을 소리 내어 읽으며 공부했으면 한다. 우록리의 한글반 할머니들이 여든 근처의 나이에 글을 공부하듯. "내 살은 거럴 우예 다 말로 합니꺼?"는 서울이나 산골에서 없이 산 노인들이 입에 달고 사는 넋두리다. 글보다 말보다 '살은 거'가 진짜다. 말이 되지 못한 속앓이와 쏘가지도 느리게 헤아려주길 바란다.

할매의 탄생
우록리 할매들의 분투하는 생애 구술사
ⓒ 최현숙

초판 인쇄 2019년 6월 7일
초판 발행 2019년 6월 17일

지은이   최현숙
펴낸이   강성민
편집장   이은혜
편 집   권예은
사 진   김춘호
마케팅   정민호 정현민 김도윤
홍 보   김희숙 김상만 이천희

펴낸곳   (주)글항아리 | 출판등록 2009년 1월 19일 제406-2009-000002호

주소   10881 경기도 파주시 회동길 210
전자우편   bookpot@hanmail.net
전화번호   031) 955-8891(마케팅) 031) 955-1936(편집)
팩스   031-955-2557

ISBN   978-89-6735-639-2 03900

이 도서의 국립중앙도서관 출판예정도서목록(CIP)은 서지정보유통지원시스템 홈페이지(http://
seoji.nl.go.kr)와 국가자료공동목록시스템(http://www.nl.go.kr/kolisnet)에서 이용하실 수 있습
니다.(CIP제어번호: CIP2019020950)